The Road to Ruin
은행이 멈추는 날

은행이 멈추는 날

전세계 대규모 자산 동결이 시작된다

제임스 리카즈 지음 | 서정아 옮김

iN 더난출판

경제 빙하기에 대비하라

『은행이 멈추는 날(The Road to Ruin)』의 한국어판이 출간되어 영광이다. 나는 지난 35년간 한국을 여러 차례 방문했다. 그때마다 사람들의 환대는 물론 훌륭한 음식, 풍요로운 역사와 전통, 아름다운 경관을 마음껏 즐겼다. 한국어판 출간으로 한국의 국민과 정책입안자 모두가 내 새 책을 접할 수 있게 되어 기쁘다.

이 책은 한국으로서는 도전적인 시기에 나오게 됐다. 한국은 정국 혼란, 미국과의 무역 분쟁, 북한과의 군사 대치 가능성에 동시에 직면해 있다. 모두 한국 국민에게 엄청난 영향을 미칠 뿐 아니라 세계적으로도 큰 파장을 불러올 수 있는 사건들이다.

이 책에서 소개하는 금융분석은 과학의 한 분야인 '복잡성 이론(complexity theory)'을 바탕으로 한다. 복잡성 이론은 '복잡계의 초기 조건에 조그만 변화만 일어나도 시스템 전반의 붕괴를 비롯한 예측 불가능하고 파괴적인 결과가 나타날 수 있다'는 내용을 골자로 한다. 전 세계 자본시장도 복잡계에 속한다. 시장은 서로 긴밀하게 통합되어 있고 연계되어 있다. 따라서 정치든 무역이든 전쟁이든, 현재 한국에 곤란을 야기하는 요인은 무엇이든 전 세계 금융 붕괴의 촉매가 될 수 있다.

가장 최근의 대표적인 사례가 2007년 봄에 불거져 2008년 가을 전 세계 금융위기로 이어진 미국 주택담보대출 사태다. 또 다른 예로는 2009년 11월 아랍에미리트연합의 국영기업 두바이월드의 채무 상환 유예 선언을 들 수 있다. 이는 2010년부터 2015년까지 지속된 유럽의 국채 사태를 촉발했다.

오늘날 어느 한 지역에만 국한되는 사건이란 존재하지 않는다. 적지 않은 영향을 미치는 사건이라면 그 어떤 것이든 초기 조건에 따라 세계적 대란으로 이어질 수 있다. 그러나 대란이 발생했다는 사실은 시간이 한참이나 지나 사태가 걷잡을 수 없는 지경에 이를 때까지 알려지지 않는 법이다. 한국은 그런 이유만으로도 전 세계의 주목을 받고도 남을 만하다.

세계가 한국에서 일어나는 사건의 영향에서 자유로울 수 없는 것과 마찬가지로 한국 역시 다른 지역에서 일어나는 사건으로 타격을 받을 수 있다. 1997년 7월 태국 은행이 미국 달러에 대한 태국 바트의 고정환율제를 폐지한 사건이 있다. 태국 은행의 결정은 곧이어 인도네시아, 말레이시아, 한국을 강타한 아시아 외환위기를 불러일으켰다. 그 결과 금융시장이 안정을 되찾기까지 폭동과 유혈사태가 끊이질 않았다.

지금까지 살펴본 사건들은 모두 초기의 작은 원인이 엄청난 재앙을 낳을 수 있다는 것을 보여주는 복잡성 이론의 실제 사례다.

한국은 개발경제학자들이 '중진국 함정(middle-income trap)'이라 일컫는 상황을 탈피한 극소수 국가 중 하나다. 개발도상국은 도시화를 통해 얻은 값싼 노동력을 활용하여 비교적 손쉽게 저소득 국가에서 중간소득 국가로 올라설 수 있었다.

그러나 중간소득 국가에서 고소득 국가로 올라서는 것은 그와 비교할 수 없을 정도로 어렵다. 한국, 싱가포르, 대만만이 성공한 일이다. 이 세 나라가 고소득 국가가 될 수 있었던 것은 도시로 몰려든 노동력과 조립형 제조업뿐 아니라 기술 혁신, 핵심 인프라, 교육에 대한 투자 또한 이루어졌기 때문이다. 한국 국민은 이런 위업에 자부심을 느껴야 한다.

그러나 고소득 국가군에 진입하면 세계 다른 지역과의 경제 통합도 강화되게 마련이다. 한국이 다른 지역에서 비롯된 충격의 영향을 받을 수 있고, 반대로 세계도 한국의 중요한 정세 변화에 노출될 수 있다는 이야기다.

이런 유형의 복잡한 상호작용이 바로 이 책에서 다뤄지는 내용이다. 나는 이 책이 서로 긴밀하게 연결된 세계에 어떤 금융적 위험이 도사리고 있는지를 한국의 투자자들과 정책입안자들에게 알리는 데 기여하기를 바라 마지않는다. 그뿐 아니라 또 한 차례의 금융위기가 불가피한 상황에서 이 책이 부를 지키는 데 유용한 지침이 되기를 바란다.

제임스 리카즈

경제학의 새로운 접근법이 필요한 때

펠릭스 소마리(Felix Somary)는 20세기 최고의 경제학자였을지도 모른다. 분명한 것은 그처럼 세간에 알려지지 않은 경제학자도 드물다는 점이다.

소마리는 1881년 오스트리아-헝가리제국의 독일어 사용 지역에서 태어났으나 빈대학에서 법학과 경제학을 전공했다. 그는 학부시절 조지프 슘페터와 함께 강의를 들었으며, 박사과정은 오스트리아 경제학의 아버지 칼 멩거와 함께 마쳤다.

제1차 세계대전 동안 소마리는 당시 독일의 점령 지역인 벨기에의 중앙은행에서 근무했으며, 그 외에는 주로 부유층이나 기관의 자산관리 전문가로 일했다. 1930년대에는 취리히로 이주한 뒤 평생 그곳에서 일했다. 제2차 세계대전 동안 스위스 정부의 금융 특사로 미국 워싱턴DC에 파견되어 미 육군성의 자문역을 맡기도 했다.

소마리는 세계 최고의 통화 전문가로 정평이 난 인물이었다. 세계 각국의 중앙은행 사람들이 통화정책에 관한 자문을 구하고자 앞다퉈 그를 찾았다. 안타깝게도 그의 조언은 정치적인 이유로 빛을 못보기 일쑤였다. 그의 별명은 '취리히의 까마귀'였다. 그가 쓴 회고록의 영어 번역본 제목도 『취리히의 까마귀(The Raven of Zurich)』다.[1] 남들이 호황을 장담할 때 불가사의한 능력으로 금융위기를 예측했기 때문이다. 까마귀는 그리스 신화에서 예언의 신 아폴로와 결부되며, 『구약성서』의 「열왕기」에서는 야훼의 명령에 따라 예언자 엘리야를 돕는다.

그는 '태고 이래 가장 위대한 경제 예언자'로 불려도 손색이 없는 인물이었다. 누구보다 앞서 제1차 세계대전, 대공황, 제2차 세계대전의 발발을 예측했을 뿐 아니라 그런 대재앙에서 디플레이션과 인플레이션이 발생하리라는 것을 정확히 내다보았다. 고전적인 금본위제의 폐지와 양차 세계대전 사이의 통화 혼란 사태, 브레턴우즈체제(Bretton Woods System)의 도입을 지켜봤다. 그리고 브레턴우즈체제가 붕괴하기 전인 1956년 세상을 떠났다.

소마리는 이 책에서 사용된 것과 비슷한 분석 기법을 토대로 대재앙을 예견했다. 물론 당시 그의 분석 기법은 다른 이름으로 불렸다. 소마리가 금융시장에서 활동했을 때는 복잡성 이론과 행동경제학이 태동하기 한참 전이었다. 그럼에도 그가 어떤 기법으로 상황을 분석했는지는 저서에 명확히 드러난다.

그 단적인 예가 회고록의 한 장인 '산자크 철도(The Sanjak Railway)'다.[2] 그가 1908년 신디케이트론*을 추진했을 때의 일화가 실려 있다. 보스니아에서 그리스의 항구 도시 살로니카(현재의 테살로니키)까지 이어지는 철도를 건설하는 데 필요한 차관이었다. 철도 건설 자체는 그다지 중요한 사업이 아니었다. 어쨌든 소마리의 임무는 빈의 투자자들에게 사업의 재무적 타당성을 보고하는 것이었다.

제안서대로라면 철도는 오스만제국 노비바자르의 산자크**를 통과할 터였다. 따라서 오스트리아-헝가리제국은 오스만 정부에 승인을 요청할 수밖에 없었는데, 그 직후에 벌어진 일 때문에 오스트리아 정부가 타격을 받게 됐다. 러시아 정부의 외무상이 파리를 방문, 격렬하게 항의한 것이다. 소마리는 당시 상황을 이렇게 기록했다. "러시아-프랑스 동맹은 오스트리아-헝가리제국의 양허 신청에 대해 이례적으로 격렬한 비난을 퍼부었고, 보복 조치로 도나우 강에서 아드리아 해까지 이어지는 철도 건설을 제안했다."[3]

이 사태가 일어난 때는 발칸전쟁(1912~13년) 이전이었고 제1차 세계대전이 발발하기 6년 전이었다. 그러나 프랑스-러시아의 대응만으로도 소마리는 세계대전이 불가피하다는 점을 정확하게 추론했다. 사소한 일로도 지정학적 갈등이 폭발 직전까지 간다면, 거기서 파생되기 마련인 심각한 사안이 전쟁으로 이어지는 것은 당연하다는 분석이었다.

소마리의 추론은 베이즈 통계학***을 완벽하게 구현한 사례다. 실

---

* syndicated loan, 다수의 은행으로 구성된 차관단이 공통의 조건으로 일정 금액을 차입자에게 융자해주는 중장기 대출

** Sanjak of Novibazar, 노비바자르 지방을 말한다. 산자크는 오스만제국의 행정구역이다.

*** Bayesian Statistics, 이미 수집된 정보, 사전 지식, 연구자의 주관과 신념 등을 모두 포함하여 확률을 구하는 통계학의 한 분야

제로 소마리는 세계대전 발발 가능성을 추정하는 데서 분석을 시작했다. 정보가 전혀 없는 상황이라면 확률은 50대 50이다. 그런데 산자크 철도 사건과 같은 변수를 추가한다면 전쟁 확률이 높아진다. 우리 시대의 정보분석가는 그런 사건을 '징후와 경고'라 부른다. 어쨌든 변수를 추가하다 보면 전쟁이 불가피해 보일 정도로 확률이 높아지게 된다. 베이즈 통계학을 활용하는 분석가들은 다른 사람들보다 앞서서 결론을 내릴 수 있다.

얼마 전에도 카스피 해에서 유럽을 횡단하는 천연가스 파이프라인을 둘러싸고 치열한 경쟁이 벌어졌다. 게다가 파이프라인 일부가 오스만제국의 영토였던 곳을 지나며 터키, 러시아, 독일 등 산자크 사태 때와 비슷한 주체가 개입되었으니 그 유사성이 한층 더 부각된다. 그렇다면 우리 시대의 소마리는 어디에 있을까? 오늘날에는 누가 까마귀 역할을 할까?

그 외에도 소마리는 슘페터와 마찬가지로 역사와 문화를 접목한 분석 기법을 활용했다. 1913년 당대의 열강 7개국이 중국의 통화제도를 재편할 책임자로 소마리를 지목했다. 그는 훨씬 시급한 통화위기가 유럽에 닥쳐오고 있다고 내다보았다. 강력한 디플레이션이 세계 각국을 짓누른 1924년에서 1939년 사이보다 10년 앞서서 소마리는 다음과 같은 예측을 내놓았다.

유럽인들은 중국인들이 지폐를 쓰지 않고 금속 화폐의 무게로 가치를 따지는 관행을 신기하게 여겼으며 중국이 유럽보다 다섯 세대 뒤처져 있다고 넘겨짚었다.[4] 그러나 실제로는 중국이 유럽보다 한 세대는 앞서 있었다. 중국을 지배하던 몽골 황제들은 군사 정복과 대규모 토목공사의 자금을 마련한다는 명목으로 지폐를 무분별하게 발행했다. 중국은 처음에는 호황을 누렸지만 결과적으로는 극심한 디플레이션을 겪었다. 그때의 기억은 향후 수세기 동안 중국인들의 뇌리에서 지워지지 않았다.

소마리는 행동심리학에도 통달했다. 1914년 7월 영국의 왕 조지 5세는 자신의 사촌이기도 한 독일 황제 빌헬름 2세의 동생에게 '영국과 독일 간에는 전쟁이 일어날 수 없다'고 장담했다. 소마리는 이 사건을 다음과 같이 분석했다.

> 조지 5세가 사촌에게 진심을 담아 말했다는 것은 의심할 여지가 없었지만 국왕이 상황을 얼마나 간파하고 있는지는 확신할 수 없었다.[5] 지금으로부터 6년 전, 나는 그보다 더 유능한 통치자들조차 정보력이 얼마나 부족한지 두 눈으로 직접 목격했다. 가장 높은 지위에 있는 내부자라도 대부분은 허위 정보를 입수하게 마련이다. 내게는 국왕보다 《타임스》의 판단이 더 믿음직스러웠다. 나는 내게 자산관리를 맡긴 친구들의 은행 예금과 유가증권을 금으로 바꿔 스위스와 노르웨이에 투자했다. 며칠 후 전쟁이 일어났다.

오늘날의 행동심리학자라면 조지 5세의 오판이 인지부조화*나 확증편향**에서 기인했다고 진단할 것이다. 소마리는 그런 용어를 쓰지는 않았지만 엘리트들이 하나같이 착각에 빠져 산다는 사실은 잘

---

* cognitive dissonance, 개인이 가지고 있는 신념, 생각, 태도와 행동 간의 부조화가 유발하는 심리적 불편감을 해소하기 위한 태도나 행동의 변화
** confirmation bias, 자신의 신념과 일치하는 정보는 받아들이고 일치하지 않는 정보는 무시하는 경향

알고 있었다. 위기가 임박했음을 가장 마지막에 알아차리는 이들은 대체로 엘리트들이다.

소마리의 회고록은 1960년 독일에서 출판되었고 영어 번역본은 1986년에나 나왔다. 두 판본 모두 절판된 지 오래이며 단 몇 부만이 전문 서점에 남아 있을 뿐이다. 영어 번역본이 출간되고 1년이 지난 1987년 10월 19일, 다우존스산업평균지수(이하 다우지수)가 하루 만에 20퍼센트 넘게 폭락하면서 금융 복잡성과 시장 취약성의 시대가 열렸다. 소마리가 좀 더 오래 살았더라면 1987년의 주가 대폭락 사태와 이후에 일어날 일련의 일들을 예견하지 않았을까.

이 책에서 나는 소마리와 마찬가지로 원인론, 심리학, 복잡성 이론, 역사적 사실 등을 접목한 기법을 활용하여 '취리히의 까마귀'가 중단한 지점에서부터 금융계의 실책을 마저 논하고자 한다.

타성에 젖은 경제학자들

경제학은 과학일까? 그렇다. 그리고 바로 그 점 때문에 문제가 시작된다. 경제학은 과학이지만 경제학자는 대부분 과학자가 아니다. 경제학자는 정치가, 성직자, 선전가처럼 행동하며 자기 신조에 맞지 않는 증거는 무시한다. 경제학자는 과학자다운 엄격한 자세를 갖추지 않고 과학자와 같은 명성만 원한다. 오늘날 전 세계가 겪고 있는 성장둔화는 이런 자기기만에서 비롯됐다고 해도 과언이 아니다.

과학에는 지식과 방법이 필요하다. 건전한 방법을 통해서만 지식을 얻을 수 있다는 이야기다. 과학적 지식을 얻는 과정은 근본적으로 예감과 비슷한 귀납법이나 데이터를 보고 추론하는 연역법을 통해 이루어진다. 두 가지 접근법 모두 정밀한 추측, 즉 가설을 수립할 때 사용된다. 가설은 실험과 관찰된 데이터로 검증되어야 한다. 이처럼 데이터에 의해 검증된 가설은 좀 더 널리 인정을 받게 된다. 반면에 검증되지 못한 가설은 기각되고 새 가설로 대체된다. 가설이 광범위한 실험과 관찰을 무사통과하면 조건부 진리의 일종인 학설이 된다.

과학적 방법론은 경제학에도 똑같이 적용할 수 있다. 과학을 물리학 등의 자연과학과 경제학 등의 사회과학으로 나누는 관행은 논리적이지 못하다. 오늘날에는 과학이 우주의 어떤 부분과 연관되느냐에 따라 세분화되어 있다. 예를 들어 천문학은 은하계를 파악하는 데 필요한 학문이다. 생물학은 암에 관한 유익한 정보를 제공한다. 자원 분배와 부(富)의 창출을 이해하는 데는 경제학만 한 학문이 없다. 천문학, 생물학, 경제학은 지식의 특정 분야를 다루는 과학의 분파다. 모두 다 과학이며, 과학적 방법론을 적용할 수 있다.

그러나 경제학자는 대부분 교조주의자로서 과학자와 거리가 멀다. 그들은 구시대의 경제학을 고수하며 새로운 시각을 받아들이지 않는다. 자기 신조에 어긋나는 데이터는 숨기거나 무시한다. 물론 경제학이라는 낡은 분야는 계속해서 학문적 권위를 유지할 것이다. 그러나 그것은 순전히 경제학자들이 중앙은행과 재정부처에서 막강한 위치를 차지하고 있는 덕분이다. 이들이 계속해서 케케묵은 학설에 집착한다면 탁상공론을 양산하는 데 그치지 않고 국부를 파괴하고 말 것이다.

이런 주제를 지금 논해야 하는 이유는 다음 금융위기가 일어나면 너무도 많은 것이 위태로워질 수 있기 때문이다. 이 책을 쓰는 시점에 미국 경제는 2008년 세계 금융위기 이후로 7년 넘게 완만하게나마 성장하고 있다. 이 정도면 과거와 비교해도 긴 확장기라 할 수 있다. 2008년 이래 시간은 1987년, 1994년, 1998년, 2008년 일어난 공황 때와 얼추 비슷한 속도로 흐르고 있다. 금융위기가 반드시 7년 주기로 일어나는 것은 아니다. 가까운 시일 내에 또 다른 위기가 발생해야 한다는 법도 없다. 그러나 그런 일이 일어난다고 해도 아무도 놀라지 않을 것이다.

지금처럼 금융 시스템이 취약하고 정책입안자들이 준비되지 않은 상황에서 위기가 닥쳐오면 극단적인 정책적 조치가 필요해진다. 이 책은 위험의 통계적 특성을 다시 생각해보고, 새로운 이론을 적용해 더 늦기 전에 벼랑 끝에서 탈출하자는 호소를 담고 있다.

과학자들은 그 어떤 이론도 확정적이지 않다는 사실을 잘 알고 있다. 결국 기존 견해보다 뛰어난 해석은 언제든 나오게 마련이다. 아인슈타인이 우주와 천체 운동에 관해 좀 더 정확한 설명을 내놓았다고 해서 뉴턴의 이론이 잘못된 것으로 간주되지는 않는다. 아인슈타인은 지식의 수준을 한 단계 끌어올렸다. 안타깝게도 경제학자들은 경제학의 수준을 끌어올릴 생각이 전혀 없어 보인다. 오스트리아학파, 신케인스주의자, 통화주의자들은 하나같이 자신들의 기존 이론을 확고하게 고수해왔다. 이들의 연구는 조금씩 변형이 이루어질 뿐 몇 가지 주제를 벗어나지 못한다. 경제학계의 지식 정체 현상은 70년 동안 이어졌다. 획기적으로 보였던 이론들도 케인스, 피셔, 하이에크, 슘페터 등이 제2차 세계대전 이전에 제시한 이론을 모방한 수준에 지나지 않았다. 이런 이론들은 한계가 명확하며 현 상황에 맞지 않는 데다, 독단적으로 활용될 경우 큰 위험을 유발할 수 있다.

예를 들어 중앙계획경제보다 자유시장경제가 우월하다는 오스트리아학파의 이론은 여전히 유효하다. 하지만 오스트리아학파는 최신 과학과 21세기 기술을 활용하여 기존 학설을 개선할 필요가 있다. 콜럼버스는 추측항법을 활용한 항해사 중 가장 위대한 인물로 꼽힌다. 그러나 그가 살아 돌아와서 GPS를 쓴다고 해도 이의를 제기할 사람은 없다. 프리드리히 하이에크가 오늘날까지 살아 있다면 최첨단 기기, 네트워크 이론, 세포자동자* 개념으로 식견을 넓혔을 것이다. 그러므로 그의 추종자들도 최신 개념을 받아들여야 한다.

현재는 신케인스주의자의 이론이 경제학계의 대세로 떠올랐다. 그러나 흥미롭게도 이들의 이론은 존 메이너드 케인스와 거의 관련이 없다. 케인스의 가장 큰 특징은 실용주의였다. 그런데 그의 이름을 내세우는 경제학자들은 실용주의와 거리가 멀다. 케인스는 1914년에는 금본위제를 지지했으며 1925년 금값을 인상해야 한다고 조언했다. 그러다 1931년 금본위제에 반대했고 1944년 변형된 금본위제를 제안했다. 이처럼 케인스는 현실을 감안하여 자신의 견해를 그때그때 수정했다. 윈스턴 처칠은 케인스에게 "귀하의 관점에 가까워지고 있소"라는 전보를 보낸 적이 있다.[6] 그러자 케인스는 "그렇다니 죄송합니다. 생각이 바뀌기 시작했거든요"라고 답했다. 오늘날 활동하는 경제학자들이 케인스의 반만큼이라도 생각이 깨어 있다면 경제학계에는 신선한 기운이 감돌 것이다.

---

* cellular automata, 자기증식이 가능한 컴퓨터 시스템

케인스는 '야성적 충동(animal spirits)'이 되살아날 때까지 정부 지출로 민간 총수요의 일시적 결핍을 메울 수 있다고 통찰했다. 정부 채무가 막대하지 않고 정부 재정이 지출을 감당할 수 있는 수준으로 흑자 기조를 유지할 때는 지출이 최선의 해결책이다. 오늘날 폴 크루그먼과 조지프 스티글리츠 같은 경제학자들은 타당성을 잃은 모델에 기대고 있다. 그러면서 채무가 막대한 나라는 재정적자폭을 무한정 확대해야 수요를 진작할 수 있다고 주장한다. 이미 텔레비전을 네 대 산 사람에게 한 대 더 사면 대단한 이득을 볼 수 있다고 설득하는 격이다.

통화주의자들도 신케인스주의자들보다 나을 것이 없다. 밀턴 프리드먼은 장기간에 걸쳐 통화 공급량을 점진적으로 늘려나가면 인플레이션 없이 실질적 성장을 극대화할 수 있다는 견해를 내놓았다. 그는 통화 공급량을 증가하면 잠재적인 성장을 달성할 수 있다고 믿었다. "당신의 발 앞에 길이 솟아나기를"이라는 아일랜드 식 기원과 다를 바 없는 바람이다. 그는 어빙 피셔와 그의 선배 경제학자들이 창안한 $MV=PQ$라는 식을 활용하여 통화 공급량(M) 곱하기 통화 유통 속도(V)는 실질 국내총생산(GDP)과 등가를 이룬다고 주장했다(이때 실질GDP는 명목GDP(Q)에서 물가 변동폭(P)을 차감한 것을 말한다).

프리드먼은 통화 유통 속도가 일정한 수준을 유지하며 인플레이션과 디플레이션이 없는 상황을 가정했다. 그는 실질 성장률의 최대치를 추정한 다음, 통화 공급량을 서서히 늘리기만 하면 인플레이션 없이 그 최대치를 달성할 수 있다고 봤다(경제가 성숙한 나라는 연평균 3.5퍼센트 정도가 최대치다). 그의 이론은 사고실험*에는 유용할

지 몰라도 현실 세계에서는 무용지물에 불과하다. 현실에서는 통화 유통 속도가 일정한 수준을 유지하지 않는다. 구조적인(비통화적인) 장애물이 실질적 성장을 저해한다. 통화 공급량도 정확하게 파악할 수 없다. 그야말로 무신경함이 돋보이는 이론이다. 극장에서 암살자의 총탄에 남편을 잃은 링컨 부인에게 "그건 그렇다 치고, 연극은 어땠어요?"라고 묻는 격이다.

위험의 통계적 속성을 따져본다면 현재 득세하는 이론이 끼칠 해악은 한층 더 크다. 오늘날 초대형 은행들의 재무제표는 1000조 달러 규모로 불어났다. 자기자본은 얼마 되지 않고 레버리지**가 대부분이다. 그렇다면 이런 레버리지에 내재하는 위험은 어떻게 관리되고 있을까? 최근에는 VaR***이라는 위험관리 이론이 대세로 자리 잡았다. 이 이론은 매입 포지션****과 매도 포지션의 위험이 서로 상쇄되고, 가격 변동이 정규분포를 보이며, 극단적 사건이 일어날 확률이 극도로 낮고, 파생금융상품의 가격은 '무위험' 이자율을 반영하여 적합한 수준으로 책정하는 것이 가능하다고 전제한다.

실제로 2008년 AIG가 파산위기에 처했을 때 AIG의 '순 포지션'*****을 눈여겨본 거래당사자는 없었다. AIG 자산의 시계열******분석 결과 가격 변동은 종 모양의 정규분포 곡선이 아니라 L자 모양을

---

* thought experiment, 어떤 개념을 이해하기 위해 가상의 시나리오를 이용하는 것
** leverage, 차입자본
*** Value at Risk, 발생 가능한 최대 손실 금액이라는 의미로, 금융기관의 시장 위험 예측 지표로 사용된다.
**** 주식·통화·선물·옵션시장에서 가격 상승을 기대하고 매수하여 보유하고 있는 상태, 혹은 매수한 수량이 매도한 수량을 초과한 상태
***** net position, 매입 포지션과 매도 포지션의 차이
****** times series, 어떤 관측값의 변화를 일정 시간 간격으로 배열한 데이터

갖는 멱함수 곡선을 그렸다. 극단적 사건은 드물게 일어나기는커녕 대략 7년에 한 번 꼴로 일어난다. 게다가 자산 가치의 평가 기준이 되는 무위험 국채를 발행하는 미국이 최근 신용등급이 강등됨에 따라 미국 국채도 부도 위험이 전혀 없다고 장담할 수 없게 됐다. 간단히 말해 위험관리 이론의 네 가지 전제는 모두 그르다.

그렇다면 신케인스주의자, 통화주의자, 위험관리 이론 신봉자들이 그토록 한물간 모형을 버리지 못하는 까닭은 무엇일까? 이 의문에 대한 답을 구하려면 다른 의문부터 살펴볼 필요가 있다. 중세 천문학자들은 관측 자료를 통해 행성 운동의 불규칙성이 드러났음에도 왜 지구중심설을 고수했을까? 어째서 지구중심설을 폐기하지 않고 '변칙성'을 해명하기 위한 등식을 새로 만들어냈을까? 답은 심리학에서 찾을 수 있다. 믿음은 불확실한 세상에 확실성을 제공하면서 마음을 편하게 해준다. 인간은 거짓이라 하더라도 확실한 것을 높이 평가한다. 거짓은 먼 미래까지 후유증을 초래할 수 있지만 인간은 지금 당장 마음이 편해야 하루하루를 견딜 수 있다.

무엇보다 편안함이라는 요인이 수학적 모형으로 뒷받침되면 인간 심리에 깊숙이 뿌리내리게 된다. 현대 금융수학은 위압적이다. 수학 박사가 되기 위해 몇 년을 바친 학자들은 금융수학이라는 허울을 뒤집어써야만 기득권으로 행세할 수 있다. 금융수학은 이들의 경력을 한층 빛내주는 조건이다. 뿐만 아니라 금융수학을 신봉하는 이들은 그 명확성을 극찬한다. 현대 금융의 패러다임을 받아들이는 사람에게는 금융수학이야말로 옵션가격 결정 등 까다로운 문제에 대해 명확한 해법을 제시해주는 만능열쇠다.

금융을 둘러싼 허위는 학계에서의 출세라는 요인 때문에 한층 더 굳건해지고 있다. 소수정예의 금융 관련 학과에 몸담은 청년 학자라면 연구비 지원, 논문 출간, 교직 임명 등에 신경 쓰는 것이 당연하다. 60대의 지도교수에게 그 사람이 수십 년간 지켜온 이론을 반박하는 연구계획서를 제출한다면 앞날에 지장이 생기게 마련이다. 대부분은 자기회귀 조건부 이분산 모형*을 이용하여 동태적 확률 일반균형 모형**에 대한 1000번째 변형 모형을 구함으로써 양적완화가 스와프 스프레드***에 미치는 영향을 설명하는 편이 낫다고 생각한다. 그편이 학자로서 이름을 날리기가 더 쉽기 때문이다.

우리가 추운 날 아침 따뜻한 침대에 누워 있고 싶어 하듯 단순히 타성에 젖어 있는 학자들도 많다. 학자들도 요령을 피우고 싶어 한다. 새로운 지식을 추구하는 일은 겨울날 거센 파도가 몰아치는 바다에 뛰어드는 것과 다름없다. 긴장되고 짜릿하지만 모두가 즐기지는 않는다.

불확실성보다 확실성을 선호하는 경향, 명확한 수학이 주는 매력, 학자들의 옹졸한 사고방식 그리고 타성 때문에 잘못된 패러다임이 명맥을 이어가고 있다. 경제학이 명성만 번지르르한 상태라면 시간을 두고 지켜봐도 된다. 결국 올바른 학문이 승리하기 때문이다. 그러나 그보다 훨씬 더 중요한 것이 걸려 있으니 문제다. 무엇보다 세계의 부가 위험에 처해 있다. 부가 사라지면 사회불안이 뒤따른다.

---

* autoregressive conditional heteroskedasticity model. 금융시장의 시계열 변동성을 예측하기 위해 고안된 모형으로 과거의 큰 충격이 향후 큰 변동성을 낳는다는 것을 전제로 한다.
** dynamic stochastic general equilibrium model. 미시경제 변수의 동태적 변화와 이에 대한 경제 주체의 행위가 거시경제에 어떤 영향을 미치는지 보여주는 모형
*** swap spread. 스와프 금리와 국채 수익률의 차이

정책입안자들이 잘못된 기존 해결책을 고수하고 더 나은 해결책을 찾지 않는다면 투자자들이 좌시하지 않을 것이다.

이 책은 어떤 해결책이 주효할지 살펴본다. 1960년대 이래로 새로운 학문 분야가 속속 탄생하고 있다. 1980년대 이후에는 실제 조건에서 시험할 수 없는 경제적 가설을 실험실에서 검증할 수 있게 됐다. 의학계에서는 일반적이었던 팀 단위의 연구가 경제학계에서도 유행함에 따라 영역을 초월한 학제 간 연구 성과가 나오고 있다. 최근에는 250년 동안 무시당했던 정리(theorem)가 해결 불가능하다고 알려진 문제의 해결에 성공하면서 재평가되는 일이 있었다.

미래를 내다보는 도구

금융분석 도구 중 최근 가장 중시되는 것이 행동심리학, 복잡성 이론, 인과관계 추론이다. 이 세 가지 도구는 특정 문제의 해결에 개별적으로 사용되거나, 통합되어 확고한 모형을 만들어내는 데 동원된다. 세 가지 모두 현재 세계 각국의 중앙은행이 사용하는 모형에 비해 예측 능력이 떨어지는 듯 보이지만 훨씬 현실적인 결과를 도출한다. 완전히 틀린 것보다는 어느 정도라도 정확한 예측이 낫다.

경제학자 중에는 행동심리학 이론을 제대로 이해하고 경제학에 접목하는 이들이 많다. 특히 누구보다도 행동심리학 이론에 통달한 것으로 알려진 대니얼 카너먼은 2002년 노벨경제학상을 수상했다. 심리학을 경제학에 활용하는 데 걸림돌이 되는 요인은 경제학자들의 이해 문제가 아니라 적용 문제다. 카너먼과 그의 동료들이 금융 시장에 참여한 인간들에게 (경제학계의 정의에 따라) 비합리적이고 비효율적으로 행동하는 경향이 있음을 입증한 지는 벌써 오래됐다. 그런데도 위험관리 이론 같은 금융 모델은 여전히 합리적 행동과 효율적 시장을 전제로 한다.

카너먼의 실험에 따르면 실험 대상에게 100퍼센트 확률로 3달러가 생기는 조건과 80퍼센트 확률로 4달러가 생기는 조건 중 한 가지를 선택하라고 하면 대부분 첫 번째를 택한다.[7] 그러나 간단한 곱셈만 해봐도 기대수익이 3.2달러인 두 번째 조건이 3달러인 첫 번째보다 유리함을 알 수 있다. 그럼에도 사람들은 늘 위험한 기회보다 확실하고 안전한 것을 선호한다. 기대수익이 크다고 해도 수익을 전혀 창출하지 못할 가능성도 있기 때문이다.

경제학자들은 첫 번째 선택은 비합리적이라 낙인찍고 두 번째 선택은 합리적이라 추켜세우는 데 주저함이 없다. 그 결과 첫 번째 선택을 선호하는 투자자들을 비합리적이라는 말로 매도하는 풍조가 생겨났다. 그들이 정말로 비합리적일까?

카너먼이 제안한 게임을 100번 되풀이할 경우 80퍼센트 확률로 4달러를 얻는 선택이 100퍼센트 확률로 3달러를 얻는 선택보다 더 많은 수익을 낸다는 데는 이론의 여지가 없다. 그럼 이 게임을 한 번만 할 경우에는 어떨까? 기대수익을 계산하는 공식에는 변함이 없다. 그러나 돈이 반드시 필요한 사람에게는 3달러라는 확실한 결과가 공식과 무관한 독립적인 값을 지닌다.

합리성을 재정의하려면 카너먼의 연구 성과에 진화심리학을 접목해야 한다. 당신이 마지막 빙하기에 살던 크로마뇽인이라 가정해보

라. 동굴에서 나와 사냥감을 추적하던 당신은 두 갈래 길을 만난다. 첫 번째 길로 가면 사냥감이 잔뜩 있는 곳이 나오지만 커다란 바위를 넘어야 한다. 두 번째 길에는 사냥감이 적지만 장애물이 없다. 현대 금융용어로 표현하면 첫 번째 길은 기대수익률이 높다.

그러나 진화에는 사냥감이 적은 길이 유리하다. 왜 그럴까? 첫 번째 길에 솟아 있는 바위 뒤에는 맹수가 도사리고 있을지도 모르기 때문이다. 맹수에게 목숨을 빼앗기면 당신의 가족은 굶어죽을 가능성이 크다. 모든 손실을 감안한다면 사냥감이 적은 길로 가는 것은 비합리적인 선택이 아니다. 이런 요인은 현대 경제학에서 무시되고 있다. 학자들은 앞으로 얻게 될 사냥감만 주목하고 맹수라는 위험은 간과하는 경향이 있다.

금융업계가 새로이 활용할 수 있는 두 번째 도구는 복잡성 이론이다. '자본시장이 복잡계인가?'는 오늘날의 경제학계가 풀어야 할 의문이다. 답이 '그렇다'라면 금융경제학이 사용하고 있는 균형 모형*은 모조리 폐기되어야 한다.

물리학은 그런 의문을 푸는 길잡이가 될 수 있다. 역동적인 복잡계는 자율적인 행위자로 구성된다. 그렇다면 복잡계의 자율적인 행위자는 어떤 속성을 보일까? 이들의 속성은 크게 다양성, 연계성, 상호작용, 적응으로 나뉜다. 행위자들이 이런 속성을 미약하게 보이는 시스템은 점점 정체되는 경향이 있다. 반면에 행위자들이 높은 수준으로 이 네 가지 속성을 보이는 시스템은 혼돈으로 치닫는 경향이

---

* equilibrium theory, 과거 데이터와 경제, 통계적 기법을 이용하여 시장 간의 상호 관계를 분석함으로써 미래의 거시경제 지표를 예측하는 모형으로 일반균형 이론과 부분균형 이론으로 나뉜다.

있다. 행위자들의 속성이 높지도, 낮지도 않게 적당한 수준으로 유지되는 시스템만이 역동적인 복잡계다.

자본시장의 다양성은 강세장과 약세장, 매입과 매수, 공포와 탐욕에서 드러난다. 행동의 다양성은 시장의 본질이다. 자본시장에서는 연계성도 매우 뚜렷하게 나타난다. 다우존스, 톰슨로이터, 블룸버그, 폭스비즈니스, 이메일, 채팅, 문자메시지, 트위터, 전화 통화 등을 투자에 활용한다는 점을 생각해볼 때 자본시장만큼 연계성이 강화된 분야도 드물다.

자본시장의 상호작용을 단적으로 보여주는 것은 날마다 매입인, 매도인, 중개인 간에 수조 달러 규모로 이루어지는 주식, 채권, 통화, 상품, 파생금융상품 등의 거래다. 거래 규모로 따지면 자본시장만큼 상호작용이 활발히 일어나는 사회체제는 찾아볼 수 없다. 적응 역시 자본시장의 속성이다. 헤지펀드는 어떤 상품이 손실을 보면 재빨리 전략을 수정하여 그 상품을 정리하거나 투자액을 두 배로 늘린다. 이들의 전략 수정은 시장에 참여한 다른 투자자들의 행동을 토대로 이루어진다. 즉 시장 가격에 따라 행동을 바꿔나간다는 이야기다.

자본시장은 분명 복잡계에 속한다. 그리고 그중에서도 복잡하기로 치면 단연 최고다. 기존 위험 모형의 약점은 복잡계가 균형계와 완전히 다른 방식으로 작동함을 간과하는 데서 비롯된다. 각국 중앙은행과 뉴욕 월가의 균형 모형이 미래 예측과 위험관리 측면에서 줄곧 시원찮은 성과를 내는 까닭도 그 때문이다. 모든 분석이 동일한 데이터에서 출발하지만 같은 데이터라도 부실한 모형에 입력하면 부정확한 결과가 나온다. 복잡성 이론을 활용하는 투자자들은 주류 분석가들과의 격차가 엄청나며 훨씬 정확한 예측을 산출한다.

행동심리학과 복잡성 이론에 이어 인과관계학의 한 분야이며 '인과관계 추론'으로도 불리는 베이즈 통계학도 금융분석 도구로 활용할 수 있다. 이는 영국의 목사 토머스 베이즈가 정립한 등식이며 그의 사후인 1763년에 세상에 알려진 베이즈 정리*에서 비롯된 이론이다. 1774년에는 프랑스의 수학자 피에르 시몽 라플라스가 그와 비슷하지만 좀 더 이론적인 정리를 독자적으로 발견했다. 라플라스는 향후 수십 년에 걸쳐 그 같은 정리를 가다듬고 수식으로 완성했다. 20세기 통계학자들은 베이즈 통계학이나 라플라스 정리보다 한층 더 엄밀한 수식을 내놓았다.

경제학을 비롯한 일반과학은 방대한 데이터를 취합하고 연역적 방법을 이용해 데이터로부터 검증 가능한 가설을 이끌어낸다. 과학 가설은 주로 상관관계 분석과 회귀분석을 통해 과거 사건과 비슷한 미래 사건을 예측하는 데 사용된다. 스토캐스틱**이나 난수를 이용하여 몬테카를로 시뮬레이션(Monte Carlo simulation)을 돌리는 것도 비슷하다. 몬테카를로 시뮬레이션은 동전던지기나 주사위굴리기를 무수히 되풀이하는 방법으로 미래 사건의 확률을 유추하는 데 사용된다.

그렇다면 분석을 시작할 데이터가 전혀 없거나 부족하다면 어떻게 할 것인가? 몇 안 되는 중앙은행 총재 간에 비밀 협정이 이루어질 가능성은 어떻게 예측할 것인가? 베이즈 통계학이 바로 그 방법을 제시한다.

---

* Bayes' theorem, 확률변수의 조건부 확률분포와 주변부 확률분포를 연관 짓는 확률 이론
** stochastics, 주가 수준이 일정 기간 동안의 가격 변동 속에서 어느 정도의 수준에 있는지를 백분율로 나타낸 지표

주류 경제학자들은 미래도 과거와 비슷하게 무작위 분포를 그리는 특정 한계 내에서 움직이리라 추정한다. 베이즈 통계학은 그런 견해에 정면 반박하며 미래의 사건이 '경로의존적(path dependent)'이라 전제한다. 무작위적인 동전던지기처럼 독립적으로 일어나지 않는다는 뜻이다. 미래의 사건은 앞서 일어난 일에 영향을 받는다. 베이즈 통계학은 불충분한 데이터, 역사적 사실, 상식 등의 정보를 총동원하고 귀납적 방법을 통해 그런 정보로부터 타당한 가설을 이끌어내는 데서 시작된다.

베이즈 통계학은 먼저 가설을 이끌어낸 뒤 향후에 얻는 데이터로 그 가설을 검증한다. 그런 점에서 어림짐작이 아니라 기반이 탄탄한 학문이다. 가설은 후속 데이터로 입증되거나 반증되며, 새로운 데이터가 추가될 때마다 입증과 반증의 비율이 수정된다. 그 비율에 따라 가설은 폐기처분되거나 널리 신뢰를 얻고 수용된다. 간단히 말해 초기 데이터가 부족하여 일반통계학을 적용할 수 없을 때의 문제 해결 방식이다.

경제학자들은 초기 단계에서 지저분한 어림짐작이 개입된다는 이유로 베이즈 통계학을 거부한다. 그러나 베이즈 통계학은 세계 각국 정보기관이 하나같이 사용하는 방식이다. 예를 들어 나는 미국중앙정보국(CIA)과 로스앨러모스국립연구소(LANL, Los Alamos National Laboratory) 등 기밀을 취급하는 기관의 분석가들이 베이즈 통계학을 활용하는 모습을 직접 목격했다. 9·11 테러 같은 사건을 예측해야 하는 사람이라면 데이터가 충분치 않다며 테러가 50번 일어날 때까지 기다릴 수는 없는 노릇이다. 데이터가 부족하더라도 곧바로 문제 해결에 나서야 한다.

CIA의 사례를 보면 베이즈 통계학은 분명 자본시장을 예측하는데 효과적인 이론이다. 정보분석가들은 극히 적은 정보만을 가지고도 사건을 예측하는 데 익숙하다. 애당초 정보가 풍부하다면 스파이도 필요하지 않을 것이다. 투자자들이 다양한 유형의 자산에 골고루 포트폴리오를 분산하려 할 때 부딪히는 문제점도 정보 부족이다. 일반통계학의 방법에 따라 확실성을 추구하느라 정보를 충분히 쌓다 보면 수익을 얻을 기회가 사라진다.

베이즈 통계학에는 분명 혼란스러운 면이 있다. 하지만 월가에서 흔히 사용되는 회귀분석과 달리 새롭고 예기치 못한 사건을 놓치지 않기 때문에 한층 더 정교한 예측이 가능하다. 이 책에는 베이즈 통계학을 이용하여 연방준비제도(Fed, 연준)나 국제통화기금(IMF)보다 정확한 예측을 산출하는 방법이 담겨 있다.

이 책은 소위 4대 경제학파인 고전파, 오스트리아학파, 케인스주의, 통화주의와도 다른 방향을 추구한다. 물론 이 4대 학파에서 배울 점은 많다. 특히 애덤 스미스, 존 스튜어트 밀, 데이비드 리카도, 제러미 벤담 같은 고전파 경제학자들은 박사학위가 없다는 점만으로도 설득력을 지닌다. 이들은 변호사, 저술가, 철학자다. 국가경제와 사회경제에 무엇이 유리하고 해로운지 골똘히 생각했으며, 현대적인 장비 없이도 인간의 본성을 꿰뚫어본 사람들이다. 오스트리아학파는 선택과 시장에 대한 이해를 높이는 데 큰 역할을 했다. 그러나 돈으로 모든 현상을 설명하려는 자세가 편협하게 느껴진다. 돈이 중요하긴 하지만 인간 심리를 배제하고 돈만 강조하는 것이 오스트리아학파의 결정적 약점이다. 케인스주의나 통화주의는 최근 들어 신자유주의 여론과 결합하여 최악의 면모만 보여주는 잡종이 되고 말았다.

이 책에서 나는 복잡성 이론, 행동심리학, 베이즈 통계학을 이용하여 경제학을 연구하는 이론가 입장을 취할 것이다. 이런 접근법은 흔치 않으며 아직 '학파'로 불릴 단계는 아니다. 또 이 책에서 내가 추가로 활용할 도구는 역사적 사실이다. 누군가 내게 기존의 경제사상 중 가장 큰 도움이 되는 학파를 묻는다면 나는 역사학파*라고 답할 것이다.

역사학파의 대표적인 저술가로는 자유주의자 월터 배저트, 공산주의자 칼 마르크스, 보수주의자에 오스트리아의 가톨릭 신자였던 슘페터 등을 들 수 있다. 역사학파를 신봉한다고 해서 자유주의자, 공산주의자, 오스트리아학파가 되는 것은 아니다. 역사학파는 경제활동이 인간의 행동에서 문화적으로 창출된다고 본다.

경제인**이라는 개념은 자연계에는 존재하지 않는다. 독일인, 러시아인, 그리스인, 미국인, 중국인 등이나 마르크스가 말한 유산계급과 무산계급이 있을 뿐이다. 자연계에는 실로 다양한 사람이 존재한다. 미국인은 계층에 관한 대화를 혐오한다. 심지어 유산계급과 무산계급 같은 순화된 개념조차 입에 담지 않으려 한다. 그러나 경제학에 계층문화를 접목하면 흥미로운 결과를 얻을 수 있다.

이 책에서 우리는 복잡성 이론, 행동심리학, 인과관계 추론, 역사적 사실 등을 토대로 21세기 자본시장이라는 복잡한 연결망을 살펴보고, 이를 통해 세상이 아직 경험하지 못한 미래를 내다볼 것이다.

---

* historische schule, 19세기 중엽에서 20세기 초에 걸쳐 독일을 중심으로 일어난 경제학파
** homo economicus, 경제적 합리성만을 염두에 두고 개인주의적으로 행동하는 가상의 인간상

Contents

한국어판 서문_ 경제 빙하기에 대비하라 _4
서문_ 경제학의 새로운 접근법이 필요한 때 _7

1 몰락으로 가는 길

어떤 대화 _33 | 아이스나인 _44 | 시장 폐쇄의 역사 _61
화폐 폭동 _73

2 하나의 화폐, 하나의 세계, 하나의 질서

비밀 회합 _91 | 세계화폐 _96 | 세계 과세 _115
새로운 세계 질서 _129 | 쇼크 독트린 _141

3 사막의 지식 도시

수수께끼에 싸인 연구소 _147 | 자본시장의 복잡성 _152
복잡성과 상호작용 _165 | 피드백 _171

4 전진: 1998년 위기

묵살된 교훈 _185 | 전문가 집단 _190 | 탐욕 _201
소용돌이 _206 | 파멸의 역학 _223 | 후유증 _233

5 전진: 2008년 위기

정치권력을 움직이는 은행 권력 _247 | 2008년 위기의 여파 _267

6 지진: 2018년 위기

얼굴 없는 남자 _277 | 금의 힘 _292 | 달러 부족 _303 | 2018년의 지진 _313

7 엘리트가 일으킨 불꽃

경제학의 허상 _321 | 애플과 캐터필러 _330 | 빚의 제국 _344
막다른 골목 _352

8 자본주의, 파시즘, 민주주의

다시 보는 슘페터 _361 | 21세기 식 친위대 _375
파시즘의 부활 _395 | 화폐 통합 _402

9 검은 말을 보라

카운트다운은 시작됐다 _413 | 기준을 상실한 통화체제 _428
살아남는 전략 _432

후기_ 한 시대의 종말을 맞으며 _448
주 _463

1

몰락으로 가는 길

좋아, 좋아, 아주 좋아─
그 많은 사람이
이 한 가지 장치 안에 들어 있으니.[1]

─ 커트 보니것, 「고양이 요람」

어떤 대화

오리올은 우아한 분위기, 높직한 천장, 세련되고 현대적인 인테리어가 특징인 식당이다. 뉴욕 맨해튼의 웨스트32번가에 자리 잡고 있으며, 정확한 위치는 관광객이 북적이는 타임스스퀘어와 브라이언트파크의 식물원 사이다. 여기서는 대리석으로 만든 쌍둥이 사자상이 입구를 지키고 있는 뉴욕 공공도서관이 제법 가까이 보인다.

2014년 6월 나는 동석자 세 명과 함께 창가 테이블에 앉아 즐거운 저녁 시간을 보내고 있었다. 공공도서관 강당에서 국제 금융에 관한 강연을 마친 뒤 일행과 함께 오리올까지 짧은 거리를 걸어왔다.

뉴욕 공공도서관의 강연은 무료로 제공됐다. 뉴욕에서 열리는 무료 행사의 청중은 언제나 각양각색이다. 적어도 내가 기관을 상대로 하는 발표회와 비교할 때 다양한 사람들이 찾는 것만은 분명하다.

그날 강연도 마찬가지였다. 청중 가운데 어떤 신사는 주황색 정장에 나비넥타이를 매고 선글라스와 노란빛이 감도는 녹색 모자를 쓰고 있었다. 맨 앞줄에 앉은 사람이었다. 그 정도는 눈길을 끄는 차림도 아니었다.

뉴욕 사람들은 옷차림이 대담할 뿐 아니라 대부분 날카로운 질문을 던진다. 그날도 강연 후 질의응답 시간에 청중 한 명이 손을 들더니 이렇게 말했다. "말씀하신 체계적 위험*에 대해서는 동의합니다만, 저는 401(k)**에 전 재산이 묶여 있어요. 주식과 MMF***에만 투자하고 있고요. 어떻게 해야 할까요?"

나는 곧바로 "퇴직하세요"라고 답했다. 그런 다음 이렇게 덧붙였다. "주식의 절반은 현금화하세요. 그럼 변동성이 줄어들 테니 조금 안심될 겁니다. 그리고 가시성****이 개선되면 옵션성*****이 생길 겁니다." 그로서는 달리 할 도리가 없었다. 나는 그날 조언을 하면서 수백만 명의 미국인이 그 남자와 마찬가지로 주식시장이라는 덫에 걸려 있다는 사실을 실감했다.

오리올에서는 여유로운 시간을 보낼 예정이었다. 식당 안은 거물과 모델로 가득했다. 나는 세 명의 멋진 여성과 자리를 함께했다. 윈

---

* systemic risk, 한 금융기관에서 시작되어 금융시장 전체로 파급되는 위험. 경제 전반을 붕괴시킬 수 있다.

** 미국의 퇴직연금제도로 401(k)란 명칭은 근로자퇴직소득보장법 401조 K항에 규정되어 있기 때문에 붙여진 것

*** Money Market Fund, 주로 증권회사나 투자신탁회사가 운용하는 단기 금융상품. 이율은 낮지만 원금 손실 위험이 적다.

**** visibility, 변동성이 낮아져 현재 실적과 향후 전망을 파악할 수 있게 되는 상태

***** optionality, 단점보다 장점이 훨씬 큰 투자 결정

편에는 바클레이스글로벌인베스터스(Barclays Global Investors)에서 수석 자문으로 있다 퇴직한 크리스티나 폴리슈크(Christina Polischuk)가 앉아 있었다. 바클레이스는 2009년 자산운용회사 블랙록이 인수할 때까지 세계 최대의 자산운용회사로 꼽혔다. 그런 바클레이스를 인수한 덕에 블랙록은 곧 독보적인 자산운용회사로 부상했고 독일 GDP보다 많은 5조 달러의 자산을 관리하게 됐다.

맞은편에는 내 딸 앨리가 앉아 있었다. 디지털미디어 컨설턴트인 앨리는 4년 동안 할리우드 A급 유명인사들에게 자문을 제공하다가 얼마 전 회사를 창업했다. 나는 앨리의 첫 고객 중 한 명이었다. 그 아이 덕에 강연에 최첨단 감각을 더할 수 있었고 결과는 성공적이었다.

오른편에는 금융계에서 가장 큰 영향력을 발휘하면서도 세간에 알려지지 않은 인물이 앉아 있었다. 바로 블랙록의 CEO 래리 핑크의 법률 고문이었다. 그녀는 미국 정부가 2008년 세계 금융위기 직후부터 펼치고 있는 금융체제 억제정책을 이행하는 과정에서 블랙록의 대정부 창구 역할을 했다. 한마디로 정부 사람들이 블랙록의 문을 두드리면 그녀가 응대했다.

우리는 화이트와인을 마시면서 옛날이야기도 하고 공통의 친구와 강연에 왔던 사람들에 관해 담소를 나누었다. 나는 그날 강연에서 복잡성 이론과 금융체제의 붕괴 조짐을 보여주는 통계 자료를 언급했다. 사실 오른편에 앉은 친구는 체계적 위험에 관한 강연을 들을 필요가 없었다. 블랙록에서 하는 업무 때문에 사방에 어떤 위험이 도사리고 있는지 그녀만큼 잘 아는 사람도 드물었다.

블랙록은 핑크의 지휘 아래 지난 25년 동안 자산운용 부문의 최강자로 떠올랐다. 세계 최대 금융기관들의 자산계좌를 운용할 뿐 아니라 소액투자자에서 기관투자자에 이르는 다양한 고객의 뮤추얼 펀드와 투자상품을 관리한다. 아이셰어즈(iShares) 플랫폼을 통해 상장지수펀드(ETF)* 수수료로 거둬들이는 돈만 수십억 달러에 달한다.[2]

핑크는 스테이트스트리트리서치(State Street Research), 메릴린치, 바클레이스글로벌인베스터스 등의 인수를 주도했다. 연이은 인수, 자체적인 성장, 신상품 덕에 블랙록은 수많은 자산운용회사 중 최정상에 섰다. 블랙록의 자산 5조 달러는 5대륙 각국 시장의 주식, 채권, 원자재, 외환, 파생금융상품 등에 골고루 분산되어 있었다. 자산운용회사 중 블랙록의 규모와 취급 분야를 따라갈 곳은 없었다. 블랙록은 금융계를 지배하는 새로운 거물이 됐다.

핑크는 자산 규모가 불어나고 금융계에서의 영향력이 커지는 것에 중독된 듯 의욕적으로 움직인다. 아침 일찍 일어나 뉴스를 빠짐없이 확인하고 간간이 거물들과 점심이나 저녁을 함께하는 것 외에는 숨 돌릴 틈도 없는 일정을 소화한 후 밤 10시 30분에 잠자리에 드는 것이 보통이다. 물론 다음 날에도 똑같은 일정을 되풀이할 터다. 맨해튼 동쪽에 있는 아파트와 미드타운의 사무실 사이를 오가지 않는 날은 전 세계 파워엘리트의 전형적인 여정을 따른다. 예를 들어 1월에는 스위스 다보스의 세계경제포럼, 4월에는 국제통화기금 회의, 6월에는 러시아 상트페테르부르크의 백야축제 등이 핑크가 참석하는 연중행사다. 그는 이처럼 일 년 내내 지구를 돌며 각국 고

---

* Exchange Traded Fund. 주식처럼 거래가 가능하고, 특정 주가지수의 움직임에 따라 수익률이 결정되는 펀드

객, 정부 수반, 중앙은행 총재, 막후 실세와 만난다.

핑크에게 그런 영향력이 있다는 사실을 미국 정부가 놓칠 리 없다. 미국 정부는 영화 〈대부 2〉에서 마피아의 전신으로 묘사하는 '검은 손'과 활동하는 방식이 비슷하다. 대선 자금 명목으로 보호비를 상납하고, 정부와 닿아 있는 재단에 기부하며, 정부와 인맥이 있는 컨설턴트, 변호사, 로비스트를 채용하고, 정부의 안건에 반대하지 않는 사람은 간섭받지 않은 채로 사업을 운영할 수 있다. 그러나 보호비를 상납하지 않는 사람은 미국 정부의 경고를 받는다. 조직폭력배라면 가게 유리창을 깨뜨리겠지만 21세기 미국 정부는 정치적인 의도를 품고 그 사람을 탈세, 사기, 독점으로 기소한다. 그렇게 해도 말을 듣지 않으면 아예 가게를 불태워버린다.

버락 오바마 행정부는 프랭클린 루스벨트 대통령이 1934년 재력가로 유명했던 앤드루 멜런 전 재무장관을 기소한 이래로 유례를 찾아볼 수 없을 정도로 정치적인 기소를 남용했다. 멜런의 죄라고는 부유했고 루스벨트를 적극적으로 반대했던 것뿐이었다. 그는 결국 모든 혐의를 벗었다. 그럼에도 멜런에 대한 정치적인 기소는 루스벨트를 지지하던 좌파 성향의 유권자 사이에서 효과를 발휘했다.

JP모건체이스의 CEO 제이미 다이먼은 2012년 오바마의 은행 규제정책을 대놓고 비판했다가 대가를 톡톡히 치렀다. 그 후 2년 동안 JP모건체이스가 오바마 행정부 당시의 법무부와 규제당국이 제기한 민사, 형사 사기 혐의로 치른 벌금, 과징금, 규제 준수 비용은 300억 달러가 넘었다. 오바마 행정부는 루스벨트가 그러했듯 개인보다 기업을 공격해야 수지가 맞는다는 사실을 잘 알았다. 오바마 행정부라는 '검은 손'에게 주주들은 보호비를 바쳐야 했고, CEO들은 침묵을 지키는 한 자리를 보전할 수 있었다.

다이먼에 비해 핑크는 정치적인 게임을 기민하게 치를 줄 알았다. 《포천》에 따르면 그는 확고한 민주당 지지자이며, 재무장관 등 행정부 요직의 하마평에 자주 오르내리고 있었다.[3] 핑크는 그의 경쟁자들을 괴롭혔던 정치적 공세에서도 자유로웠다.

그러나 핑크는 현재 표적 기소나 백악관의 적대감보다 더 심각한 위협에 직면했다. 백악관도 개입되어 있지만 위협의 주체는 국제통화기금과 주요 20개국 모임인 G20의 엘리트들이다. 이들은 비전문가들을 헷갈리게 하려는 의도에서 그런 위협을 'G-SIFI'라는 온건한 명칭으로 부른다. '시스템적으로 중요한 글로벌 금융회사(Globally Systemic Important Financial Institution)'의 약자다. 실제로는 덩치가 너무 커서 파산하게 내버려둘 수 없는 '대마불사 금융회사'를 뜻한다. G-SIFI 목록에 오른 금융회사는 파산하면 전 세계 금융계가 휘청거릴 수 있기 때문에 정부의 지원을 받는다. 이 목록에는 전국적인 대형 은행뿐 아니라 전 세계 금융을 좌지우지하는 초대형 금융회사들이 포함된다. 규모가 너무 커서 그대로 두기에는 위험한 금융회사들도 G-SIFI에 속한다. G20과 국제통화기금은 G-SIFI를 감시하는 데서 만족하지 못하고 통제하려 든다.

G20에 속한 각국은 자국 상황에 맞춰 '시스템적으로 중요한 금융회사(SIFI)'와 '시스템적으로 중요한 대마불사 은행(SIB)'을 별도로 지정해두고 있다. 미국의 경우 JP모건체이스와 시티은행뿐 아니라 그보다는 덜 유명하지만 미국 국채의 청산 결제에서 중추적 역할을 하는 뉴욕은행 같은 금융회사도 SIFI에 포함된다.

나는 그런 배경을 알고 있었다. 뿐만 아니라 G20 각국의 정부가 은행뿐 아니라 은행이 아닌 금융회사까지 목록에 올리는 데 착수했다는 최신 정보도 입수한 상태였다. 비은행 금융회사만큼 손쉬운 먹이는 없었다. 2008년 금융 시스템을 붕괴시킬 뻔했던 거대 보험회사 AIG, 같은 해 금융위기의 소용돌이 속에서 기업 어음을 차환하지 못했던 GE의 소비자신용 부문 등이 비은행 금융회사의 대표적 사례다. 당시 연준 의장 벤 버냉키는 월가 은행의 파산보다 GE의 차환불능에 더 큰 우려를 나타냈다. GE의 신용경색은 미국 기업 전반으로 번져나갔고, 미국 정부가 모든 은행 예금, MMF, 기업 어음의 지급보증을 서는 결과로 이어졌다. GE의 위기는 크나큰 공포를 불러일으켰고 각국 정부는 그런 사태의 재발을 막겠다는 결의를 다졌다.

GE와 AIG를 포함하고 나자 각국 정부는 비은행의 범위를 어디까지 넓힐지 논의해야 했다. 그 결과 푸르덴셜보험이 걸려들었다. G20은 은행과 대형 금융회사뿐 아니라 세계적인 규모의 자산운용회사까지 표적으로 삼았다. 메트라이프보험이 그다음 표적이었다. 블랙록도 물망에 올랐다.

나는 폴리슈크에게 "SIFI 문제는 어떻게 되어가고 있어요? 눈코 뜰 새 없겠군요"라는 말을 건넸다. 그녀의 대답은 놀라웠다. "생각보다 상황이 안 좋아요."

나는 미국 정부가 블랙록을 비은행 SIFI 목록에 올리려고 혈안이 되어 있다는 사실을 잘 알고 있었다. 블랙록의 경영진은 이를 막아보려고 몇 달 동안 막후에서 분투하는 중이었다. 블랙록이 내세우는 근거는 명확했다. 블랙록은 은행이 아니라 파산 위험이 없는 자산운용회사이며, 문제가 생기더라도 회사가 아니라 고객이 파산한다는 점이었다.

블랙록은 규모 자체는 문제되지 않는다고 주장했다. 자산 규모가 어떻든 자사가 아닌 고객의 소유물이라는 것이다. 실제로도 블랙록은 고객사에 고용된 입장일 뿐 그 자체로는 중요한 회사가 아니었다. 핑크는 체계적 위험은 블랙록이 아니라 은행에 도사리고 있다고 주장했다. 은행은 예금주와 다른 은행으로부터 단기자금을 빌린 다음, 그 자금을 개인이나 회사에 주택담보대출이나 상업대출 형태로 장기간 빌려준다. 이처럼 자산과 부채의 만기가 일치하지 않는 상황에서 공황에 빠진 단기채권자가 자금 상환을 요구한다면 은행은 궁지에 몰릴 수밖에 없다. 은행이 보유한 장기자산은 헐값에 내놓지 않는 한 곧바로 매각할 수도 없다.

현대 금융공학이 탄생시킨 파생금융상품 때문에 문제는 악화된다. 자산과 부채의 만기가 다르다는 점을 이용한 파생금융상품의 거래로 말미암아 파악하기 어려울 정도로 많은 거래당사자들에게 위험이 확산되기 때문이다. 이런 상황에서 공황이 닥치면 최종 대출자 역할을 마다하지 않는 중앙은행도 얽히고설킨 거래의 실타래를 풀어내지 못한다. 그 결과 은행이 줄줄이 파산한다. 대표적인 사례가 2008년 세계 금융위기와 1998년 롱텀캐피털매니지먼트(LTCM, Long Term Capital Management) 사태다.

블랙록은 자산만 관리하는 회사였기 때문에 파생금융상품 문제와는 무관했다. 고객이 맡긴 자산을 투자하는 것이 블랙록의 역할이었다. 대차대조표의 대변에도 채무가 전혀 없었다. 블랙록은 운용자금을 마련하기 위해 예금주나 MMF에 의존할 필요도 없었다. 고객이 맡긴 자산으로 해괴한 부외파생금융상품* 거래를 하는 일도 없었다.

고객은 블랙록과 자문 계약을 체결하고 자산을 맡긴 다음 자문에 대한 대가로 수수료를 지불했다. 원칙적으로는 최악의 사태라고 해봤자 고객을 잃거나 수수료를 깎이는 것이 전부였다. 물론 주가가 하락할 수도 있었다. 그러나 블랙록은 단기자금 없이 운영되므로 은행과 달리 대량의 예금 인출 사태를 겪을 가능성이 없었다. 한마디로 은행보다 안전한 회사였다.

나는 폴리슈크에게 이렇게 말했다. "음, 나는 정부가 어떤 의도로 그 일을 추진하는지 알고 있어요. 정부도 블랙록이 은행이 아니고 자금 조달 위험이 없다는 사실을 알았을 겁니다. 정부가 원하는 건 정보예요. 블랙록을 비은행 SIFI 목록에 올려두면 언제든 나서서 자료를 뒤지고 투자 현황을 파악한 다음, 위기가 오면 재무부에 그 정보를 전달할 수 있을 테니까요. 정부는 그렇게 얻은 정보를 다른 곳에서 캐낸 정보와 통합해 위기를 사전에 진압할 필요가 있을지 살펴보려는 거예요. 성가시고 비용도 만만치 않겠지만 큰 문제는 없어요. 그냥 규제 준수 비용을 한 번 더 낸다고 생각하면 됩니다."

폴리슈크는 몸을 앞으로 기울이더니 작은 목소리로 이렇게 속삭였다. "그게 아니라니까요. 그 정도면 우리도 감수할 수 있어요. 그런데 정부는 우리더러 매각을 하지 말래요."

"뭐라고요?" 내가 되물었다. 무슨 말인지는 똑똑히 알아들었지만 그 말에 담긴 함의가 워낙 놀라웠기 때문이다.

"위기가 오면 우리에게 유가증권을 매각하지 말라고 전화로 지시

---

* off-balance derivatives, 장부에 기록되지 않고 장외에서 거래되는 상품

하겠다는 거죠. 블랙록의 손발을 묶으려는 처사예요. 지난주에 그 문제로 워싱턴DC에 다녀왔고 다음 주에도 회의 때문에 다시 가야 해요. 알다시피 정부가 노리는 건 우리가 아니라 고객이에요."

나는 충격에 빠졌다. 그러나 실은 그다지 충격적인 일도 아니었다. 블랙록은 누가 봐도 전 세계 자금이 넘나드는 관문이었다. 사실 규제기관이 은행에 어떻게 행동하라고 지시하는 것은 놀랄 일도 아니었다. 규제기관은 마음만 먹으면 얼마든지 은행을 폐쇄할 수 있었다. 은행 경영진은 규제기관과 겨루면 은행이 어김없이 진다는 사실을 잘 알기에 정부의 지시에 순응한다. 그러나 정부라 해도 블랙록 같은 자산운용회사에는 이렇다 할 법적 수단을 행사할 수 없었다.

하루 동안 블랙록에 드나드는 자금 규모는 실로 엄청났다. 블랙록은 이란과 아라비아 반도 사이의 호르무즈 해협처럼 전략적인 요충지였다. 호르무즈 해협을 통과하는 원유 수송을 봉쇄하면 세계경제는 멈춰버린다. 마찬가지로 블랙록의 거래를 막으면 세계 금융시장이 정지된다.

금융 공황이 일어나면 누구나 자기 돈을 회수하려 든다. 투자자들은 온라인 중개업체를 통해 클릭 몇 번으로 주식, 채권, MMF 등을 돈으로 바꿀 수 있으리라 믿는다. 그러나 공황에 빠지면 그러지 못할 가능성이 크다. 잘해야 가치가 폭락하면서 '돈'이 눈앞에서 사라지는 꼴을 보는 정도다. 최악의 경우 자금운용회사가 상환을 중단하고 중개업체가 시스템을 막아버린다.

이처럼 공황이 닥치고 투자자들이 앞다퉈 돈을 회수하려 할 때 정책입안자들은 대체로 두 가지 대응책 중 하나를 내놓는다. 첫째, 돈을 최대한 찍어내 자금 수요를 충족하고 투자자들이 자금을 즉각 회수할 수 있도록 한다. 중앙은행 본연의 최종 대출자 역할을 수행하는 것이다. 물론 최종 화폐 발행자 역할을 한다고 보는 편이 더 적합하다. 둘째, 시스템을 동결하는 식으로 시장의 요구를 단호하게 거부한다. 동결 조치로는 은행 폐쇄, 거래소 폐장, 자산운용회사의 자산 매각 금지 등이 있다.

2008년 당시 각국 정부는 첫 번째 방법을 택했다. 중앙은행들이 시장경색을 해소하고 자산가격의 폭락을 막기 위해 돈을 찍어내 시장에 공급했다. 그런데 그다음 닥칠 공황에 대해서는 정부가 두 번째 방법을 택할 조짐이 나타났다. 다시 한 번 공황이 일어나면 정부는 다음과 같은 요지의 말을 할 것이다. "안 됩니다. 당신은 돈을 회수할 수 없어요. 시스템이 폐쇄되었습니다. 우리가 어느 정도 사태를 정리한 다음에 연락을 드릴게요."

그 경우 블랙록에 묶여 있게 될 돈은 블랙록이 아닌 고객의 소유다. 블랙록은 중국 국부펀드 CIC(중국투자유한책임공사)와 캘리포니아 주정부공무원연금 캘퍼스(CALPERS) 등 세계 최대 기관투자자가 맡긴 자금을 운용한다. 따라서 블랙록에 동결 조치를 내린다는 것은 중국과 캘리포니아를 비롯한 전 세계 사법 관할 구역의 자산 매각을 동결한다는 뜻이다. 물론 미국 정부에는 중국에 유가증권을 매각하지 말라고 명령할 권한이 없다. 그러나 중국이 블랙록에 자산을 위탁했다는 이유로 미국 정부가 블랙록에 권한을 행사하면 중국의 자산을 동결할 수 있다. 중국 정부는 일이 벌어지고 나서야 그 사실을 통보받을 것이다.

미국 정부는 블랙록 같은 자금 관문을 통제함으로써 자국의 사법권이 미치지 않는 기관투자자의 자산까지 좌우할 수 있다. 블랙록의 자산 동결은 너무도 과감한 계획이라 정부가 공공연하게 거론할 수 있는 주제가 아니었다. 그러나 나는 식사 자리에서 폴리슈크에게 들은 정보 덕분에 정부의 계획을 명백히 파악할 수 있었다.

아이스나인

커트 보니것은 1963년 블랙코미디 소설 『고양이 요람(Cat's Cradle)』에서 '아이스나인(Ice-Nine)'이라는 허구의 물질을 소개했다.[4] 펠릭스 호니커 박사라는 물리학자가 발견한 아이스나인은 물 분자(H_2O)를 재배열한 물질이다. 아이스나인은 일반적인 물과 두 가지 면에서 다른 성질을 띤다. 첫째는 녹는점이 섭씨 45.8도라서 상온에서 얼어붙는다. 둘째는 아이스나인 분자가 물 분자와 접촉하면 물이 즉각 아이스나인으로 변한다.

호니커 박사는 밀봉된 유리병에 담은 아이스나인 분자를 자식들에게 유품으로 남겼다. 아이스나인이 유리병에서 빠져나와 하천, 호수, 대양 등 커다란 물줄기에 닿는 순간 모든 식수 공급원이 딱딱하게 얼어붙고 지구는 생명체가 살 수 없는 곳이 되어버린다. 지구 최후의 날이라는 주제는 보니것이 이 책을 썼던 시대에 잘 맞아떨어졌다. 『고양이 요람』은 핵무기 때문에 인류가 전멸하는 핵겨울 직전까지 갔던 쿠바 미사일 위기 직후에 출간됐다.

아이스나인은 다음 금융위기가 일어날 때 핵심 권력층이 택할 대응책을 설명하기에 더할 나위 없는 예시다. 또다시 위기가 닥치면 그들은 유동성을 공급하여 얼어붙은 시장을 해빙하기는커녕 동결할 것이다. 그리고 시스템을 봉쇄할 것이다. 물론 권력층은 아이스나인을 잠정적인 대책이라 해명할 것이다. 닉슨 대통령이 1971년 달러-금 태환 중지에 대해 약속했던 것처럼 말이다. 그러나 닉슨의 약속과 달리 고정가격에 금을 태환하는 제도는 부활하지 못했다. 미국 켄터키 주 포트녹스의 금고에 보관된 금괴는 이후 동결되어 있다. 내가 미국 정부의 금괴를 아이스나인에 비유하는 것도 그 때문이다.

금융시장이 역동적인 복잡계라는 사실을 아는 사람에게는 아이스나인이 한층 더 적절하게 와 닿는다. 아이스나인 분자는 지구의 전 대양을 한꺼번에 얼어붙게 하는 것이 아니라 주변에 있는 물 분자를 얼음으로 만든다. 결과적으로 새로 탄생한 아이스나인 분자가 계속해서 주변의 물을 얼어붙게 하는 악순환이 이어진다. 그 과정은 직선적이라기보다 기하학적인 형태를 띤다. 단일 원자의 분열로 시작되어 원자가 순식간에 기하급수적으로 증가하면서 어마어마한 에너지를 방출하는 핵연쇄반응과 같다.

금융 공황도 같은 양상으로 번져나간다. 1930년대 대공황과 같은 고전적인 공황은 소도시 은행의 대규모 예금 인출에서 시작되어 전국적으로 확대되다가 급기야 월가를 강타하고 주식시장 대폭락을 초래한다. 21세기 공황은 컴퓨터가 사전에 입력된 매도 주문을 자동으로 실행하는 데서 시작되고, 이런 사태가 연쇄적으로 발생함에 따라 시장은 통제 불능이 된다. 예를 들어 1987년 10월 19일에도 연쇄적인 매도가 일어나면서 다우지수가 하루 만에 22퍼센트나 폭락했다. 현재의 주가지수로 환산하면 4000포인트 급락한 셈이다.

위험을 관리하는 리스크매니저와 규제기관은 '전염(contagion)'이라는 말로 금융공학의 작동원리를 표현한다. 전염은 단순한 비유에 그치지 않는다. 에볼라 같은 전염병은 아이스나인, 핵연쇄반응, 금융 공황처럼 기하급수적으로 확산된다. 예를 들어 에볼라 환자 한명이 건강한 사람 두 명을 감염시키면 새로 감염된 두 사람이 제각기 두 명씩을 감염시킨다. 이것이 되풀이되어 신규 감염자가 빠르게 확산된다. 그 결과 에볼라가 전 세계적으로 유행하고 백신이 발견될 때까지 에볼라 환자에 대한 철저한 격리가 필요해진다. 그런데 『고양이 요람』에는 '백신'이 나오지 않는다. 아이스나인 분자가 밀봉된 유리병에 담긴 채 외부와 격리되어 있을 뿐이다.

금융 공황 상황에서는 화폐 발행이 백신 역할을 한다. 그것이 효과를 발휘하지 못한다고 판명되면 해결책은 격리밖에 없다. 격리란 은행, 거래소, MMF 운용회사를 닫고 ATM을 차단하고 자산운용회사에 유가증권 매각을 중지하도록 명령하는 것을 말한다. 핵심 권력층은 백신을 개발하지 않은 채로 금융계의 아이스나인 확산 사태를 준비하고 있다. 그들은 아이스나인 확산이 잦아들 때까지 우리의 돈을 금융 시스템 안에 가둬둘 것이다.

아이스나인은 무심코 보면 드러나지 않는다. 관심을 기울여 찾지 않는 한 쉽게 보이지 않는다. 그러나 그 존재를 파악하는 순간 여기저기서 보이기 시작한다. 나 역시 폴리슈크와 블랙록의 자산 동결 가능성에 관한 대화를 나눈 뒤 아이스나인의 조짐을 도처에서 찾을 수 있었다.

핵심 권력층의 아이스나인 계획은 2010년 도드-프랭크 금융개혁법*에 따라 추진된 '사전 유언장'**과 '정리 권한'보다 훨씬 과감했다. 아이스나인은 은행뿐 아니라 보험회사, 제조업체, 자산운용회사까지 대상으로 삼았다. 강제 청산을 넘어 모든 거래에 대한 동결을 포괄하는 계획이었다. 아이스나인은 사례별로 시행되기보다 전면적으로 시행될 터였다.

최근 핵심 권력층이 고객의 자금을 동결한 사례로는 2012년 키프로스 은행위기와 2015년 그리스 국채위기가 가장 유명하다. 전에도 비슷한 위기는 있었지만, 키프로스와 그리스의 경우 문제가 걷잡을 수 없게 되자 은행들이 고객의 예금 인출을 중단했다.

키프로스는 러시아의 독점 재벌이 불법으로 취득한 재산 등 러시아의 도피자본이 드나드는 통로였다. 키프로스의 은행위기는 키프로스의 2대 은행인 라이키은행(Laiki Bank)과 키프로스은행(Bank of Cyprus)의 지급 불능 선언에서 시작됐다. 그 결과 은행권 전반에 대규모 예금 인출 사태가 일어났다. 키프로스는 유로존 회원국이라 유로를 국가 통화로 도입했다. 경제 규모가 작은 키프로스의 위기가 금융 시스템 전반으로 확산된 것도 그 때문이다. 유럽중앙은행, EU, 국제통화기금은 2011년 국채 사태 때 유로를 지키려고 사투를 벌인 바 있다. 이런 이유로 그들은 자신들의 노고가 키프로스 사태 때문에 수포로 돌아가는 것을 원치 않았다.

키프로스는 자국에 유리한 흥정을 할 만한 영향력이 없었다. 조금이라도 지원을 받으려면 그들이 어떤 조건을 제시하든 수용해야 했

---

* 오바마 행정부가 2008년의 세계 금융위기와 같은 사태가 일어나지 않도록 제정한 광범위한 금융규제법으로 2010년 7월 발효됐다.

* living wills, 금융회사가 자구책의 일환으로 규제기관에 제출한 정리계획서. 정리의향서로도 불린다.

다. 한편 그들은 대마불사 은행의 시대를 끝내기로 결정했고 키프로스를 통해 그 결의를 드러냈다. 은행이 일시적으로 폐쇄됐고 ATM은 작동을 멈췄다. 그러자 정신없는 예금 인출 소동이 일어났다. 유럽 대륙으로 가서 여행가방 가득 유로 지폐를 채워 돌아오는 사람들도 있었다.

라이키은행은 영구 폐쇄되었고 키프로스은행은 정부의 구조조정을 거쳤다. 예금 보호 한도 10만 유로를 넘는 라이키은행의 예금은 회생 가능성이 불투명한 '배드뱅크*'에 처박혔고 소액예금은 키프로스은행으로 이전됐다. 키프로스은행은 자본 재구성**을 거쳤는데, 이때 10만 유로를 초과하는 비보호 예금 중 47.5퍼센트가 지분으로 전환됐다. 위기 이전에 키프로스은행의 주식과 채권을 취득한 이들은 헤어컷***을 감수해야 했고, 손실의 대가로 은행의 지분을 받았다.

키프로스 위기 당시 유럽중앙은행, EU, 국제통화기금은 구제금융을 투입하여 예금주들을 구하는 대신 '손실 분담' 모형을 사용했다. 예금주들의 돈으로 파산한 은행의 자본을 재구성한 것이다. 손실 분담 덕분에 그들이 부담해야 할 구제비용이 줄었는데, 특히 독일이 손실을 덜 입었다.

세계 각국의 투자자들은 키프로스에서 일어난 일을 일회성 사건 정도로 치부하고 넘겼다. 키프로스가 가난한 나라라는 이유로 선진국 예금주들은 사태를 대수롭지 않게 생각했다. '여기서는 그런 일

---

* bad bank, 파산한 금융기관의 부실자산을 정리하는 구조조정 기관
** recapitalization, 기업의 부채인 사채가 주식으로 바뀌는 것과 같은 기업의 자본구조 변경을 의미한다.
*** haircut, 유가증권 가치의 상각

이 일어날 리 없다'는 태도였으나 완전히 잘못된 생각이었다. 2012
년 키프로스에 대한 손실 분담 조치는 전 세계 은행위기에 대한 새
로운 해결책이 됐다.

키프로스 위기 직후인 2014년 11월 15일, 호주 브리즈번에서 G20
정상회담이 열렸다. 여기에는 버락 오바마 미국 대통령과 앙겔라 메
르켈 독일 총리를 비롯한 세계 지도자들이 참석했다. 이때 지도자들
이 내놓은 공동성명서에는 금융안정위원회(FSB, Financial Stability Board)
라는 신생 기구가 언급된다.[5] FSB는 G20이 설립한 글로벌 금융 규
제기관으로, 회원국의 국민에 대한 책임은 지지 않는다. 성명서에는
"우리는 시스템적으로 중요한 글로벌 은행의 손실 흡수 능력을 확충
하자는 FSB의 제안을 환영한다"고 기록되어 있었다.

브리즈번의 공동 성명은 은행 예금주에 대한 아이스나인 정책을
키프로스 같은 작은 나라에 국한하지 않으리라는 G20의 결의를 보
여준다. 아이스나인은 주요 국가의 정책이 됐다. 미국도 예외는 아
니었다.

은행 예금주들은 2015년 그리스 국채위기를 통해 정부가 은행 예
금을 동결할 수 있다는 가혹한 교훈을 얻었다. 그리스 국채는 2009
년부터 지속적인 문제를 일으켰으며 2015년에 이르기까지 가격 급
등과 급락을 되풀이했다. 위기는 인내심이 바닥난 독일이 브뤼셀에
서 열린 EU 정상회담에서 그리스에 최후통첩을 전달한 2015년 7월
12일 정점에 달했다. 결국 그리스는 금융 개혁을 시행하라는 독일
의 요구를 받아들였다.

그리스의 일반인 중에는 브뤼셀에서 펼쳐진 위험천만한 드라마의
의미를 이해하지 못하는 이도 있었을 것이다. 그러나 그 결과를 피

할 수 있는 사람은 거의 없었다. 그리스의 은행이 살아남을 수 있을지, 브리즈번에서 채택된 규정에 따라 예금주가 손실을 분담해야 할지도 불투명했다. 은행으로서는 상황이 명확해질 때까지 예금과 대출에 대한 접근을 차단하는 수밖에 없었다.

ATM 작동이 중단되었으므로 그리스 사람들은 현금카드로 돈을 인출할 수 없었다. 그리스 이외의 국가에서 발급된 직불카드를 갖고 있던 여행자들은 아테네 국제공항에서만 소액의 현금을 찾을 수 있었다. 그리스에서 발급된 신용카드는 상점에서 거부당했다. 그리스 사람들은 인근 국가로 차를 몰고 가 유로 고액권 지폐를 잔뜩 실어 왔다. 그리스 경제는 하룻밤 사이 현찰 판매와 유사 물물교환제도로 회귀했다.

키프로스 사태 직후에 시행된 그리스 식 아이스나인은 경고 메시지를 전한다. 이때는 예금주들도 예금이 사실상 돈도 아니고, 자기 소유도 아니며, 언제든 동결 가능한 은행의 부채라는 사실을 인식한 것이다. 그러나 브리즈번 G20 정상회담에서 나온 아이스나인 계획은 은행 예금에 국한되지 않았다. 예금은 출발점이었을 뿐이다.

2014년 7월 13일 미국 증권거래위원회(SEC, Securities and Exchange Commission)는 3대 2 표결로 투자자들의 환매 요청을 유예할 수 있는 재량권을 MMF 운용회사에 부여하는 규정을 통과시켰다.[6] SEC의 새 규정에 따라 아이스나인이 은행을 넘어 투자업계로 확대된 것이다. 새 규정 덕분에 MMF 운용회사는 헤지펀드처럼 행동할 수 있었다. 투자자들에게 돈을 돌려줘야 할 의무에서도 벗어났다. 운용회사들은 투자자들에게 보내는 우편과 이메일에 규정 변경에 관한 전단을 첨부했지만, 대부분의 투자자들은 분명 눈여겨보지 않고 휴지통에 넣었을 것이다. 어찌 되었든 SEC의 규정은 법적 효력이 있었다. 운용회사는 그 규정을 투자자들에게 통보했다. 다시 한 번 금융 공황이 닥치면 손실 분담을 위해 은행 계좌뿐 아니라 MMF 계좌도 동결된다는 뜻이다. 이처럼 아이스나인은 갈수록 강화되고 있다.

그렇다면 이 사태에 어떻게 대처해야 할까? 우선 현금과 주화를 들고 있는 방법이 있다. 1914년 이전이나 대공황이 한창이던 1929년부터 1933년까지에는 상당히 일반적인 방법이었다. 내가 말하는 현금이란 100달러, 500유로, 스위스중앙은행(SNB)이 발행하는 1000스위스 프랑 등 최고액권의 경화*를 뜻한다. 주화는 미국의 골드이글(American Gold Eagle)이나 캐나다의 메이플리프(Maple Leaf)처럼 여러 지역에서 사용 가능한 금속 화폐를 뜻한다. 미국의 1온스(약 28.35그램)짜리 실버이글(American Silver Eagle)도 여기에 포함된다. 이 지폐와 주화를 보유하면 아이스나인에 의한 계좌 동결에도 끄떡없을 것이다. 전 세계 파워엘리트들이 현금과의 전쟁을 벌이는 까닭도 그 사실을 잘 알고 있기 때문이다.

과거 사례를 돌이켜볼 때 시장이 폐쇄되면 매수인과 매도인이 길거리에서 만나 현찰로 증권을 사고파는 '장외거래소'가 생겨나게 마련이다. 규제기관은 가격 예시 기능을 차단하고 공황 이후에도 공황 이전의 가격을 거짓으로 유지하기 위해 21세기 식 디지털 장외거래소의 출현을 막으려 할 것이다. 장외거래는 이베이처럼 비트코인에 의한 온라인 결제로 이루어지거나, 거래당사자끼리 직접 만나 현금

---

* hard currency, 금이나 달러와 쉽게 교환할 수 있는 화폐

으로 거래하는 식으로 이루어질 수 있다. 주식 소유권은 블록체인 기술을 이용한 분산거래 장부에 기록하면 된다. 현금을 없앰으로써 대안적인 시장의 출현을 억제할 수 있지만, 비트코인 같은 가상화폐가 등장하면서 핵심 권력층의 계획에 차질이 빚어졌다.

현금을 없애는 두 번째 이유는 마이너스 금리를 부과하기 위해서다. 현재 중앙은행은 디플레이션 추세를 꺾는 데 실패를 거듭하고 있다. 이런 상황에서 실질금리를 마이너스대로 끌어내려 인플레이션을 유발하면 디플레이션을 물리칠 수 있다.

마이너스 실질금리는 인플레이션율이 명목대출금리보다 높을 때 발생한다. 인플레이션율이 4퍼센트이고 대출금리가 3퍼센트이면 실질금리는 -1퍼센트다(3-4=-1). 인플레이션이 달러의 가치를 잠식하는 속도는 대출이자의 발생 속도보다 빠르다. 그 결과 대출자가 은행에 대출금을 상환할 때쯤에는 대출을 신청했을 때에 비해 달러 가치가 떨어지게 된다. 마이너스 실질금리가 '공짜 돈'보다 나은 까닭은 은행이 대출자에게 돈을 빌리는 대가로 수수료를 지급하는 격이기 때문이다. 마이너스 실질금리는 대출, 투자, 소비를 크게 진작하여 인플레이션 추세를 부추기고 디플레이션을 막는다.

그렇다면 인플레이션율이 제로에 가깝다면 어떻게 마이너스 실질금리를 유도할 수 있을까? 인플레이션율이 1퍼센트 정도로 낮을 때는 명목금리가 2퍼센트밖에 되지 않더라도(2-1=1이므로) 실질금리가 마이너스가 되지 않는다. 해결책은 마이너스 명목금리를 도입하는 것이다. 인플레이션율이 낮거나 마이너스라도 명목금리를 마이너스로 끌어내리면 실질금리도 마이너스로 끌어내릴 수 있다. 예를 들어 인플레이션율이 제로이고 명목금리가 -1퍼센트면 실질금리

역시 -1퍼센트다(-1-0=-1).

디지털 은행 시스템에서는 마이너스 금리를 유도하기가 쉽다. 은행이 예금주에게 이자를 지급하기는커녕 잔액에서 돈을 차감하도록 컴퓨터 프로그램을 짜면 된다. 예를 들어 예금주가 10만 달러를 은행에 예치했는데 금리가 -1퍼센트라면, 1년 후 예금주의 계좌에는 9만 9000달러만 남아 있게 된다. 예금의 일부가 사라진다는 이야기다.

마이너스 실질금리시대에 저축을 하려면 현금을 보유하는 것이 최선이다. 어떤 사람이 은행에서 10만 달러를 인출하여 은행이 아닌 금고에 안전하게 보관한다고 생각해보라. 반면에 어떤 사람은 은행에 저축을 그대로 두고 -1퍼센트의 이자'소득'을 얻는다. 1년 후 첫 번째 사람의 저축은 10만 달러로 변함이 없지만, 두 번째 사람의 저축은 9만 9000달러로 줄어든다. 이런 예시를 통해 우리는 마이너스 금리가 현금 없는 세상에서만 가능한 이유가 무엇인지 알 수 있다. 마이너스 금리를 도입하려면 그 이전에 모든 예금주를 전면적인 디지털 은행 시스템에 강제로 편입시켜야 한다.

기관과 금융회사 입장에서는 이미 진 싸움이다. 개인이 10만 달러를 현금으로 보유하기란 쉽지 않다. 기업이 10억 달러를 현금으로 보유하기란 사실상 불가능하다. 거액의 예금주들은 주식과 채권에 현금을 투입한 경우가 아니라면 마이너스 금리에 반대할 이유가 없다. 핵심 권력층이 바라는 바가 바로 그것이다. 핵심 권력층은 현금을 없애고 마이너스 금리를 정당화하기 위해 귀가 멍멍해질 정도로 거센 공세를 퍼붓고 있다.

2014년 6월 5일 마리오 드라기 유럽중앙은행 총재는 유럽 각국의 중앙은행과 주요 시중은행이 유럽중앙은행에 예치한 유로화 자금에 대해 마이너스 금리를 도입했다. 그러자 해당 은행들이 자기 은행의 예금주에게도 마이너스 금리를 부과했다. 골드만삭스, JP모건체이스, 뉴욕멜론은행 등 여러 은행이 마이너스 금리라는 명목으로 고객의 계좌에서 돈을 빼갔다.

2014년 12월 8일 《월스트리트저널》은 「은행이 고객에게 현금을 다른 곳에 보관하라고 권고하다」는 표제의 기사를 실었다.[7] 미국의 대형 은행이 고객에게 '이제까지 대형 고객에게 부과하지 않던 예금 수수료를 부과할 방침'이라는 내용을 통보했다는 것이다. 물론 수수료는 마이너스 금리의 다른 이름이다. 계좌의 돈을 서서히 갉아먹는 것이다. 〈로미오와 줄리엣〉에서 줄리엣이 말했듯 장미를 다른 이름으로 불러도 그 본질은 변하지 않는 법이다.

2015년 1월 22일 스위스중앙은행은 스위스의 은행들이 맡긴 요구불예금* 중 1000만 스위스 프랑을 초과하는 부분에 대해 마이너스 금리를 도입한다고 발표했다. 2016년 1월 29일 일본의 중앙은행인 일본은행은 표결을 실시했다. 그리고 시중은행이 일본은행에 예치한 자금 중 법정지급준비율을 초과하는 부분에 대해 마이너스 금리를 부과하기로 결정했다. 미국은 이 글을 쓰는 현재까지 마이너스 금리정책을 공식 도입하지 않고 있다. 2016년 2월 16일 로런스 서머스 전 재무장관은 《워싱턴포스트》 칼럼에서 '100달러짜리 지폐를 시장에서 없애버려야 한다'고 주장했다.[8]

---

* sight deposit, 예금주의 요구가 있을 때 언제든 지급해야 하는 예금

2016년 5월 4일 유럽중앙은행은 500유로 지폐의 발행을 단계적으로 축소하고 2018년 말부터 전면 중단할 것이라 발표했다. 기존 500유로 지폐는 법정 통화의 자격을 유지하겠지만 공급이 줄어들 것이다. 500유로권의 발행이 중단됨에 따라 500유로어치를 사려면 수수료가 포함된 금액을 디지털 화폐로 내야 할 가능성이 커졌다. 500유로짜리를 사려고 502유로를 내는 꼴이다. 이는 실물 화폐에 마이너스 금리를 적용하는 것에 상응한다. 유례를 찾아볼 수 없는 일이다.

2016년 8월 30일 하버드대학 교수이자 국제통화기금 수석경제학자를 역임한 케네스 로고프가 『화폐의 종말(The Curse of Cash)』이라는 선언서를 출간했다.[9] 현금을 단계적으로 뿌리 뽑겠다는 파워엘리트의 계획을 보여주는 대표적인 책이다. 현금과의 전쟁과 마이너스 금리를 강행하려는 움직임은 보조를 같이하며 본질적으로 동일한 목적을 띤다. 두 가지가 동전의 양면인 셈이다.

소를 도살하기 전에 우리에 몰아넣는 것은 통제의 용이함을 위해서다. 소를 저축자로 바꿔 생각해도 마찬가지다. 파워엘리트들은 현금을 동결하고 마이너스 금리를 적용하기 위해 저축자들을 몇 안 되는 초대형 은행의 디지털 계좌로 몰아넣는 것이다. 오늘날 미국의 4대 은행인 시티은행, JP모건체이스, 뱅크오브아메리카(BOA), 웰스파고는 2008년보다 규모가 커졌다. 전체 은행권에서 차지하는 자산 비중도 높아졌다. 이들은 1990년만 해도 37개의 독자적인 은행이었고 2000년까지도 19개 은행으로 나뉘어 있었다. 대표적 사례인 JP모건체이스는 체이스맨해튼, 베어스턴스, 케미컬은행, 퍼스트시카고, 뱅크원, 워싱턴뮤추얼 등을 흡수한 것으로 유명하며, 그 이전에도 여러 은행을 인수했다. 오늘날 대마불사 은행의 몸집은 2008년보다 훨씬 커졌다. 저축예금은 규제기관이 전화 몇 통으로 계좌 동결을 지시할 수 있는 은행 몇 군데에 집중되어 있다. 저축자들을 도살할 준비하고 있는 것이다.

아이스나인 계획은 저축자들을 대상으로 삼는 데서 그치지 않고 은행 자체에도 적용된다. 2014년 11월 10일 G20 산하의 FSB는 시스템적으로 중요한 세계 20대 은행에 '금융위기가 발생할 경우 자기자본으로 전환할 수 있는 채권을 발행하라'고 요구했다.[10] 위기가 발생하면 그런 채권은 자동으로 아이스나인의 대상이 된다. 그 결과 규제기관이 따로 조치를 취하지 않아도 채권 보유자들이 손실을 분담하게 된다.

2014년 12월 9일 미국의 은행 규제기관은 도드-프랭크 금융개혁법의 조항을 근거 삼아 미국 8대 은행에 '추가 자본 적립'이라는 명목으로 자본 요건의 강화를 요구했다. 이 요건을 이행하지 않는 대형 은행은 주주에게 배당금과 자사주 매입 형태로 현금을 지급하는 것이 금지된다. 이런 조치는 은행 주주를 대상으로 한 아이스나인이나 다름없다.

『고양이 요람』의 아이스나인은 지구상의 모든 물 분자를 위협했다. 금융계의 아이스나인도 마찬가지다. 규제기관이 은행 예금에 아이스나인을 적용하면 MMF 인출 사태가 벌어질 것이다. 아이스나인이 MMF에 적용되면 이 사태가 채권시장으로 옮겨가게 되어 있다. 아이스나인의 그물망에 걸려들지 않은 시장은 다른 시장이 동결되는 즉시 출혈매각을 겪을 수밖에 없다. 파워엘리트가 아이스나인 계획을 성공시키려면 '모든 것'을 대상으로 삼아야 한다.

거래 계약도 아이스나인을 피할 수 없다. 일반적으로 채권의 계약 당사자 중 채무자가 파산을 신청하면 '채권행사 자동정지' 조항에 따라 채권자의 채권이 곧바로 동결된다. 채권자들이 한꺼번에 달려들어 채무자의 현금과 유가증권을 요구하는 일을 막기 위한 조치다. 이는 일부에게는 유리하지만 불이익을 보는 쪽도 생긴다. 파산 즉시 채권행사 자동정지가 발동되면 법원은 자산을 공평하게 배분하는 데 필요한 시간을 벌 수 있다.

그런데 1980년대와 90년대에 미국의 대형 은행은 줄기차게 로비를 벌인 끝에 채권행사 자동정지 조항이 환매와 파생금융상품 계약에 적용되지 않도록 법을 개정하는 데 성공했다. 2008년 리먼브라더스가 파산했을 때 대형 은행 채권자들은 조기 해약 조항을 행사하여 담보란 담보는 모조리 수중에 넣었다. 반면에 지방정부를 비롯해 약삭빠르지 못한 채권자들은 손실을 입었다.

2016년 5월 3일 연준은 미국 은행과 그 거래당사자의 파생금융상품 계약에 대해 48시간 동안 채권행사를 자동정지하는 법규를 제정하겠다고 밝혔다.[11] 새로 제정된 법은 국제스와프파생금융상품협회 (International Swaps and Derivatives Association) 산하의 세계 18개 주요 은행들이 조기 해약 조항을 포기한다는 합의사항을 명문화한 것이다. 애당초 2014년 합의는 G20의 금융안정화위원회가 2011년부터 압력을 행사한 결과였다. 중요한 점은 조기 해약 조항의 폐지가 은행의 거래상대방에도 적용된다는 사실이다. 세계 최대의 채권회사 핌코와 자산운용회사 블랙록도 예외는 아니다. 이제 아이스나인이 시행되면 대형 은행과 기관투자자도 소액 예금주와 마찬가지로 즉각 자산 동결이라는 처분을 받는다는 이야기다.

아이스나인은 국가에도 적용된다. 정부는 자본을 통제하는 권한을 행사함으로써 투자금을 동결할 수 있다. 달러를 사용하지 않는 나라에 달러 자금을 투자했다가 회수하려면 현지 중앙은행의 협조가 필요하다. 그러나 중앙은행이 자본 통제를 단행하고 현지 통화로 된 자금의 달러 환전과 송금을 거부하면 투자자로서는 손쓸 도리가 없어진다.

1960년대에는 선진국에서도 자본 통제가 일반적이었다. 그 후 선진국에서는 대부분 자취를 감추었고 신흥국에서도 좀처럼 찾아볼 수 없게 됐다. 자본 통제가 완화된 데는 국제통화기금의 촉구뿐 아니라 변동환율제의 시행이 작용했다. 변동환율제가 시행되면 은행에서 자금이 이탈하더라도 현지 경제가 큰 타격을 입지 않는다. 그러나 국제통화기금의 데이비드 립턴 수석부총재가 2016년 5월 24일에 한 이례적인 연설은 전 세계적인 아이스나인 적용을 시사했다.[12]

"세계 금융체제를 재점검할 때가 왔다. 그중 어떤 요소를 재점검하면 좋을까? 우리는 단기자금의 흐름에 일어나는 변동성이 정말 문제를 유발하는지 고찰해야 한다. 단기자금의 흐름은 쉽게 회수할 수 있다. 채무자를 단련하는 데 유용한 힘을 발휘하며 시장의 긍정적 개혁을 이끌어낼 수도 있다. 그러나 쉽게 회수할 수 있는 만큼 대가도 따른다. 특히 자본흐름이 갑자기 중단될 때 문제가 심각해진다. 우리는 자금 원천국(source country)의 감독체제와 세제가 채무를 유발하는 단기적 자본흐름을 과도하게 유도하는 것은 아닌지 재차 살펴봐야 한다. 나도 이런 말이 통념에서 벗어난다는 사실은 알고 있다. 그러나 우리는 자본이 유입되는 도착국(destination country)의 자본흐름 통제 수단과 거시건전성[*]정책에 대한 통합된 접근법을 마련하는 일이 가능한지 검토해야 한다."

전문용어를 걷어내면 이런 뜻이다. 미국을 대표로 한 자본 '원천국'과 신흥국을 비롯한 '도착국'에 단기채권을 억제하고, 그 대신 주식과 장기채권을 띄울 수 있도록 세법과 은행 관련법을 개정하라고 촉구하는 말이다. 유동성위기 상황에서 중개소와 거래소를 폐쇄하면 주식과 장기채권은 비교적 쉽게 동결할 수 있다. 그런 다음 각국의 자본 통제를 통해 남아 있는 단기채권을 동결하면 된다.

자그마한 ATM은 언뜻 대형 은행, 기관투자자, 정부기관과 완전히 동떨어진 것처럼 보인다. 소비자들은 곳곳에 산재하는 ATM에 은행 카드를 넣기만 하면 언제든 현금을 찾을 수 있음을 의심치 않는다. 정말로 그럴까?

ATM에는 1일 인출한도가 입력되어 있다. 하루에 800달러에서 1000달러 정도는 인출할 수 있을지도 모른다. 그러나 5000달러를 인출하려고 해본 적이 있는가? 아마 불가능할 것이다. 1일 인출한도가 1000달러라 해도 은행이 마음만 먹으면 ATM을 조작해서 300달러 정도로 한도를 낮추는 것은 일도 아니다. 게다가 ATM의 전원을 끄면 훨씬 간단하게 예금을 동결할 수 있다. 이 사실이 2012년 키프로스 은행위기와 2015년 그리스 국채위기 때 드러났다.

ATM이 작동 불능일 때 은행 창구를 직접 찾는 것은 대안이 될 수

---

* macro prudential, 금융 시스템 전체에 영향을 미치는 위험을 관리하는 것

없다. 인출액이 적당한 수준을 넘으면 능숙한 은행원이 즉각 인출을 거부하고 승인을 받아야 한다며 관리자를 부를 것이다. 그러면 관리자는 《의심활동보고서(SAR, Suspicious Activity Report)》를 미 재무부에 제출하라고 권한다. SAR은 돈 세탁, 마약 밀매, 테러를 일삼는 이들을 색출하기 위한 수단이므로 우리 같은 일반 예금주는 전혀 해당사항이 없다. 그럼에도 은행은 무조건 SAR를 제출할 것이다. 은행은 당황한 고객보다 규제기관을 두려워한다. 일반 예금주를 우대한다고 은행에 득이 되는 일은 없다. 결국 재무부 서류에 일반 예금주의 이름이 마약 카르텔이나 알카에다 조직원과 나란히 기재되는 것이다.

더욱이 은행 지점에는 100달러 등의 고액권이 많지 않다. 직접 방문해도 찾을 수 있는 현금은 한계가 있다. 실제로 예금 인출 사태가 일어난다면 은행은 일찌감치 고객을 문전박대할 것이다. 게다가 100달러 지폐 자체도 인플레이션 때문에 시간이 갈수록 가치가 감소한다.

지금까지 살펴본 바와 같이 증권거래소를 폐쇄하고, ATM 작동을 중지하며, MMF를 동결하고, 마이너스 금리를 부과하며, 현금 인출을 거부하는 데는 단 몇 분이면 충분하다. 우리가 소유한 돈이 진열장에 전시된 보석처럼 볼 수는 있되 만질 수는 없게 될지 모른다는 이야기다. 저축 예금주들은 아이스나인 대책이 이미 마련되어 있으며 행정명령과 전화 몇 통으로 곧바로 발동될 수 있다는 사실을 까맣게 모르고 있다.

시장 폐쇄의 역사

내가 이렇게 이야기하면 사람들은 대개 터무니없다는 반응을 보인다. 그러나 전혀 그렇지 않다는 사실을 역사를 통해 알 수 있다. 시장 폐쇄, 은행 폐쇄, 사유재산 몰수는 지극히 미국적인 관행이다. 1907년 공황을 필두로 지난 110년 동안 일어난 금융 공황을 돌이켜 보면 은행과 거래소 폐쇄로 예금주와 투자자에게 손실을 떠넘기는 일이 심심치 않게 행해졌다.

1907년 공황은 1906년 4월 18일에 일어난 샌프란시스코 대지진과 화재에서 비롯됐다. 미국 서부의 보험회사들이 보험금 지급을 위해 앞다퉈 자산을 매각하자 동부 해안의 자금원이 압박을 받았다. 특히 뉴욕에 있는 은행들의 유동성이 급감했다. 1907년 10월에는 뉴욕 증권거래소의 주가지수가 1906년 최고점에 비해 50퍼센트나 하락했다.

1907년 10월 14일 화요일에는 유나이티드코퍼(United Copper)의 은행 대출을 이용한 주식 사재기로 시장을 독점하려던 음모가 발각됐다. 은행들은 대출금을 회수하지 못해 순식간에 지급 불능 상태에 빠졌다. 사실상 투기꾼 조합에 의해 운영되던 대형 금융회사 니커보커신탁회사(Knickerbocker Trust)에 의심의 눈초리가 쏟아졌다. 전형적인 은행 예금 인출 사태가 뒤를 이었다. 뉴욕은 물론 미 전역의 예금주들이 현금과 당시 법정통화이던 금을 인출하기 위해 은행 앞에 줄을 섰다.

공황이 정점에 달한 1907년 11월 3일, 존 모건*은 자신의 저택으로 주요 은행장들을 불러 모아 회의를 가졌다. 그런 다음 그들을 서재 안에 가두고 "구제책을 마련하기 전에는 나갈 생각조차 말라"고 경고한 것은 유명한 일화다. 모건의 동료들은 은행 재무제표를 신속하게 조사해 비상대책을 이끌어냈다. 건전한 은행에는 구제금융을 지급하고 지급 불능에 빠진 은행에는 파산신청을 허용하는 내용이었다. 원칙적으로는 지급 가능한 상태이지만 일시적으로 유동성이 급감한 은행에는 예금 인출 요구에 응할 수 있도록 자산을 담보로 저당잡고 현금을 제공했다. 뉴욕의 모든 은행에 구제금융을 제공하자는 의견은 전혀 나오지 않았다.

공황이 잦아들고 예금이 복구되고 담보가 구제금융을 제공한 사람들에게 수익을 주리라 예상했기 때문이다. 결과적으로 그 예상은 정확히 맞아떨어졌다. 그해 11월 4일 공황이 진정됐다. 물론 무일푼이 된 예금주가 한둘이 아니었다. 그럼에도 공황은 뉴욕의 모든 은행으로 확산되지 않았다. 1907년의 대책은 에볼라의 유행을 막기 위해 감염자들을 격리하는 것과 별반 다르지 않았다. 그러나 그로부터 한 세기 후 일어난 2008년 세계 금융위기 때는 그런 구제책이 사용되지 않았다. 미 재무부와 연준은 지급 가능 여부를 따지지 않고 리먼브라더스를 제외한 모든 주요 은행에 구제금융을 제공했다.

브리즈번에서 G20이 채택한 손실 분담 모형은 모건의 원칙으로 복귀하려는 시도로 볼 수도 있다. 다시 위기가 발생하면 출혈이 불가피하다. 지급 불능인 금융회사는 영구 폐쇄되고 손실이 널리 확산

---

* John Morgan, JP모건의 창업자

될 것이다. 1907년 공황이 발생하고 7년 후인 1914년, 제1차 세계대전의 전야에 다시 공황이 닥쳤다. 그해 7월 23일 오스트리아가 세르비아에 최후통첩을 보내면서 촉발된 공황이었다. 1914년 공황은 1907년 공황보다 더 널리 확산되었고 더 오래 지속됐다.

유럽의 일기 작가들은 다들 최후통첩 직전의 몇 달 동안이 인생에서 가장 즐거운 시기였다고 회고한다. 1914년 6월 28일 오스트리아-헝가리제국의 황위 계승자 프란츠 페르디난트 대공이 사라예보에서 암살된 사건은 제1차 세계대전의 원인으로 알려져 있다. 그러나 그보다는 향후 몇 년간 발칸반도를 혼란에 빠뜨린 정세불안의 첫 징후에 더 가까웠다.

프란츠 회첸도르프 백작이 지휘하던 오스트리아-헝가리제국의 군대는 훈련되어 있지 않아 세르비아와 전투를 벌이기에 역부족이었다. 페르디난트 대공이 숙부 프란츠 요제프 황제에 온건주의 노선을 택하도록 조언한 결과였다. 그러나 사라예보 암살 사건으로 온건주의자인 페르디난트 대공의 영향력이 사라졌다. 회첸도르프 백작에게도 발칸반도를 지배하려는 세르비아의 야욕을 꺾을 이유가 생겼다. 그 결과 평화적인 분위기가 위협받게 됐다.

1914년 7월 23일 오스트리아-헝가리제국은 세르비아에 최후통첩을 보냈다. 세르비아가 받아들일 리 없다는 사실을 알고 보낸 통첩이었다. 런던과 파리가 눈부신 여름 햇살을 만끽하는 동안 전쟁이라는 개의 목줄이 풀렸다. 그해 7월 24일 러시아는 세르비아를 지원하기 위해 육군과 해군에 부분동원령을 내렸다. 7월 25일 세르비아는 오스트리아-헝가리제국의 최후통첩 중 일부만 받아들이고 총동원령을 내렸다. 이에 대응하여 오스트리아-헝가리제국은 세르비아와의 외교를 단절했고 자국 군대에 부분동원령을 발동했다.

시장참가자들은 전쟁이 불가피함을 깨달은 즉시 동원령을 내리고 공격 일정을 짰던 장군들처럼 기계적으로 행동했다. 전쟁 직전 고전적인 금본위제가 시행된 1870년부터 1914년은 '제1차 세계화시대'로 간주하는 것이 마땅하다. 이 시기는 1989년 베를린 장벽 붕괴로 시작된 '제2차 세계화시대'와 비슷했다. 이때도 전화, 전기 등의 신기술이 발명됨에 따라 여러 금융 중심지가 신용 위험과 거래상대방 위험*에 휘말렸다. 1914년 세계 각국의 자본시장은 현재만큼이나 복잡하게 얽혀 있었다. 개전과 더불어 프랑스, 이탈리아, 독일의 투자자들은 모두 런던의 주식을 팔아치웠다. 그리고 매각대금을 금으로 바꿔 가능한 한 신속하게 자국으로 운송해달라고 요구했다. 전쟁 비용을 마련하려면 금본위제의 기본 원칙에 따라 궁극적인 화폐로 통용되던 금을 비축해야 했기 때문이다. 세계적인 유동성위기는 정치적 위기와 때를 같이하여 일어났다.

런던의 금융가 '시티'는 당시 견줄 만한 곳이 없는 세계의 금융 중심지였다. 유럽대륙에서 매도 주문이 쇄도하자 런던의 은행들은 매각대금을 마련하기 위해 자산을 매각했다. 그 결과 일반적인 예금 인출 사태보다 훨씬 복잡한 유동성위기가 발생했다. 파운드화로 표시되고 런던의 은행이 지급을 보증한 상업어음이 롤오버되지** 않았다. 다시 말해 기존 어음의 만기 후에 새로운 어음이 발행되지 못했다. 세계에서 가장 유동성이 풍부하던 자금시장의 유동성이 말라붙은 것이다. 1914년 런던의 유동성위기는 2008년 미국의 기업어음시장이 붕괴했을 때와 소름끼치도록 비슷한 양상을 보였다.

유동성위기는 뉴욕으로 번졌다. 프랑스의 은행들이 금 확보를 위해 런던의 주식을 매각했듯, 런던의 투자자들도 똑같은 이유로 뉴욕의 주식을 팔아치웠다. 세계적으로 정금***확보 경쟁이 일어났다. 투자자들이 종이로 된 금융자산을 내던지고 금을 요구함에 따라 주식시장과 자금시장이 위험에 빠졌다.

1914년 7월 28일 오스트리아-헝가리제국은 세르비아에 전쟁을 선포했다. 그해 7월 30일에는 암스테르담, 파리, 마드리드, 로마, 베를린, 빈, 모스크바의 주식시장이 이미 폐쇄됐다. 영국을 제외한 주요 참전국은 통화와 금의 태환을 공식적으로 정지했다. 7월 31일 런던 시티가의 증권거래소를 폐쇄하는 상상을 뛰어넘는 사건이 일어났다. 회원용 출입구에 걸린 작은 표지판에는 '장 폐쇄'라는 짤막한 문구가 적혀 있었을 뿐이다.[13]

런던 주식시장이 폐쇄됨에 따라 전 세계의 매도 압력이 뉴욕으로 향했다. 세계의 주요 주식시장 중 뉴욕만이 주식을 금으로 바꿀 수 있는 유일한 장소로 남아 있었기 때문이다. 뉴욕에는 런던 주식시장이 폐쇄되기 며칠 전부터 매도 주문이 쏟아지고 있었다. 1914년 7월 31일 뉴욕 주식시장의 개장 종이 울리기 15분 전에 뉴욕 증권거래소도 문을 닫았다. 런던 증권거래소가 폐쇄된 지 몇 시간이 채 지나지 않은 시점이었다. 여기에는 미 재무장관 윌리엄 매커두의 독촉이 한몫했다. 뉴욕 증권거래소는 1914년 12월 12일까지 4개월 넘게 폐

---

* counterparty risk, 거래상대방이 상환이나 결제 의무를 지키지 않을 위험
** rollover, 선물이나 옵션 포지션 보유자가 만기가 도래하는 계약을 만기가 남아 있는 다른 종목으로 교체함으로써 사실상 포지션을 이월하는 것
*** specie, 금본위제에서 화폐로 통용되는 금화

쇄됐다.

　개전 초기만 해도 미국은 중립적 입장을 표명했기에 모든 참전국과 거래가 가능했다. 증권거래소는 문 닫은 상태였지만 은행들은 영업을 계속했다. 따라서 유럽의 거래상대방들은 마음만 먹으면 미국의 부동산이나 비상장주를 매각한 대금을 금으로 바꿔 함부르크, 제노바, 로테르담 등 유럽 곳곳으로 보내달라고 요구할 수 있었다.

　주식 거래도 여전히 이루어졌다. 맨해튼 남부에 위치한 뉴욕 증권거래소 건물의 뒷골목에 생겨난 '장외거래소'에서 개인 간 협상을 통해 주식을 사고파는 일이 가능했다. 1914년 8월 3일자 《뉴욕타임스》에는 "우리 거래소에서는 다음 조건을 충족하는 한 모든 종류의 유가증권을 사고팔 수 있다. 매수 주문을 하려면 대금으로 지급할 현금이 있어야 한다. 매도 주문을 하려면 정식으로 배서된 주식이 있어야 한다"는 광고가 실렸다.[14] 광고에는 '뉴욕 장외거래소'라는 서명이 있었다.

　몇몇 역사학자는 뉴욕 증권거래소 이사회가 해외의 매도 주문이 쇄도할 경우 주가가 폭락할 것을 우려해 폐쇄를 결정했다고 본다. 그러나 뉴욕대학 교수 윌리엄 실버는 저서 『워싱턴이 월가를 폐쇄했을 때(When Washington Shut Down Wall Street)』에서 좀 더 설득력 있는 해석을 내놓았다. 그의 연구에 따르면 미국인 투자자에게는 자포자기한 유럽인 투자자들이 헐값으로 내놓은 주식을 사들일 여력이 있었다. 때문에 미국의 주가는 안정적인 수준을 유지할 가능성이 컸다.[15]

　실버는 증권거래소가 문 닫고 미 재무부가 관여한 진짜 이유가 주가가 아닌 금에 있다고 보았다. 유럽의 주식 매도인들은 증권거래소

건너편인 월가의 미 재무부 분국 건물에서 매각대금을 금으로 바꿀 권한이 있었다. 미국 은행들이 비축해둔 금이 순식간에 고갈될 수 있었고, 이를 우려한 재무부가 금의 유출을 막기 위해 주식 거래를 중지했다는 해석이다. 아이스나인 대책의 시초였던 셈이다.

대공황 기간과 제2차 세계대전 직전의 몇 년 동안 20세기 역사상 가장 급진적인 동결정책이 시행됐다. 미국의 대공황은 1929년 10월 주식시장 폭락에서 시작됐다고 보는 것이 일반적인 견해다. 그러나 전 세계적 공황은 이미 그전에 영국에서 시작됐다. 영국은 1920년대 후반 내내 경기침체에 시달렸다. 독일은 1927년 경기침체에 돌입했다. 미국에서는 1929년을 기점으로 주가와 산업생산량이 급감했을 뿐 아니라 실업률도 치솟았다. 전 세계 은행위기가 일어나는 등 대공황이 가장 맹위를 떨쳤던 기간은 1931년에서 1933년이다.

유럽의 은행위기는 1931년 5월 11일 오스트리아 최대 은행인 로스차일드의 크레디트안쉬탈트(Creditanstalt) 파산에서 시작됐다. 이 사태로 유럽 각국의 은행에서 대규모 예금 인출 사태가 벌어졌고 1914년 공황과 마찬가지로 런던의 상업어음이 증발했다. 런던 시티가의 은행장들은 "정부가 은행 구제책을 시행하지 않으면 며칠 내로 지급 불능을 선언할 수밖에 없다"고 중앙은행인 영란은행(Bank of England)과 영국 재무성에 통보했다.

1914년에는 금의 태환이 명목적으로나마 유지되었던 반면에 1931년에는 영국 재무성이 금본위제를 중단하고 파운드를 평가절하했다. 그 덕에 영국의 재정 상황은 나아졌지만, 그 때문에 미국 달러가 세계에서 가장 가치가 높은 통화가 되면서 미국이 압박을 받게 됐다. 미국은 전 세계적 디플레이션의 중심에 놓였다.

1930년 12월 이민자와 소액 예금주를 주고객으로 하던 미합중국은행(Bank of the United States)이 대량 예금 인출에 시달리다 문을 닫았다. 이 은행은 지급 능력을 갖추고 있었을지도 모른다. 그러나 뉴욕 청산소 산하의 대형 은행들이 주고객인 유대인과 이민자에 대한 편견 때문에 구제를 거부한 것이 미합중국은행을 파산으로 이끌었다.

뉴욕 청산소는 미합중국은행의 파산 외에는 피해가 발생하지 않으리라 믿었으나 오판이었다. 예금 인출 사태는 들불처럼 번져나갔다. 미국의 일부 지역에서는 말 그대로 돈이 동났다. 지역사회는 물물교환에 의존하거나 '나무로 만든 5센트(wooden nickel)'로 식료품을 샀다. 대공황 동안 미국에서 9000개가 넘는 은행이 파산했다. 은행 청산이 마무리되자 수많은 예금주가 저축을 잃었다는 사실이 드러났다.

1933년 겨울 허버트 후버 대통령이 차기 대통령으로 당선된 루스벨트에게 은행 폐쇄, 채무 구제 등의 조치를 발표하는 데 대해 동의를 구했다. 루스벨트는 후버의 요청을 거절했고 취임일인 1933년 3월 4일까지 기다리기로 결정했다. 그동안 공황이 극에 달했다. 미국 전역의 예금주들이 예금을 인출하기 위해 은행 앞에 진을 쳤다. 이들은 커피통이나 침대 매트리스 밑에 현금을 보관했다.

루스벨트는 단호히 행동했다. 취임한 지 채 36시간도 지나지 않은 1933년 3월 6일 월요일 오전 1시에 모든 은행의 영업 중단을 지시하는 '포고령 2039호'를 발표했다. 그는 은행 영업이 언제부터 재개될 것이라는 기약도 하지 않았다. 그다음 주에는 은행 규제기관이 폐쇄된 은행의 재무제표를 조사하고 그 결과를 바탕으로 지급 능력이 있는 은행에 영업 재개를 허용했다.

이 절차는 2008년 세계 금융위기 당시 티머시 가이트너 미 재무장관이 시행한 '스트레스테스트'와 비슷했다. 스트레스테스트의 목적은 은행의 실제 건전성을 진단하기보다 정부의 '승인 인장'을 찍어줌으로써 저축 예금주의 불안을 가라앉히는 데 있었다. 실제로 은행들은 일주일간 휴가를 보낸 다음 1933년 3월 13일 다시 문을 열었다. 신뢰가 회복되었고 다시 고객들이 줄을 섰다. 이번에는 현금을 인출하기 위해서가 아니라 통장에 넣기 위해서였다.

뒤이어 그해 4월 5일 '행정명령 6102호'가 발동됐다. 극히 일부를 제외한 모든 미국인은 재무부에 금을 헌납해야 하며 이를 어긴 사람을 투옥하겠다는 내용이었다. 루스벨트는 금 수출도 금지했다. 이런 금 보유 제한 조치는 1974년 12월 31일 제럴드 포드 대통령이 '행정명령 11825호'를 내려 금 보유를 허용할 때까지 계속됐다.

포고령 2039호와 행정명령 6102호는 미국의 전 국민이 은행에 보관해둔 금과 현금을 삽시간에 동결해버렸다는 점에서 아이스나인의 일환이었다. 오늘날에도 현행법에 따라 그런 조치를 집행할 수 있는 기관이 존재한다. 미 의회도 이 기관을 저지할 수 없다.

전 세계 금융 시스템은 1933년이 지나면서 안정을 되찾는가 싶더니 1939년 제2차 세계대전 발발과 더불어 다시 한 번 붕괴했다. 영국을 비롯한 참전국은 그때도 통화의 금 태환을 중지했고 금 수출을 금지했다. 당시에는 금이 화폐로 통용되었기 때문에 그런 조치는 전 세계 금융 시스템의 동결로 이어졌다.

그러다 연합군 승리에 대한 기대감이 조성되면서 금융 시스템이 해빙되기 시작했다. 1944년 7월 브레턴우즈회의가 분수령이 됐다. 이 회의는 벤 스틸 미국 외교협회 국제경제국장이 『브레턴우즈 전투(Battle of Bretton Woods)』에서 생생하게 묘사한 바와 같이, 미 재무부 차관보 해리 덱스터 화이트가 대표하는 미국과 경제학자 존 메이너드 케인스가 대표하는 영국이 2년에 걸쳐 치열한 막후 다툼을 벌인 끝에 개최됐다.[16]

주기적인 공황과 동결에 대한 대안으로서 일관되고 세심하게 통제되며 철저하게 법규를 기반으로 한 체제가 제시됐다. 이것이 바로 1944년부터 1971년까지 시행된 브레턴우즈체제다. 27년간 이어진 황금기 동안 브레턴우즈협정에 서명한 나라들은 자국 통화를 특정 환율로 미국 달러에 고정하는 페그제(peg system)를 시행했다. 미국 달러의 환율은 금 1온스에 35달러로 고정됐다. 이처럼 달러 환율이 금에 고정됨에 따라 영국의 파운드, 프랑스의 프랑, 독일의 마르크, 일본의 엔 등의 환율도 달러를 통해 금의 가치와 타국의 통화에 고정됐다. 화이트와 그의 상관인 미 재무장관 헨리 모겐소의 의도대로 미국 달러는 국제 금융의 기준이 됐다.

브레턴우즈체제는 고정환율제 이상의 의미를 지녔다. 브레턴우즈체제는 사실상 전 세계 중앙은행인 국제통화기금에 의해 관리될 예정이었다. 그러나 실제로 국제통화기금의 지배구조는 모든 주요 사안에 대한 거부권을 미국에 부여하는 방식으로 짜여졌다. 브레턴우즈협정국에는 채무이행을 지원한다는 명목으로 자본 통제를 시행해 달러 보유고를 유지하고 급격한 자본 이동을 제한할 수 있도록 허용했다. 그러나 서구의 주요 국가에서는 1958년에 자본 통제가 철폐되기 시작했고 모든 주요 통화의 완전한 태환은 1964년에야 가능해졌다.

페그제 환율이 반드시 고정된 것만은 아니었다. 브레턴우즈협정국은 국제통화기금의 감독하에 환율 조정을 신청할 수 있었다. 우선 국제통화기금은 외환 부족에 시달리는 국가에 한시적으로 자금을 지원하여 해당 국가가 구조조정을 통해 무역수지를 개선하고 외환보유고를 강화하여 환율을 유지할 수 있도록 했다. 차관국이 구조조정을 시행하고 외환보유고를 강화하는 데 성공하면 국제통화기금은 자금을 회수할 수 있고 시스템은 이전대로 유지된다.

상황이 이보다 심각하여 한시적인 조치로 실효를 거두지 못하는 경우 평가절하가 허용됐다. 브레턴우즈체제하에서 이루어진 평가절하 중에서도 1967년 파운드 위기만큼 유명한 사례는 없다. 파운드 대 달러 환율이 2.8달러에서 2.4달러로 14퍼센트 하락한 사건이다. 그러나 금 대비 달러의 교환 비율은 조정할 수 없었다. 금이 체제 전반을 지탱하고 있었기 때문이다.

세계 각국의 자본 통제와 고정환율제는 국제통화기금과 미국의 관리를 받았을 뿐 아니라 금융 억압제도로 뒷받침됐다. 제2차 세계대전이 끝날 무렵 미국의 GDP 대 채무 비율은 120퍼센트였다. 향후 20년 동안 연준과 미 재무부는 금리를 인위적으로 낮게 유지하고 적당한 인플레이션을 유도할 목적으로 통화체제를 설계했다. 그 결과 금리도, 인플레이션도 도를 넘는 수준으로 치솟지 않았다. 금융 억압을 통해 인플레이션율이 금리보다 약간 높게 유지된다는 사실을 일반인은 거의 눈치채지 못했다. 그 결과 미국인은 전후의 번영, 주가상승, 새로운 편의시설, 사교문화를 한껏 누렸다.

금융 억압은 오랜 기간 인플레이션율을 금리보다 다소 높게 유지하는 기법이다. 이 기법을 적용하면 기존 채무는 인플레이션 때문에 감소하는 반면에 신규 채무는 저금리 때문에 억제된다. 인플레이션율과 금리의 차이가 1퍼센트에 불과해도 20년 동안 채무의 실질가치는 30퍼센트나 줄어든다. 미국의 GDP 대 채무 비율은 1965년에 이르기까지 40퍼센트로 하락했다. 1945년의 120퍼센트와 비교하면 엄청난 성과였다. 달러 가치는 매우 서서히 하락했기 때문에 일반인이 우려할 일은 없어 보였다. 얼음 덩어리가 녹을 때처럼 변화는 일어났으되 매우 천천히 이루어졌다.

1945년부터 1965년까지는 금융위기가 거의 일어나지 않았기 때문에 평탄한 시기로 간주된다. 러시아와 중국은 세계 금융 시스템으로 편입되지 않았다. 아프리카는 전 세계 차원에서 보면 새발의 피였다. 아시아 신흥국은 아직 탄생하지 않았고 인도는 정체 중이었다. 중남미 국가는 미국의 헤게모니에 종속되어 있었다.

석유가 흘러나오는 한 미국의 경제적 이해관계에 영향을 미치는 나라는 유럽, 일본, 캐나다뿐이었고, 이들은 모두 브레턴우즈체제에 속했다. 아이스나인은 이미 존재하고 있었기 때문에 따로 적용되지 않았다. 미국은 전 세계 금과 달러 보유고의 절반이 넘는 양을 손에 넣었다. 주지했다시피 금과 달러만이 진정한 통화로 인정받던 시대였다.

브레턴우즈체제는 1965년 들어 심하게 삐걱거리기 시작했다. 미국의 인플레이션과 영국의 파운드 평가절하, 미국의 금 유출로 타격을 받은 것이다. 다른 나라에 구조조정을 요구했던 미국은 정작 자국의 구조조정에 소극적이었다. 1965년 2월 샤를 드골 프랑스 대통령은 달러 패권의 종식과 진정한 금본위제로의 귀환을 촉구했다. 재무장관 발레리 지스카르 데스탱(Valéry Giscard d'Estaing)은 브레턴우즈체제에서 달러가 '과도한 특권'을 누렸다고 말했다.

영국, 일본, 독일은 달러가 금만큼 믿을 만하다는 주장에 동의하는 척했다. 그 결과 영국은 무일푼이 되었고 독일과 일본은 자국의 안보를 지키기 위해 미국의 핵우산에 의존해야 했다. 그 어떤 나라도 미국에 도전할 만큼 강력한 지위를 구축하지 못했다. 그러나 나머지 서유럽 국가들은 드골의 촉구에 따라 다른 입장을 취했다. 스페인, 스위스, 네덜란드, 이탈리아는 보유 중인 달러를 금으로 바꿨다. 미국 켄터키 주 포트녹스의 금고에 보관된 금이 대량으로 유출됐다.

닉슨 대통령이 1971년 8월 15일 선언한 금 태환 정지 조치는 20세기 역사상 가장 유명한 아이스나인 사례로 꼽힌다. 그 때문에 미국의 교역상대국이 고정비율로 달러를 금으로 교환하는 일이 불가능해졌다. 닉슨이 전 세계를 향해 '장 폐쇄' 팻말을 내건 셈이었다.

화폐 폭동

1971년에서 1980년 사이는 일반적인 의미뿐 아니라 과학적인 의미로도 국제 금융에 혼란이 일어난 시기였다. 평형 상태가 교란되고 가격이 요동쳤다. 국제통화기금 회원국은 금 대비 달러 교환 비율의 조정에 맞춰 고정환율을 조정하려다 실패했다.

밀턴 프리드먼 같은 통화주의자들은 금본위제를 철폐해야 한다고 전 세계에 촉구했고, 변동환율이 새로운 표준이 됐다. 변동환율제를 채택하면 구조조정을 단행하여 생산성을 개선할 필요 없이 통화만

평가절하해도 좀 더 낮은 가격에 제품을 수출할 수 있었다.

케인스주의자도 변동환율제를 지지했다. 평가절하로 인플레이션이 발생하면 실질적인 노동비용이 낮아져 근로자의 임금이 더 이상 깎이지 않으리라는 이유였다. 그러나 인플레이션 때문에 근로자의 실질임금도 줄어들었다. 다만 근로자들은 정부의 의도대로 한참 후에야 그 사실을 깨달았다. 통화주의자와 케인스주의자가 하나로 뭉친 것이다.

변동환율제가 도입되면서 화폐의 가치가 변동하고 금의 가치가 제로인 '멋진 신세계'가 열렸다. 더 이상 아이스나인 해법이 필요하지 않았다. 겁에 질린 저축 예금주가 예금을 인출하려 한다면 은행을 폐쇄할 필요 없이 돈을 찍어내 지급하면 그만이었다. 아이스나인 상황이 뒤집혔다. 변동환율제의 도입으로 빙하기가 끝나고 얼음이 녹아내리면서 세계적으로 유동성이 범람했다. 재정온난화라 해도 과언이 아니었다. 저금리, 통화 완화, 신용팽창으로 해결하지 못할 문제는 없어 보였다.

그러나 통화 완화로도 금융위기는 끝나지 않았다. 오히려 반대였다. 1982년 중남미 채무위기, 1994년 멕시코 페소 위기, 1998년 아시아-러시아 금융위기, 2008년 세계 금융위기 등 위기가 잇따랐다. 그뿐 아니라 1987년 10월 19일 다우지수가 하루 만에 22퍼센트나 폭락하고, 2000년 닷컴(dot-com, 기술주) 거품이 꺼졌으며, 2001년 9·11 테러 직후 금융시장이 붕괴되는 등 시장의 공황도 잇따랐다.

새로운 점이라면 위기가 일어나도 금융권 전반의 채무불이행이나 폐쇄로 이어지지 않았다는 사실이다. 금본위제의 폐지로 화폐 가치가 변동했고 중앙은행은 통화 발행, 지급보증, 스와프라인*, 지속적

통화 완화를 예고하는 향후 지침 등을 통해 유동성을 무한정 공급할 수 있게 됐다.

앞서 살펴보았듯 변동환율제로 모든 문제가 완벽하고 깔끔하게 해결된 것은 아니었다. 1970년대와 80년대에 투자자들은 실질가치 면에서 원금손실을 겪었다. 그럼에도 변동환율제는 그런대로 명맥을 유지했다. 중남미 채무위기는 미국의 니컬러스 브래디(Nicholas Brady) 재무장관의 이름을 딴 '브래디 채권'으로 해소됐다. 브래디는 미 재무부 중기국채를 담보로 국채 형태인 브래디 채권을 발행하여 상환 불능 상태인 중남미의 채무변제를 돕자고 제안했다. 1994년에는 멕시코가 월가에 진 채무를 상환할 수 없게 되자 당시 재무장관 로버트 루빈이 외환안정기금(ESF, Exchange Stabilization Fund)을 발행해 멕시코에 차관을 제공했다. ESF는 1933년 루스벨트 대통령이 금을 몰수했을 때 처음 발행되어 미 정부에 수익을 가져다주었으며, 오늘날에도 미 재무부의 비자금으로 존재한다. ESF 덕에 미 재무부는 멕시코 지원을 반대하던 미 의회의 승인을 받을 필요 없이 멕시코에 구제금융을 제공할 수 있었다.

1998년 위기 당시에는 미 재무부 대신 국제통화기금과 연준이 구제금융을 지원했다. 위기는 1997년 7월 태국 바트의 가치가 폭락하면서 시작됐다. 그 때문에 세계적으로 신용경색 사태가 발생하자 국제통화기금은 우선 한국, 인도네시아, 태국에 긴급 차관을 제공했다. 위기는 1997년 겨울과 1998년 봄에 잦아드나 싶더니 늦여름에

---

* swap line, 각국 중앙은행 간에 일정액의 자국 통화를 교환하여 예치하는 협정

불같이 타올랐다. 1998년 8월 17일 러시아가 국가부도를 선언하고 루블의 평가절하를 단행했다. 국제통화기금은 그다음 무너질 도미노로 예측되던 브라질을 보호할 방어벽을 준비했다.

그런데 그다음에 국가가 아니라 헤지펀드인 LTCM이 무너지면서 전 세계가 충격에 빠졌다. 국제통화기금은 헤지펀드를 구제할 권한이 없었다. 이에 따라 LTCM이 파산할 경우 줄줄이 부실 위기를 겪을 은행을 감독하던 뉴욕 연준이 LTCM의 구원자 역할을 떠맡았다. 1998년 9월 23일에서 28일까지 숨 막히는 6일 동안 월가는 연준의 감시 아래 40억 달러의 구제금융을 끌어모아 LTCM에 제공했다. 구제가 끝나자 앨런 그린스펀 연준 의장이 1998년 9월 29일 연방공개시장위원회(FOMC)의 정례회의에서 금리인하를 단행해 은행 지원에 나섰다.

그럼에도 불구하고 시장은 안정되지 않았다. LTCM은 자본 재구성을 통해서도 며칠 만에 50억 달러의 추가 손실을 입었다. 헤지펀드는 월가가 구제를 했지만 월가는 누가 구제할 것인가? 연준이 다시 개입했다. 그린스펀은 1998년 10월 15일 이례적으로 예고 없이 금리인하를 발표했다. 연준이 지난 20년 동안 FOMC 정례회의를 거치지 않고 금리인하를 발표한 것은 그때가 처음이자 마지막이었다.

시장은 연준의 메시지를 받아들였다. 다우지수는 4.2퍼센트 급등했다. 이는 역사상 세 번째로 큰 1일 오름폭이다. 채권시장도 정상화됐다. 마침내 LTCM의 출혈이 멎었다. 연준의 돌발적 금리인하는 2012년 6월 유럽중앙은행의 드라기 총재가 "무슨 수단이든 취하겠다"고 말한 것과 일맥상통한다.

미봉책으로 위기 재발을 덮는 관행은 미국 규제기관이 모든 은행 예금과 MMF의 지급을 보증했던 2008년 가을에 극에 달했다. 연준은 미국계 은행을 보호하기 위해 수조 달러를 찍어냈고, 유럽중앙은행과 수십조 달러의 통화 스와프 협정을 체결했다. 유럽중앙은행은 유럽계 은행의 부실을 막기 위해 그 돈이 필요했다. 무제한 유동성이 먹혀들었다. 폭풍이 지나가고 시장이 안정을 되찾았다. 경제가 완만하게나마 성장했고 자산가격이 다시 급등했다. 2016년까지는 전 세계를 유동성으로 범람시킨 정책이 널리 극찬을 받았다.

1907년, 1914년, 1930년대의 아이스나인 대책과 브레턴우즈체제가 폭풍을 위협하는 재정온난화로 대체된 것일까? 통화 공급을 제한할 수단이 있었을까? 2016년 후반, 세계는 그 진실을 알아낼 순간을 눈앞에 두고 있었다.

2008년 사용된 이례적인 정책은 2016년까지도 대부분 그대로 유지됐다. 중앙은행의 재무제표는 여전히 부풀려진 상태였다. 연준이 유럽중앙은행과 체결한 통화 스와프 협정도 그대로였다. 세계적으로 레버리지가 증가했고 GDP 대비 국채 비율도 높아졌다. 국채, 정크본드, 신흥시장의 손실이 실현될 날이 멀지 않았다. 파생금융상품의 명목가치가 세계 GDP의 10배 이상인 1000조 달러를 넘어섰다.

각국의 파워엘리트들은 자신들의 통화 완화 조치가 탄탄한 지지대를 마련하기는커녕 새로운 거품을 양산한 데 불과하다는 사실을 서서히 깨달았다. 다시 한 번 시스템이 붕괴할 환경이 조성됐다는 사실도 인식했다. 그들도 이제는 전과 같은 전술이 통할 것이라고는 생각지 않는다.

연준은 2008년 금융위기가 초래한 자금경색을 해소하기 위해 2015년까지 8000억 달러에서 4조 2000억 달러로 재무제표를 불렸다. 다시 금융위기가 일어나면 연준은 어떤 방법을 취할까? 2008년에서 2015년 사이와 같은 비율로 늘린다면 연준의 재무제표는 미국의 GDP에 맞먹는 20조 달러로 불어난다.

다른 나라의 중앙은행들도 연준과 동일한 딜레마에 처했다. 그동안은 생산성 향상으로 경제가 자생적 성장세를 회복하리라는 기대감이 형성되어 있었다. 그렇게만 된다면 중앙은행이 정책적 지원을 거두고 발을 뺄 수 있었다. 하지만 그 기대는 실현되지 않았다. 성장률은 미미한 수준에 머물렀다. 계속해서 판을 벌이기 위해 저금리 자금이 필요했던 시장은 중앙은행에 기댔다. 시장은 7년 동안 현상에 안주하는 바람에 레버리지와 불투명성의 위험을 간과했다.

2014년 여름, 핵심 권력 집단이 경보를 울리기 시작했다. 국제결제은행(BIS)은 그해 6월 29일 펴낸 연례보고서를 통해 '시장이 도취 상태에 빠졌다'면서 다음과 같이 경고했다.[17] "언뜻 탄탄해 보이던 재무제표에 예기치 못한 취약성이 감춰져 있었던 것은 어제오늘 일이 아니다." 2014년 9월 20일 호주 케언스에서 열린 G20 재무장관 회담에서도 경고가 나왔다.[18] G20 재무장관은 공동성명서를 통해 "우리는 특히 저금리와 낮은 자산가격 변동성의 상황에서 금융시장에 과도한 위험이 축적될 가능성을 유념하고 있다"고 밝혔다.

그로부터 며칠 뒤 스위스 제네바에 위치한, 유력인사로 구성된 국제통화은행연구센터(ICMBS)가 세계경제에 관한 연례보고서인 《제네바 보고서(Geneva Report)》를 발표했다.[19] ICMBS는 전 세계가 디레버리징*에 나섰다는 정책입안자들의 말을 지난 몇 년 동안 신뢰했지만, 그때는 다음과 같이 충격적인 결론을 내놓았다. "통념과는 반대로 금융위기가 발발하고 6년이 지났지만 세계경제는 아직도 디레버리징에 돌입하지 않았다. 실제로 전 세계 GDP 대비 총채무 비율은 계속 상승하고 있으며 거듭 최고치를 경신하고 있다." 보고서는 세계적으로 과도하게 축적된 채무가 세계경제에 독이 되리라 진단했다.

경고는 계속됐다. 《제네바 보고서》가 나오고 얼마 지나지 않은 2014년 10월 11일 국제통화기금도 자체적인 경보를 발령했다. 국제통화기금의 실권을 거머쥔 정책위원회장이 "자본시장은 향후 반드시 발생할 수밖에 없는 '금융 에볼라'에 취약하다"고 말한 것이다.[20]

미국 정부도 점점 기세를 더해가는 폭풍을 모른 척할 수 없었다. 미국 재무부 금융조사국(OFR, Office of Financial Research)은 2014년 12월 2일 의회에 제출한 연례보고서를 통해 "금융 안정성 위험이 증가했다. 가장 눈여겨볼 세 가지 요소는 과도한 위험 감수, 시장 유동성 감소와 연관된 취약성, 불투명하고 회복력이 떨어지는 금융 시스템의 음지(陰地)로 금융 활동이 이동하는 현상이다"고 경고했다.[21]

2014년 12월 5일 국제결제은행은 다시 금융 불안정성에 대해 주의를 주었다. 클라우디오 보리오 국제결제은행 통화국장은 극도로 높아진 변동성과 시장 유동성의 갑작스러운 소멸을 언급하며 이렇게 지적했다. "지극히 비정상적인 일이 이상할 정도로 으레 일어나는 일이 되고 있다. 터무니없는 일이 일상이 될 때는 정확히 알 수는 없지만 뭔가 골칫거리가 있다는 이야기다."[22]

이런 경고가 연이어 나오기 시작한 때는 통화 완화로 성장률을 회

---

* deleveraging, 레버리지 축소

복시킬 수 없다는 사실이 분명해진 2014년이었다. 1차 경고가 나온 2014년 이후에는 좀 더 노골적인 경고가 연례보고서와 회의를 통해 나왔다. 그럼에도 레버리지, 자산가격, 파생금융상품 물량의 상승세는 수그러들 줄 몰랐다. 경고 대상은 관련 기관과 전문용어에 생소한 투자자들이 아니라 보고서를 해석할 수 있는 극소수의 엘리트 전문가들이다. 엘리트는 그런 경고를 일반인에게 전하지 않고 자기들끼리만 공유했다. 국제결제은행, 국제통화기금, G20 등 국제적인 통화기구는 소수의 재무장관, 국부펀드, 은행 그리고 블랙록과 브리지워터(Bridgewater) 같은 사모펀드에만 경고를 내렸다. 따라서 이들은 포트폴리오를 조정하고 소액투자자들이 손실을 입지 않도록 대비할 시간이 있었다.

그뿐 아니라 엘리트는 위기가 닥치더라도 "내가 경고했지?"라고 발뺌할 수 있는 근거를 마련하기 시작했다. 실제로 경보가 울렸을 때는 그 사실을 모르는 투자자가 대부분이었다. 하지만 근거를 마련해두면 아이스나인 해법을 실행해도 저항이 덜하다. 엘리트 집단은 위기가 닥치면 '확실한 경고를 무시한 투자자들이 자초한 일'이라고 잡아뗄 것이다.

2016년 후반에 이르자 아이스나인을 위한 여건이 조성됐다. 체계적 위험이 깜짝 놀랄 만한 수준으로 증가했다. 위기의 징후는 미국뿐 아니라 중국, 일본, 유럽 금융계에서도 나타났다. 아이스나인에 관계된 기관은 당장이라도 SIFI 은행을 폐쇄하고, MMF를 동결하고, 거래소를 폐장하고, 현금 유통을 제한하며, 자금운용회사에 상환을 중단하라고 지시할 준비가 되어 있었다.

엘리트 집단은 세계적인 동결 조치를 취하기 전에 연줄이 있는 이들에게 미리 경고함으로써 나중에 비난받을 여지를 없앴다. 한 가지 의문은 여전히 남아 있었다. 과연 아이스나인이 효과를 발휘할까? 세계 각국 정부가 아이스나인을 강행할 수 있으리라는 데는 의심할 여지가 없었다. 그러나 1914년이나 1933년처럼 일반인이 아이스나인을 순순히 받아들일까? 아니면 폭동이 발발할까?

화폐 폭동이 일어난다 하더라도 당국은 이미 대응책을 마련해두었다. 미국은 2001년 9월 14일 조지 W. 부시 대통령이 선포한 '포고령 7463호'에 따라 비상사태에 돌입해 있었다.[23] 2001년 이후에도 부시와 오바마는 해마다 비상사태를 발령했다. 비상사태가 발생할 때에는 대통령이 계엄령을 선포할 수 있는 등 평소보다 막강한 권한을 휘두를 수 있다.

이것은 음모론자들의 주장과 다르다. 비상사태 선포나 그와 비슷한 권한 행사는 의회의 승인을 얻어 행정명령을 내림으로써 가능하다. 이런 조치는 트루먼 행정부 이래로 꾸준히 증가하고 있다. 케네디 대통령과 레이건 대통령이 냉전이라는 현실을 감안하여 권한 확대를 지시한 것은 특히 대표적인 사례로 꼽힌다.

이제까지 비상권한을 행사하지 않은 행정부는 없었다. 1956년에는 아이젠하워 대통령이 비상권한을 이용하여 그때까지 이루어진 핵실험을 바탕으로 소련을 겨냥한 모의 핵공격을 지시했다. 핵전쟁이 발발할 경우를 대비하여 계엄령 선포를 허용하는 법률이 제정되었지만 해당 법률은 핵전쟁뿐 아니라 다른 긴급 상황에도 적용된다. 금융 시스템이 붕괴하고 아이스나인의 시행으로 자산이 동결되어 화폐 폭동이 일어나더라도 계엄령이 선포될 수 있다는 이야기다.

미국 대통령은 그뿐 아니라 금융위기 대응에 필요한 독재 권한을 의회로부터 부여받는다. 1917년의 적성국교역법*부터 1977년의 국제비상경제권한법(IEEPA, International Emergency Economic Powers Act)에 이르는 동안 대통령의 비상권한과 독재 권한은 계속해서 확대되어 왔다. IEEPA는 외국과 연관된 국가안보 위협이 있을 경우 대통령이 자산과 금융회사를 동결할 수 있다고 규정한다. 시스템 전반의 위기는 그대로 방치해두면 국가안보를 위협할 수 있다. 따라서 IEEPA에 의한 몰수 권한 행사를 가로막을 장애물은 거의 없다.

헨리 폴슨 재무장관과 벤 버냉키 연준 의장은 2008년 세계 금융위기 당시 리먼브라더스의 자산을 몰수할 권한이 없다고 거듭 주장했지만 그들의 말은 사실이 아니다. IEEPA는 정부에 그렇게 하고도 남을 만한 권한을 부여한다. 재무부의 변호사가 그 점을 생각하지 못했거나 재무부가 의도적으로 권한을 행사하지 않기로 했거나 둘 중 하나다.

아이스나인 계획 중에서도 비상경제권한을 행사하고 계엄령을 선포하는 것은 즉각적인 예금계좌 동결보다 강제적인 성격을 띤다. 아이스나인은 엘리트 집단에 손실을 배분하고 국제통화기금의 특별인출권**을 통해 유동성을 재공급하고 사태를 정상화할 시간을 준다. 엘리트 집단의 예상보다 빨리 사태가 걷잡을 수 없게 되면 재산 몰수 같은 좀 더 과감한 조치가 필요할 수도 있다. 비상권한과

---

* The Trading with the Enemy Act, 1917년 제정된 미국 연방법으로 특정한 나라를 경제적으로 고립시키기 위해 적용된다. 북한은 한국전쟁 발발 직후부터 이 법의 대상국이 됐다.

** SDR, Special Drawing Rights, 외환위기 발생 시 담보 없이 필요한 만큼의 달러, 유로, 파운드, 엔을 국제통화기금로부터 인출할 수 있는 권리

IEEPA 덕에 국가는 조건 없이 개인과 기업의 재산을 몰수할 수 있다. 저항이 일어나면 정부는 중무장한 지역경찰과 주방위군과 정규군대를 동원하여 계엄령을 선포하고 대통령의 행정명령을 발동할 수 있다.

1998년과 2008년에 보았듯 진압할 수 있는 금융위기에는 비상조치가 시행되지 않는다. 그러나 우리가 직면한 위기는 전과는 다르다. 다음 금융위기는 전에 비해 기하급수적으로 큰 파장을 일으킬 터라 이례적인 조치 없이는 진압이 불가능할 것이다. 다음 금융위기가 일어나고 사태가 악화되면 지금 이야기한 조치가 하나둘씩 취해질 것이다. 자산을 동결하고 거래소를 폐장한다. 다음으로 군대의 지원을 받아 재산 몰수가 이루어진다. 그렇다면 일반인은 그런 조치에 응할까?

1933년 루스벨트 대통령이 국민이 소유한 금을 몰수한 이래로 단한 번도 제기되지 않은 의문이다. 대공황이 정점에 달하고 전국적으로 예금 인출 사태가 일어나던 때는 미국인도 질서회복을 위한 대가로 생각하고 순순히 금을 헌납했다. 국민 사이에는 갓 선출된 루스벨트에 대한 무한한 신뢰와 미국을 파멸로 치닫게 하지 않아야 한다는 목적의식이 있었다.

그 후 금 몰수만큼 급진적인 조치는 없었다. 시장 폭락이 이따금 일어났다가 진정됐다. 투자자가 손실을 입는 상황은 수없이 일어났다. 그럼에도 전면적인 재산 몰수가 시행된 적은 없었다. 미국은 위기에 금리인하, 화폐 발행, 유동성 재공급 등으로 대처했다. 필요할 경우 대대적인 자산 동결 없이 특정 금융회사만 폐쇄됐다. 아이스나인 조치는 미국 국민 대부분이 처음으로 겪는 일이 될 것이다.

미국 이외의 나라에서는 국민이 순순히 응하기는커녕 유혈사태까지 일어났다. 1998년 외환위기 당시에는 인도네시아와 한국에서 폭동이 일어났다. 인도네시아에서는 많은 사상자가 발생했고 말 그대로 거리에 유혈이 낭자했다. 2008년 세계 금융위기 이후 그리스, 스페인, 키프로스에서 폭력 시위가 일어났고 그 결과 몇 명이 사망했다.

조사에 따르면 정부, 은행, 언론에 대한 미국 국민의 신뢰는 역사상 어느 때보다 크게 추락한 상태다. 미국의 정치 양극화는 극도로 심화됐다. 소득 불평등은 1929년 이래 최고조에 이르렀다. 국민과 대통령이 공동의 목표를 추구한다는 의식도 실종됐다. 다시 금융위기가 일어나 재산 몰수 조치가 발령되면 국민은 저항으로 대응할 가능성이 크다.

물론 엘리트 집단은 그에 대한 대책도 마련해두었다. 버지니아 주 마운트웨더와 펜실베이니아 주 레이븐록은 대다수 미국인이 한 번도 들어본 적은 없는 곳이지만 가장 중요한 정부시설로 꼽힌다. 세계대전이나 대참사, 전국적인 화폐 폭동이 일어날 경우 미국의 민간 지도부와 군사 지도부가 그리로 파견되어 한시적으로 국정 운영을 지속하게 된다.

마운트웨더는 버지니아 주 블루리지 산맥과 가까운 라우던 카운티의 주립고속도로에서 약간 떨어진 곳에 있다. 마운트웨더는 미 국토안보부가 운영하고, 미 연방재난관리청(FEMA) 국가무선시스템의 본거지이며, 정부 관계자 사이에서는 '하이포인트 특별시설'로 알려져 있다. 마운트웨더에는 지상시설인 'A 구역'과 구분하기 위해 'B 구역'이라 불리는 방공호들이 여러 개 있다. 뉴욕과 워싱턴DC가 공격받은 9·11 테러 당시 의회 지도부는 헬리콥터를 타고 의사당에서 이곳 B 구역으로 이동했다.

레이븐록은 메릴랜드 주 경계선과 대통령 전용 별장 캠프데이비드에서 멀지 않은 펜실베이니아 주 애덤스에 있다. 이곳은 핵공격을 비롯해 미 국방부의 운영에 지장을 주는 참사가 일어날 경우 주요 군사작전 본부로 사용된다. 최고사령부는 'R 부지'라는 코드네임과 '더 록'이라는 별칭으로 불린다.

마운트웨더가 정부의 민간 업무를 위한 시설이라면 레이븐록은 군사 업무를 위한 시설이다. 사회질서가 깨질 경우 민간 지도부는 마운트웨더로, 군사 지도부는 레이븐 록으로 대피하게 된다. 48킬로미터 거리에서 보안통신으로 확실하게 연결된 두 시설은 유사시에 워싱턴DC 대신 정부 소재지 역할을 할 것이다.

미 국토안보부는 마운트웨더의 실제 가동을 연습하기 위한 비밀 훈련을 실시한다. 최근에 실시한 훈련은 2016년 5월 16일의 이글호라이즌 2016(Eagle Horizon 2016)이다. 과거의 훈련 내용을 살펴보면 '더러운 폭탄* 투하와 사이버 공격 개시 등 다양한 테러 공격을 수행한 것을 알 수 있다. 이글호라이즌의 정확한 시나리오는 비공개다. 그러나 전 세계적 은행권 붕괴로 각국에서 화폐 폭동이 일어나는 시나리오도 포함되어 있을 것으로 보인다.

마운트웨더와 레이븐록은 둘 다 '작전연속성 보장계획'이라는 극비 계획에 의해 운영된다. 이 계획의 골자는 적의 공격, 금융 시스템

---

* dirty bomb, 재래 폭탄에 방사능 물질을 채운 무기

붕괴, 자연재해 등이 일어날 경우 미국의 국정 운영을 지속하는 것이다. 공공연히 알려지지는 않았지만 9·11 테러 당시에도 조지 W. 부시 대통령이 작전연속성 보장계획을 발동했다. 비상시설과 비상권한은 군대, 자연, 금융 시스템이 받을 타격을 이겨내기 위한 목적으로 설계됐다. 정부는 유사시에 이 두 가지를 두루 활용할 것이다. 이처럼 미국 정부는 대참사에 만반의 준비가 되어 있는 반면에 미국 국민은 그렇지 못하다.

어느 때보다 심각한 세계 금융위기가 이 책에서 설명하는 원인 때문에 눈앞으로 다가왔다. 중앙은행의 재무제표가 팽창할 대로 팽창한 지금은 1998년, 2008년과 같은 유동성 투입으로는 충분치 않을 것이다. 대응책을 마련할 시간도 부족하다. 전 세계 엘리트 집단이 국제회의를 개최하는 동안 정부는 시간을 벌기 위해 아이스나인으로 계좌를 동결할 것이다. 엘리트 집단은 국제통화기금이 발행하는 특별인출권을 이용하여 금융 시스템을 정상화하려 할 것이다.

특별인출권이 해결책이 될지도 모른다. 그러나 그보다는 종이돈을 찍어내어 유동성위기를 해소하는 것이 속임수임을 국민이 꿰뚫어볼 가능성이 더 크다. 특히 투자자들은 갈수록 아이스나인에 저항감을 드러내며 돈을 돌려받으려 할 것이다. 화폐 폭동이 시작될 수밖에 없다. 엘리트들은 국민의 요구에 굴복하기보다 반격으로 맞선다. 화폐 폭동에도 재산 몰수와 무력으로 대응하게 마련이다. 정치 엘리트는 산을 깎아 만든 지휘본부에서 안전하게 지낼 테고 민간 엘리트들은 유사시에 무장된 요새로 개조할 수 있는 요트, 헬리콥터, 외부인 출입 제한 저택에 몸을 숨길 것이다. 길거리에는 말 그대로 유혈이 낭자할 것이다. 신(新)파시즘이 부상하여 무질서를 질서로 바꾸기 위해 국민의 자유를 빼앗을 것이다.

T.S. 엘리엇은 1922년에 쓴 시「황무지」에서 오늘날 세계에 대한 선견지명을 보였다.[24]

복면을 쓰고 몰려오는 저 무리는 누구인가?

땅이 갈라진 곳마다 발을 헛디디고

평평한 지평선으로만 둘러싸인 끝없는 벌판으로 몰려오는

복면 쓴 저 무리는 누구인가?

부서지고 다시 세워졌다가 폭력적인 기운에 파멸하는

산 너머 저 도시는 무엇인가?

무너지는 탑들

예루살렘 아테네 알렉산드리아

빈 런던

현실 같지 않구나

화폐 폭동도 현실에 나타나지 않을 일처럼 보인다. 그러나 반드시 일어나게 되어 있다.

THE ROAD

TO RUIN

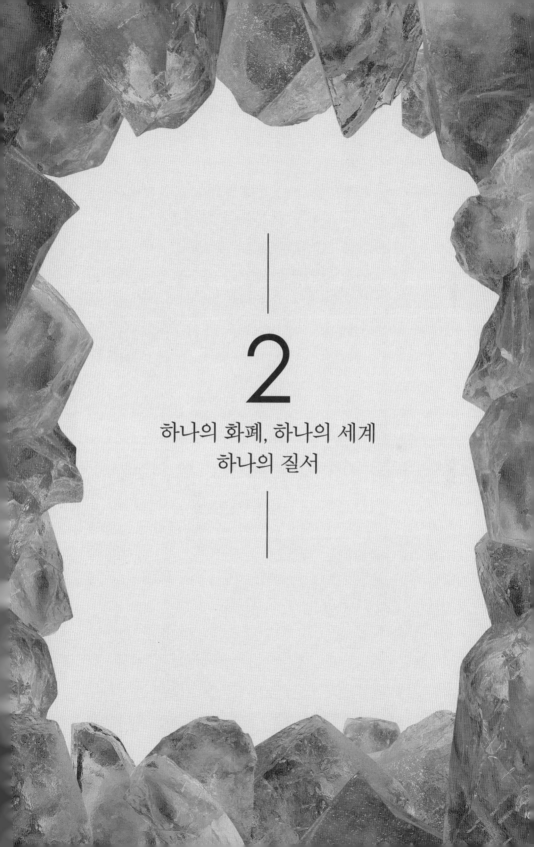

2

하나의 화폐, 하나의 세계
하나의 질서

위기 덕분에 지난 5년간 대대적인 진전이 이루어졌다.[1]
그러나 개인적으로 나는 또 한 번의 위기를 통해
더 큰 진전을 이루는 것은 바라지 않는다.

- 크리스틴 라가르드, 국제통화기금 총재

비밀 회합

스펙터(SPECTRE)는 작가 이언 플레밍이 창조한 가상의 범죄 음모 조직이다. 풀어 쓰면 '방첩, 테러, 복수, 강탈을 위한 특별실행위원회 (Special Executive for Counter intelligence, Terrorism, Revenge and Extortion)'다. 스펙터는 플레밍이 1961년 발표한 소설 『썬더볼(Thunderball)』에 영국 MI6*의 007 요원으로 살인 면허가 있는 제임스 본드의 적수로 처음 등장한다.[2]

스펙터는 범죄 집단이지만 조직 체계는 현대의 비정부 조직이나 국제통화기금과 유사하다. 파리에 본부가 있는 초국가적 조직이며

---

* Military Intelligence 6, 영국의 해외 정보 전담 정보기관

세계 각국 대표와 20명으로 구성된 이사회가 있다(국제통화기금 이사회도 24명의 이사로 이루어져 있다). 특정 국가나 이념을 공개적으로 지지하지 않는다는 점도 같다. 『썬더볼』에서는 스펙터가 위장 난민지원단체의 배후에서 활동하는 것으로 묘사된다.

스펙터를 다룬 가장 최근의 작품은 2015년에 개봉했다. 대니얼 크레이그가 007로 등장하는 동명의 영화다. 이 영화에는 스펙터 이사회가 로마의 천장 높은 회의실에서 짙은 색의 대형 나무탁자에 둘러앉아 있는 모습이 나온다. 스펙터 이사회는 다양한 문화를 가진 여러 인종으로 이루어져 있다. 지도부에는 중요한 역할을 맡은 여성들이 포진해 있다. 이사회 회의 일정에는 이사들이 각 사업 분야의 성과와 수익을 보고하는 순서가 포함된다. 그런 보고 내용만 들어도 이들이 불법과 합법의 경계가 모호한 사업에 종사함을 알 수 있다.

오늘날 전 세계 파워엘리트의 활동을 찬찬히 살펴보면 스펙터의 이미지가 떠오르는 것을 억누를 길이 없다. 특히 하향식으로 조직화되어 있다는 점이 음모론자들의 흥미를 자극한다. 가장 고급스러운 장소에서 개최되는 빌더버그그룹*의 폐쇄적이고 은밀한 연례회의를 보면 삶이 예술을 모방하는 것은 아닐까 싶기도 하다. 그러나 빌더버그그룹이 실존한다 해도 엘리트 집단의 중앙위원회가 허구 속의 스펙터처럼 인류를 억압한다는 증거는 찾아보기 어렵다. 게다가 화폐로 세계를 통제하려면 하향식보다는 좀 더 교묘한 절차가 필요

---

* Bilderberg Group, 네덜란드의 빌더버그호텔에서 처음 개최된 서구의 정계, 재계, 금융계, 왕실 소수 엘리트의 비밀스러운 모임으로서 다양한 국제문제를 논하고 정책 방향을 결정한다.

하다.

진정한 엘리트들은 금융, 언론, 기술, 군사, 정치를 비롯한 자기 세력권 내에서 활동한다. 각 세력권에 속한 사람들이 선호하는 모임 시간과 장소가 저마다 다르다. 언론 엘리트들은 매년 7월 투자은행 앨런앤컴퍼니가 미국 아이다호 주 선밸리에서 개최하는 회의로 몰려든다. 각국 중앙은행 총재들은 8월 와이오밍 주 잭슨홀에서 캔자스시티 연준의 후원으로 열리는 회의에 참석한다. 군사와 정보 엘리트들은 2월 초 독일의 뮌헨안보회의에 모인다. 학계 지도자와 대중적인 지식인들은 스위스 다보스의 세계경제포럼, 미국 비벌리힐스의 밀컨글로벌콘퍼런스, 캐나다 밴쿠버의 테드(TED) 회의 중에서 고르면 된다.

이 같은 슈퍼엘리트들의 회의는 예사로운 산업 협약과 궤를 달리한다. 초대받은 사람의 참석만 허용하거나 파워엘리트만 참석시키기 위해 참가비와 후원금을 받는다. 그런 회의에 참석하면 곳곳에서 국가수반, 정부 각료, CEO, 억만장자들과 맞닥뜨린다. 일반인은 해당사항이 없는 자리다.

가장 배타적이며 가장 많은 음모론을 이끌어낸 회의는 1954년 이후 매년 다양한 장소에서 개최되는 빌더버그회의일 것이다. 회의에는 45명 정도로 이루어진 핵심 그룹이 정기적으로 참석하며 그 외에 약 100명이 초대된다. 초대되는 사람들의 면면은 주제의 시급성이나 정치적 영향력에 따라 달라진다. 핵심 그룹은 대부분 금융계와 재계의 엘리트들이다. 그 외의 그룹은 주로 정책입안자들과 대중적인 지식인들로 이루어진다.

나는 몇 년 전 뉴욕 록펠러센터에서 빌더버그그룹의 수장을 개인적으로 만나 내 견해를 간략하게 전달했다. 그는 정중했고 유로에 대한 내 견해에 집중적인 관심을 보였다. 당시에는 유로의 종말이 임박했다고 외치는 경제학자들이 많았지만, 나는 그와 그의 동료들에게 유로가 그대로 유지되리라고 장담했다. 대화가 끝날 무렵 그는 내게 투명한 감청색 유리에 소용돌이 모양이 새겨진 스웨덴제 꽃병을 선사했다. 나는 그 선물을 내 집필실에서 가장 잘 보이는 곳에 두었다. 빌더버그그룹의 수장은 뿔 달린 괴물이 아니었다.

이런 회의에서는 언제나 이념적 차이가 뒷전으로 밀려난다. 예를 들어 2016년 7월의 선밸리 회의에는 보수 성향의 폭스뉴스 회장 루퍼트 머독과 진보 성향의 MSNBC 회장 브라이언 로버츠가 참석했다. 머독과 로버츠는 대중적인 소비를 위해 방송에서 판이한 정치적 견해를 드러내지만, 실은 정치적 이념에 비할 수 없이 강력한 엘리트 이념으로 뭉쳐 있다. 이들이 방영하는 정치 토론은 오락에 불과하다. 선밸리는 권력을 논하는 자리다.

엘리트 회의에서 가장 중요한 활동은 예정된 패널 토론이 아니다. 회의장 근처 호텔 스위트룸이나 저택에서 이루어지는 사적인 만찬이나 술자리다. 내가 밀컨글로벌콘퍼런스에 참석했을 때는 연단 위보다 행사장에서 한 블록 떨어진 곳에 위치한 페닌슐라호텔의 바에서 더 깊은 논의가 이루어졌다.

엘리트 세력권은 유동적이고 서로 맞물려 있다는 점에서 교차된다. 교차하는 부분은 나타났다가 혼합되고 사라진다. 각 세력권의 교차 지점에는 한 세력권에서 다른 세력권으로 권력을 실어 나르는 엘리트들이 존재한다. 크리스 도드가 단적인 사례다. 미국의 5선 상원의원이며 도드-프랭크 금융개혁법을 발의한 도드는 정치 세력권과 금융 세력권에 기반을 두고 있다. 미국영화협회장이므로 언론 세력권에도 속해 있다. 언론 엘리트와 정치 엘리트의 연계가 필요할 때는 도드가 교류의 경로가 된다.

이처럼 분야별로 나뉘기도 하고 맞물리기도 하는 세력권 내에서 활동하며 지정된 경로를 통해 다른 세력권과 소통하는 것이 전 세계 파워엘리트의 지배 방식이다. 이런 지배구조가 세계 정복을 위해 철두철미하게 구성된 가상의 하향식 위원회보다 훨씬 개연성이 크다. 그런 위원회는 실제로 존재한다고 해도 색출하고 감시하며 폭로하기가 비교적 쉽다. 반면에 유동적인 세력권은 형태가 모호해 정확한 정체를 밝히기가 어렵다. 세력권에 속한 개인이 추문이나 불운에 의해 평판이 떨어지더라도 그 한 사람만 희생될 뿐 체제는 살아남는다(심지어 그 인물도 훗날 재기할 가능성이 크다). 언론은 이런 체제를 밝혀내는 데 관심이 없다. 기자들은 상상력이 부족하고 언론사 CEO는 자신이 그 체제의 일원이기 때문이다.

전 세계 엘리트들이 모두 사악하다는 것은 음모론자들이 흔히 하는 생각이다. 그러나 엘리트들이 악행을 벌이는 것보다 더 심각한 문제는 그들이 스스로 선행을 하고 있다고 믿는다는 점이다. 그런 믿음 때문에 자기점검의 기회를 놓칠 수 있기 때문이다.

전 세계 엘리트 집단의 형태가 모호한 것은 사실이지만 엘리트 개개인은 뚜렷한 존재감을 드러낸다. 예를 들어 조지 소로스처럼 금융계와 정치계 등 여러 분야를 넘나들며 엘리트 프로그램의 강력한 실행자로 활동하는 사람도 있다. 소로스는 파워엘리트의 비공식 대표는 아니지만 (애당초 파워엘리트 집단에서는 한 사람이 모든 책임을 떠맡지 않는다) 전 세계 모든 분야의 엘리트를 접촉하는 데다 칼 포퍼의 점진적 사회공학*을 꾸준히 수용해온 덕에 엘리트의 본보기로 알려졌다.³ 이외에도 크리스틴 라가르드, 마이클 블룸버그, 워런 버핏 등이 슈퍼 파워엘리트의 전형으로 꼽힌다. 세계 각국의 대통령과 총리도 중요성이 덜하지는 않지만 정해진 임기가 끝나면 힘을 잃는다. 그러나 슈퍼 파워엘리트는 수십 년이 지나도 영향력을 유지한다.

슈퍼 파워엘리트의 목표는 무엇일까? 수세기 전 카이사르와 나폴레옹이, 20세기에 록펠러, 루스벨트, 부시 같은 가문이 추구했던 목표 그대로다. 오늘날 유엔, 국제통화기금 같은 온건한 이름의 기구가 추구하는 목표와도 같다. 이들의 목표는 간단하다. 전 세계에 통용되는 화폐제도, 조세제도, 질서를 만드는 것이다.

/
세계화폐
/

세계화폐(world money)는 새로운 개념이 아니며 역사를 통틀어 사용되어왔다. 금이 바로 세계화폐다. 엘리트의 목표는 금을 끌어모아 특별인출권 대신에 세계 교역과 금융 통화로 사용하는 것이다. 물론 조가비, 깃털, 종이도 특정 시대와 장소에서는 합의나 무력에 의해 화폐로 통용됐다. 미래의 교환 가치에 대한 신뢰만 줄 수 있다면 어떤 매체도 돈이 될 수 있다. 그러나 시대와 장소를 통틀어 가치를 인정받는 화폐는 금뿐이므로 금이 진정한 세계화폐라 할 수 있다.

르네상스시대 이전에는 귀금속 주화, 금괴, 은괴가 세계화폐였다.

카이사르와 군주들은 금을 비축해 군대에 급료로 지급했다. 금 때문에 전쟁을 벌였고 다른 나라에서 금을 훔쳐냈다. 토지도 태고 이래로 부의 원천이었지만 금처럼 교환이 용이하지도, 보편적 가치를 지니지도 않아 화폐로 사용될 수 없었다. 한 세기 전 존 모건이 남긴 "화폐는 금이며 다른 어떤 것도 아니다"는 아리송한 말에서 과거 사람들의 화폐관을 유추할 수 있다.

영어로 은행을 뜻하는 'bank'는 벤치를 뜻하는 이탈리아어 'banco'에서 유래했다. 14세기 피렌체 등 이탈리아 도시 국가의 은행가들이 광장의 벤치에 앉아 영업을 했던 데서 비롯됐다. 당시 피렌체의 은행가들은 금을 예치하는 고객에게 요구하는 즉시 금을 돌려주겠다는 약속의 징표로 지폐를 내어주었다. 지폐는 실물 금보다 훨씬 편리한 교환수단이었다. 지폐는 먼 곳까지 실어 나르기 쉬웠다. 또 피렌체은행의 런던이나 파리 지점에서 제시하는 즉시 금으로 교환할 수 있었다. 당시 은행의 지폐는 무담보부채**보다 금을 맡기고 받는 보관증에 가까웠다.

르네상스시대 은행가들은 고객이 예치한 금을 다른 군주에게 대출해주는 등 다른 용도로 지폐를 활용했다. 그 결과 보관된 실물 금의 가치를 초과하는 지폐가 발행됐다. 은행가들은 곧바로 상환을 요구하는 고객이 드물며, 설령 요구하더라도 다른 군주나 고객이 맡긴

---

* piecemeal social engineering, 포퍼가 저서 『열린사회와 그 적들(Open Society and Its Enemies)』에서 제안한 개념. 포퍼는 혁명과 극단적 보수주의를 동시에 비난하면서 개인의 이성과 자유에 기초한 점진적 사회 발전만이 인간적인 사회를 건설하는 유일한 대안이라 주장한다.
** unsecured liability, 채권자가 담보나 보증이 될 것을 아무것도 잡지 않은 부채

금으로 상환하면 된다는 점을 노렸다. 이런 식으로 부분지급준비금 제도(fractional reserve banking system)가 자리 잡았다. 당장 지급할 수 있는 금이 은행이 보증서 격으로 발행한 지폐의 일부에 불과하다는 뜻이다. 이후로 은행의 장난질은 멈추지 않고 있다.

은행이 탄생한 후에도 지폐, 부분지급준비금, 실물 금은 세계화폐로서 핵심적인 역할을 했다. 군주와 상인은 금화를 지갑에 넣고 다녔고 금괴를 금고에 보관했다. 금괴와 보증서인 지폐는 병행하여 사용됐다.

흔히 스페인달러로 불리며 8레알 동전의 가치가 있었던 '레알데 아오초(real de a ocho, 영어로 pieces-of-eight)'의 성공 사례에서 보듯 은 역시 비슷한 역할을 했다. 스페인달러는 순은 25,089그램에 내구성을 위한 합금이 더해져 총 무게가 27.216그램인 22캐럿 은화였다. 스페인제국이 레알데아오초를 주조한 까닭은 신성로마제국의 은화인 요아힘스탈러(Joachimsthaler)에 대항하기 위해서였다. 요아힘스탈러는 지금의 체코 영토인 보헤미아 지방의 성 요아힘(St. Joachim)의 작은 골짜기에서 주조됐다. 독일어로 '골짜기'를 나타내는 'Thal'에서 알 수 있듯 요아힘스탈러는 훗날 탈러(Thaler)라는 줄임말로 사용됐다. 탈러는 달러의 어원이기도 하다.

스페인의 레알데아오초와 독일의 탈러는 미국 1달러 은화의 전신이었다. 실제로 레알데아오초는 미국에서도 1857년까지 법정 통화로 통용됐다. 1997년까지만 해도 뉴욕 증권거래소의 주식 거래 단위가 8분의 1 달러였을 정도로 원조 은화 8레알의 유산은 오랫동안 남아 있었다.

네덜란드 부르고뉴공국이나 17세기 멕시코에도 스페인달러와 비슷한 은화가 도입됐다. 특히 전자는 '레이우언달더*'로 알려졌다. 스페인달러는 세계 교역에 두루 통용됐다. 중국도 19세기까지 자국 상품에 대한 대금으로 은만 받아들였다. 중국인들은 대금으로 받은 스페인 은화에 자국의 관인을 찍어 국내에 유통시켰다. 금이 최초의 세계화폐였다면 은은 최초의 유통화폐였다.

은본위제의 인기는 은의 수요와 공급을 토대로 한 것이었다. 금은 항상 희귀했지만 은은 좀 더 쉽게 구할 수 있었다. 카롤루스 대제가 9세기 프랑크 왕국의 화폐 공급을 늘리기 위해 금화를 폐지하고 은화를 주조하도록 한 것은 양적완화의 효시라 할 수 있다. 스페인도 16세기 비슷한 제도를 시행했다.

은은 금의 장점을 대부분 지니고 있다. 일단 품질이 균일하며, 형태 변형이 가능하고, 비교적 희귀하며, 보기에 아름답다. 미국에서는 정부가 1933년 금 소유를 범죄로 규정한 이후 은화가 자유로이 유통됐다. 미국은 1964년까지 순도 90퍼센트의 은화를 주조했다. 품질 저하가 시작된 때는 1965년이다. 10센트, 25센트, 50센트 등 어떤 종류이냐에 따라 은화의 비율이 90퍼센트에서 40퍼센트로 떨어졌고, 1970년대 초반에 이르러서는 은 함유량이 제로인 주화가 주조되기 시작했다. 그 후 미국에서 유통되는 주화는 구리와 니켈만 함유하고 있다.

고대부터 12세기 중반까지는 형편이 넉넉지 않은 사람들도 금화나 은화를 적게나마 지니고 다녔다. 오늘날에는 금화나 은화가 전혀

---

* leeuwendaalder, 사자 달러

유통되지 않는다. 금화와 은화는 금괴 형태로 존재하며 눈에 띄지 않는 곳에 보관된다. 금화와 은화가 사라졌다고 세계화폐가 사라진 것은 아니다. 형태가 변했을 뿐이다. 금과 은의 역할은 은행이 찍어 내는 지폐인 명목화폐의 부상과 더불어 축소됐다.

명목화폐를 못마땅해하는 이들은 1971년 8월 15일을 금이 화폐로서의 기능을 빼앗긴 날로 본다. 그날 닉슨 대통령은 미국이 보유한 외환을 실물 금으로 교환하는 것을 한시적으로 중단한다고 선언했다. 금 태환 중단 조치는 그 자체로는 결정적인 전환이 아니었다. 프랑스만 해도 새로운 교환 비율을 적용한 금본위제로 복귀하고 싶어 했다. 미국도 사실상 금본위제를 유지했다. 달러의 교환 비율이 1971년 12월 18일 스미소니언협정에 따라 금 1온스당 35달러에서 38달러로 조정되었고, 1973년 10월 42.22달러로 추락한 적은 있었다. 그러나 미국이 1971년 8월 이후 금 태환 중단 조치를 거둬들이지 않았으므로 평가절하는 형식에 그쳤다. 1973년 3월 19일 주요 교역국 대다수가 변동환율제로 옮겨갔다. 1974년 6월에는 국제통화기금이 금이 더 이상 본위화폐*로 기능하지 않으며 특별인출권을 기반으로 한 화폐제도를 도입한다고 공식 선언했다(1969년 발행된 특별인출권은 원래 금과 연계되어 있던 반면에 1973년에 발행되기 시작한 특별인출권은 명목화폐의 일종이었다). 1976년 미 의회는 달러의 정의에서 '금'과 '은'이라는 단어를 모두 빼는 식으로 법령을 개정했다.

---

* 한 나라의 화폐제도의 기초를 이루는 화폐

그러나 금이 화폐의 자격을 잃게 된 과정은 공식 기록에 남아 있는 것보다 훨씬 복잡하고 흥미롭다. 닉슨과 국제통화기금의 조치는 이미 다져진 금의 무덤에 삽을 얹은 것에 불과했다. 고전적인 금본위제는 오스트리아-헝가리제국이 세르비아에 최후통첩을 던지고 제1차 세계대전이 발발한 1914년 7월 28일 이미 종말을 맞이했다. 1914년에서 1974년 사이의 60년 동안은 금에 수의(壽衣)를 입히고 매장을 준비한 기간쯤으로 볼 수 있다. 그동안 엘리트들은 새로운 세계화폐가 탄생할 수 있는 여건을 조성했다.

오스트리아-헝가리제국이 세르비아에 최후통첩을 전하자 사태는 걷잡을 수 없어졌다. 군사 동원, 침략, 선전포고가 숨 가쁘게 이어졌고 영국, 프랑스, 러시아가 1914년 8월 4일 독일, 오스트리아-헝가리제국, 오스만제국으로 구성된 동맹국과 전쟁을 벌였다. 미국은 공식적으로는 중립을 표명했다.

교전국들은 금이 있어야 승리할 수 있다는 사실을 잘 알았다. 그들은 즉시 지폐를 금으로 태환하는 것을 중단했다. 전쟁 기간 동안 교전국들은 태환이 불가능한 지폐를 찍어냈다. 이런 지폐는 국민에게서 강제로 차입한 돈에 가까웠다. 승리를 거둔 후 금 태환을 재개하겠다는 심산이었는데, 패배할 경우 문제의 소지가 컸다. 치열한 금 쟁탈전이 일어났다. 각국 정부는 국민에게 소유한 금을 내놓고 그 대가로 전쟁 채권을 받으라고 설득했다. 이런 정책은 별다른 저항에 부딪히지 않았고 널리 호응을 얻었다. 전쟁은 생존이 달린 절박한 문제였기 때문이다.

1914년 미국과 영국을 제외한 주요 국가가 금 태환 중지에 동참했는데, 이 두 나라는 각기 다른 이유로 금 태환을 중지하지 않았다.

1914년 7월 당시 런던은 이론의 여지없는 세계의 금융 수도였다. 런던 내국환어음(bill on London)은 영국 최대 은행이 지급을 보증하는 파운드 표시 금융상품이었으며 자금시장의 중심축이었다. 파운드 환어음은 세계 교역을 움직이는 동력이었다. 제1차 세계대전의 발발로 금융 공황이 닥쳤고 각국은 외채의 지급유예를 선언했다.

프랑스 정부는 런던에 소유한 파운드 표시 유가증권을 매도한 다음 이를 금으로 태환하여 파리로 보내달라고 요구했다. 이로 인해 영국의 은행들은 금을 마련하기 위해 뉴욕의 유가증권을 매도했고, 마찬가지로 달러 대금을 금으로 태환해달라고 요구했다. 이런 매도 압력으로 유럽의 주요 증권거래소와 뉴욕 증권거래소가 줄줄이 폐쇄됐다. 그럼에도 금 수요는 수그러들 줄 몰랐다.

애당초 영국 재무성과 영란은행 관료들은 금 태환 중지 쪽으로 의견이 기울었다. 그러나 당시 재무성 자문이던 케인스가 영국이 금본위제를 유지해야 한다는 설득력 있는 주장을 내놓았다.[4] 케인스는 건전화폐*가 있어야 전쟁에서 승리할 수 있다는 사실을 알았다. 런던이 전쟁 비용을 마련하려면 영국의 신용에 대한 뉴욕의 신뢰를 확보하는 것이 필수적이었다.

결국 케인스의 견해가 선견지명이었음이 밝혀졌다. 1915년 10월 존 모건의 아들 잭 모건은 영국과 프랑스를 위해 5억 달러 규모의 신디케이트론을 성사시켰다. 오늘날 금액으로 환산하면 117억 달러에 해당한다. 모건 가문은 독일을 위해서는 단 한 푼도 자금을 모으

* sound money, 통용력과 구매력이 어떤 수단에 의해 확보되어 있는 화폐

지 않았다.

　미국의 은행들은 영국의 금 태환 요구를 최대한 수용했다. 그러나 독일 잠수함 유보트(U-boot)가 대서양에서 공격을 가함에 따라 런던으로 금을 실어 나르기 곤란해지자 금 태환에 차질이 빚어졌다. 유보트 때문에 영국에 대한 미국의 농산물 수출도 중단됐다. 문제는 미국이 영국에 금을 상환하려면 농산물 수출대금이 반드시 필요했다는 점이다. 절박해진 영란은행은 캐나다 오타와에 금을 보관할 지점을 개설했다. 그때부터 금은 유보트의 공격을 피해 뉴욕에서 오타와까지 기차로 운반됐다. 미 재무부는 대서양 횡단 운송을 재개하기 위해 '정부지원보험제도'라는 수단을 활용했다. 11월에 이르자 금 운송이 정상화되었고, 그해 12월 5일 뉴욕 증권거래소가 다시 문을 열었다.

　영국은 케인스의 조언과 모건의 신묘한 자금 조달 능력 덕에 금 태환을 중단하지 않았지만 사실상 명목에 지나지 않았다. 영국 정부는 금을 직접 비축하는 행위가 비애국적이며 은행에 맡겨두는 것이 옳다는 메시지를 국민에게 주입했다. 마찬가지로 은행에도 금을 비축하기만 하고 즉시 상용할 수 있도록 협조하지 않으면 금을 몰수하겠다고 협박했다.

　유통 중이던 금화는 모두 거둬들여졌고 오늘날까지 국제 인증 골드바(London good delivery)로 인정되는 400온스짜리 골드바로 재가공됐다. 은행은 정부에게서 보유 중인 금을 영란은행의 중앙 금고에 보관하라는 권유를 받았는데, 얼마 후 이 권유는 명령으로 바뀌었다. 골드바는 유통 가능했던 금화와는 달리 소유하거나 사고파는 것만 가능했다. 게다가 400온스나 나가는 금을 살 수 있는 사람이 드물었기 때문에 부유층만 골드바를 소유할 수 있었다.

전쟁이라는 위급 사태에서 금을 구할 수 없다고 불평하는 사람은 거의 없었다. 1918년 전쟁이 끝날 무렵에는 사람들의 습관이 바뀌어 영국뿐 아니라 유럽 전역에서 은행이 발행한 지폐를 소유하는 것이 자연스러운 일로 뿌리내렸다. 유럽뿐 아니라 미국에서도 그런 습관이 차츰 자리 잡았다. 물론 개인이 금을 소유하는 행태는 사라지지 않았고 지폐가 금의 영수증으로서 발행된다는 점도 변하지 않았다. 그러나 변화가 일어난 것만은 사실이다. 1918년 이후 실물 금은 대부분 묵직한 골드바 형태로 은행 금고 속에 묻혀 일반인의 눈과 마음에서 멀어져갔다.

금이 중앙 정부로 집중되는 현상은 1933년 4월 5일에 정점에 달했다. 루스벨트 대통령은 이날 행정명령 6102호를 내리면서 "소유한 금을 재무부 산하 기관에 내놓지 않는 국민은 기소를 면치 못할 것"이라는 내용을 발표했다.

국민만 연준의 금 싹쓸이 대상이 된 것은 아니었다. 루스벨트 대통령이 1934년 1월 30일 서명하여 발효된 금 준비법은 연준이 보유한 금을 비롯한 미국의 모든 통화적 금을 재무부로 이전하는 것을 의무화했다. 미국에는 샌프란시스코와 보스턴 연방준비은행 등 민간 소유의 지역 연방준비은행이 12군데 있었다. 여기에는 1913년 연준이 설립된 후 은행 소유주들이 제공한 금이 보관되어 있었다. 금 준비법은 연준으로 하여금 재무부로 금을 이전하고 그 대가로 재무부가 발행한 금 증서를 받도록 했다. 그때 발행한 금 증서는 아직도 연준의 재무제표에 기재되어 있다.

1936년 미 재무부의 금은 기존 시설에 안전하게 보관될 수 있는 수준을 넘어섰다. 켄터키 주 포트녹스의 미국금괴보관소는 1933년과 34년 재무부가 몰수한 금을 보관하기 위해 1937년 설립된 보안 시설이다. 미국조폐국과 웨스트포인트의 군사 요새 내에도 금 보관소가 지어졌다. 미국 동해안과 서해안의 국민 수백만 명이 개인 금고나 지갑 안에 넣어두었던 금이 미군이 보호하는 안전금고 몇 군데에 집중적으로 보관되기 시작한 것이다.

1914년에서 1934년 사이에 미국의 금은 개인에게서 은행을 거쳐 중앙은행과 재무부로 단계적으로 이동했다. 영국과 다른 선진국에서도 비슷한 과정이 진행됐다. 정부 정책 때문에 금은 시중에서 자취를 감추었다.

1939년 제2차 세계대전의 발발과 더불어 부분적으로나마 유지되었던 금 태환이 다시 중단됐다. 국가 간에 금이 운송되는 일도 거의 사라졌다. 제2차 세계대전 기간 동안 금을 거래할 수 있는 공식적인 기관은 스위스 바젤의 국제결제은행뿐이었다. 국제결제은행은 나치 독일이 주로 유대인을 비롯한 홀로코스트 희생자들에게서 빼앗은 금의 매매를 중개하는 업무로 호황을 누렸다. 금 매각 대금은 나치가 군수물자를 마련하고 미국인과 연합군을 살상하는 데 사용됐다. 전쟁 기간 동안 국제결제은행은 토머스 맥키트릭(Thomas McKittrick)이라는 미국인에 의해 운영됐다. 오늘날에도 국제결제은행은 주권국가와 대형 은행 사이의 금 거래를 중개하는 단일 기관으로서는 가장 중요한 지위를 유지하고 있다.

제2차 세계대전이 끝날 무렵에는 금이 통화로서 유통되는 일이 완전히 중단됐다. 1944년 7월 체결된 브레턴우즈협정은 적어도 일반 국민은 아니더라도 국가를 대상으로 한 금본위제를 부활시켰다.

44개 협정국의 통화 가치가 미국 달러에 고정환율로 묶이게 됐다. 달러는 1온스당 35달러라는 교환 비율로 금에 고정됐다. 금은 여전히 세계화폐로 존재했지만 통화로서 유통된 것은 금이 아니라 달러였다.

그 후 수십 년 동안 미국의 교역상대국은 종전 후 호황을 누리던 미국인에게 트랜지스터 라디오, 폴크스바겐 비틀 자동차, 프랑스산 포도주 등 다양한 상품을 팔아 달러를 벌어들였다. 이들은 달러로 받은 수출 대금을 금으로 교환했으나 그 금이 미국 밖으로 흘러나가는 일은 거의 없었다. 금은 맨해튼 남부의 리버티 가에 위치한 뉴욕연방준비은행의 금고에 보관됐다. 법적 소유권은 미국에서 일본 등의 수출국으로 넘어갔지만 금은 원래 장소에 남아 있었다. 다만 프랑스는 실물 금을 파리로 운송해줄 것을 미국에 요구했고, 그때 지급한 금은 오늘날까지 프랑스에 남아 있다.

브레턴우즈체제가 한창 와해되던 1968년에는 대량 예금 인출에 상응하는 일이 벌어졌다. 다만 이 경우에는 은행 예금이 아닌 켄터키 주 포트녹스의 금을 인출하려는 요구가 빗발쳤다. 스위스와 스페인이 프랑스에 가세하여 실물 금을 요구했고 닉슨은 인출 사태를 막고 남은 금을 최대한 유지하기 위해 금 교환창구(gold window)를 닫아걸었다. 1971년부터 1974년까지 혼란이 이어졌다. 주요 선진국들은 새로운 교환 비율을 도입한 금본위제로 복귀할지, 금 없는 고정환율제를 유지할지, 변동환율제로 옮겨갈지 결단을 내리지 못하고 갈팡질팡하고 있었다.

브레턴우즈체제의 몰락은 시카고대학 경제학자 밀턴 프리드먼의 영향력 강화와 시기적으로 일치한다. 프리드먼은 『미국화폐사,

1867~1960년(A Monetary History of the United States, 1867-1960)』이라는 기념비적 저작을 통해 경제학자로서 좋은 평판을 얻었다.[5] 그는 어빙 피셔 등의 선배 학자가 주창한 화폐수량설*을 토대로 한 화폐정책을 신봉했다. 프리드먼에 따르면 대공황의 원인은 1929년 주식시장 붕괴 이전부터 시작되어 그 후 몇 년간 지속된 연준의 과도한 긴축 통화정책이다.

그가 제시한 해결책은 '탄력적인 돈(elastic money)'이었다. 탄력적인 돈이란 '경기후퇴, 재화와 서비스에 대한 일시적 수요 침체의 영향을 상쇄하기 위해 중앙은행이 얼마든지 화폐를 발행할 수 있는 능력'을 뜻한다. 탄력적인 돈은 금본위제를 포기하고 고정환율제를 채택해야 얻을 수 있었다. 두 제도가 존재하는 한 중앙은행이 통화 공급량을 늘리는 데는 제약이 뒤따를 수밖에 없었다. 이런 시각은 벤 버냉키와 그의 후임 재닛 옐런이 2008년 세계 금융위기와 그 여파에 대한 정책적 대응을 마련하는 과정에 영향을 주었다.

프리드먼은 눈부신 연구 성과와 화폐 이론의 주창으로 1976년 노벨경제학상을 수상했다. 그러나 그의 가설에는 심각한 결함이 있었다. 그의 연구를 기반으로 한 정책적 권고는 효과적이지 못한 것으로 판명됐다. 그는 효율적 시장과 합리적 예측을 전제로 했지만 그 후 두 가설은 데이터의 확대와 행동과학의 진보로 설 자리를 잃었다. 특히 프리드먼과 피셔는 화폐의 유통 속도나 회전율이 일정 수준을 유지한다고 보았다. 시장참가자들의 적응적 행동은 끊임없는

---

* quantity theory of money, 일반 물가 수준은 유통되는 화폐량에 의해 변화한다는 이론

상호작용을 낳고, 화폐의 유통 속도는 그에 따라 변동한다는 점을 간과한 것이다. 화폐의 유통 속도가 일정하다는 전제 없이는 화폐수량설도 정책 수단으로 무용지물이 된다. 다양한 상황에서 어떤 결과가 나올지를 검증하는 사고실험에나 적합할 뿐이다.

물론 프리드먼이 집중적으로 활동했던 1950년에서 1990년 사이 실제 화폐 유통 속도는 일정하게 유지됐다. 1998년 외환위기에 이르러서야 불안정해진 것이다. 그런 경향은 2008년 세계 금융위기로 심화됐다. 그러나 1930년대에도 화폐 유통 속도가 급감한 적이 있었다. 프리드먼이 그 사실을 몰랐을 리 없었다. 그는 지나치게 편협했으며 1930년대의 화폐 유통 속도 급감을 금과 고정환율제 탓으로 돌리는 실수를 저질렀다. 프리드먼에 따르면 이 두 가지 요인 때문에 연준은 통화 완화를 통한 부양책을 제대로 시행할 수 없었다.

프리드먼의 통화주의가 통하는 멋진 신세계에서는 금본위제와 고정환율제가 사라진 덕분에 현 상황을 제대로 파악하게 된 중앙은행이 낮은 인플레이션율에 맞춰 통화 공급량을 최대한 늘리는 식으로 상황에 맞게 조절할 수 있었다. 1971년 닉슨 대통령은 "이제 우리는 모두 케인스주의자"라고 선언했지만 오히려 "이제 우리는 모두 프리드먼주의자"라고 하는 편이 현실에 부합했다.

케인스가 재정정책에, 프리드먼이 통화정책에 미친 영향이 워낙 크다 보니 경제학은 자만에 빠지고 말았다. 경제학자들이 보기에 선진국의 경우 재정 지출과 통화 창출을 적절히 활용함으로써 해결하지 못할 거시경제적 문제점은 없었다. 오늘날 케인스와 프리드먼의 이론은 헬리콥터머니*라는 정책을 통해 한데 결합된다.

프리드먼의 견해는 국제통화기금이 금의 화폐 기능을 없애고 주요 선진국이 일방적으로 고정환율제를 폐지하는 데 결정적인 영향을 미쳤다. 1974년에는 금본위제의 마지막 자취마저 찾아볼 수 없게 됐고 변동환율이 표준이 됐다. 돈이 금에 묶여 있던 시대는 갔다. 심지어 다른 통화와도 연동되지 않았다. 돈의 고정 장치가 사라졌다. 경제학자들이 판단하기에 돈에는 고정 장치가 필요하지 않았다.

1974년 이후에는 화폐 가치가 중앙은행의 말에 좌우됐다. 연준 의장 폴 볼커와 앨런 그린스펀, 재무장관 제임스 베이커와 로버트 루빈의 지휘에 따라 1980년에서 2010년 사이에 사실상 달러본위제라 할 만한 제도가 시행됐다. 로널드 레이건, 조지 H. W. 부시, 빌 클린턴이 대통령을 지낸 1980년대와 90년대에는 강력한 달러본위제에 힘입어 미국이 견조한 경제성장률을 유지했다. 그러나 그 후부터 2010년까지는 조지 W. 부시 행정부의 전쟁 지출과 버락 오바마 행정부의 재정적자에 짓눌려 달러본위제가 와해되었고, 그 결과 환율전쟁이 오늘날까지 계속되고 있다.

1914년에서 1974년 사이에 금은 국민의 돈에서 은행의 돈을 거쳐 국가의 돈으로 변했다가 돈의 지위를 잃었다. 세계사적 관점에서 보면 마지막 상황은 이례적인 사건이다. 적어도 명목화폐가 부분적으로나마 프리드먼의 잘못된 가설에 근거한다는 생각은 재고의 여지가 있다.

70년간 지속된 세계화폐의 공백기가 끝나가고 있다. 1974년 이후 금을 대신할 명목화폐에 관한 논의는 중앙은행 총재, 말 잘 듣는 교

---

* helicopter money, 중앙은행이 경기부양을 위해 돈을 찍어 시중에 공급하는 비전통적인 정책

역상대국, 의심 없는 국민 행세를 하는 학계 인사들에 좌우됐다. 그런데 이제 이 세 기둥에 균열이 일어나고 있다. 성장률 정체, 자산 거품, 소득 불평등, 금융 공황, 환율 전쟁은 세계화폐가 부재하는 한 뻔히 예상할 수 있는 결과다. 지구상의 엘리트들은 질서를 선호한다. 다음에 위기가 발생하면 세계화폐가 다시 부상할 것이다. 엘리트는 1922년, 1944년, 1974년에 그러했듯 세계화폐제도의 '기본 원칙'을 다시 쓰려고 작정하고 있다. 이들이 택한 세계화폐는 달러나 금이 아니라 특별인출권이다.

특별인출권은 1969년 미국 달러의 신뢰도가 하락하자 국제통화기금이 해결책으로 내놓은 수단이다. 당시 대미 수출로 달러를 벌어들인 나라들은 무조건 달러를 금으로 교환했다. 1온스당 35달러라는 고정 비율을 유지하다가는 수출 대금으로 지급할 금이 남아나지 않을 판이었다. 방법이라고는 금 부족을 방관하거나, 금의 가치를 다시 매기거나, 금을 포기하는 수밖에 없었다. 당시 주요 선진국 입장에서는 하나같이 탐탁찮은 방안이었다. 그래서 나온 것이 특별인출권이었다. 특별인출권은 달러도, 금도 아닌 혼합형 준비자산으로 고안됐다. 특별인출권은 달러의 공급 과잉을 완화하는 동시에 금 부족을 해소했다. 특별인출권은 국제통화기금의 혼합자산에 대한 지급요청서로, 그 가치는 일정 수량의 금에 연동되어 있었다. 그 때문에 특별인출권에는 처음부터 '종이 금(paper gold)'이라는 별명이 붙었다.

1973년에 이르자 금에 연동되던 최초의 특별인출권이 폐지됐다. 그때부터 특별인출권은 국제통화기금이 찍어낸다는 점 외에는 다른 나라의 종이 화폐나 다를 바 없었다. 그럼에도 특별인출권은 사라지지 않았다. 일각에서는 특별인출권이 경화 바스켓*에 의해 뒷받침된다고 주장하지만 사실이 아니다. 경화 바스켓은 특별인출권의 환율을 정하는 데만 이용된다. 경화의 지원은 없으며 특별인출권은 국제통화기금이 이사회의 합의에 따라 재량으로 발행한다.

특별인출권은 자주 발행되지 않는다. 탄생 이후 47년간 네 차례만 발행되었을 뿐이다. 가장 최근에는 2008년 공황에 이어 세계적으로 경기침체가 극에 달한 2009년 8월에 발행됐다. 그 이전에는 1981년 마지막으로 발행됐다. 2016년 9월 30일을 기준으로 누적 발행액은 2041억 특별인출권이다. 발행 당시 환율로 2850억 달러다.

특별인출권의 흥미로운 특징 중 하나는 '트리핀의 딜레마(Triffin's dilemma)'에 구애되지 않는다는 점이다. 트리핀의 딜레마란 벨기에 태생 경제학자 로버트 트리핀(Robert Triffin)이 1960년 미 의회에 증인으로 출석하여 내놓은 경제학적 역설을 말한다.[6] 트리핀은 세계적으로 통용되는 준비통화**를 발행하는 나라가 정상 교역에 필요한 준비자산을 제공하다 보면 지속적인 적자에 시달릴 수밖에 없다고 경고했다. 그리고 그토록 오랫동안 적자를 감당하다 보면 그 나라는 결국 파산에 이른다는 것이다. 국제교역 무대에서 준비통화 발행국이 파산하면 교역상대국은 준비통화의 안정성에 대한 신뢰를 잃고 대금으로 다른 통화 수단을 요구하게 마련이다. 특별인출권에는 이런 문제가 없다. 발행 주체인 국제통화기금은 국가가 아니므로 적자를 지지 않기 때문이다. 특별인출권은 얼마를 발행하든 신뢰도 추락

---

* basket, 여러 가지 통화를 조합해 새로운 합성 통화 단위를 만드는 방식
** reserve currency, 금과 더불어 대외 지급을 위한 준비로서 각국이 보유하고 있는 통화

을 우려할 필요가 없다. 국제통화기금은 교역을 하지 않기 때문에 특별인출권을 거부할 교역상대국도 존재하지 않는다. 국제통화기금은 모든 교역국을 포괄한다.

특별인출권은 일반적인 통화정책의 관행대로 발행되지 않는다. 특정 기업이나 국가를 구제하기 위해 발행되지 않는다는 이야기다. 무엇보다 특별인출권은 다른 통화 수단의 유동성이 고갈되거나 신뢰도가 추락할 때 긴급하게 유동성을 공급하기 위해 존재한다. 금융계의 대화재를 진압하기 위해 파견되는 화폐소방대인 셈이다.

특별인출권은 아이스나인에 대한 완벽한 보완책이다. 다음 위기가 닥치면 곧바로 금융 시스템은 동결될 것이다. 과거 사례에서 보듯 중앙은행에 유동성을 재공급할 능력이 없기 때문이다. G20은 2008년 11월과 마찬가지로 비상회의를 열고 얼어붙은 금융 시스템에 특별인출권을 공급하라고 국제통화기금에 지시할 것이다. 그런 조치가 성공하면 은행과 중개회사가 하나둘 다시 문을 연다. 고객들도 현금으로 예금을 찾을 수 있게 된다. 유가증권이 계속해서 달러, 유로, 엔으로 거래될 것이다. 그러나 성공의 장막 뒤에 존재하는 세상은 전과는 판이할 것이다. 달러가 아닌 특별인출권이 국제교역과 금융의 가치척도나 환율 기준으로 자리 잡는다는 이야기다.

달러는 멕시코 페소나 다름없이 현지 통화 역할을 할 것이다. 모든 현지 통화의 가치는 G20의 관리하에 특별인출권과 연동될 것이다. 중국, 미국, 독일, 러시아와 기타 몇몇 회원국이 협의하여 단체로 국제통화기금에 지시를 내릴 것이다. 달러에서 특별인출권으로의 전환은 일반인이 눈치챌 사이도 없이 슬쩍 이루어질 것이다. 머지않아 강력한 특별인출권 표시 채권시장이 부상하여 세계 각국의 준비자산을 흡수할 법도 하다.

이런 전환이 수십 년에 걸쳐 이루어지고 있다. 1970년에서 1972
년, 1979년에서 1981년, 2009년의 특별인출권 발행은 소로스와 그
일파가 신봉하는 점진적 사회공학이 구현된 사례다. 2009년 3월 25
일 티머시 가이트너 당시 미 재무장관은 특별인출권 사용 확대를 반
대하지 않는다고 말했다. 특별인출권의 발행을 늘리는 데 대해 어떻
게 생각하느냐는 기자의 질문에 그는 "우리는 그 사안을 상당히 열
린 자세로 대하고 있다"고 답했다.[7] 당시 이 발언을 급진적이라 평
가하는 이는 드물었다. 사실 가이트너의 말은 달러의 종말로 향하는
머나먼 길에 작은 발걸음을 내디딘 데 불과했다.

2015년 11월 국제통화기금 이사회가 중국의 위안을 기준통화*로
특별인출권 바스켓에 포함시키기로 결정한 것도 세계화폐를 향해
내디딘 발걸음이다. 기존 특별인출권 바스켓은 달러, 유로, 엔, 파운
드로 이루어져 있다. 국제통화기금의 결정은 순전히 정치적 동기에
따른 것이었다. 위안은 현재도 그렇지만 향후 10년 내에도 준비통화
의 기준을 충족하지 못할 가능성이 크다. 준비통화의 요건은 성숙하
고 유동성이 풍부한 국채시장은 물론 헤지상품, 리포 파이낸싱**, 결
제와 청산을 진행할 시설, 공정한 법치주의다. 중국은 이 중 한 가지
요건도 갖추지 못했다. 채권시장 인프라가 구축되어 있지 않는 한
준비통화를 보유한들 투자할 곳을 찾기가 마땅치 않다.

---

* reference currency. 국제 금융시장에서 복수 통화 표시채를 발행하는 경우 원금과 이자 상환 시 사용되는
통화
** repo financing. 환매 계약 금융

그럼에도 위안을 바스켓 통화에 포함하기로 한 국제통화기금의 결정은 중요한 정치적 상징성을 지닌다. 중국이 국제통화체제의 정식 회원으로 선정된 것이다. 국제통화기금이 그런 결정을 내린 지 몇 주도 지나지 않아 폴 라이언 미국 하원의장이 예산 법안에 중국의 국제통화기금 의결권을 확대하는 조항을 슬쩍 끼워 넣었다. 이 조치로 중국은 국제통화체제를 운영하는 배타적인 국가 클럽의 회원으로서 한층 더 공고한 위치를 다질 수 있었다.

이런 승리는 중국 정부가 2006년부터 이 배타적 모임의 입회비격인 금을 미친 듯 확보한 것과 밀접한 관련이 있다. 미국을 비롯한 경제대국의 관료들은 공식적으로는 금을 깎아내린다. 그러나 경제대국들은 종이 화폐의 신뢰도가 땅에 떨어질 때를 대비하여 금을 비축하고 있다. 미국에는 8000톤이 넘는 금이 있으며, 유로존이 비축한 금은 1만 톤이 넘는다. 국제통화기금도 3000톤에 가까운 금을 비축해두고 있다. 중국은 비밀리에 이미 금 4000톤을 확보했으며 계속해서 비축량을 늘려가는 덕분에 다른 강국들과 자리를 나란히 하게됐다.

개인이 소유할 수 없는 특별인출권이 어떻게 세계화폐로 등극했는지는 언뜻 이해하기 어렵다. 특별인출권은 국제통화기금의 회원국에 발행된다. 그 외에도 국제통화기금은 유엔과 세계은행 등의 다자간기구에도 특별인출권을 발행해줄 수 있다. 유엔과 세계은행은 기후변화 인프라와 인구 조절 등의 사안에 특별인출권을 지출할 수 있다. 특별인출권을 수령한 측은 특별인출권을 이용하여 서로 거래를 하거나 필요한 경우 경화로 교환할 수 있다. 그러나 개인은 특별인출권을 소유할 수 없다. 적어도 아직까지는 그렇다.

조만간 특별인출권을 위한 민간 시장이 만들어질 것이다. GE, IBM, 폴크스바겐 같은 대기업이 특별인출권 표시 채권을 발행하고 골드만삭스 같은 대형 은행이 그런 채권을 거래할 수 있는 시장을 조성하며 헤지* 수단으로 특별인출권을 이용한 파생금융상품 계약을 체결할 것이다. 1960년대에 유로달러 예금이 불어났듯 특별인출권 은행 예금의 규모도 확대될 것이다. 우리가 눈치채지 못하는 사이에 달러는 현지 통화의 지위로 떨어지고 중요한 거래는 특별인출권으로 이루어질 것이다. 세계화폐는 불시에 등장할 것이다.

헤지펀드와 첨단기술로 억만장자가 된 이들은 자신들의 재산이 달러로 환산할 때만 막대하다는 사실을 깨달을 것이다. 특별인출권 대비 달러의 가치는 이런 억만장자나 이들이 고용한 은행과 무관하게 몇몇 국가의 결정에 따라 평가절하될 것이다. 세계화폐가 탄생하면 달러의 가치가 G20과 국제통화기금에 의해 좌우된다는 이야기다. 금만 영향을 받는 것이 아니다.

세계 과세

나는 경력 초반 10년 동안에는 당시 세계에서 가장 막강한 민간 은행이던 시티은행의 국제 세무 자문변호사로 일했다. 세계적으로 시

---

* hedge. 손실을 낼 수 있는 위험을 다른 거래를 통해 회피하는 행위

티은행의 지점이 있는 국가의 숫자가 미 국무부가 대사관을 파견한 국가를 앞설 정도였다. 아직도 전설로 회자되는 월터 리스턴이 CEO였던 시절의 시티은행은 미 국무부를 능가하는 기반을 자랑했다.

시티은행이 엄청난 수익을 올리던 1980년대 초반, 나와 내 동료들은 미국 조세당국에 제출할 법인세신고서에 부채를 제로로 기입했다. 그러나 리스턴이 반대했다. 그는 미국 최대 은행이 국내에서 세금을 전혀 내지 않는 것은 부적절하다면서 우리에게 소액이라도 납부하라고 지시했다. "거액을 낼 필요는 없고 2~3퍼센트면 될 거야. 한 푼도 안 내면 모양새가 좋지 않아."

우리는 세금을 전혀 내지 않는 일에는 통달했다. 그러나 '조금'만 내려면 머리를 굴려야 했다. 물론 시티은행이 자유자재로 활용할 수 있는 꼼수는 많았다. 예를 들어 외국의 세액공제와 투자세액공제를 활용하거나, 시티은행이 법적 소유주로서 사용자들에게 임대해준 보잉747기와 알래스카 송유관을 감가상각 처리하는 방법이 있었다.

비과세 지방채와 대손충당금을 이용해도 세금을 줄일 수 있었다. 뉴욕 파크애비뉴 399번지에 있는 시티은행 본점 건물의 3층 한구석에는 플라스틱 종려나무가 놓여 있었다. 세율 제로인 바하마연방을 담당하는 시티은행 나소* 지점을 상징하는 나무였다. 실제로 근처에 바하마연방 거래를 담당하는 직원들의 자리가 있었다. 케이맨제도와 네덜란드령 앤틸리스의 지점도 도움이 됐다.

문제는 시티은행의 법인세신고서가 정밀하게 조립된 기계나 다름

---

* 바하마연방의 수도

없다는 점이었다. 미국 연방조세법(IRC)의 공제, 감면, 세금 선택 규정을 복잡하게 엮어 활용했다. 레버 하나를 움직이면 다른 레버까지 저절로 움직일 수 있었다. 우리는 1년을 들여 그 기계를 최적의 상태로 조정했다. 기계를 망가뜨리는 일 없이 작은 부품만 해체해야 했기 때문에 쉽지 않은 작업이었다. 다행히 우리에게는 시간과 재능이 있었고, 목적 달성에는 문제가 없었다. 아직까지도 그때 얻은 교훈은 내 뇌리에 남았다. 규모가 크고 복잡한 기업의 경우 납세가 의무가 아닌 선택이라는 사실이다.

그러나 국가 채무 부담이 큰 선진국 입장에서는 국가 채무의 상환이 선택이 아니다. 상환이 이루어지지 않으면 세계경제가 혼돈으로 빠져들 수밖에 없기 때문이다. 선진국이 지급 능력이 있다는 허울을 유지하기 위해서는 우선 세금 수입이 필요하다. 그런 허울을 유지해야 선진국 정부는 새로운 국채를 발행하여 만기가 도래한 국채를 상환할 수 있다.

이처럼 정부 입장에서는 세금 징수가 반드시 필요하지만 기업은 마음만 먹으면 세금을 안 낼 수 있다. 이런 불일치 때문에 국가와 기업의 권력은 은밀한 투쟁을 벌이고 있다. 물론 폭력 등 과감한 수단을 동원할 수 있는 국가가 결국 승리하게 마련이다. 그러나 기업은 로비를 통해 국가의 부패를 조장할 수 있다. 그 덕에 단기적으로는 충분히 국가의 공격을 막아낼 수 있다.

세율이 높은 선진국이든 세율이 낮은 조세피난국이든 과세 시스템은 분산되어 있다. 따라서 다국적기업이 조세 회피 수단을 찾아내는 것은 일도 아니다. 특허, 소프트웨어 같은 지적재산을 조세피난처로 이전하는 것이 가장 일반적이다. 지적재산을 조세피난지로 이전하고 나면 해당 국가에 세금 한 푼 안 내고 로열티를 벌어들일 수 있다.

이전가격조작(transfer pricing)도 조세 회피 수단으로 자주 사용된다. 고세율 국가의 기업이 저세율 국가의 관계회사에 비용을 부풀려 지급하는 방법이다. 이렇게 하면 소득이 저세율 국가로 이전되므로 고세율 국가의 세금이 공제되는 효과가 나타난다. 좀 더 복잡한 기법으로는 세계 각국의 매수와 매도 주문을 처리하는 고세율 국가에 상계* 시설을 세우는 것이 있다. 이렇게 하면 매수와 매도로 인한 이익과 손실이 제로에 가깝게 상쇄된다. 그러므로 해당 국가에 세금을 납부할 필요가 없으며, 매출총이익은 저세율 지역에 있는 거래상대방에 분배된다.

국경 간 조세 협정에도 법인세를 회피할 수 있는 방법이 넘쳐난다. 이런 협정을 활용하면 기업은 지급인과 수취인의 소재지에 근거하여 저세율 국가에서 이자, 배당금, 로열티를 지급할 수 있다. 이 경우 원천과세 외에는 수취인으로부터 달리 세금을 징수할 방도가 없다. 지급인이 소득세를 공제한 금액을 수취인에게 지급하고 그 소득세를 당국에 대신 납부하는 것이다.

선진국은 대부분 교역상대국과 원천세율의 경감이나 면제 등을 골자로 하는 양자 간 조세협정을 체결한다. 이중과세는 세액공제 대상이 되기 때문에 수취 국가가 세금을 징수하면 지급 국가까지 세금을 징수할 필요가 없다는 논리다. 그러나 100개국이 저마다 다른

---

* netting. 채권과 채무를 개별 결제하지 않고 일정 기간 이후 차액만 결제하는 방법

100개국과 양자 간 조세협정을 체결하면 조항과 세율이 조금씩 다른 조세협정 1만 개가 얽히고설키는 결과가 벌어진다.

세금임대(tax leasing)도 조세 회피를 위한 효과적인 수단이다. 나라마다 어떤 금융 거래가 대출인지 임대인지 판별하는 법규가 제각각이다. 예를 들어 어떤 나라에서 (이자를 공제할 목적으로) 대출로 설정한 장비 거래를 다른 나라에서는 (감가상각 처리를 위해) 임대로 조정할 수 있다. 장비 한 가지로 거래당사자가 이자도 받고 세액 공제도 받을 수 있으니 일석이조가 아닐 수 없다.

이처럼 대출과 임대의 장점을 이중으로 취하는 방법을 일련의 조세협정과 결합하면 여러 법역(法域)에서 세금을 면제받을 수 있다. 시티은행의 세무 자문변호사로 일하는 동안 나는 삼중의 세금임대도 경험했다. 보잉747기를 남아프리카공화국, 영국, 호주에서 동시에 전액 상각하는 방법이었다. 세 법역 모두 다른 법역에서 우리가 한 일을 알지 못했다.

일반소득을 세금우대 대상인 자본이득으로 전환하는 방법도 있다. 또 채권을 매입하는 즉시 매도하는 채권할인은 해당 채권에 내재한 이자소득을 감춰주는 기능이 있다. 납세 의무를 연기하는 세금이연(tax deferral)도 저금리만큼이나 세금을 감소시키는 효과가 있다. 화폐의 실질가치는 인플레이션으로 인해 하락하기 마련이므로 납세 의무를 10년 동안 연기하면 세금을 납부할 시점에 이르러 실질 비용이 크게 감소하는 것이다.

이런 여러 방법에 조세 협정에 명시되지 않은 파생금융상품까지 결합하면 조세당국의 눈을 피하기에 그만이다. 주요 선진국에서는 기업이 해당 법령이 바뀌는 일을 막기 위해 로비스트들을 고용한다.

이제까지 언급한 모든 방법을 감안하면 개별 국가의 법인세 징수 과정에 줄줄 새어나가는 '구멍'이 많을 수밖에 없다. 기업의 현금은 이런 구멍을 통과해 수익으로 구현되고 국가는 빈손이 된다.

미국, 독일, 영국, 일본 정부의 엘리트들도 이런 기법들을 꿰뚫고 있다. 기업 자문들과 같은 법대와 경영대학원을 다녔기 때문이다. 그러나 정부와 기업의 엘리트가 돌고 도는 회전문 인사 관행 때문에 과세 업무에 관여하던 전문가들이 탈세로 옮겨가고 다시 과세로 복귀하는 식의 양상이 되풀이되고 있다. 과세나 탈세나 엘리트가 주도하는 게임이다.

G20는 더 이상 이런 행위를 게임으로 볼 수 없는 한계에 다다랐다. 막대한 국가 채무에 짓눌리고 성장을 창출할 수 없게 된 G20은 국경을 넘나들며 이루어지는 조세 회피의 퇴치에 나섰다. 엘리트의 계획은 국가 간 공조와 정보 공유를 통해 전 세계적 과세를 실현하겠다는 것이다. 선진국의 과세당국이 다른 나라에서 일어난 거래까지 샅샅이 파악할 수 있다면 소득을 추적하기가 훨씬 용이해진다.

G20로부터 국제 과세 임무를 위임받은 G7(미국, 일본, 영국, 프랑스, 독일, 캐나다, 이탈리아)은 가장 큰 수익을 올리는 기업들의 본거지이자 세율이 가장 높은 지역이기도 하다. 기업의 조세 회피로 가장 큰 손해를 보는 지역이므로 이를 막아야 할 동기도 가장 크다.

G7로부터 이에 관한 전문 업무를 위임받은 기구는 경제협력개발기구(OECD)다.[8] 원래 G7과 G20의 엘리트가 가장 많은 업무를 맡기는 기구는 국제통화기금이지만, 다른 다자간기구에 특화된 업무를 의뢰하는 경우도 많다. 예를 들어 기후변화 의제는 대부분 유엔이 맡는다. OECD는 사라진 세금 수입을 회수함으로써 가장 큰 이득을

볼 수 있는 선진국들을 대표하는 만큼 세계 공통의 조세제도를 마련하기에 적합하다.

　물론 그런 제도가 세계 공통 조세제도라는 노골적인 명칭으로 불리는 것은 아니다. 그보다는 실제 의도가 드러나지 않는 기술적 명칭으로 불린다. 세계화폐가 특별인출권이라는 건조한 이름으로 불리는 것과 마찬가지다. 세계 공통 조세제도의 공식 명칭은 BEPS다. BEPS는 '세원 잠식과 소득 이전(Base Erosion and Profit Shifting)*'의 약어다. 앞으로 'OECD BEPS'라는 문구를 보면 곧바로 '엘리트의 조세제도'로 바꿔 생각하라. 그러면 맥락을 쉽게 파악할 수 있을 것이다.

　엘리트들은 자신들이 목표로 하는 바를 숨기기보다 오히려 드러내놓고 광고를 한다. 다만 잘 알려지지 않은 웹사이트에 불분명한 전문용어를 써서 알리기 때문에 읽는 사람이 드물며, 그 의미를 이해하는 사람은 더 드물다. 다음은 버락 오바마, 앙겔라 메르켈 등 G7 정상들이 2016년 5월 27일 세계 공통 조세제도에 합의한 내용이다.[9]

　G20, OECD의 BEPS 계획을 꾸준하고 지속적이며 합심하여 실행하는 것은 경제 활동에 종사하는 모두에게 공평한 경쟁의 장을 마련하는 데 반드시 필요한 일이다. 우리는 솔선수범하여 이 계획을 진행하는 데 변함없이 전념할 것이다. BEPS 계획의 광범위한 시행을 위해 우리는 모든 관련 국가와 법역에 BEPS 계획의 시행을 약속하고 포괄적인 신규 체제에 동참할 것을 권유하는 바다.

---

* 일명 '구글세'

우리는 금융 중심지와 법역을 포함한 모든 관련 국가가 비협조적인 법역에 대한 방어 조치를 강구해야 한다는 G20의 요구에 재차 동의한다.

우리는 최초의 제안으로 실소유주 정보의 확보와 그런 정보의 국가 간 공유를 포함한 국제표준의 완성이 앞당겨지길 고대한다.

모호한 전문용어를 사용했지만 뜻은 분명하다. G20은 전 세계 차원에서 거래 정보의 전면 공개를 요구하고 있다. 그런 정보를 활용하여 독자적인 세금 징수에 나서고 협조를 거부하는 법역에는 '방어 조치'를 취하겠다는 의지가 드러나 있다. 협력하지 않으면 국제 금융 채널에 접근하지 못하도록 고립시키고 경제를 파괴하겠다는 뜻을 정중하게 전달한 것이다. 한마디로 '협조하지 않으면 박살날 줄 알라'는 경고다. 표현만 그럴듯할 뿐 마피아 조직 코자노스트라(Cosa Nostra)의 협박이나 다를 바 없다.

선진국은 기업의 조세 회피라는 배부른 짓을 더 이상 감당할 수 없는 형편이다. 전 세계 기업이 보유한 현금은 7조 달러를 웃도는데, 이 돈은 정교한 조세 회피 전략을 통해 대부분 조세피난처에 숨겨져 있다. 재계와 제 아무리 끈끈한 유착관계를 맺고 있는 정계 엘리트도 이 막대한 돈이 빠져나가는 것을 두고 보기는 어렵다. 7조 달러에 25퍼센트의 세율만 적용해도 G7은 1조 7500억 달러의 세수를 추가로 확보하고 국가 채무 부담을 경감하는 데 투입할 수 있다.

1년에 한 번, 기업 한 곳씩을 감사하는 방법으로는 아무런 성과도 거둘 수 없다. 감사가 꿰뚫어볼 수 있는 조세 회피 수단은 극소수에 불과하다. 개별 조세피난처에 압박을 가하는 것은 두더지 한 마리를 망치로 쳐도 다른 두더지가 튀어나오는 두더지잡기 게임이나 마찬가지다. 조세피난처인 법역은 케이맨제도, 몰타, 키프로스, 마카오, 맨섬, 영국령 버진제도 등 끝없이 많다. 한 곳을 압박하면 기업들은 서류 몇 가지와 클릭 몇 번만으로 다른 조세피난처로 원활하게 이익금을 옮길 수 있다.

조세피난처는 계속해서 내부 법령을 바꾸라는 요구에 저항할 것이다. 최근 조세피난처가 돈 세탁 방지 프로그램에 협력한 까닭은 더러운 기업에 등을 돌리더라도 애플과 아마존 등 깨끗한 기업을 붙잡아둘 때의 이익과 비교하여 그리 큰 손해를 보지 않기 때문이다. 깨끗한 기업이 합법적인 세율 제로를 적용받았다는 이유로 공격당한다면 조세피난처는 협조를 거부하며 기업 고객의 편에 설 것이다.

G7은 문제를 해결하기 위해 세계 공통 조세제도를 준비 중이다. 준비 단계로 선진국 각국이 공유하는 중앙집중형 조세 정보 데이터베이스를 구축하고 있다. 데이터베이스가 완성되면 조세 회피는 상대방에게 패를 보여준 상태로 포커를 칠 때와 비슷한 결과로 이어질 것이다. 게임을 할 수는 있지만 절대로 이길 수 없다는 이야기다.

세계 공통 조세제도는 매우 정교하게 설계될 것이다. 지금까지는 자국에서 이루어진 거래라도 거래상대방의 소재지가 외국이면 조세당국이 거래의 한쪽 면만을 파악할 수 있다는 점이 문제였다. 물론 다른 법역에 정보 공유를 요청할 수는 있지만 건별로 문의하는 것은 성가실 뿐 아니라 시간도 오래 걸린다. 세계 공통 조세제도는 모호한 부분을 줄이고 용이한 처리를 도모하는 방향으로 설계된다. 자동화된 디지털 감사가 탄생하는 셈이다.

납세 기업과 그 관계회사는 각기 다른 고유번호를 부여받으며, 로열티, 이자, 배당금 등의 거래 유형에도 각각 식별코드가 할당될 것이다. 거래상대방에도 고유한 식별코드가 붙는다. 이런 디지털 표식이 붙은 기업들의 거래는 빠짐없이 공유 데이터베이스에 저장된다. 해양당국이 백상아리에 꼬리표를 붙인 다음 바다에 풀어주는 것과 유사한 방법이다. 풀려난 백상아리는 두려운 존재이긴 하지만 꼬리표가 붙어 있기 때문에 당국이 항상 위치를 추적할 수 있다.

세계적인 조세 데이터베이스는 G20 국가를 비롯해 세계 공통 조세제도에 동참하는 당사자 모두에게 공개되며, 정교한 알고리즘과 예측 분석 기능을 탑재한 대용량 컴퓨터에 저장될 것이다. 기업은 백상아리처럼 도망가도 영원히 쫓기는 신세가 된다.

컴퓨터 시스템이 조세 회피를 식별하는 순간 G20은 법적인 공격으로 대응하게 된다. 특히 조세 회피 방지 법령을 이용해 이전가격 조작, 자산이전, 세금임대, 조세 협정 체계를 무너뜨리려 할 것이다. 이런 활동에 방해가 되는 조세피난처는 국제 금융과의 연결고리가 끊기는 보복을 당한다. 바로 2015년 벨리즈*가 겪은 일이다. 미 재무부는 세계 각국 은행에 벨리즈계 은행과의 거래를 단절하라고 강요했다. G20이 목줄을 바짝 죄자 벨리즈 금융계는 산소 부족 상태에 빠졌고 경제도 붕괴했다. 그 즉시 벨리즈 은행들은 G20의 정보 공개 요구에 응했고 다시 산소를 공급받을 수 있었다. 최근에는 악명 높은 '파나마 페이퍼(Panama Papers)'가 폭로되었는데, 여기에는 조세 회피를 지원하는 법률회사의 고객 정보가 담겨 있었다.

세금을 효율적으로 징수한다는데 무엇이 문제일까? 합당한 세금을 기업과 큰 개인 고객**이 납부하지 않을 이유라도 있단 말인가? 당연히 세금을 납부해야 한다. 그러나 '합당한 세금' 자체가 이론의 여지가 있으며 가변적인 개념이다. G20은 대형 은행에 구제금융을 퍼주느라 지속 불가능한 차입에 말려들었다. 그런 채무를 상환하려면 직접 세금을 거두거나 저축자로부터 슬쩍 세금을 징수하는 효과가 있는 인플레이션을 유도해야 한다. 문제는 G20 각국 정부가 합당한 세율을 적용하지 않으리라는 점이다. 합당한 세율을 적용하기는커녕 채무를 상쇄할 수 있는 수준으로 세율을 책정할 것이다. G20은 부분적으로는 지난날의 낭비를 만회하기 위해 성장에 가장 적합한 세율보다 훨씬 높은 세율을 목표로 한다. 과세당국이 보기에 기업과 부유한 개인은 가만히 앉아 있는 오리처럼 손쉬운 표적이다.

국가는 만족을 모른다. 단기 채무를 감당하기에 충분한 세금을 확보하고 나면 국가는 권력층의 이익과 관련된 사안에 더 많은 돈을 지출한다는 것을 역사가 증명한다. 지출이 삭감되는 일은 결코 없다. 결국 기업은 주인에게 붙잡힌 오리도 모자라 거위구이 신세가 된다. 실적이 좋은 기업은 사정없이 털린다. 이 단계에서 국가가 할 수 있는 최적의 행동은 기업을 망가뜨리지 않는 선에서 가능한 한 많은 세금을 거두어들이는 것이다.

최근 등장한 BEPS는 엘리트의 세금 전쟁에서 큰 효력을 발휘할 수단이다. BEPS 없이는 국가가 납세자와 벌이는 전쟁에서 언제 승리할지 장담할 수 없다. 미국에서는 2010년 해외금융계좌신고법***이 제정됐다. 이 법에 따라 세계 모든 지역의 은행은 미 국세청에 미국

---

* Belize, 유카탄 반도 동남부에 있는 영국 연방 내의 독립국

** high-net-worth individual, 투자 금액이 큰 규모의 개인투자가, 큰손을 점잖게 표현하는 말

*** FATCA, Foreign Account Tax Compliance Act, 2013년 1월 1일부터 미국에서 탈세와 불법 금융 거래를 차단하기 위해 발효되는 제도. 해외 금융회사는 미국인의 계좌와 거래 내용을 미 국세청에 의무적으로 보고해야 한다.

납세자의 계좌 정보를 제공해야 한다. 각 은행은 미 국세청에 등록하고 세계 공용 금융중개회사 식별번호를 받아야 한다. 이 의무를 준수하지 않은 외국계 은행은 공식, 비공식적 보복을 당하게 된다. 미국의 청산은행이 외국계 은행의 대리계좌*를 해지하는 것을 예로 들 수 있다. 대리계좌가 없으면 미국 달러로 된 지급액과 수취액을 상계할 수 없기 때문에 대리계좌의 해지는 은행에 대한 사형선고라 할 수 있다. 따라서 대부분의 은행이 미국의 지시에 따를 수밖에 없다.

FATCA 덕에 미 재무부는 은행을 일일이 상대할 필요 없이 해외의 모든 국가와 정부간협정(IGA, Intergovernmental Agreements)을 체결할 수 있게 됐다. 정부간협정은 강제성을 띠므로 이를 체결한 국가의 은행은 모두 FATCA를 준수해야 한다. 체결을 거부하는 나라에 대해서는 그 나라 거주자가 받는 미국 중기국채의 이자에 원천세를 부과하는 식으로 보복한다. 그러다 보니 외국계 은행들은 자국 정부에 정부간협정을 체결하라고 압력을 가하고 있다. 이처럼 미국은 글로벌 과세라는 목표를 이루기 위해 글로벌 납세 신고 체계를 마련했다.

국제통화기금, OECD, G20은 하나같이 이런 조치를 지지할 뿐 아니라 자체적으로도 국제적인 정보 수집과 공유를 촉구하고 있다. 2014년 11월 호주 브리즈번에서 열린 G20 정상회담에서 채택된 최종 성명서에는 정보 수집을 위한 실행 프로그램의 기술적인 세부사항이 포함되어 있었다.

---

* correspondent account, 특정 국가의 금융회사가 해외 금융회사의 금융 거래나 예금 수령을 위해 국내에 대리 개설하는 중개 계좌

노벨경제학상 수상자인 조지프 스티글리츠나 토마 피케티 같은 저명한 경제학자들도 글로벌 과세를 촉구하는 대열에 동참했다. 특히 피케티는 높은 세율이 성장을 저해하지 않는다는 논문을 발표했다.[10] 피케티의 논문은 오류 천지이지만 그럼에도 글로벌 엘리트 사이에서 이를 추종하는 세력이 생겨났다. 피케티도 세율을 높이면 조세 회피가 빈번해져 세금 징수에 차질이 빚어지므로 재분배 목표를 달성할 수 없다는 점을 인정한다. 그는 세율 인상을 글로벌 과세로 보완하면 재분배 목표에 부합하는 세금을 거둬들일 수 있다고 주장한다.

글로벌 과세의 포위망이 소득세만을 향해 좁혀오는 것은 아니다. 소비세, 판매세, 부가가치세 등의 거래세는 공급자로부터 총액 기준으로 징수할 수 있는 데다 복잡하게 공제 처리를 할 필요가 없기 때문에 정부 입장에서는 매력적인 세원이 된다. 특히 부가가치세는 조세피난처에서 매입을 장부에 올리는 식으로 회피할 수 있다. 그러므로 부가가치세 역시 이전가격조작을 적발하기 위해 G7이 시행하는 정보 공유의 대상이 될 가능성이 크다.

최근에 내가 만난 유력한 국제세법 전문 변호사에 따르면 미 재무부는 소득세제 개혁을 일찌감치 포기했다. 소득세제가 워낙 복잡한데다 개혁 법안을 의회에서 통과시키기가 어렵기 때문이다. 대신에 재무부와 의회의 세입위원회는 미국에서 '소매세(national sales tax)'라 불리는 부가가치세를 부과하는 배후 작업에 주력했다. 일본은 2014년 4월 부가가치세를 60퍼센트 인상했다. 이런 추세는 소득세 등 순액 기준의 세금 대신에 계산과 징수가 한층 용이한 총액 기준의 세금에 초점을 맞추겠다는 전 세계 차원의 노력을 보여주는 일면이다.

전 세계 차원에서 총수입에 대한 정보를 공유하고 세법을 적용하며 세금을 징수하는 방안을 융합하면, 선진국은 생산 부문의 부를 최대한도로 뽑아내 생산에 관여하지 않는 엘리트 집단을 부양할 수 있다. 이런 상황은 사회제도가 붕괴할 때까지 계속된다. 역사를 통틀어 사회제도의 붕괴는 고위 집단의 한량 생활이 극에 달한 문명권이 공통적으로 겪은 운명이다.

기업을 '자율적으로 해로운 행위를 하는 주체'로 간주하는 진보주의자들이 세율 인상을 논할 때 주의해야 할 것이 있다. 경제학자라면 기업이 과세의 진정한 비용을 감당할 수 없다는 데 대부분 동의한다. 기업은 고객, 공급자, 투자자, 근로자로 이루어진 광범위한 네트워크의 대리인에 불과하다. 글로벌 과세로 기업을 공격하는 행위는 민간 자본에 대한 공격이다. 게다가 기업만 공격받는 것도 아니다. 기업은 가장 눈에 띄는 대상일 뿐이다. G20이 기업에 적용하는 기법을 개인에 적용하지 않는다는 법은 없다.

미국이 주도하는 G20은 국제통화기금과 OECD의 대리인을 통해 모든 정보 수집과 공유라는 목표에 순조롭게 다가가고 있다. 이런 정보를 고도의 데이터마이닝 알고리즘을 내장한 초강력 컴퓨터로 처리하면 민간 부문에서 부를 뽑아내는 정부의 능력이 비약적으로 향상된다. 그런데 민간 부문에는 기업뿐 아니라 개인도 포함된다. 국가 채무 상환에 제동이 걸리자 각국 정부는 이 절차에 박차를 가하고 있다. 방만한 공공지출이 세율 인상을 유발하면서 지출 증가, 세율 인상, 징수액 증가, 조세 집행 강화, 붕괴에 이를 정도의 채무 증가로 이루어진 톱니바퀴가 돌아가기 시작했다.

글로벌 과세는 매우 얇은 베일에 가려져 있지만 이미 존재하고 있다. 머지않아 그 베일이 벗겨지면서 부의 추출이 시작될 것이다. 더 이상 숨을 곳도 없으며 기계를 멈출 방법도 없다.

새로운 세계 질서

새로운 세계 질서는 새로운 개념이 아니다. 질서 없이는 혼란이 발생하므로 수천 년 동안 모든 문명사회가 어떤 형태로든 세계 질서를 고안했다. 질서가 자유나 정의까지 포괄하는 경우는 드물다. 질서의 주된 역할은 무질서를 끝내고 폭력을 완화하는 것이다. 질서는 그렇게 해서 정당성을 얻는다.

지금은 새로운 세계 질서가 출현하고 있다. 전과 다른 점은 새로운 세계 질서가 로마제국이나 중국의 역대 왕조와 같이 '세계'라는 말에 제약되지 않으리라는 것이다. 차세대 세계 질서는 전 지구와 그 위에 있는 모든 문명권을 동시에 아우를 것이다.

로마시대의 세계 질서는 다뉴브 강 남쪽과 라인 강 서쪽의 유럽, 현재의 터키, 북아프리카, 레반트*에만 적용됐다. 그 시대 세계 질서는 정복, 시민의 의무, 군역, 국가가 공인한 신들에 대한 형식적인 숭배를 바탕으로 했다. 세계 질서를 구현한 여느 국가와 마찬가지로 로마도 전문적인 관료제와 효율적인 세금 징수체제를 갖추고 있었다.

로마는 웬만해서는 정복 과정에서 마주치는 타 민족을 섬멸하지

---

* Levant, 현재 레바논, 시리아, 이스라엘이 있는 동지중해 연안

않았다. 로마 주위의 왕국과 문화권이 로마의 질서에 순응하면 기존의 풍습과 종교를 대부분 유지할 수 있었다. 로마 사신이 제안하는 대로 조공, 화의, 배타적 교역권 등의 조항이 포함된 우호조약이나 통상조약에 동의하기만 해도 로마 군대의 침략을 막을 수 있었다. 당근과 채찍을 병행하는 정책이었다. 교역은 당근이었고 군사적 침략은 채찍이었다. 이런 세계 질서야말로 로마제국의 가장 위대한 수출품이었다.

로마의 멸망 직후 서유럽에 암흑시대가 펼쳐졌다. 이 기간 동안 문명사회를 통합하는 기구는 가톨릭 교회였다. 그러나 교회는 영향력이 약화되어 세계 질서를 구축하기에 역부족이었다. 9세기 카롤루스 대제의 제국 건설로 시작된 카롤링거 르네상스*는 부분적으로나마 성공적인 새로운 세계 질서였다. 카롤루스 대제는 군사와 종교뿐 아니라 시민 교육, 문맹률 감소, 화폐 개혁에도 주력했다. 그 결과 구 로마제국의 절반에 해당하는 서유럽은 물론 로마의 정복을 받지 않은 북유럽과 중앙유럽까지 포괄하는 통합 질서를 세우는 데 성공했다. 그러나 814년 카롤루스 대제의 죽음 이후 제국이 다시 분열됨에 따라 카롤링거 르네상스는 75년도 지속되지 못한 반짝 성공에 그쳤다.

중세 최초의 르네상스가 끝난 후 유럽은 조각조각 분열된 상태를 유지했다. 14세기에서 16세기 사이 르네상스가 일어나기까지 봉건 왕국과 공국이 난립하며 전쟁을 벌이는 상황이 되풀이됐다. 신성로마제국은 카를 5세의 치세를 포함한 1506년에서 1556년 사이를 제하면 대체로 허울뿐인 제국이었다. 카를 5세는 부르고뉴 공국과 합스부르크 왕가의 왕위까지 물려받았을 뿐 아니라 재위 기간 동안 신대륙 정복에도 성공했다.

카를 5세가 이룬 질서는 카롤링거 르네상스만큼이나 금세 무너졌다. 카를 5세는 생전에 왕위에서 물러났으며 그 직후 영토는 다시 여러 왕국으로 조각났다. 영토, 왕좌, 자원을 차지하기 위한 전통적인 전투에 가톨릭 군주와 개신교 군주의 극심한 대립까지 결합됐다.

16세기 후반의 종교 갈등은 17세기 초 시작된 30년전쟁** 으로 최고조에 이르렀다. 1618년부터 1648년 사이 유럽은 고대 이후 처음 일어난 전면전으로 황폐해질 대로 황폐해졌다. 일반인은 굶어죽거나 살해되었고, 도시는 이교도의 침략 때나 있었을 법한 양상으로 파괴됐다. 파괴에 종지부를 찍은 것은 베스트팔렌조약이었다. 이때 주권과 외교라는 현대 국가 체제가 탄생하여 오늘날까지 유지되고 있다.

베스트팔렌조약에 따라 국가는 합의된 경계선 내에만 존재했다. 나라끼리 서로의 주권을 존중한다는 원칙과 상호불간섭 원칙도 합의됐다. 국가 간의 종교적 차이가 인정되기 시작했다. 국가는 군주정이나 공화정의 형태를 갖출 수 있었다. 국가의 영구적인 이해관계나 국가이성*** 이 국제관계의 기본 원칙으로 자리 잡았다. 전쟁이 사라진 것은 아니었지만 외교와 세력 균형 정치(balance-of-power politics) 덕에 크게 줄었다.

---

* Carolingian Renaissance, 8세기 말 카롤루스 대제의 문화 장려에서 비롯된 프랑크 왕국의 고전문화 부흥 운동
** 1618년부터 1648년에 걸쳐 독일을 중심으로 가톨릭과 신교 간에 벌어진 30년 동안의 종교 전쟁
*** raison d'état, 레종 데타, 국가를 유지하고 강화하기 위해 지켜야 할 국가의 행동 기준

세력 균형 정치의 목표는 특정 국가가 다른 국가를 정복하고 세계 질서를 무너뜨릴 정도로 강대해지는 것을 막는 데 있었다. 18세기와 19세기를 통틀어 프랑스는 세력 균형의 유지에 위협이 됐다. 19세기 후반과 20세기 초반에는 독일과 러시아가 가장 큰 위협이 됐다. 그 후 영국과 미국이 먼저 프랑스를, 그다음 독일과 러시아의 세력을 견제하는 균형추 역할을 했다.

베스트팔렌체제는 양차 세계대전의 참상 속에 송두리째 무너졌다. 두 대전 사이의 1919년부터 1939년에는 국제연맹(League of Nations) 같은 다자간기구를 토대로 새로운 세계 질서를 구축하려는 움직임이 있었다. 이런 활동은 보복적 성격이 강한 1919년 베르사유조약의 여파로 좌절됐다. 이 조약으로 독일에서는 보복주의가 우세해졌는데 독일의 복수심은 필연적인 결과였다.

제2차 세계대전 이후 새로운 세계 질서가 나타났다. 미국과 러시아가 패권을 지닌 두 제국으로 세계가 양분된 것이다. 미국은 금, 핵무기, 해군력을 바탕으로 북대서양조약기구(NATO) 등의 연합체를 내세워 활동했다. 러시아는 광활한 육지로 이루어진 소비에트연방 사회주의공화국(소련)과 쿠바, 북한, 북베트남 등의 위성국가를 앞세워 활약했다.

이런 전후의 공동 주권체제에는 국가 지위, 주권, 외교권 등 베스트팔렌체제의 요소가 포함되어 있었다. 다만 이런 원칙은 양차 세계대전 사이에 만들어져 실패로 끝난 다자간기구보다 좀 더 강력한 기구로 보완됐다. 유엔, 국제통화기금, 세계은행과 그 후의 G20은 전에 없던 거대한 다자간기구로서 평화 유지, 성장 촉진, 통화 안정성 확보 등을 위해 국가체제를 위협했다.

이제까지는 의도적으로 서구의 세계 질서에 관한 내용만 소개했다. 물론 몽골, 중국, 이슬람도 제각기 세계 질서를 구축했다. 전성기에 중국을 정복한 몽골제국은 13세기부터 14세기까지 유지됐다. 몽골은 소규모 칸국*과 지역공동체로 해체되기 전에 세계 역사상 가장 넓은 제국을 건설했다. 중국의 세계 질서는 황제가 신이라는 의식과 외국을 오랑캐로 배격하던 폐쇄적 문화를 기반으로 했다. 이슬람의 칼리파국**은 예언자 무함마드를 통해 계시되고 코란에 기록된 알라의 의지에 복종하는 것으로 유지됐다. 중국과 달리 이슬람은 세계와 담을 쌓지 않았고 대신에 정복에서 큰 성과를 거두었다. 8세기경 우마이야 왕조의 영토는 스페인에서 인더스 강까지 뻗어 있었다. 이슬람 전체적으로는 세력을 더욱 확장하여 동아프리카에서 인도네시아와 그 너머까지 다스렸다.

중국과 이슬람은 오랫동안 존속했고 지리적으로 넓은 지역에 영향력을 떨쳤다. 그러나 이들이 수립한 세계 질서는 기술적 후진성, 서구의 제국주의, 전면전의 등장 때문에 20세기 초반 이후로는 유지되지 못했다. 결국 마지막 이슬람 대제국인 오스만제국도 제1차 세계대전의 여파로 1922년 무너졌다. 오스만제국의 남은 영토는 1916년 사이크스피코협정***과 1919년 베르사유조약에 따라 유럽의 외교관들에 의해 분할됐다. 1912년 청나라가 붕괴하면서 중국제국의

---

* khanate, 칸이 다스리는 지역
** caliphate, 칼리프가 다스리는 지역
*** Sykes-Picot Agreement, 1916년 5월 영국 대표 마크 사이크스와 프랑스 대표 조르주 피코가 터키령인 아라비아 민족 지역의 분할을 결정한 비밀 협정

질서가 무너졌고, 뒤이어 수립된 공화국이 실패로 끝나고 군벌이 난립했으며, 일본군이 침략하고 공산주의 혁명이 일어났다. 서구에 맞설 확실한 수단을 찾지 못한 중국과 이슬람은 1945년 이후 베스트팔렌조약의 수정으로 양분된 세계에서 변방이 되고 말았다. 그리고 역사상 최초로 전 세계를 아우르는 세계 질서가 나타났다.

『헨리 키신저의 세계 질서(World Order)』는 세계 질서가 구축되는 과정을 일목요연하게 보여주는 명저다.[11] 이 책의 저자 헨리 키신저는 그 과정을 철두철미하게 분석하여 국제관계에 '질서를 구축하려는 욕구'와 '히틀러나 나폴레옹 등이 일으킨 전쟁과 파괴 행위로 인한 무질서를 없애려는 욕구'가 내재한다는 사실을 밝혀냈다고 평가된다. 쉽게 말해 정복자들은 무질서를 조장하는 반면에 국민과 통치자의 대다수는 질서를 선호한다는 것이다. 따라서 무질서에 대한 해독제는 로마와 카롤링거 같은 제국이든 베스트팔렌 식 국가체제든 일정한 형태의 질서라 할 수 있다.

질서는 민주주의를 전제로 하지 않는다. 그보다는 다양한 가치 체제와 양립 가능하다. 민주주의와 자유는 바람직한 가치이며 자본주의 경제 모델에도 부합한다. 그러나 보편적으로 인정받는 가치는 아니다. 흥미로운 점은 붕괴된 중국과 이슬람의 세계 질서가 21세기에 다시 출현했다는 사실이다. 중국의 세계 질서는 중앙집권적인 공산주의 관료제 형태를, 이슬람의 세계 질서는 분권형 공포 정치라는 급진적인 형태를 띤다. 중국이나 이슬람이나 민주주의와 자유를 장려하지 않는다. 자유라는 가치는 새로운 세계 질서의 도움 없이 가능하면 문화와 교육을 통해 세계로 전파되는 것이 바람직하다.

무질서는 어떤 활동에 의해 나타나게 마련이다. 무질서의 대가는 죽음과 대대적인 파괴다. 청동기에서 철기로의 전환, 돛과 등자*의 발명, 검에서 총으로의 이행을 거치면서 질서와 무질서의 투쟁은 항상 물리적인 형태로 나타났다. 전쟁에 가장 필요한 자원 역시 귀금속, 보석, 미술품, 가축, 토지 등의 물리적인 형태로 존재했다.

그럼에도 디지털 영역에서 국가와 비국가 행위자 사이의 경쟁이 갈수록 치열해지고 있다. 확실한 사례로 국가의 사이버여단(cyber-brigade)과 범죄 조직이 벌이는 컴퓨터 해킹이 있다. 국가에 소속된 사이버 전사와 범죄 조직에 소속된 해커의 구분을 모호하게 해놓은 데는 보복을 피하기 위한 목적도 있다. 잘 알려진 디도스(DDos, Distributed Denial of Service) 공격은 가장 가벼운 사이버 공격 형태다. 더 심각한 공격은 시스템에 침투하여 댐, 송전망 같은 주요 인프라의 통제권을 장악하는 것이다. 그러면 언제든 홍수와 정전을 일으킬 수 있다.

가장 위협적인 공격 형태는 증권거래소의 운영 시스템 깊숙이 휴면 상태의 공격 바이러스를 심어놓고 때가 되면 활성화하여 대규모 공격을 감행하는 것이다. 이런 휴면 바이러스는 시스템이 감염된 국가의 사이버 공격을 저지하는 역할도 한다. 러시아의 군사정보기관이 나스닥 주식시장의 운영 시스템 내부에 심어놓은 후 2010년 발견된 공격 바이러스가 대표적인 사례다.[12] 이 바이러스는 무력화되었지만 얼마나 많은 바이러스가 발견되지 않은 채 잠복하고 있는지는 누구도 확신할 수 없다.

---

* stirrup, 말을 탈 때 두 발을 고정할 수 있도록 안장에 다는 도구

바이러스는 흔적도 없이 고객 계좌를 없앨 수 있다. 공격 바이러스를 이용하면 애플이나 아마존닷컴처럼 전 세계 많은 이가 보유한 주식에 대해 제어할 수 없을 정도로 다량의 매도 주문을 내는 일도 가능하다. 군사 교리에 따르면 공격이 전력 승수*와 결합될 때 공격 효과가 극대화된다. 예를 들어 다우지수가 900포인트 떨어지는 등 주가가 5퍼센트 하락한 당일이 아니라 그다음 날 공격을 감행하면 주가의 하강 모멘텀이 증폭된다. 다우지수가 하루 만에 5000포인트 떨어지고 뉴욕 증권거래소가 긴급 폐쇄되는 결과가 나타날 수 있다. 이런 식으로 순식간에 부를 앗아가는 공격이 재래식 무기에 의한 폭격보다 일반인의 사기를 더 크게 떨어뜨리는 법이다.

물론 사이버 공격이 물리적 폭력을 완전히 대체한 것은 아니다. 최근 우크라이나, 시리아, 리비아에서 일어난 사건만 봐도 물리적 파괴와 무자비한 폭력이 정치적, 종교적 목표의 달성 수단으로 남아 있음을 알 수 있다. 반드시 필요한 경우가 아니라면 전쟁에 의존하지 말고 외교를 활용하라는 키신저의 충고는 현재도 설득력을 발휘한다. 그러나 금융 공간의 가상전쟁은 눈 깜짝할 새에 판타지 소설에서 최첨단 현실 공간으로 이동했다. 디지털시대의 질서와 무질서, 전쟁과 평화를 우리는 어떻게 예상할 수 있을까?

엘리트의 관점에서는 현실이 달라졌으니 탈주권적이고 탈국가적인 새로운 세계 질서가 필요하다. 새로운 세계 질서에서는 베스트팔렌체제의 양대 요소인 주권과 세력 균형이 낡아빠진 개념으로 취

---

* force multiplier, 잠재된 전투력을 발현시키고 끌어올리는 역량

급된다. 새로운 세계 질서가 출현하면 이를 지탱할 새로운 금융체제 지배구조가 필요해진다. 새로운 세계 질서가 완성되면 세계화폐를 유통하고 세계 과세를 실행할 수 있는 틀이 만들어진다.

기후변화는 새로운 세계 질서의 시행을 정당화하기 위해 엘리트가 손쉽게 활용할 수 있는 주제다. 기후변화에 과학적 근거가 있느냐 없느냐는 중요하지 않다. 양측의 견해가 팽팽히 맞서는 가운데 과학적으로 입증된 주장도 있지만 그렇지 못한 주장도 있다. 그러나 글로벌 엘리트는 더 큰 계획을 숨기기 위해 기후변화 논쟁이 합의에 이르렀다는 식으로 둘러댄다. 엘리트는 전 세계적으로 어떤 문제가 있다고 정해놓으면 저절로 전 세계 차원의 해법이 나타날 것이라 믿는다. 무엇보다 기후변화는 세계화폐와 세계 과세라는 은밀한 계획을 추진하는 데 더할 나위 없이 든든한 발판을 제공한다.

기후변화 의제는 유엔이 주도하는 유엔기후변화협약과 여기서 파생된 조약을 중심으로 추진되고 있다. 따로 떼어놓고 보면 기후변화는 세계화폐와 이렇다 할 관련이 없는 듯하다. 그러나 사실 새로운 세계 질서의 시대에는 이 두 가지가 서로 밀접한 관련을 갖는다. 2008년 11월 정상급으로 격상된 이후 G20 정상회담의 모든 성명서에 기후변화 의제가 언급되어 있다. 6개월마다 열리는 국제통화기금 회의와 국제통화기금 총재의 수많은 성명서에도 기후변화라는 의제와 이를 전 세계 차원에서 해결해야 한다는 문구가 빠짐없이 들어간다.

유엔은 금융 시스템을 손에 넣고 소위 '지속가능한 발전 분야'에 자본을 투입하기 위한 프로젝트에 돌입했다. 2015년 10월 유엔은 《우리에게 필요한 금융 시스템(The Financial System We Need)》이라는

112쪽짜리 보고서를 발표했다.[13] 이 보고서의 권고사항 중 하나가 '공공 부문의 재무제표 활용'이다.

2016년 4월 25일 유엔의 프로젝트 자문 앤드루 셩은 「글로벌 리플레이션의 재원을 마련하는 방법(How to Finance Global Reflation)」이라는 공동 집필 칼럼에서 엘리트의 세계화폐 계획을 숨김없이 드러냈다.[14]

> 세계 각국의 공공재, 즉 개발도상국 세계의 요구를 충족하고 기후변화를 늦추는 데 필요한 인프라에 대한 투자는 전 세계적으로 리플레이션*을 부추길 수 있다. 지구온난화 해결에만 향후 15년 동안 매년 6조 달러의 인프라 투자가 필요할 것으로 추정된다.
>
> 세계에서 가장 중요한 준비통화를 발행하는 미국이 인프라 투자의 간극을 메우는 데 필요한 유동성을 공급하기를 꺼리고, 그럴 능력도 되지 않는 상황이다. 새로운 준비통화를 추가로 제정할 필요가 있다. 특히 이런 준비통화는 트리핀의 딜레마에 직면할 필요가 없는 나라에 의해 발행되어야 한다. 이를 충족하는 준비통화는 국제통화기금의 특별인출권뿐이다. (중략)
>
> 통화정책 전달 메커니즘의 능률을 제고하려면 새로운 글로벌 금융체제 내에서 특별인출권의 역할이 점진적으로 확대되어야 한다. 이는 큰 이견 없이 가능할 것으로 보인다. 이론적으로 특별인출권의 증가가 전 세계 중앙은행의 재무제표 팽창(양적완화)에 해당하기 때문이다. (중략)
>
> 국제통화기금 회원국들의 중앙은행이 자국의 특별인출권 할당량을 약 1조 달

---

* reflation, 디플레이션 해결을 위해 적정 수준으로 통화량을 늘리는 것

러 확대한다고 가정해보자. 국제통화기금이 다섯 배의 레버리지를 사용한다면 다자간개발은행을 통한 회원국 대출이나 인프라 투자를 적어도 5조 달러 증대할 수 있다. 그뿐 아니라 다자간개발은행은 자본시장에서 차입한 자본을 레버리지로 활용할 수 있다. (중략)

국제통화기금과 주요 중앙은행은 이처럼 새롭게 확보한 지식을 활용하고 인프라 시설 투자를 위한 장기대출에 자본과 유동성을 공급해야 한다. (중략)

기후변화, 특별인출권, 국제통화기금, 세계은행의 관계와 글로벌 공조에 대한 촉구가 더없이 극명하게 드러나는 글이다.

새로운 세계 질서로 이행하는 일은 순조롭지 않을 것이다. 베스트팔렌 식 주권 개념이 아니라 디지털 자원과 세계화폐를 바탕으로 하기 때문이다. 러시아, 이란 등 지정학적으로 중요한 국가는 서구에 대한 적대감을 과감하게 드러낸다. 미국과 중국 사이에 긴장이 고조되고 있다. 북한 같은 테러지원국과 베네수엘라 등의 파탄 국가 역시 글로벌 엘리트가 추진하는 계획에 동참하지 않을 것이다.

호전적인 불량 국가의 관점에서는 미국의 패권이 용납되지 않겠지만, 미국은 디지털달러를 장악한 덕분에 새로운 세계 질서의 시대에도 패권을 잡을 수 있을 것이다. 중국이 주도하는 신흥국들은 미국에 대한 의존을 피하고자 디지털 달러의 대안이 될 디지털 결제 시스템을 구축하고 있다. 그뿐 아니라 이들은 금을 수천 톤씩 끌어모으는 중이다. 금이야말로 미국이 해킹으로 빼내거나 동결할 수 없는 비디지털 자산이기 때문이다. 현재 신흥국이 사재기한 금은 1만 톤에 미치지 못한다. 아직까지는 미국, 유럽, 국제통화기금이 보유한 총 2만 2000톤에 한참 모자라다. 그러나 향후 몇 년 동안 서쪽에 있던 금이 동쪽으로 이동하면 결국 서구권과 동양권의 금이 동등한 수준에 이를 것이다.

앞으로 양극 금융체제가 탄생할 가능성도 있다. 중국, 러시아의 주도와 이란, 터키의 지원으로 아시아, 아프리카, 남미가 단일한 디지털 결제 시스템을 사용하는 한편, 미국, 유럽, 구 영연방국가들이 또 다른 시스템을 사용할 수 있다는 이야기다. 두 결제 시스템은 각각 2만 톤 정도의 금에 의해 지탱될 것이다. 그렇게 되면 미사일 동등성을 둘러싼 냉전시대의 경쟁이나 과거의 세력 균형 체제와 소름 끼칠 만큼 비슷한 경쟁 양상이 펼쳐질 수 있다.

그러나 질서 파괴의 가능성이 있는 만큼 실현 가능성이 매우 큰 시나리오는 아니다. 중국은 서구 국가 연합을 파괴하기보다 대등한 조건으로 어울리고 싶어 한다. 그렇기에 중국이 '쇼크 독트린'*을 적용하는 시나리오가 실현될 가능성이 좀 더 크다. 미국은 또다시 금융 공황에 빠지면 달러의 우위를 방어하지 못하고 새롭게 재편된 국제통화기금에 의존할 가능성이 크다. 중국의 발언권이 커지는 등 새로운 모습으로 태어난 국제통화기금은 G20의 지휘에 따라 막대한 특별인출권을 찍어내고 공황에 빠진 세계에 공급할 것이다. 우선순위가 높은 기후변화 의제가 신속하게 추진되고, 기후변화 인프라 구축에 필요한 재원 마련을 위해 세계 공통 조세제도가 시행될 것이다. 정보 공유와 글로벌 공조가 시작되고, 기업과 부유한 개인은 조세피난처를 잃게 될 것이다. 전 세계 부의 몰수를 위한 글로벌 공조

---

* shock doctrine, 충격 요법이 불러온 자본주의의 재앙

가 국가 간의 경제적 경쟁이라는 기존 관행을 대체할 것이다. 그 전리품은 글로벌 파워엘리트들이 나눠 가질 것이 분명하다.

엘리트들의 목표는 정해졌다. 그들은 이제 새로운 충격이 도래하기만을 기다리고 있다.

쇼크 독트린

나오미 클라인이 2007년 발표한 저서 『쇼크 독트린(Shock Doctrine)』은 엘리트가 은밀한 계획을 추진하는 데 활용하는 기법을 널리 알렸다.[15] 이 책에 따르면 엘리트들은 자신들이 원하는 대로 세계 질서를 구축하기 위해 계획을 짠다. 자연재해나 금융위기 등 외부로부터의 충격이 일어나길 기다렸다가 자신들의 이상을 실현하기 위해 충격이 빚어낸 공포를 이용한다. 다음으로는 공포를 가라앉힐 새 정책을 내놓는다. 새로운 세계 질서라는 목표를 달성하는 데 필요한 정책이다. 간단한 방법이지만 쇼크 독트린을 적용하려면 수십 년 동안 지속적인 노력을 기울여야 한다. 엘리트들의 계획이 철회되는 일은 없다. 충격이 언제 닥칠지 모르기 때문이다.

클라인은 외부자의 관점에서 그 과정을 폭로했다. 그러나 오바마 행정부 시절 백악관 비서실장을 지낸 만큼 내부자 중의 내부자라 할 수 있는 람 이매뉴얼도 다음과 같은 말로 쇼크 독트린의 존재를 인정했다. "심각한 위기를 무용지물로 만들지 말라." 이것이 2008년 금융 공황에 대한 이매뉴얼의 반응이었다.

오바마 대통령과 이매뉴얼은 2008년 위기를 이용하여 2009년 2월 17일 8130억 달러 규모의 '경기부양' 지출 프로그램을 법으로 제정했다. 쇼크 독트린의 교과서적 사례다. 이 프로그램은 결과적으로 경기부양에 실패했다. 2009년 이후로 경기회복세는 미국 역사상 가장 미약한 수준에 머물러 있다. 경기부양 지출 프로그램이 교사, 노조, 공무원 등 특혜 대상인 일부 유권자에게 선물주머니 역할을 한 것은 사실이다. 이들은 부시 행정부 임기 동안 8년을 기다린 끝에 비로소 선물을 받을 수 있었다. 쇼크 독트린을 성공적으로 적용하려면 기다린 만큼 보상이 생긴다는 점을 사람들에게 주입해야 한다.

9·11 테러 직후인 2001년 10월 26일 제정된 미국 애국법*도 쇼크 독트린의 대표적인 사례다. 애국법에는 FBI, CIA, 대배심** 간의 정보 공유 확대 조항이 포함됐다. 당시는 감시 기준이 어느 정도 필요했던 때다.

그러나 자세히 들여다보면 애국법에는 감시 국가의 희망사항이 집대성되어 있다. 예를 들어 은행 합병을 차단하고 자산을 몰수할 수 있다는 조항은 미 재무부의 입김이 들어간 조항이다. 알카에다 색출보다 재무부가 줄곧 추진해온 현금 전쟁에 필요한 내용을 담고 있다. 해당 조항은 재무부의 권한을 확대하는 데 기여했다. 현재 애국법은 정적 사찰에 악용되는 등 지나치게 확대되어 민간인을 끊임없이 위협하고 있다. 9·11 테러는 미 재무부가 쇼크 독트린을 작동하는 데 가장 필요한 충격을 제공했다.

새로운 세계 질서는 쇼크 독트린의 적용에 알맞은 수단이다. 쇼크 독트린의 적용 수단이 모두 그러하듯 목표 달성에 필요한 요소는 이미 존재한다. 또 새로운 충격이 발생하면 이를 확대하고 영속화하는

것이 가능하다. 국제통화기금은 이름만 다를 뿐 사실상 세계 중앙은
행이다. 특별인출권은 일반인이 이해할 수 없을 뿐 실질적인 세계화
폐다. G20은 사실상 새로운 세계 질서를 운영하는 위원회다. 글로
벌 엘리트가 무고한 개인이나 조직이 보유한 현금까지 제거하고 불
법으로 규정해버리면 디지털 결제 시스템 외에는 대안이 없다. 가
상의 부는 추적과 과세가 가능하다. 글로벌 엘리트들이 규정한 순응
행동을 위반하는 즉시 휴지 조각이 될 수 있다. 새로운 세계 질서는
쇼크 독트린의 적용에 최적화된 시스템이다.

쇼크 독트린은 한 방향으로만 회전하다가 일정한 위치에서 멈춘
다는 점에서 래칫***과 같다. 다시 움직이더라도 같은 방향으로 회
전할 뿐 방향을 바꿀 수는 없다. 쇼크 독트린에 따라 시행된 정책은
그 단초를 제공한 비상시국이 끝나더라도 오랫동안 유지된다. 국가
권력의 강화, 과세 확대, 자유 제한 등의 추세가 진행된다.

쇼크 독트린은 철학자 칼 포퍼가 주장한 점진적 사회공학의 이상
적인 실행 수단이다.[16] 현재 포퍼의 이념을 가장 적극적으로 내세우
는 이가 조지 소로스다. 소로스가 점진적 사회공학을 실현하기 위해
설립한 열린사회재단(Open Society Foundation)도 포퍼의 저서 중 가장
유명한 『열린사회와 그 적들』의 제목을 딴 것이다.[17]

엘리트들은 자신들의 견해가 민주주의 사회에서 전폭적인 지지를

---

* USA Patriot Act, 미국 대폭발 테러 사건 직후 테러 및 범죄 수사에 관한 수사의 편의를 위하여 시민의 자
유권을 제약할 수 있도록 새로 제정된 미국 법률. 2001년 10월 성립 후 2015년 6월 폐지됐다.

** 배심제도에서 정식 기소를 위해 하는 배심. 코먼로(common law)에서는 12인 이상 23인 이하의 배심원으
로 구성되며, 12인 이상의 찬성이 있어야 기소가 결정된다.

*** ratchet, 한쪽 방향으로만 회전을 하고 반대 방향으로는 회전하지 못하는 톱니바퀴

받지 못한다는 사실을 잘 안다. 자신들의 프로그램을 수십 년에 걸쳐 조금씩 시행해야 반발을 피할 수 있다는 사실도 알고 있다. 쇼크 독트린이 없었다면 반엘리트 정서가 활활 타올랐을 것이다. 충격이 발생하면 엘리트들은 그 즉시 프로그램의 다음 단계로 나아간다. 그들에게는 충격이 잦아들기 전에 신속하게 움직이는 것이 관건이다. 쇼크 독트린은 엘리트들의 이익이 재빨리 사라지는 일을 방지한다. 그리고 충격이 가라앉으면 래칫의 회전은 다음 충격이 발생할 때까지 정리된 상태로 유지된다.

이제까지 살펴보았듯 글로벌 엘리트들은 유동적이고 서로 맞물린 영역 내에서 행동한다. 그들의 의사소통은 회의뿐 아니라 영역과 영역 사이에서 개념을 전달하는 '초강력 전파자(supercarrier)'를 통해 이루어진다. 콘텐츠는 대중적인 지식인들에게서 얻는다. 엘리트들을 결합하는 요소는 비슷한 사고방식이다. 엘리트들의 강점은 인내심이다. 엘리트들의 수단은 점진적 사회공학이다. 엘리트들의 무기는 쇼크 독트린이다. 엘리트들의 최종적인 성공은 래칫으로 보장된다. 이 모든 것이 화폐 통합, 세계 통합, 질서 통합이라는 목표를 달성하기 위해 동원된다.

3

사막의 지식 도시

케인스는 나더러 고객에게 무슨 조언을 하는지 물었다.[1]
"다가오는 위기로부터 최대한 스스로를 보호하고 시장을 피하라고 합니다."
케인스는 나와 정반대 의견을 취했다.
"우리 시대에는 더 이상 공황이 일어나지 않을 겁니다"고 주장했다. (중략)
"대체 어디에서 공황이 비롯된다는 건가요?"
"공황은 드러난 현상과 현실이 다르다는 데서 비롯될 겁니다.
나는 이런 기세의 폭풍우를 본 적이 없습니다."

— 펠릭스 소마리, 『취리히의 까마귀』, 1927년 케인스와의 대화

수수께끼에 싸인 연구소

　복잡성 이론만큼 자본시장의 수수께끼를 손쉽게 설명하는 이론도 없다. 복잡성 이론은 공식적으로는 1960년대에 창안되었으나 그 원리에 대한 관찰은 인류의 역사만큼 오래됐다. 예를 들어 밤하늘에서 초신성을 관측하던 고대의 천문학자들은 하늘에서 복잡성이 작동하는 광경을 관찰했을 것이다. 1940년대 중반 미국 뉴멕시코 주의 로스앨러모스에서처럼 복잡성이 긴급하게 활용된 경우는 없었다.

　산타페 시내에서 로스앨러모스국립연구소(LANL)까지는 적막하고도 아름다운 도로가 이어져 있다. 이 도로는 연구소와 산타페 시내의 고도 차이 때문에 완만한 경사를 이루면서 사막을 구불구불 관통한다. 원래는 위험한 비포장도로였지만 현재는 중앙분리대가 있는 간선도로로 발전했다. 1942년 맨해튼 프로젝트*에 최초로 참여했던 과학자가 그 비포장도로를 지나 LANL로 출근했다. 도로 주변에는 꼭대기는 분홍색 흙이고 그 아래는 짙은 색 모서리로 이루어진 메사**와 협곡이 흩어져 있다.

이 도로에서는 특이하게도 미국의 다른 도로에서 흔히 볼 수 있는 통근 차량, 레저 차량, 보트 견인 차량 등을 거의 찾아볼 수 없다. 사실 어떤 지점에 이르면 LANL 방향으로 가는 도로만 나오므로 지구상에서 가장 안전하다는 연구소 입구를 통과할 수 없는 사람이라면 그 도로를 탈 이유가 없다.

LANL은 나노기술, 소재, 슈퍼컴퓨팅, 자기학, 재생에너지, 순수공학 등 최첨단 연구개발을 담당하는 미국 17개 특별 지정 국립연구소 중 하나다. 뉴멕시코 주 앨버커키의 샌디아, 캘리포니아 주 리버모어의 로렌스리버모어와 더불어 핵무기를 담당하는 3대 연구소 중 하나이기도 하다.

특별 지정 국립연구소의 연구개발을 보완하는 것은 민간연구소 네트워크다. 여기 속하는 연구소는 대부분 일류 대학 산하에 있으며 정부와의 계약에 따라 기밀 연구를 진행하고 국립연구소와 마찬가지로 까다로운 보안정책을 따른다. 이들에 적용되는 보안정책으로는 보안방어선, 제한적 접근, 최고 기밀을 열람할 수 있는 사람들에 대한 철저한 보안 검색이 있다. 이런 민간연구소 중 가장 유명한 곳은 존스홉킨스대학 응용물리학연구소(Applied Physics Laboratory)다. 로스앤젤레스 외곽의 제트추진연구소(Jet Propulsion Laboratory)는 나사(NASA)가 자금을 대고 캘리포니아공과대학이 운영하는 민관합동연구소다.

이런 민간연구소와 공공연구소가 한데 모여 미국 동해안에서 서

해안까지 이어진 네트워크를 이룬다. 그 덕에 미국은 우주, 국가안보 등에 필수적인 분야에서 러시아, 중국을 비롯한 경쟁 국가를 계속해서 앞질러왔을 뿐 아니라 세계 현안에 대한 경쟁력도 확보할 수 있었다.

1942년에 설립된 LANL은 연구개발 네트워크 중에서도 가장 핵심적인 존재다. 역사가 가장 길지는 않지만 설립 이후 수십 년에 걸쳐 가장 중대한 과제를 수행하고 있다.[2] 제2차 세계대전을 단숨에 종식하고 연합군과 일본군 100만 명의 생명을 구한 핵폭탄이 개발되고 제조된 맨해튼 프로젝트의 현장 중 하나다.

최초의 핵폭탄이 개발된 후 상당 기간 LANL은 러시아, 중국과의 연이은 핵무기 경쟁에서 긴요한 역할을 담당했다. 핵폭탄 제조기술은 상대적으로 조악했던 1945년의 핵분열 무기에서 1950년대와 60년대의 핵융합 무기로 진보했다. 이런 신형 핵폭탄은 핵분열을 이용하여 2차적인 융합 폭발을 일으킴으로써 훨씬 강력한 에너지를 방출하며 전에 없이 무서운 파괴력을 발휘했다.

기술과 파괴력의 진보는 본질적으로 최종 목표가 아니다. 그보다는 랜드연구소(RAND Corporation)가 처음 개발하고 훗날 하버드대학 등 엘리트 대학이 보완한 최신 핵전쟁 이론에 따라 이루어진 것이다. '상호확증파괴'[***]라 불리는 이 개념은 참여자들이 자신들의 행

---

* Manhattan Project, 제2차 세계대전 중에 이루어진 미국의 원자폭탄 제조 계획

** mesa, 평평한 꼭대기와 가파른 벼랑으로 된 언덕. 주로 미국 남서부에 분포한다.

*** mutual assured destruction, 적이 핵 공격을 가할 경우 적의 공격 미사일 등이 도달하기 전에 또는 도달한 후 생존해 있는 보복력을 이용해 상대방도 전멸시키는 보복 핵전략

동이 균형을 이룰 때까지 서로의 반응을 예상하여 각자 자신의 행동을 결정하는 일을 되풀이한다는 게임 이론의 산물이다.

랜드연구소가 얻은 결론은 핵무기 경쟁에서 어느 한쪽이 승리하면 안정이 깨지고 핵전쟁으로 치달을 가능성이 크다는 것이었다. 미국이든 러시아든 어느 한쪽이 1차 타격으로 상대방을 궤멸하고 보복의 소지까지 없앨 정도로 많은 핵무기를 제조했다고 하자. 그렇다면 우세한 측이 선제공격을 감행하려 들 것이다. 1차 타격으로 승리할 수 있는 상황에서 열세에 있는 적국이 결정적 1차 타격 능력을 확보할 때까지 기다릴 이유란 없을 것이다.

한 가지 해법은 각자가 핵무기를 더 많이 제조하는 것이다. 핵무기 제조량을 늘리면 적의 1차 타격을 받더라도 2차 타격 능력을 갖추는 데 필요한 무기를 지킬 수 있다. 적을 무찌를 가능성도 생긴다. 냉전주의자들은 '병 속에 전갈 두 마리를 넣는다'는 말로 이 모델을 설명했다.

병에 갇힌 전갈 중 한 마리가 다른 전갈에게 치명적인 독침을 쏠 것이다. 공격을 당한 전갈에게는 죽기 직전 다른 전갈에 반격할 수 있을 만큼만 힘이 남게 된다. 어쨌든 두 마리 다 죽게 되어 있다. 이 상황에서는 국가 지도자들이 전갈보다 합리적으로 행동하여 1차 타격을 막는 것 외에는 희망이 없었다. 초기의 이론적인 시도를 통해 도출된 '공포의 균형'*은 대략적인 세력 균형을 이루는 방식으로 오

---

* balance of terror, 상대방을 공격하면 자신이 파멸할 수 있다는 공포감을 대치 중인 상대방에 심어줌으로써 한쪽의 도발을 억제하는 것

늘날까지 효력을 발휘하고 있다.

핵무기 경쟁이 최악으로 치닫던 때는 지났을지도 모른다. 그러나 핵전쟁의 위협은 아직 사라지지 않았다. LANL은 오늘날에도 핵무기 제조 기술과 실험의 중심에 서 있다.

이 연구소는 지구상에서 가장 보안이 철저한 장소 중 한 곳이다. 약 150미터 높이의 절벽이 에워싼 메사 정상에 있는 데다, 그 주위로 온갖 보안 경계선이 둘러져 있다. 근처에 허가받은 항공기의 착륙을 위한 활주로가 있지만 연구소 상공은 원칙적으로 비행 제한 지역이다. 차량은 군사 검문소를 통과해야 하고 보안 인가를 받았거나, 이미 검증을 거친 거주자이거나, 직원이라는 사실을 입증하는 명찰 혹은 신분증을 제시해야 한다.

도보로 연구소에 진입하려면 수 킬로미터에 이르는 사막을 횡단하고, 메사 주위의 협곡을 내려간 뒤 메사의 절벽을 타고 올라 보안 경계선을 뚫어야 한다. 애당초 동작 감지기, 소음 감지기, 적외선 감지기, 중무장한 보안 인력 때문에 불청객은 그렇게 멀리까지 가지도 못한다.

2009년 4월 8일 나는 LANL의 새로운 계획에 관한 기밀 브리핑에 초대받아 물리학자, 국가안보 전문가와 함께 미국 정부의 셔틀버스에 올랐다. 버스가 산타페 시내에서 시작되는 진입로를 달리는 동안 저 멀리 연구소와 그 주위의 정부 위성도시가 보였다. 사막의 열기 때문에 그 모습이 아른거렸다. 로스앨러모스 시는 외떨어진 채로 서 있었다. 나와 일행이 그날 그 연구소를 방문한 까닭은 핵무기 연구가 아니라 체계적 금융 붕괴라는 위기의 해결책을 구하기 위해서였다.

자본시장의 복잡성

핵연쇄반응과 주식시장 붕괴에는 모두 복잡성이 관여한다. 로스앨러모스에서 월가까지 직진 도로가 이어져 있는 셈이다. 그러나 그 도로를 이용한 사람은 거의 없다. 낡아빠진 균형 모형이 여전히 중앙은행의 정책 입안 과정과 민간 금융회사의 위험관리 체계를 장악하고 있는 것이 이를 입증한다.

현대의 복잡성 이론은 1960년대에 매사추세츠공과대학(MIT)에서 수학과 기상학을 연구하던 에드워드 로렌즈의 논문과 함께 시작됐다. 로렌즈는 대기 흐름의 모형을 관찰하다가 초기 조건에 미세한 변화만 일어나도 대기 흐름이 크게 달라진다는 것을 발견했다. 그는 1963년 발표한 기념비적인 논문에서 연구 결과를 다음과 같이 설명했다.[3]

> 미세하게 다른 두 가지 상태가 결국 크게 다른 두 가지 상태로 전개될 수 있다. 따라서 현재 상태의 관찰을 통해 어떤 것이든 오류가 드러나고 현실에서 그런 오류가 일어날 수밖에 없어 보인다면, 먼 미래의 순간적인 상태에 대한 적절한 예측은 불가능하다고 해도 무방하다. (중략) 현재의 조건이 정확히 파악되지 않는 한 상당히 먼 미래에 대한 예측은 지금까지 알려진 어떤 방법으로도 불가능하다. 관찰의 부정확성과 불완전성이 불가피하다는 점을 감안하면 (중략) 매우 오랜 기간에 대한 정확한 예측이란 존재하지 않는다고 생각된다.

로렌즈의 논문은 대기에 관한 것이지만 그 결론은 복잡계 전반에 두루 적용된다. 로렌즈의 연구는 나비의 날갯짓이 지구 반대편에 허리케인을 일으킬 수 있다는 그 유명한 '나비효과'의 기원이다. 나비효과는 과학적 사실이다. 물론 모든 나비가 허리케인을 일으키지는 않으며 모든 허리케인이 나비 때문에 일어나지도 않는다. 그럼에도 뜻밖의 이유로 예기치 못한 허리케인이 일어날 수 있다는 사실은 알아둘 필요가 있다. 이는 시장 붕괴에도 적용된다.

'특정한' 허리케인의 정확한 시작점을 오래전에 예측하지 못한다는 이유만으로 허리케인이 마이애미를 강타할 가능성까지 내버려둘 수는 없다. 마이애미에서 허리케인이 일어나는 것은 거의 확실한 사실이므로 항상 예방책을 갖춰두는 것이 필수다. 마찬가지로 '특정한' 시장 공황을 날짜까지 정확하게 예측할 수 없다고 해서 공황 자체의 규모와 빈도에 대한 타당한 통찰을 얻지 못하는 것은 아니다. 통찰은 분명 가능하다. 그런 통찰을 묵살하는 규제기관은 허리케인의 경고를 무시하고 곧바로 물에 잠길 저지대 단층집에 머무르는 사람들이나 다름없다.

복잡성 이론과 그와 관련된 카오스 이론(chaos theory)은 비선형수학과 임계상태 시스템 분석의 지류 학문이다. LANL은 설립 초기부터 오늘날까지 이 분야의 최첨단에 서 있다. 더욱이 1970년대에는 연산 기술의 발달과 존 폰 노이만, 스타니스와프 울람(Stanislaw Ulam) 같은 1940년대와 50년대의 상징적인 과학자들의 연구 결과가 바탕이 되어 획기적인 돌파구가 마련됐다.

LANL은 이론적 구성물과 막강해진 연산 능력을 활용하여 유체역학 교란(hydrodynamic turbulence) 등의 현상을 모방했다. 해 질 녘 빠르게 흐르는 해류는 미학적 체험을 제공한다. 시인들은 그 형이상학적 아름다움을 포착하려 애쓴다. 그러나 정확한 시점뿐 아니라 시간 경과에 따른 조수간만 등 해류 안에 들어 있는 모든 물 분자의 역학을 정확하게 방정식으로 모형화하기란 쉽지 않다. 물의 난류* 현상은 역학에 관련해 알려진 것 중 가장 난해한 문제이므로 이를 수학적으로 규명하는 일도 만만치 않다. LANL은 그런 유형의 도전 과제를 해결하는 데 나섰다.

비선형 임계 모형을 통해 지금까지 어마어마한 숫자의 복잡계가 파악됐다. 기후, 생물학, 태양 플레어**, 산불, 교통정체 등의 자연적, 인공적 현상은 모두 복잡성 이론으로 설명된다. 로렌즈는 초기 조건의 미세한 차이를 감안할 때 비선형계에 대한 장기적인 예측이 불가능하다고 고찰했지만 그렇다고 해서 장기 예측 모형에서 귀중한 정보를 전혀 이끌어낼 수 없는 것은 아니다.

응용 복잡성 이론은 여러 학문 분야가 관여하는 분야다. 모든 복잡계는 공통된 행태를 보이지만 영역마다 고유한 역학을 지닌다. 응용 복잡성 이론의 비밀을 푸는 데는 물리학자, 수학자, 컴퓨터 모형 제작자, 주제 분야의 전문가가 팀을 이루어 관여한다. 생물학자, 기후학자, 유체역학자, 심리학자를 비롯한 여러 영역의 전문가들이 복잡성 이론가와 협력하여 특정한 복잡계를 모형화하는 것이다.

금융 전문가는 최근에야 이런 팀 단위의 과학 연구 분야에 뛰어들기 시작했다. 나는 복잡성 이론과 자본시장의 간극을 메우려는 시도

---

* turbulent flow, 속도·방향·압력이 국소적으로 급변하여 유선이 흐트러진 흐름
** solar flare, 태양 표면에서 태양 대기의 자기 에너지가 갑작스럽게 방출되면서 폭발하는 현상

의 일환으로 LANL을 방문했다. LANL은 여러 수학적 도구로 이루어진 세트를 개발했다. 각각의 문제에 변형하여 적용할 수 있도록 개발되었으며, 핵무기에 대한 LANL의 핵심적인 사명을 수행하기 위해 고안된 도구들이었다. 내 역할은 이런 도구들을 월가에서 활용하는 방법을 찾아내는 것이었다.

이 연구소가 다루는 가장 중요한 사안 중 하나가 미국이 보유한 핵무기의 준비 상태와 전력이다. 핵무기는 엄격한 규격에 따라 설계되고 제작된다. 그러나 제작에 아무리 주의를 기울인다 해도 결함을 찾아내고 개선할 점을 제안하기 위해서는 실험을 해야 한다.

재래식 무기는 필요할 때마다 쉽게 교체할 수 있고 실험에 현실적인 제약이 거의 없다. 문제는 불발이 잦다는 것이다. 게다가 적국이 미국의 핵무기 중 불발탄이 많다고 판단하면 훨씬 심각한 결과가 나타날 수 있다. 1차 타격을 감행하고 싶은 유혹을 느낄 것이기 때문이다. 그런 믿음은 안정을 깨뜨릴 수 있다는 점에서 극히 위험하다. 미국의 핵무기가 예상대로 작동한다는 것을 미국과 전 세계가 확신해야 공포의 균형을 유지하고 핵전쟁을 저지할 수 있다. 미국이 핵실험을 마지막으로 시행한 때는 무려 25년 전인 1992년이다. 그렇다면 폭발을 일으키지 않고도 핵무기를 실험하는 방법이 있는 것일까? 특히 소형 핵무기는 어떻게 실험하는 것일까?

LANL은 핵무기의 폭발 과정을 본뜰 수 있도록 배치된 재래식 무기를 폭발시키는 한편 임계점 미만의 상태에서 새로운 핵분열을 실험하는 식으로 문제를 해결한다. 폭발력이 0.1톤 미만인 '물핵(hydronuclear)' 폭탄으로 실험하기도 한다. 과거의 폭발 자료와 최신 이론이나 실험 결과를 결합한 컴퓨터 시뮬레이션을 활용하는 일도 있다. 이 같은 시뮬레이션은 전 세계에서 가장 빠르고 강력한 슈퍼 컴퓨터에서 구동된다. 사실상 핵폭발이 슈퍼컴퓨터 내에서 일어나는 셈이다.

이런 실험에는 이제까지 고안된 것 중 가장 복잡한 모형이 사용된다. 내 임무는 이런 모형화 능력과 연산 능력이 주식시장 붕괴 등의 다른 폭발에도 적용될 수 있는지 확인하는 것이었다. 이 작업은 베이즈 통계학의 활용에서 시작된다.[4] 베이즈 통계학은 데이터가 부족할 때나 문제가 불분명하고 전통적인 통계학 방식으로 문제를 처리할 수 없을 때 가장 유용하다. 예를 들어 제한된 정보로 문제를 해결해야 하는 CIA 등 여러 정보기관에서 베이즈 통계학을 이용한다.

9·11 테러 이후 CIA는 그처럼 대대적인 테러 공격이 재발할 가능성과 시점을 예측해야 하는 문제에 직면했다. 그때까지 미국 땅에서 9·11 같은 대규모 공격이 일어난 적은 없었다. 정보분석가들은 믿음직한 통계적 패턴을 찾기 위해 열 번의 공격이 일어나고 3만 명의 사망자가 발생할 때까지 기다릴 여유를 부릴 수 없었다. 손에 쥔 데이터만 갖고 전쟁을 치를 수밖에 없는 상황이었다.

베이즈 통계학을 이용하면 한 가지 혹은 여러 가설을 세운 다음 이후에 얻는 정보를 활용하여 새로운 가설을 얻을 수 있다. 베이즈 통계학이 과거에 '역확률'로 불렸던 까닭도 새로운 데이터로 기존의 결론을 수정하는 방식 때문이다. 베이즈 통계학은 완벽하지 않다. 그러나 전통적인 통계분석가들이 더 많은 데이터를 확보할 때까지 기다리는 반면에 베이즈 통계학을 활용하는 분석가는 강력한 추론을 이끌어낼 수 있다.

베이즈 통계학은 '베이즈 정리'에서 출발한다. 이 정리를 수학적 공식으로 표현하면 다음과 같다.

$$P(A|B) = \frac{P(B|A)P(A)}{P(B)}$$

이때 P(A)는 사건 B와 상관없이 사건 A가 일어날 확률이며, P(B)는 사건 A와 상관없이 사건 B가 일어날 확률이다. P(A|B)는 사건 B가 참이라 할 때 사건 A가 일어날 조건부 확률이며, P(B|A)는 사건 A가 참이라 할 때 사건 B가 일어날 조건부 확률이다.

쉽게 말하면 편견이 가미되지 않은 새로운 정보로 초기의 정보를 갱신함으로써 더 많은 것을 알아낼 수 있다는 뜻이다.

수학 공식 형태로 된 베이즈 정리는 사건 A가 일어날 확률을 예측하는 데 사용된다. 임계상태의 핵연쇄반응, 중앙은행의 금리인상 등 무엇이든 사건 A가 될 수 있다. 이 방정식의 좌변에는 데이터, 역사, 직감, 추론 등 다양한 방법을 토대로 어떤 사건이 다른 사건과 상관없이 독자적으로 일어날 확률을 초기에 예측한 수치가 들어간다. 새로운 정보는 방정식의 우변에 대입된다. 초기 예측이 참이거나 참이 아닌 경우 새로운 정보가 나타날 가능성은 따로 계산된다. 그 후에는 새로운 정보가 나타날 때마다 초기 예측이 갱신된다. 이 과정은 새로운 정보의 출현 횟수만큼 반복된다. 초기 예측은 시간이 흐름에 따라 강화되거나 약화된다. 결론적으로 더 나은 정보가 없을 때는 강력한 초기 예측을 의사결정의 근거로 활용하면 된다.

베이즈 정리의 핵심은 일련의 사건이 기억을 갖고 있다는 것이다. 주사위를 굴릴 때와는 달리 현실 세계의 새로운 사건은 그 이전의 사건과 별개로 일어나지 않는다. 그러나 월가와 중앙은행은 각각의 사건이 연관성 없이 일어난다는 모형에 의존한다. 동전던지기나 주사위굴리기의 확률은 그 이전에 던지거나 굴린 동전이나 주사위와 아무 상관이 없다. 이런 확률을 '독립확률'이라 한다. 그러나 현실 세계는 이와 전혀 다르게 돌아간다. 핵폭발은 그 이전의 중성자 방출과 연관이 없지 않다. 시장 붕괴는 그 이전의 과잉 신용 창출과 별개의 사건이 아니다. 중앙은행이 매번 형편없는 예측을 내놓으며, 은행이 공황을 미리 예측하지 못하는 이유도 그 때문이다. 은행은 베이즈 정리가 배제된 구닥다리 모형에 의존한다.

우리가 LANL에서 논의한 베이즈 모형은 세계에서 가장 앞선 것이었지만, 개념적으로는 기본적인 베이즈 정리와 별반 다르지 않았다. 개별적으로 베이즈 정리를 내재한 독립적인 가설을 연쇄적으로 구성했다는 점에서 가장 진보한 형태였다. 폭포수처럼 하향식 구조로 연결된 일련의 독립적 가설들을 만든 것이다. 각각의 가설은 개별적인 세포를 본뜬 구조 내에 봉쇄됐다. 이런 세포 형태의 배열은 그래프로 나타냈을 때 모자이크와 비슷해 보였다.

맨 위의 세포에는 일련의 가설 중 첫 번째로 일어나며 대체로 가장 높은 초기 확률을 지니는 가설이 들어 있었다. 그 아래로는 순서가 늦고 초기 확률이 낮은 가설을 담은 세포들이 배열됐다. 시뮬레이션 결과 맨 위의 산출값이 중간과 아래로 내려가면서 입력값으로 작용하는 것을 알 수 있었다. 그런 입력값을 토대로 아랫줄의 확률이 갱신됐다. 일부 후속 경로는 갱신의 결과로 확률이 낮아짐에 따라 단축됐다. 어떤 경로는 갱신된 확률이 올라감에 따라 두드러진 형태를 보였다.

모자이크에는 수백만 개의 세포가 포함되어 있었던 것으로 보인다. 세포가 소멸하거나 두드러진 형태를 나타내자 처음에는 보이지 않았던 이미지가 출현했다. 이런 출현은 맑은 날 별 이유도 없이 대양 한가운데에서 허리케인이 생성되는 것처럼 신비로운 느낌을 준다. 그러나 모자이크의 생성은 마술이 아니라 엄연한 과학적 현상이었다. 슈퍼컴퓨터가 디지털 공간에서 핵폭탄을 터뜨리는 동안에도 실제 지구는 꿈쩍도 하지 않았다.

베이즈 모형으로 강력한 모자이크를 구축하려면 연쇄반응의 출발점인 윗부분의 세포를 제대로 구성해야 한다. 맨 위의 세포가 제대로 구성되지 못하면 나머지 산출값도 대부분 쓸모없어진다. 비결은 가설을 정확하게 구상하고 거기부터 적절한 확률 경로가 이어지도록 하는 것이다. 그곳에서 물리학자들이 베이즈 모형을 활용한 핵실험을 시연하는 동안 내 생각은 이 기법을 자본시장에 어떻게 적용할지로 쏠렸다. 사실 그 방법은 여러 가지다.

복잡성 이론은 물리학에 속한다. 베이즈 정리는 응용수학이다. 복잡성 이론과 베이즈 정리의 조합은 자본시장의 문제를 해결하는 데 제격이다. 자본시장은 복잡계 중에서도 비할 데 없이 복잡한 속성을 지닌다. 시장참가자들은 거래 전략과 자산 분배를 최적화하기 위해 예측을 거듭해야 한다. 자본시장은 월가에서 통용되는 마르코프 식 확률론에 따라 움직이지 않기 때문에 신뢰성 있는 예측을 도출해내기가 어렵다. 마르코프 연쇄*는 과거 사건에 대한 기억 없이 이어지지만 자본시장은 과거 사건을 기억한다. 자본시장은 1960년 로렌즈가 규명한 나비효과처럼 예기치 못한 사건을 일으킨다. 2009년 이후 나는 체계적 위험이라는 미지의 영역을 탐험하기 위해 복잡성 이론과 베이즈 정리를 활용했다. 그 결과 훨씬 더 정확한 결과를 얻을 수 있었다.

베이즈 정리의 간단한 적용만으로도 비밀스러운 합의에 대한 지식을 얻을 수 있다. 상하이합의(Shanghai Accord)를 예로 들어보자. 이는 G20 재무장관과 중앙은행 총재의 암묵적 동의에 따라 미국, 중국, 일본, 유로존이 2016년 2월 26일 중국 상하이에서 이끌어낸 합의다. 이들은 세계 GDP의 3분의 2를 차지하며 G20 내에서도 사실상 G4로 활약한다.

상하이에서 G4는 중국과 미국의 성장이 위험할 정도로 둔화되고 있으며 그 때문에 세계 성장률까지 하락하는 문제를 논의했다. 구조개혁은 정치적 교착 상태 때문에 중단되어 있었다. 이미 과도하게 불어난 채무 때문에 재정정책을 구사하기도 어려운 상황이었다. 통화정책은 갈수록 효력을 잃어갔고, 오히려 역효과를 낳기까지 했다. 구조 개혁, 재정부양, 통화 완화의 여지가 없는 상황에서 경기부양을 할 수 있는 방법은 다시 환율 전쟁을 벌이는 것뿐이었다.

위안을 평가절하하면 중국의 교역상대국은 손해를 보겠지만 중국은 한숨 돌릴 수 있다. 실제 중국은 2015년 8월과 12월 일방적으로 환율을 평가절하했다. 그때마다 그 여파로 미국 주식시장이 폭락했다. G4는 미국 주식시장에 불안정성을 조장하지 않고도 위안의 가치를 떨어뜨릴 수 있는 방법을 찾아야 했다.

해결책은 위안과 달러 사이에 고정환율제를 유지한 다음 달러를 평가절하하는 것이었다. 이 방법을 적용하면 위안과 달러의 환율은 변동이 없지만 유로와 엔 대비 위안의 가치가 떨어진다. 그 결과 엔과 유로의 가치가 강세를 보임에 따라 일본과 유럽은 교역에서 불리해진다. 환율 전쟁은 이런 식으로 일어난다. 승자가 있으면 패자도 있는 법. 위안과 유로는 각각 2013년, 2014년 이후 저환율 기조를 유지했다. 일본은 반드시 필요했던 구조 개혁에 실패했다. 손쓸 수 있는 시간은 지나버렸다. 위안과 달리 약세의 새 국면이 시작되는 참이었다. 경제 규모로 세계의 두 기둥을 이루는 중국과 미국을 도와주자는 것이 상하이합의의 골자였다.

그러나 분석가들은 상하이합의의 타당성을 입증할 근거를 티끌만큼도 찾을 수 없었다. G4 회의는 비밀리에 진행되었고 이에 관한 명확한 언론 보도나 정보 공유도 없었다. 상하이합의의 발상에 분석가들은 비웃음을 보냈다. 브라운브라더스해리먼** 소속의 걸출한 외환 전문가 마크 챈들러는 상하이합의에 관한 기고문에서 "음모론이 기승을 부리고 있다"고 말했다.

베이즈 정리는 음모론보다 정확한 결과를 분석가들에게 제공한다. 애당초 베이즈 정리는 상하이합의처럼 지정학적인 데다 명확한 데이터가 부족한 사건을 검증하기 위해 고안됐다. 그 과정은 형사가 목격자 없는 범죄 사건을 해결하는 과정과 비슷하다. 확실한 진상을 파악할 때까지 증거를 수집하고 용의자를 심문하는 것이다.

---

* Markov chain. 소련의 수학자 안드레이 마르코프가 도입한 확률 과정의 일종. 각 시행의 결과가 앞의 시행 결과에만 영향을 받는 일련의 확률적 시행

** Brown Brothers Harriman, 1818년 조지 브라운과 존 브라운 형제가 필라델피아에 세운 상업은행

예시로서 독립적인 사건 열 가지가 연쇄적으로 일어난다고 가정해보자. 각각의 사건은 이진산출값을 지닌다. 둘 중 하나, 즉 최초의 가설을 입증하는 결과를 내거나 반증하는 결과를 낸다는 뜻이다. 동전을 던지면 앞면 혹은 뒷면이 나오는 것과 마찬가지다. 이런 이진산출값은 두 종류로 나뉜다. 하나는 무작위 결과가 있다. 동전던지기의 결과가 대표적인 예다. 동전을 던지면 동일한 확률로 앞면이나 뒷면이 나오며, 어떤 면이 나올지 미리 아는 것은 불가능하다. 동전을 던질 때마다 그 이전과 상관없는 결과가 나온다. 다른 하나는 경로의존적 결과가 있다. 개별 사건이 그 이전 사건들의 결과로 일어나거나 그중 결정적인 하나의 사건과 연관된다는 뜻이다.

상하이합의의 가설이 옳다고 가정할 때 그와 관련된 사건은 경로의존성을 보이게 된다. 중앙은행이 내리는 결정이 하나같이 상하이합의라는 비밀 거래의 영향을 받는다는 이야기다. 정책 결정은 무작위적 동전던지기가 아니다. 어느 정도 상하이합의의 영향을 받는 것이 당연하다.

다음 단계는 중앙은행의 조치를 검토하고, 상하이합의의 가설이 참이거나 거짓일 경우 어떤 결과가 나타날 수 있을지 예측해보는 것이다. 동전을 던질 때 앞면이 연속 열 번 나올 확률은 얼마나 될까? 동전을 던질 때마다 앞면이 나올 확률은 50퍼센트다. 또 그전에 던졌을 때와는 무관한 결과가 나온다. 결론부터 말하면 열 번 연속해서 앞면이 나올 확률은 1000번에 한 번꼴이며, 정확히는 $(1/2)^{10}$이다. 계산해보면 $0.5 \times 0.5 \times 0.5 \times 0.5 \times 0.5 \times 0.5 \times 0.5 \times 0.5 \times 0.5 \times 0.5 = 0.0009765625$이므로 대략 0.001과 같다.

1000번에 한 번꼴은 불가능한 확률이 아니다. 3년 동안 매일 하면

한 번 일어날 수 있는 수준이므로 일어나지 않을 확률이 극도로 높다. 불가능하지는 않다고 해도 이처럼 희박한 가능성을 바탕으로 거래를 결정하는 투자자는 없을 것이다.

이제 2016년 2월 26일에서 4월 15일 사이에 실제로 일어난 열 가지 주요 사건을 살펴보자. 각 사건은 둘 중 하나의 결과를 낳을 것으로 예측됐다. 상하이합의를 입증하는 결과를 '앞면'으로, 그렇지 않은 결과를 '뒷면'이라 치자. 일단은 무작위성과 경로의존성에 관한 판단은 유보하기로 한다.

열 가지 사건은 다음과 같다.

- 2016년 2월 26일: G20 회의가 완전히 끝나기도 전에 래얼 브레이너드 연준 이사는 뉴욕에서 있었던 연설에서 이렇게 말했다.[5] "공조를 통해 결과를 개선할 수 있을지 검토하는 것이 당연하다. (중략) 협력은 큰 도움이 될 것이다." → 앞면
- 2016년 2월 27일: 상하이 G20 회의가 끝나던 이날 제이콥 루미 재무장관은 이렇게 말했다.[6] "우리는 계속해서 상대방과 정보를 공유할 것이다. (중략) 상대방을 놀래키는 일은 없을 것이다." → 앞면
- 2016년 2월 27일: 크리스틴 라가르드 국제통화기금 총재 역시 상하이 G20 회의에서 이렇게 말했다.[7] "방 안에서는 새삼 절박함이 느껴졌고 공동 조치에 공감하는 분위기가 다시금 감돌았다." → 앞면
- 2016년 3월 10일: 유럽중앙은행이 추가로 통화 완화를 시행할 계획이 없다고 발표함으로써 예상에 비해 긴축적인 정책에 나

섰다. → 앞면

- 2016년 3월 15일: 일본은행이 양적완화, 질적완화 프로그램을 확대하지 않겠다고 발표함으로써 예상에 비해 긴축적인 정책에 나섰다. → 앞면
- 2016년 3월 16일: 연준은 기자회견에서 온건적인 입장을 내비침으로써 예상에 비해 완화적인 정책에 나섰다.[8] → 앞면
- 2016년 3월 29일: 재닛 옐런 연준 의장은 뉴욕 경제클럽 연설을 통해 온건적인 새 정책을 취할 것임을 명확히 했다. → 앞면
- 2016년 4월 13일: 국제통화기금 일본 책임자 뤽 에버에르트(Luc Everaert)는 엔 평가절하를 위한 시장 개입을 언급하며 이렇게 말했다.[9] "일본이 이 시점에서 시장 개입에 나설 타당한 이유가 없다." → 앞면
- 2016년 4월 14일: 라가르드 국제통화기금 총재는 엔 약세를 위한 국제통화기금의 환율 개입 조건이 충족되지 못했다고 일본에 경고했다. 또한 연준이 '세계경제 상황'을 감안하여 온건적인 입장으로 돌아선 것이 매우 다행스럽다고 말했다.[10] → 앞면
- 2016년 4월 15일: 익명의 유럽중앙은행 관료가 《로이터통신》에 다음과 같이 말했다.[11] "G20 성명서에서 드러나듯 환율에 대한 원칙적인 합의가 이루어졌다." → 앞면

그밖에도 자료는 더 있지만 이 열 가지만으로도 결론은 충분히 도출할 수 있다. 이것이 의미하는 바는 무엇일까? 어떤 사람이 무작위로 동전을 던져 열 번 연속으로 앞면이 나올 1000분의 1 확률을 관찰하는 것에 비유할 수 있을까? 아니면 상하이합의의 가설이 참일 경

우 '정확히' 어떤 결과가 나올지 저 사람들이 알고 있었던 것일까?

위의 연속된 사건들은 무작위가 아니라 경로의존적으로 일어났을 가능성이 크다. 나중의 사건들은 모두 최초에 일어난 한 가지 사건, 즉 은밀한 상하이합의의 영향을 받아 일어났다. 중요한 것은 목록의 마지막에 해당하는 2016년 4월 15일까지 기다리지 않아도 충분히 결론을 도출할 수 있었다는 점이다. 상하이합의의 가설은 G20 회의가 막바지에 이르고 브레이너드가 연설을 했던 2월 26일에 관료들의 발언을 토대로 수립된 것이 분명하다. 후속 자료는 가설을 세우는 것이 아니라 그 타당성을 입증하는 데 필요했을 뿐이다. 가설은 시간이 흐를수록 조건부 확률에 근거하여 강화됐다.

월가가 계속 음모론 타령을 하는 동안, 베이즈 정리를 활용하는 투자자는 자신 있게 (유로 매입, 엔 매입, 금 매입, 달러 매도라는) 필승 전략을 추구할 수 있었다. LANL의 수학적 연구를 시장에 적용한 결과다.

복잡성과 상호작용

베이즈 통계학은 그 자체로는 과학이 아니다. 그보다는 강력한 예측력을 발휘하는 응용수학 기법이다. 자본시장에 적용되는 기본 과학은 복잡성 이론이다. 자본시장은 복잡계이지만 그 복잡성은 파악된 바가 거의 없다. 금융경제학에서 복잡성을 활용하는 일은 더욱 드물다. 1998년 외환위기, 2000년 닷컴 거품 붕괴, 2008년 세계 금융위기에 이르기까지 정책입안자들은 잇따라 세계를 시장 붕괴로 몰고 갔다. 복잡성 이론을 활용하지 못한 탓이다.

복잡성 이론의 근거는 명확하다. 이해하기 어렵지도 않다. 복잡성 이론을 이해하는 투자자만이 부를 유지할 수 있다. 다음번 공황이 닥치면 이미 늦다. 아이스나인의 시행으로 부가 동결되고 방어 조치를 취할 수 없게 된다. 복잡계는 태초 이래로 존재해왔다. 130억 년도 더 전에 빅뱅으로 우주가 생성되자마자 항성, 기체, 은하계에 이어 행성에서 복잡한 현상이 발생했다. 변화라면 최근 들어 복잡성이 정통 과학으로 인정받게 됐다는 점이다. 그 계기는 로렌즈가 1960년에 진행한 실험이었다.

로렌즈의 획기적 발견이 그 시기에 이루어진 것은 결코 우연이 아니다. 1960년 이전만 해도 대규모 연산 능력은 몇 안 되는 과학자들에게만 허용됐다. 그마저도 물리학과 군사작전의 연구에 활용되는 경우가 대부분이었다. 개인용 컴퓨터는 그보다 수십 년 뒤에나 나왔다. 그럼에도 1960년에 이르기까지 메인프레임 컴퓨터의 타임셰어링*을 좀 더 다양한 연구자들이 이용할 수 있게 됐다. 기상학자 로렌즈도 그중 한 명이었다.

연산 능력의 도움 없이는 복잡하고 역동적인 시스템을 그래프 형태로 관찰할 수 없었다. 인류는 지진해일, 산불, 홍수가 복잡계의 현상임을 알고 있었으나 그 역학은 파악하지 못했다. 컴퓨터가 그 상황을 바꾸었다.

복잡성이 무엇인지 알려면 복잡계가 아닌 시스템을 알아볼 필요가 있다. 많은 시스템이 복잡한 양상을 보이지만 복잡계는 아니다. 스위스 수제 시계는 복잡하지만 복잡계와 달리 예기치 않은 행태를 나타내지는 않는다. 동전던지기, 주사위굴리기, 룰렛돌리기 같은 일상적인 현상도 복잡계 현상이 아니다. 극히 예측 가능한 결과가 나오기 때문이다. 다음에 던지는 동전은 무조건 앞면 아니면 뒷면이다. 1000번 던지면 앞면과 뒷면이 대략 500번씩 나온다는 것을 확신할 수 있다. 앞면이 900번 나오고 뒷면이 100번 나올 확률은 제로에 가까울 정도로 낮다.

또 동전던지기나 주사위굴리기 같은 무작위 과정에는 기억이 없다. 이전의 결과가 어떻든 다음 결과에 영향을 주지 않는다. 동전 앞면이 3회 연속으로 나온 것을 본 도박꾼들은 다음에 뒷면이 나올 공산이 크다고 짐작한다. 이처럼 잘못된 추측을 근거로 행동하는 것을 '도박꾼의 오류(gambler's fallacy)'라고 한다. 각각의 동전던지기의 확률은 무조건 50대 50이다. 1000번을 던질 때 앞면과 뒷면이 각각 500번 정도 나오는 것도 그 때문이다. 물론 그보다 횟수가 적을 때는 앞면이나 뒷면이 연속해서 나올 때도 있다. 그러나 그것은 잠시뿐이다. 한쪽 면이 몇 번 연속으로 나온다고 해도 그 뒤의 결과들은 평균회귀** 현상에 따라 다시 50대 50에 가까워질 것이 분명하다.

반면에 복잡계는 매우 예측 불가능한 특성을 지닌다. 복잡계에서는 예측하지 못했던 결과들이 매우 '갑작스레' 나타난다. 자본시장이라는 복잡계의 경우 시장 붕괴, 공황, 연이은 은행 파산이 대표적

---

* time-sharing, 거대한 메인프레임 컴퓨터를 여러 사용자가 공유할 수 있는 기술

** mean reversion, 금리에 균형 수준이 존재하고 금리는 이런 균형 수준보다 약간 올랐다가 다시 내려오고 균형 수준 이하로 갔다가는 다시 올라오는 경향이 있는데 이런 금리의 움직임을 말한다.

인 사례다.

복잡성은 무엇일까? 복잡성에 대한 지식을 활용하여 투자자산을 유지하는 방법은 무엇일까? 복잡계는 연구소나 원자보다 작은 크기의 입자에만 있는 것이 아니다. 도처에 존재한다. 평소에는 교통량이 많지 않은 도로에서도 어떤 날은 뚜렷한 이유 없이 교통 정체가 일어날 수 있다. 이것이 일상적으로 경험하는 복잡성의 작용이다. 단골 식당이 이번 금요일 밤에 꽉 찰지 예측하거나 주식시장에 거품이 끼어 있는지 판단하는 것은 복잡계의 문제를 해결하는 연습으로 적당하다. 복잡성은 어디에나 존재한다.

복잡계는 크게 세 가지로 나뉜다. 자연적으로 형성된 시스템, 인간이 만든 시스템, 이 두 가지가 결합된 시스템이 그것이다. 허리케인은 자연적인 복잡계이며 주식시장은 인간이 만든 복잡계다. 핵폭발은 과학자들이 자연적인 복잡성을 지닌 우라늄 원자를 조작하여 파괴력을 발산시킨다는 점에서 이 두 가지가 결합된 복잡계다.

복잡성 이론은 두 가지 도구를 이해하는 데서 시작된다. 첫째, 대리자다. 대리자는 복잡계 내의 행위자에 불과하다. 자본시장에서는 인간이, 핵폭탄에서는 원자가 대리자다. 대리자는 더 이상 쪼갤 수 없는 단위로, 행동을 창출해낸다. 둘째, 피드백(feedback, 되먹임)이다. 초기 행동에서 산출된 결과가 그 후의 행동에 영향을 주는 것을 말한다. 복잡계가 기억력을 지닌다고 말하는 까닭도 피드백 때문이다. 복잡계의 대리자는 이전에 일어난 행동을 관찰하여 다음 행동을 정한다. 이를 '적응 행동'이라 부른다. 대리자가 과거에 일어난 행동을 학습함으로써 행동을 수정한다는 개념이다.

동전던지기나 주사위굴리기, 룰렛돌리기 같은 무작위적 시스템에는 피드백이 없다. 동전은 행동을 수정하지 않지만 복잡계에서는 행동이 항상 수정된다. 복잡성이 예기치 못한 결과를 낳는 원인 중 하나도 이 같은 적응 행동 때문이다.

피드백은 내생적이거나 외인적이다. 내생적 피드백은 실수에서 배우는 것으로, 대리자의 내부에서 일어난다. 뜨거운 난로 위에 뛰어오른 고양이는 같은 행동을 되풀이해서는 안 된다는 교훈을 얻는다. 외인적 피드백은 대리인의 외부에서 일어난다. 주식거래인이 시장 가격에 따라 변화하는 타인의 행동을 관찰하는 것을 예로 들 수 있다. 시장은 상승할 수도, 하락할 수도, 보합을 유지할 수도 있다. 시장참가자는 다음 행동에 나서기 전에 이런 행동을 관찰한다.

대리자와 피드백은 복잡계의 기본 구성단위다. 그 외에 또 무엇이 필요할까? 대리자가 다양해야 시스템에 도움이 된다. 대리자들이 동질적일 때는 대리자 한 명의 행동이 다른 대리자의 행동을 바꾸기보다 강화하기 때문에 피드백이 미약하다. 주식시장에는 황소*와 곰**, 선물 매입인과 매도인, 부자와 빈자, 노인과 젊은이 등 다양한 대리자가 존재한다. 자본시장에서는 대리자의 다양성이 두드러진다.

또 하나는 대리자들이 어떤 식으로든 서로 소통하고 교류하는 것이다. 대리자가 다양하더라도 서로 연관을 맺지 않으면 복잡한 행동이 나타나지 않는다. 각각 다른 동굴에 거주하는 50명이 있다고 해

---

* bull, 가격 상승을 예상하고 주식을 사들이는 투자자
** bear, 가격 하락을 예상하고 주식을 팔아치우는 투자자

보자. 이들은 저마다 먹잇감을 손쉽게 사냥하는 비결을 알고 있을 수도 있다. 그러나 이들이 동굴 밖으로 나와 다른 이와 대화하지 않는다면 다양성은 아무 쓸모가 없다. 50명이 모두 동굴을 떠나 모닥불 주위에 모여 생각을 나눌 때만 복잡한 행동이 생겨난다.

다양한 대리자들이 서로 교류하면 적응 행동이 시작된다. 동굴 거주자들이 모닥불 주위에 모여 비결을 비교하기 시작하면, 그중 일부는 다른 사람이 성공했던 방법을 듣고 자신의 사냥법을 수정할 것이다. 행동을 수정하지 않는 거주자는 굶어죽을 수도 있다. 좀 더 효율적인 사냥꾼으로 이루어진 사회가 만들어지기 시작한다. 사냥감에게는 불길한 일이지만 동굴 거주자에게는 희소식이다.

이제 그보다 훨씬 인원수가 많은 주식거래인들이 최상의 거래 종목을 찾는 상황을 떠올려보자. 그들은 다양한 견해를 지니며《블룸버그》,《로이터 통신》, 이메일, 인터넷을 통해 소통한다. 수조 달러에 이르는 1일 거래량이 그런 상호작용의 결과다. 어떤 포트폴리오에서 손실이 발생하면 자문을 제공하는 거래인은 행동을 재빨리 수정해야 한다. 다른 거래인에게서 배운 바를 토대로 시장에 적응해야 한다. 다른 거래인들도 마찬가지다. 적응하지 않는 거래인은 고객이나 일자리를 잃고 얼마 못 가 게임에서 도태된다. 간단히 말해 자본시장에서는 복잡계의 모든 특성이 두드러진 양상으로 부각된다.

복잡계의 구성단위를 이해하는 일은 어렵지 않다. 우선 복잡계에는 자율적으로 행동하며 다양한 특성을 가진 대리자가 필요하다. 대리자에게는 다른 대리자와 교류할 소통 채널이 필요하다. 상호작용을 통해 새로운 정보가 생성되고 이는 대리자에게 되돌아가서 영향을 끼친다. 그리고 대리자는 미래에 더 좋은 결과를 얻기 위해 자신의 행동을 수정한다.

복잡계 모형은 중앙은행 사람들이 활용하는 확률론 모형과 닮은 점이 없다. 그것은 현실 세계의 상호작용과 흡사하다.

피드백

자본시장의 복잡성은 사회학적 용어로 표현할 수 있다. 자본시장이 복잡계라는 견해를 뒷받침할 확실한 증거를 찾을 수 있을까? 과학적 방식에 따라 재현 가능한 실험으로 가설을 입증할 수 있을까? 둘 다 가능하다.

적응 행동은 시장, 교통 흐름, 데이트 등 사회 속의 다양한 복잡계에서 나타난다.[12] 적응은 희소한 자원에 대한 경쟁에서 비롯된다. 귀중한 자원을 무한정 이용할 수 있다면 생존 전략이나 적응 행동이 필요하지 않다. 그저 하고 싶은 대로 하면 된다. 자원의 희소성 때문에 개인은 자기 몫을 확보하기 위한 전략을 취한다. 희소한 자원을 배분하는 문제가 경제학의 근본이다.

자본시장에서 희소한 자원은 이익이다. 교통에서 희소한 자원은 빠른 길이나 주차공간이다. 데이트 상대를 찾을 때는 마음에 쏙 드는 상대가 희소한 자원이다. 희소한 자원을 얻기 위해 경쟁할 때는 똑똑한 선택을 해야 치열한 경쟁에서 승리할 가능성이 커진다. 매입한 주식이 손실을 내거나, 주차공간을 찾지 못하거나, 만남이 성사되지 못할 때는 주위를 둘러보고 승자들이 어떻게 하는지 파악하는 것이 유익하다. 이것이 적응 행동이다. 예를 들어 이익 달성에 관해서는 워런 버핏이 승자다. 그의 회사 버크셔해서웨이는 미국 증권거래위원회의 명령에 따라 분기별로 포트폴리오를 공개한다. 포트폴리오를 본 투자자들은 자신도 승자가 되고 싶은 마음에 그의 방식을 따라 거래한다.

이런 행동은 군중을 형성한다. 군중 속에서는 어떤 사람의 행동이 다른 사람의 행동을 강화한다. 그러나 시간이 흐름에 따라 성공 전략을 취하는 사람이 지나치게 많아지는 바람에 그 전략이 효과를 발휘하지 못한다. 어떤 힙스터*가 뉴욕의 브루클린에서 멋진 라이브바를 발견하고 주말마다 그곳에서 행복한 시간을 보낸다고 치자. 결국 입소문이 돌아 발 디딜 틈도 없을 정도로 많은 사람들이 몰려들 것이다. 멋진 바에서 시간을 보낼 수 있었던 성공 전략이 서서 술을 마셔야 하는 손해 전략으로 바뀌었다. 힙스터는 다른 곳으로 옮겨 갈 것이다. 버핏도 마찬가지다. 이런 적응 행동은 피드백과 기억을 토대로 이루어진다. 그 라이브바를 떠올렸을 때 멋지고 혼잡하지 않았다는 생각이 들면 당신은 다시 그 라이브바를 찾게 될 것이다. 반대로 시끄럽고 혼잡했다는 생각이 들면 웬만해서는 다시 가지 않을 것이다.

물리학자들은 군중을 분석하기 위해 '반군중(anticrowd)'이라는 개념을 상정한다. 반군중은 기존 군중과 정반대로 행동하는 추종자들을 끌어들인다. 이런 군중-반군중의 행동은 대량의 기억과 피드백

---

* hipster, 최신 정보에 정통한 사람

을 통해 이루어진다. 군중과 반군중을 가르는 요인은 예측이다.

어떤 날은 라이브바에 사람이 꽉 차지만 또 어떤 날은 텅 빈다. 상황을 미리 알 수는 없다. 대리자는 확보할 수 있는 최선의 정보를 토대로 예측할 뿐이다. 현재 그곳에 있는 친구가 올린 SNS 글이 그런 정보에 해당한다. 실시간 정보는 대리자의 반응을 잠재우기보다 촉진한다.

특정 바에 가려고 하는 사람이나 특정 주식의 매입 여부를 고심하는 투자자는 예측 목적에 따라 세 가지 유형으로 나뉜다. 군중은 미래가 과거와 비슷하리라 예측하다. 반군중은 미래가 과거와는 다르리라 예측한다. 세 번째 유형은 어느 것도 예측을 하지 않으며 대신에 머릿속으로 동전던지기를 하여 얻어낸 무작위 결과를 토대로 행동한다.

예측 모형을 활용한다고 반드시 성공하는 것은 아니다. 지난 주말에 그 라이브바가 혼잡했다는 기억이 떠올라 이번 주말에도 마찬가지리라 짐작하고 집에 머물기로 결심했다고 치자. 이 모형에 따르면 미래는 과거와 비슷하다. 같은 예측을 통해 집에 머무르는 사람이 많아지면 그 라이브바는 이번 주말에 텅 빌 것이다. 기억 탓에 즐거운 저녁을 보낼 기회가 사라진 셈이다.

반대로 반군중은 지난 주말에 그곳이 너무 혼잡했다는 사실을 떠올리고 사람들이 이번 주에는 다른 곳으로 몰리리라 예측한다. 반군중의 모형에서는 미래가 과거와 비슷하지 않다. 이들은 다음 주말에 다시 그곳에 가기로 한다. 운 좋으면 좋은 좌석을 얻을 수도 있을 것이다. 그러나 반군중이 너무 많아지면 그곳은 다시 초만원이 된다. 그러면 반군중 가운데 일부는 군중과 같은 생각으로 집에 머물기로

할 것이다. 그 때문에 바는 다음 주말이면 한적해질지도 모른다. 이런 과정이 되풀이된다.

(동전던지기에서 앞면이 연속으로 5회 나오듯) 드물지만 무작위 집단이 모두 같은 행동 경로를 택함으로써 군중을 반군중에 합류시키거나 그 반대의 경우를 유발하는 때도 있다. 이는 적응 행동이 확립되기 때문이다. 눈송이 하나가 눈사태를 일으키듯 이런 무작위 행동은 군중과 반군중 동맹 간의 이동을 촉진한다.

과학자들은 이런 군중과 반군중 개념을 이용한 실험을 진행해왔다. 실험 초기에는 실험 집단이 자신이 선호하는 예측 모형에 따라 행동하기 시작한다. 그러다 경험과 피드백이 쌓이면 이들은 자율적으로 군중, 반군중, 무작위 행위자로 나뉜다. 군중과 반군중은 각각 참가자 과반수 정도를 끌어들이는 반면에 무작위 행위자는 소수에 불과하다. 이런 실험을 통해 복잡계의 가장 강력한 특징이 '창발'*이라는 사실을 알 수 있다. 복잡계에서는 뚜렷하게 상반되는 집단들이 어떤 강요 없이 출현한다. 또한 불특정 다수의 피드백과 기억에 근거한 사전협의 없이 나타난다.

창발적 행동이 있다는 것은 복잡성 이론을 통해 충분히 입증된다. 이는 직관적으로도 당연한 일이다. 월가에서 흔히 하는 이야기가 '사려는 사람이 있으면 팔려는 사람도 있다'는 것이다. 상승장의 매입인은 미래가 과거와 흡사하리라 믿는 군중이다. 매도인은 미래가 과거와 다르다고 믿는 반군중이다. 매입인과 매도인이 같은 비율로 존재하면 시장은 제 기능을 할 수 있다. 소수파인 무작위 행위자는 어디에 해당할까? 이들은 각각 마구잡이로 행동한다. 그렇다면 이들 때문에 시장 전체가 무작위로 움직일까? 아니면 이들 때문에 황소가 곰이 되거나 곰이 황소가 되면서 무작위적이지 않은 상태가 유지될까?

물리학자 닐 존슨, 휘팍밍(Hui Pak Ming), 폴 제프리스가 금융시장 데이터를 연구한 결과 시장의 가격 움직임 패턴은 현대 금융경제학의 토대인 랜덤워크 모형**과 관련이 없는 것으로 드러났다.[13] 연구에 따르면 시장의 행동은 피드백과 적응 행동 원칙을 활용한 복잡성 이론가들의 예측에 부합한다.

금융시장의 행동은 양자택일에 따라 이루어진다. 이런 선택은 일련의 질문에 대한 답이기도 하다. 예를 들어 "오늘 주식을 거래할 거예요? IBM 주식을 검토하고 있나요? 살 건가요, 팔 건가요? 대규모 거래인가요, 소규모 거래인가요?" 같은 질문에 우리는 모두 '예'나 '아니요'로 답할 수 있다. 이때 '예'는 숫자 1로, '아니요'는 숫자 0으로 표시할 수 있다. 답을 '0011010011'처럼 1과 0의 수열로 표시할 수 있다는 이야기다. 수열을 컴퓨터 신호로 변환하여 대규모 데이터 세트와 시계열 데이터로 만들면 패턴을 분석할 수 있다. 이런 패턴은 시장이 실제로 어떻게 움직이는지 꽤 정확하게 보여준다.

프린스턴대학 경제학과 교수 버턴 말킬이 제시한 랜덤워크 모형에 따르면 금융시장의 결정은 술 취한 사람의 걸음걸이와 비슷하다. 만취한 사람은 내딛는 발걸음마다 불안하기 짝이 없다. 앞으로 가다가도 뒷걸음질을 칠 때도 있다. 자기가 그처럼 걷고 있다는 사실도

---

* emergence, 새로운 성질이 자발적이고 돌발적으로 발생하는 것
** random walk model, 주가는 예측할 수 없으며 제 맘대로 움직인다는 이론

모른다. 그전에 내딛은 발걸음과 상관없이 모든 발걸음이 무작위적이다. 기억도, 피드백도 영향을 주지 않는다.

랜덤워크 모형과 군중-반군중 모형에서는 서로 판이한 1과 0의 패턴이 산출된다. 랜덤워크는 기억 없이 이루어지지만 군중은 기억을 하기 때문이다. 위의 연구자들은 각 모형이 산출하는 패턴을 정량화하고 모형의 추정치를 실험 데이터와 비교했다.

존슨과 동료 물리학자들은 사고실험으로 연구를 시작했다.[14] 시장을 정해진 지점에서부터 일정 시간 동안 길을 걷는 사람으로 가정한 것이다. 시장이 상승하거나 하락하는 것과 마찬가지로 그 사람도 앞으로 가거나 뒷걸음질을 칠 수 있다. 그 거리를 측정하면 시장이 랜덤워크를 보이는지 여부를 파악할 수 있다.

편의를 위해 연구자들은 출발점에 10이라는 값을 할당했다. 그리고 앞으로 갈 때마다 여기에 1을 더하고 뒷걸음질을 칠 때마다 1을 뺐다. 예를 들어 10이 할당된 출발점에서 두 걸음 앞으로 가고 한 걸음 뒤로 가면 도착점은 11(10+1+1-1=11)이다. 앞걸음과 뒷걸음을 위에 설명한 투자자의 선택과 같은 이진값으로 표시하면 이진 부호화와 분석이 가능하다.

이처럼 걸음을 이진값으로 표시하면 출발점인 10에서 아홉 걸음을 갈 때 걸음 패턴에 따라 19(10+9=19)나 1(10-9=1)이나 1과 19 사이의 어느 지점에 도달한다는 결과를 얻을 수 있다. 예를 들어 10에서 출발해 아홉 걸음 앞으로 가면 19에 닿는다. 출발점에서 걸음을 내딛을 때마다 10, 11, 12, 13, 14, 15, 16, 17, 18, 19와 같은 패턴이 만들어지는 것이다. 이는 무작위적이라기보다 방향성이 있는 패턴으로 보인다. 과학자들은 이를 지극히 '질서정연한' 패턴이라 부른다.

이런 실험을 모든 유형의 걸음걸이에 적용하기 위해 과학자들은 거리를 시간의 함수로 나타내는 수식을 만들었다. t^a으로 표시되는 이 함수에서 t는 걸음의 횟수, a는 지수(指數)이고 t^a는 이동거리다. t와 t^a 모두 실험을 통해 직접 측정됐다. 지수 a는 t와 t^a의 값을 바탕으로 계산됐다. 질서정연한 패턴의 예시를 살펴보기 위해 t=9, t^a=9로 정한다. 따라서 이 예시에서 a=1이며 지수 1이 곱해진 숫자는 원래와 동일한 값을 지닌다. 이처럼 패턴이 매우 정연한 경우 $9=9^1$이다. 내디딘 걸음의 횟수와 이동거리가 같다는 뜻이다.

걸음이 완전히 무작위적일 때는 어떤 결과가 나올까? 이 경우 앞으로 갔다 뒤로 갔다 하면서 내디딘 걸음이 상쇄된다. 즉 전체 이동거리가 걸음의 횟수와 동일한 가능성은 매우 낮다. 걸음의 횟수가 이동거리보다 값이 크므로 $t > t^a$로 표현할 수 있다. 이 부등식이 참이라면 a<1이어야 한다. 지수가 1과 같거나 크면 t가 t^a보다 작지 않기 때문이다.

랜덤워크를 보이는 사람의 경우 아홉 걸음을 걷더라도 앞걸음과 뒷걸음의 조합이 여러 가지로 가능하기 때문에 다양한 수열이 나온다. 이런 사람이 내딛는 걸음은 동전던지기의 앞면이나 뒷면과 마찬가지다. 분석을 위해 앞면=1, 뒷면=0이라고 하자. 또 이전 위치에서 한 걸음 앞으로 가는 것을 1, 뒤로 가는 것을 0이라 하자. 나는 동전을 아홉 번 던지는 실험을 통해 '110001001'이라는 수열을 얻었다. 앞면이 네 번, 뒷면이 다섯 번 나왔다는 이야기다. 10이라는 위치에서부터 내딛는 걸음을 이런 동전던지기 결과로 표시해보면 10, 11, 10, 9, 8, 9, 8, 7, 8이라는 패턴이 나온다. 아홉 걸음 걷는 동안 위치를 2만큼 바꾼 랜덤워크 패턴이다(10-8=2). 과학자들은 이처럼 일정한 방향으로 꾸준히 진행되지 않는 패턴을 '무질서'하다고 말한다.

컴퓨터로 이 실험을 1000번 반복하면 출발점으로부터 아홉 번의 무작위 걸음을 내디딜 때의 평균 이동거리는 9의 제곱근인 3에 가깝다. 우리 모형에서 이동거리인 t^a는 3이다. t=9이고 $t^a \approx 3$이면 $a \approx 0.5$다. 따라서 무작위적으로 아홉 번 걸음을 디딜 때 전체 이동거리는 $9^{0.5}$인 3이다. 매우 질서정연한 패턴에서 a=1.0이다. 그러나 무작위 혹은 무질서한 패턴에서는 a=0.5다. 그렇다면 시장의 실제 걸음걸이는 어떤 패턴을 보일까? 이를 수학적으로 표현하면 "시장의 실제 가격 변동을 감안할 때 a는 어떤 값을 지닐까?"라는 질문이 된다.

복잡계의 특징 중 하나는 지극히 질서정연하지도, 무작위적이지도 않다는 점이다. 복잡계는 질서와 무질서 사이를 왔다 갔다 한다. 복잡계가 이처럼 오락가락하는 것은 대리자가 군중에서 이탈하여 반군중에 합류한다거나 그 반대 경우가 생기기 때문이다. 초기에 무작위적인 행동을 보이던 복잡계도 피드백과 적응 행동을 통해 질서정연해질 수 있다. 마찬가지로 극히 질서정연하던 복잡계도 무질서로 빠져들 수 있다.

복잡계는 앞뒤로 오락가락한다. 투자자 심리가 공포와 탐욕을 넘나들며 시장이 상승 국면과 하락 국면을 오가는 것이 한 예다. 랜덤워크에 비해 적응은 일관된 패턴을 보이며 질서를 향해 나아가는 경향이 있다. 그러나 군중과 반군중 때문에 복잡계가 완전한 질서를 이루는 일은 불가능하다. 다시 말해 복잡계에서 지수 a는 0.5와 1.0 사이의 값을 지닌다.

전 세계 주식시장을 장기간 관찰한 실증연구에 따르면 실제 시장의 지수 a는 0.7에 가까운 값을 지닌다. 복잡성 이론이 예측한 대로 정확히 0.5와 1 사이의 값, 즉 질서와 무질서 사이의 결과가 나온 것이다. 자본시장이 복잡계라는 점을 강력하게 입증하는 결과다.

자본시장은 다양성, 소통, 상호작용, 적응 행동을 기반으로 한다는 점에서 복잡계에 관한 서술적 정의에 부합한다. 그뿐 아니라 실증연구에서 자본시장의 실제 행동이 복잡성 이론 모형의 예측과 일치한다는 점이 입증됐다. 더할 나위 없이 과학적인 결론이다. 이 결론에는 우려를 자아내는 내용이 함축되어 있다. 존슨은 그 내용을 다음과 같이 명확하게 설명한다.[15]

> 금융계 전반이 시장의 움직임을 계산하기 위해 사용하는 표준 모형은 정확하지 않다. (중략) 자본시장은 복잡계이며 복잡성 이론 이외의 그 어떤 이론으로도 설명되지 않는다. 표준 금융 이론은 한동안 통할지 몰라도 결국에는 효력을 잃는다. 예를 들어 군중의 행동으로 인해 시장에 강력한 움직임이 일어날 때가 그렇다. 이처럼 투자한 돈이 가장 큰 위험에 처하는 때를 예측하지 못하는 것은 결코 사소한 결함이 아니다.

복잡성 이론을 이해하면 자본시장의 위험을 평가하는 든든한 도구를 얻게 된다. 이제까지 우리는 다양한 대리자 집단이 자발적으로 군중과 반군중을 조직화함으로써 적당히 안정적이되 무작위적이지 않은 시장을 형성한다는 점을 알아보았다. 일관성은 존재하지만 완전한 질서가 이루어지는 일은 없다.

공포는 군중과 반군중이 하나로 행동할 때 생겨난다. 완벽하게 질서정연한 시장은 파는 사람만 있고 사는 사람이 없는 시장이다. 이런 시장은 곧바로 붕괴하며 가격이 0으로 곤두박질치게 마련이다. 그 실현 가능성은 얼마나 될까? 자연적인 복잡계에서는 붕괴가 그런대로 자주 일어난다.

미국 미주리 주와 그에 인접한 주를 지나는 뉴마드리드 지진대는 200년 넘게 비교적 안정된 상태를 유지해왔다. 그러나 1811년과 1812년에는 이곳에서 북미 역사상 가장 규모가 큰 7.0M$_w$ 이상의 강진이 네 차례나 발생했다. M$_w$는 리히터 규모에 이어 개발된 '모멘트 규모(moment magnitude scale)' 기호다. 지진학자들은 다음에 뉴마드리드 지진대에서 일어날 지진의 규모를 1906년 샌프란시스코 지진과 비슷한 7.7M$_w$로 예측한다. 또 사상자 8만 6000명과 이재민 200만 명이 발생할 것으로 추산된다. 지진단층은 복잡계다. 주식시장도 마찬가지다.

복잡계는 무작위성과 질서 사이를 오락가락하지만 안정적이거나 스스로 균형을 찾지는 않는다. 복잡계는 국면 전환을 거쳐 혼란에 빠지거나 놀랄 만큼 쉽사리 붕괴한다. LANL에서 진행하는 식의 베이즈 모형 시뮬레이션은 분석가가 열핵폭탄에 상응하는 사태를 비롯해 금융계라는 복잡계에서 일어날 수 있는 사건을 예측하는 데 도움을 준다.

이 책에서 고찰하는 금융계의 사건들은 이전에도 일어났던 것들이다. 투자자들은 시장 폭락으로 돈을 잃을 수도 있지만 시장은 시간이 흐름에 따라 다시 회복된다. 헐값 매입을 위해 현금을 쥔 채 방관하던 이들에게는 시장 폭락이야말로 절호의 매입 기회가 될 수 있다. 심지어 손실을 본 사람들도 공포에 사로잡혀 헐값에 팔아치우지 않고 매입한 것을 그대로 보유하면 손실을 만회할 수 있다. 시장은 대부분 시간이 흐름에 따라 가치를 되찾는다. 최고점일 때 팔아서 시장 폭락 직후에 사는 사람도 드물지만 존재한다. 이들은 시장 평균을 웃도는 성과를 얻는다.

마찬가지로 사회는 대형 은행의 파산을 감당하는 법을 터득한 것으로 보인다. 파산한 은행의 주식에 투자한 사람들은 손실을 보겠지만, 통상적으로 예금주와 계좌주는 예금보험과 정부의 지급보증 덕에 구제된다. 또 대규모 분산투자 포트폴리오에 포함된 주식이면 손실이 나더라도 감당할 여지가 생긴다. 시장은 1987년, 2000년, 2008년의 폭락 이후에 회복했고 최고점을 갱신했다. 그렇다면 투자자들이 시장 붕괴를 두려워해야 하는 이유는 무엇일까?

복잡계의 전형적인 붕괴는 뉴마드리드 지진대나 샌프란시스코 지진과는 다르다. 1883년 인도네시아의 크라카타우 화산이 히로시마에 떨어진 핵폭탄보다 1만 3000배 강한 위력으로 폭발했다. 그 위력은 1954년 비키니 섬*에서 이루어진 실험보다 10배 강했다. 역사상 가장 강력한 핵폭발을 일으킨 1961년 소련의 50메가톤급 실험보다도 네 배 강한 위력이었다. 그 폭발로 화산은 흔적도 없이 사라졌다. 투자자들이 우려해야 하는 이유도 이 폭발과 같은 대규모의 시장 붕괴가 일어나면 시스템이 회복할 수 없을 정도로 파괴되기 때문이다. 회복은커녕 시스템 자체가 소멸해버린다.

---

* Bikini, 북태평양 마셜제도에 있는 환초; 미국의 원자 폭탄 실험장

THE ROAD

TO RUIN

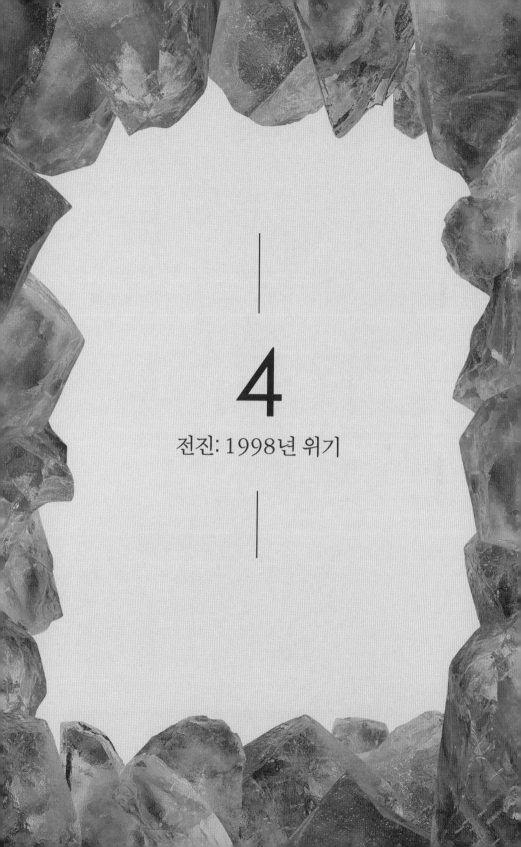

4

전진: 1998년 위기

나는 오랫동안 롱텀캐피털매니지먼트(LTCM)의 위기를 돌이켜보았다.[1]
가장 놀라운 것은 LTCM의 위기가 매우 현대적임에도 그때까지 일어난
위기와 거의 동일한 방식으로 해결됐다는 점이다. 중앙은행이 불려나와
강제 진화에 나선 것이다. 그렇게 해야 했는지는 논란이 있었지만 결국
위기는 그렇게 해소됐다.

— 스탠리 피셔, 연준 부의장

묵살된 교훈

　2008년 세계 금융위기를 소재로 다양한 책과 영화가 쏟아져 나왔다. 앤드루 소킨의 회고록 『대마불사(Too Big To Fail)』도 그중 하나다. 모든 이야기를 종합하면 금융계는 그해 심장발작을 일으켰다. 이런 의학적 비유는 결코 과장이 아니다. 전 세계 금융계가 정말로 심장발작을 일으켜 빈사 상태에 빠진 환자나 다름없었기 때문이다. 연준은 심장 제세동기를 든 의사와 같았다. 2008년 금융위기에서 내가 가장 놀랐던 점은 그처럼 영화 같은 사건을 이전에도 보았다는 사실이었다.

　그로부터 정확히 10년 전 그맘때 금융계는 최초로 전 세계 차원의 심장발작을 겪었다. 그때도 연준이 의사 역할을 맡아 심폐소생술을 시도하여 환자를 살려냈다. 그러나 1998년이 지나자 환자는 다시 시가를 피우고 과음하며 운동을 하지 않는 생활로 돌아갔다. 심장발작 재발은 시간문제였다. 1998년에 시장분석가들이 공황의 징후와 경과를 연구했다면 2008년의 붕괴는 피할 수 있었을지도 모른다. 1998년 위기에서 교훈을 얻지 못한 것이 문제였다. 은행과 규제기관이 묵인한 가운데 시장은 전보다 더 광범위한 규모로 불량한 행동을 재개했다.

러시아의 국가부도 사태와 헤지펀드 LTCM의 파산이 유발한 1998년 외환위기는 지금은 하찮게 보일지도 모른다. 위기가 일어났다는 사실을 알지 못하는 사람도 많다. 2008년 세계 금융위기와 비교하면 1998년 늦여름의 일은 멀고도 사소하게 느껴진다.

표면적으로는 1998년 위기를 촉발한 문제들이 사라진 듯 보였다. UBS*를 비롯한 은행 몇 군데가 대규모 감가상각을 실시했다. 은행 임원의 일부가 해고당했다. 앨런 그린스펀 연준 의장이 금리인하를 두 차례 단행했다. 1998년 9월 29일에 열린 연준 정례회의와 그해 10월 15일의 긴급회의에서 금리를 인하한 것이다. 2차 금리인하는 효과가 있었다. 연준이 주시하고 있으며 질서를 회복하기 위해 모든 조치를 취하겠다는 메시지를 시장에 전달한 것이다.

시장은 정상적인 상태로 회복됐다. 믿기 어려울 정도로 확대되었던 신용 스프레드**가 좁혀지기 시작했다. 주식시장은 LTCM 사태의 여파를 가볍게 떨쳐내고 역사상 유례를 찾아볼 수 없는 수준으로

---

* 스위스 연방은행과 스위스 은행의 합병으로 탄생한 스위스의 금융회사
** credit spread, 회사채 신용등급 간에 나는 금리와 수익률의 비율의 격차

반등했다. 1998년 10월 1일 7632.53포인트까지 떨어졌던 다우지수가 1999년 12월 31일 1만 1497.12포인트로 치솟았다. 15개월 만에 51퍼센트나 급등한 셈이다. LTCM 사태가 세간의 관심에서 사라지자 아무 일도 일어나지 않았다는 듯 평온해 보였다.

그러나 사실 1998년은 그 이전에 한 번도 없던 일이 일어난 해였다. 전 세계 주요 주식시장과 채권시장이 붕괴 직전까지 갔다. 그때도 취약했던 리먼브라더스를 필두로 초대형 은행들이 연쇄 파산할 조짐이 보였다. 상대적인 가치로 2008년보다 더 큰 투자 손실이 발생할 참이었다. LTCM과 은둔자 성향인 창업자 존 메리웨더에게 언론의 관심이 집중되었음에도 당시에는 자세한 상황이 보도되지 않았다. LTCM, 연준, 미 재무부, 다른 나라 재무부의 내부자 몇 명만이 상황 전반과 그 중요성을 알고 있었다. LTCM은 엔진 네 개에 모두 불이 붙은 비행기였고, 엘리트들은 활주로를 마련하여 LTCM의 안전한 착륙을 도왔다. 그러는 동안 전 세계 투자자들은 안전벨트에 몸이 묶인 채 출구도 없는 비행기 안에 갇혀 있었다. 지금은 사소해 보이지만 실제로는 대재앙이 될 뻔한 사건이었다.

금융계를 구한 내부자들은 당시에도 이름난 사람들이었다. 그중 일부는 훗날 더 큰 유명세를 얻거나 악명을 떨쳤다. 피터 피셔는 연준의 비상대책을 주도적으로 시행한 인물로, 나중에 초대형 자산운용회사 블랙록의 부회장이 됐다. 베어스턴스 회장 지미 케인은 LTCM의 중개인이었다. 외부자 중 케인만큼 LTCM의 위험성을 정확히 아는 사람은 없었다. 그러나 그는 월가 금융인답게 그 정보를 다른 은행의 CEO와 공유하지 않았고, 그 때문에 구제 작업이 좌절될 뻔했다.

골드만삭스의 CEO 존 코자인은 시티은행, JP모건체이스, 메릴린치의 CEO와 더불어 구제 계획을 지휘했다. 그러나 코자인은 메리웨더의 절친한 친구였음에도 골드만삭스 자체가 수십억 달러의 투자 손실을 입고 있는 상황이라 LTCM 사태 해결에 주의를 기울일 수 없었다. 2011년 코자인은 엄청난 실책을 범하여 자신이 CEO로 있던 엠에프글로벌(MF Global)을 파산으로 내몰았지만 골드만삭스에서 그가 벌인 무모한 도박을 지켜본 이들은 그 사실에 전혀 놀라지 않았다.

1998년 공황이 최정점에 도달했을 때 골드만삭스는 LTCM의 파생금융상품 포지션을 훔쳐본 다음 그 정보를 이용하여 자사의 거래를 청산하고 선행매매[*]를 벌여 경쟁자를 따돌렸다. 그뿐 아니라 막판에 코자인의 주도 아래 워런 버핏, 행크 그린버그 AIG 회장과 함께 LTCM 인수를 추진함으로써 연준을 배신하고 연준의 구제금융 투입 계획을 방해했다. 그 가운데 AIG는 2008년에 파산위기에 이르러 정부로부터 구제금융을 받았다. 케인과 코자인은 LTCM 구제에 참여한 월가 금융회사 '열네 가문(fourteen families)'의 수장이었다.

이런 상황에서 윌리엄 로즈라는 전설적인 은행위기 해결사의 신중한 개입이 없었더라면 LTCM은 구제되지 못했을 것이다. 로즈는 해외 은행과 각국의 재무장관들을 능수능란하게 설득하여 채무면제를 받아냈다. 그러는 동안 월가의 열네 가문은 서로 티격태격했다. LTCM은 외부에 알리지 않고 전 세계 19개 은행으로 구성된 차관단으로부터 10억 달러에 달하는 차입금을 무담보로 마련했다. LTCM을 완전히 구제하려면 차관단에 속한 은행들의 채무면제는 물론 열네 가문의 신규 자금 투입이 필요했다. 그중 로즈는 채무면제를 받아냈던 것이다.

LTCM의 이야기는 사건이 일어난 지 얼마 지나지 않아 로저 로웬스타인의 명저 『천재들의 머니게임(When Genius Failed)』에서 자세히 다루어졌다.[2] 이 이야기를 지금 돌이켜보는 이유는 1998년 위기가 2008년 위기의 전조였기 때문이다. 1998년과 2008년의 위기는 상황은 달랐지만 그 원리는 같았다. 정말로 걱정스러운 것은 1998년과 2008년의 공황을 통해 다음 공황을 예견할 수 있다는 점이다. 사람들은 두 사태에서 교훈을 얻지 못했다. 특히 엘리트는 위기가 일어날 때마다 구제의 규모를 확대했을 뿐이다. 그러나 다음번에 일어날 공황은 규모가 너무도 크고 구제금융 액수는 그처럼 엄청난 공황을 막기에는 턱없이 부족할 것이다.

1998년이나 2008년이나 동일한 재료로 빚어진 위기였다. 과도한 레버리지, 파생금융상품, 구닥다리 위험 모형에 대한 의존 등등. LTCM의 실패에서 교훈을 얻고 이를 적용했더라면 2008년의 위기는 피할 수 있었을 것이다. 월가와 워싱턴DC는 1998년의 일에 눈을 감았다. 그린스펀 연준 의장과 로런스 서머스 재무장관 등 정책입안자들은 잘못된 위험 모형에 대한 믿음을 버리지 않았다. 그린스펀이나 서머스나 교훈을 얻기는커녕 한 술 더 떠 글래스-스티걸 법** 폐지와 파생금융상품 규제 완화에 적극적이었다. 그 결과 2008년 붕

---

* front-running, 거래인이 중요한 정보를 알아내 고객의 주문에 앞서 자기계정으로 매도나 매입을 하고 이익을 챙기는 행위

** Glass-Steagall Act, 1933년 미국에서 은행 개혁과 투기 규제를 목적으로 제정한 법으로, 핵심 내용은 상업은행과 투자은행의 업무를 엄격하게 분리하는 것이다. 1999년 폐지됐다.

괴가 불가피해졌다.

오늘날에도 교훈이 묵살되고 있다. 월가는 위험관리 이론 같은 엉터리 모형에 의존하며 안이하게 돌아가고 있다. 다음에는 1998년과 2008년의 공황보다 기하급수적으로 더 큰 재앙이 닥칠 것이다. 다음번에는 세계가 회복되지 못할 것이다.

전문가 집단

나는 1994년 2월 LTCM에 합류했다. 창업자이자 전설적인 채권 거래자이며 'JM'으로 불리는 존 메리웨더에게 직접 업무를 보고했다. 정식으로 출범하기 전 입사하여 회사의 붕괴와 구제금융 투입 과정을 지켜봤으며, 1999년 8월 해산될 때까지 남아 있었다. 공동 창업자 중에는 훗날 노벨상을 수상한 경제학자 두 명과 현대 금융의 아버지라 불리는 전문가들도 있었다. 대학과 연구소를 통틀어 LTCM만큼 뛰어난 금융 인재들이 한꺼번에 모인 곳은 없었다.

LTCM의 탄생은 1991년 살로몬브라더스가 파산 직전까지 갔던 데서 비롯됐다. 오늘날에는 살로몬이라는 이름이 잘 알려져 있지 않지만 1980년대만 해도 살로몬은 '대규모 채권투자' '복잡한 거래 전략'과 동의어였다. 살로몬의 거래 전략 대부분을 고안한 사람이 메리웨더였다. 1990년 8월과 1991년 5월 메리웨더의 부하직원 폴 모저(Paul Mozer)가 2년 만기 재무부 중기채권을 불법으로 사재기하고 연준에 거래 내역을 허위로 보고했다. 그가 자신의 불법행위를 자백

하자 메리웨더는 곧바로 그 사실을 CEO인 존 굿프렌드와 사장, 법무책임자에게 털어놓았다. 세 임원은 내부조사를 하는 시늉만 내고 범죄를 정부에 제때 보고하지 않았다.

1991년 8월 18일 재무부가 살로몬의 재무부 채권 응찰을 금지하면서 추문은 급속도로 확산됐다. 살로몬의 최대 투자자 워런 버핏은 재무부 채권 응찰 금지가 사형선고이며 살로몬이 곧 파산신청을 하게 되리라는 점을 깨달았다. 그렇게 되면 자신이 투자한 자금이 송두리째 사라질 터였다. 그러나 버핏이 크게 우려한 이유는 따로 있었다. 버핏은 1990년 월가의 대형 금융회사 드렉셀번햄(Drexel Burnham)이 파산한 지 얼마 지나지 않은 그때에 다른 채권 거래업체가 무너지면 전 세계 금융계가 휘청거릴 것이라 생각했다. 드렉셀과 살로몬의 연속적인 파산은 시장이 감당하기에 너무도 타격이 큰 사건들이었다.

버핏은 니컬러스 브래디 재무장관에게 전화하여 재무부 채권 응찰 금지 조치를 철회해달라고 설득했고, 4시간 후에 다시 살로몬의 응찰이 부분적으로 허용됐다. 그 대가로 버핏은 구조조정을 단행하고 자금을 추가로 제공하며 살로몬이 정상화될 때까지 운영권을 떠맡겠다고 약속했다.

굿프렌드 회장은 사장 톰 슈트라우스(Tom Strauss), 법무책임자 돈 퓨어스타인(Don Feuerstein)과 함께 떠밀리듯 사임했다. 모저의 잘못을 내부에 보고한 메리웨더의 처리 문제는 좀 더 까다로웠다. 그는 살로몬의 부회장이었고 연준은 여론의 거센 질타 속에서 살로몬의 수뇌부가 모두 사퇴해야 한다고 판단했다. 결국 메리웨더는 해고 대신에 사임하는 조건으로 회사를 떠났다. 이렇게 해서 그의 월가 경력

은 끝났다. 메리웨더는 월가의 속어로 '해변에서 빈둥대는' 처지가
됐다.

메리웨더는 새로운 회사 설립에 착수했는데, 연준이나 미 증권거
래위원회의 규제를 받지 않는 헤지펀드였다. 그 덕에 그는 정부, 언
론, 은행의 눈길을 피해 자신의 복잡한 거래 전략을 은밀하게 추구
할 수 있었다. 그는 체계적으로 전 직장 살로몬의 동료들과 잘 알려
지지 않은 학계 인사들을 영입했다. 그러고는 롱텀캐피털매니지먼
트라는 이름을 붙였다. LTCM의 설립은 1993년 9월 5일 「존 메리웨
더의 재기」라는 《뉴욕타임스》 기사를 통해 발표됐다.[3]

LTCM은 코네티컷 주 그리니치를 소재지로 했다. 그들의 파트너
로는 메리웨더뿐 아니라 나중에 노벨상을 수상한 마이런 숄스와 로
버트 머튼 그리고 연준 부의장을 역임한 데이비드 멀린스 주니어가
있었다. 이렇게 유명한 인물들 외에도 다양한 인재들이 회사에 합
류했다. 이탈리아의 경제학자 알베르토 조반니니(Alberto Giovannini)
는 유명세는 덜했지만 기량은 노벨상 수상자들에 뒤지지 않는 인물
로, 유로를 만든 기술 설계팀을 이끌었다. '더 호크(the Hawk, 매)'라는
별명으로 불린 그레그 호킨스(Greg Hawkins)도 핵심 인물이었다. 그는
재닛 옐런과 같은 시기에 UC버클리 금융학부 교수로 재직했다. 그
들보다 젊은 나이에 LTCM에 합류한 매트 제임스는 현재 JP모건체
이스의 경영진이며 제이미 다이먼이 사임하면 CEO 자리를 물려받
을 것으로 보인다.

LTCM의 거미줄 같은 인맥에는 파트너뿐 아니라 재정 후원자까
지 포함됐다. 주요 투자자로 이탈리아 재무부가 있었다. 이탈리아
국채의 세계 최대 거래업체였던 LTCM의 입장에서는 매우 중요한

연줄이었다. 장제스에 의해 창설되어 수십 년 동안 대만의 지배 정당이었던 국민당도 LTCM에 투자했다. 일본 스미토모은행, 독일 도이체방크, 스위스 UBS 같은 세계 최대 은행들도 '전략적 관계'라는 미명 아래 거액을 투자했다. LTCM의 거래자와 그런 대형 은행의 CEO들 사이에 쌍방향 정보 교환이 지속적으로 이루어졌다는 이야기다. LTCM은 전 세계 금융망의 중심부 가까이에 있었다.

이처럼 다양한 인재들이 LTCM에 모여든 이유는 효율적인 시장, 평균회귀, 합리적인 기대, 위험의 정규분포 등 현대 금융 교리에 대한 굳건한 믿음이 있었기 때문이다. 현실적으로 말하면 신용위험과 현금흐름의 현재 가치가 비슷한 금융상품 두 가지가 있다면 둘 다 비슷한 가격에 거래되어야 한다는 뜻이다. 시장은 면밀한 관찰 대상이었고 복잡한 모형화 능력과 대량 연산 능력 덕분에 가격 관계가 잘못된 상황이 손쉽게 포착됐다.

예를 들어 3년 전에 발행된 미 재무부의 5년 만기 중기채권은 만기까지 2년 남아 있다. 재무부는 2년 만기 중기채권도 발행한다. 그렇다면 만기가 2년 남은 5년짜리 채권과 만기가 2년 남은 2년짜리 신규 발행 채권은 거의 동일한 만기수익률을 내므로 비슷한 가격에 거래되어야 한다. 이 두 가지 채권은 같은 정부가 발행했으며 만기가 같은 시기에 도래하므로 본질적으로 다르지 않다.

그러나 이런 등가수익률*이 실현되지 않을 때도 있었다. 신용위험이나 현금흐름 외의 이유로 두 종류의 재무부 채권이 서로 다른 수

---

* yield equivalence, 세금 면제 채권과 세금을 내는 비슷한 등급의 채권이 동일한 수익을 제공하는 이자율

익률을 내고, 그에 따라 다른 가격에 거래된 경우다. 이처럼 가격이 나뉜 이유 중 하나는 기관의 유동성 선호[*] 때문이었다. 어떤 투자자들은 '지표채권^{**}'으로 불리는 신규 발행 채권만 선호하고 발행일이 오래된 '비지표채권'은 피했다. 이들은 미 재무부 채권 입찰에서 비지표채권을 매도하고 그 대금으로 지표채권을 사는 식으로 유동성 선호를 실행에 옮겼다. 투자자의 유동성 선호 성향 때문에 오래된 채권의 가격이 일시적으로 억제되고 신규 채권에 프리미엄이 붙는 현상이 나타났다.

효율적인 시장을 신봉하는 이들이 보기에 두 종류의 채권은 신용위험과 현금흐름 측면에서 동일하기 때문에 유동성 선호는 이치에 맞지 않는 일이었다. LTCM은 유동성 선호에 따른 가격 차이를 변칙으로 간주했으며 이 변칙을 이용해 오래된 채권을 사들이고 신규 채권을 공매도^{***}했다. 사실상 투자자와 반대로 거래한 셈이었다. 이처럼 '값싼' 채권을 사서 '값비싼' 채권을 파는 행위를 통해 LTCM은 두 채권 사이의 스프레드^{****}를 확보할 수 있었다.

LTCM이 보기에 시장은 조만간 정상화되게 마련이었다. 신규 채권이 '오래된' 채권이 되어 스프레드가 수렴될 때 LTCM은 매입한 채권을 팔아 공매도한 채권을 정리하며 이익으로 스프레드를 챙기는 식으로 거래를 해소할 터였다. 이런 전략은 위험과는 무관한 것

---

* liquidity preferences, 자산을 증권 등이 아니고 현금, 당좌 예금 등으로 보유하는 일
** 다른 곳에서 채권을 발행할 때 금리 책정에 기준이 되는 채권을 말한다. 국내에서는 국고채 유통수익률이 이 역할을 한다.
*** short selling, 실물 없이 주식이나 채권을 파는 행위
**** spread, 수익률 차이

으로 간주됐다. 두 가지 채권은 신용위험이 같았고 LTCM이 매입과 매도 포지션을 상쇄했기 때문이다. 투자자의 비이성적인 유동성 선호 성향을 이용하면 이익을 얻는 것쯤은 일도 아니었다.

이런 식의 '무위험' 차익거래는 끝도 없이 새로운 변종을 낳았다. 신규 채권의 입찰과 관련 없는 상황에서도 가격차가 발생했다. 유가증권마다 다른 세율이나 세무 기준이 적용되므로 세무회계를 이용한 차익거래도 가능하다. 표시 통화가 다른 채권 사이에서도 가격차가 나타날 수 있다. 환율위험을 감안하여 가격을 조정하고 다른 거래로 환율 위험을 헤지하는 것도 가능하다. 어쨌든 LTCM의 컴퓨터는 가격차가 발생하기를 기다렸다가 값싼 채권을 사고 값비싼 채권을 공매도하는 일을 반복했다. 그다음 스프레드가 수렴하여 무위험 이익이 발생할 때까지 손 놓고 기다리기만 하면 됐다. 시장이 비이성적으로 행동할 때마다 LTCM은 이성적으로 행동했다.

이 전략의 문제점은 개별적인 거래의 이익이 꾸준하기는 하지만 미미하다는 것이었다. 시장의 힘은 스프레드를 지나치게 벌려놓는 경향이 있었다. LTCM은 이 문제를 레버리지로 해결했다. 어떤 거래에서 연간 2퍼센트의 적은 수익이 난다고 해보자. 그러나 거래의 레버리지 비율을 20대 1로 높일 경우 연간수익률은 2퍼센트에서 40퍼센트로 뛰어오른다.

LTCM은 은행이 아니었지만 은행처럼 행동했다. 헤지펀드가 대체 무슨 방법으로 레버리지 비율이 20대 1에 이를 정도로 많은 자금을 빌려올 수 있었던 것일까? 자금은 '리포(repo)'라고도 불리는 환매조건부채권 매매를 통해 차입됐다. 어떤 딜러로부터 매입한 채권을 다른 딜러에게 팔겠다고 약정하는 것이 리포 거래다. 더 많은 채권을 매입하기 위해 현금을 조달하는 방법이다. 리포 거래의 결과로 빈약한 현금 기반이 채권, 질권, 차입금을 떠받치고 있는 역피라미드 구조가 형성된다.

그 외에 스와프를 이용하여 부외거래*를 숨기는 레버리지 기법도 있었다. 스와프는 실물 채권의 매매 없이 채권 거래의 경제적 효과를 누리는 계약이다. 스와프 계약의 당사자들은 실물 채권을 사는 일 없이 고정금리, 만기, 통화를 지정하고 이를 합성함으로써 원하는 현금흐름을 모방한다. 스와프는 은행의 거래상대방 입장에서는 부외거래이므로 리포로 조달할 때에 비해 레버리지가 컸다. 스와프의 자본 요건은 리포로 조달할 때에 비해 낮으므로 은행은 비교적 적은 자본으로 스와프 계약에 참여할 수 있었다. 부외스와프의 비중이 리포와 동일하다고 가정할 때 LTCM의 실제 레버리지 비율은 20대 1이 아니라 300대 1이었다. LTCM의 스와프 계약은 결국 1조 달러를 넘어섰다.

이들의 차익거래와 레버리지 전략은 성공적이었다. 투자수익률은 1994년 20퍼센트, 1995년 43퍼센트, 1996년 41퍼센트, 1997년 17퍼센트를 기록했다. LTCM은 4년 만에 투자자의 돈을 세 배 가까이 불렸다. 무위험 거래라는 수단을 활용해 그처럼 막대한 이익을 낸 것이다. 외부에서 보면 LTCM이 돈을 만들어내는 영구 동력 기계라도 발명한 듯했다. LTCM의 파트너들은 고수익과 비싼 수수료 덕분에 개인적으로도 수억 달러를 벌었다. 외부인들은 1997년까지도 LTCM의 최대 투자자들이 회사의 파트너라는 사실을 까맣게 몰랐다.

LTCM으로서는 기세등등한 시절이었다. 교수와 정책입안자들이 비결을 알아내기 위해 LTCM을 찾아왔다. 볼거리가 많지 않은 사무실을 둘러본 방문객들은 당황했다. 전망은 좋았지만 이상할 정도로 조용한 사무실이었다. 쉴 새 없이 고함소리가 들리는 월가의 딜링룸과 대조적으로 LTCM에는 대체로 정적이 흘렀다. 일은 컴퓨터가 했다. 일단 장부에 오른 거래는 스프레드가 수렴되고 무위험 이익이 발생할 때까지 몇 달이건 몇 년이건 그 상태 그대로 있었다. 파트너의 전략회의는 학술 세미나에 가까워 마치 칼부림이라도 날 듯 살벌한 일부 은행의 분위기와 딴판이었다. 날씨 좋은 날에는 메리웨더를 비롯한 파트너들이 가까이 있는 윙드풋컨트리클럽에서 골프를 치는 일이 딜링룸에 있는 일만큼이나 많았다. 컴퓨터가 제대로 일을 하고 있는데 그들이 골프를 치지 못할 이유가 없었다.

메리웨더는 '우주의 주인'이라는 별명이 말해주듯 대담하고 자신만만한 월가 금융인으로 외부에 알려졌는데, 그런 이미지는 두 권의 저서를 통해 널리 퍼졌다. 톰 울프가 1987년에 내놓은 소설 『허영의 불꽃(Bonfire of the Vanities)』의 주인공은 전설적인 채권거래자이자 살로몬브라더스에서 메리웨더와 비슷한 직위에 있는 셔먼 맥코이다. 둘 사이의 유사성은 누가 봐도 명확했다. 마이클 루이스는 1989년에 발표한 희극적인 회고록 『라이어스 포커(Liar's Poker)』에서 메리웨더와 굿프렌드가 살로몬의 딜링룸에서 라이어스 포커** 한 판에 100만 달러를 걸었던 실화를 소개했다. 이 이야기는 존 메리웨더라고 하면 으레 따라붙는 전설이 됐다.

---

* off-balance sheet engagement, 대차대조표에 자산, 부채로 기록되지 않는 거래
** liar's poker, 거짓말을 할 수 있는 포커게임

사실 메리웨더는 말투가 부드럽고 다소 내성적인 사람이었다. 골프장이나 경마장에서는 친구들과 곧잘 어울렸지만 성공한 헤지펀드와 불가분의 관계라 할 수 있는 언론과 사교계를 외면했다. 메리웨더는 순종마 경주에 열을 올렸으며 스스로도 몇 마리를 소유했다. 몇 안 되는 대외활동 중에는 뉴욕경마협회(New York Racing Association)의 이사회 재직도 있었다. 이 협회는 트리플크라운*의 경마장인 벨몬트파크를 비롯해 뉴욕의 3대 경마장을 운영하는 조직이다. LTCM의 임직원에게는 경마장 나들이가 구성원 간의 친화력을 쌓는 행사였다.

순종마, 골프장, 고요한 사무실 분위기만 봐도 LTCM이 남성 호르몬이 가득한 고함과 치열한 경쟁으로 숨 가쁘게 돌아가는 벌집이라는 선입견은 깨지기 쉬웠다. 이익을 내는 것은 분석 모형과 컴퓨터였다. 파트너들은 이를테면 자동항법장치를 이용하는 조종사였다. 조종사들은 이따금씩 예기치 못한 악천후가 나타나면 직접 개입하기도 하지만 그렇지 않을 때는 최종 목적지까지 자동항법장치에 조종을 맡긴다. 자동항법장치에 데이터만 제대로 입력해두면 문제될 일이 없었다.

전 세계 모든 대형 은행이 어떤 식으로든 그 행위에 동참하려 했다. 해외 은행들이 투자를 하고자 줄을 섰다. 이들은 초기에 투자한 은행들과 마찬가지로 LTCM과 전략적 관계를 맺으려 했다. 스와프의 거래상대방이 되기를 희망한 은행도 있었다. 은행들은 LTCM과의 거래를 장부에 올린 다음에 시장에서 위험을 털어버림으로써 무위험 이익을 얻을 수 있었다. LTCM과 다른 스와프 계약을 맺은 은행들에 위험을 털어내는 경우도 많았다. 위험을 실은 회전목마는 계속해서 위험을 전가했지만 위험이 최종적으로 도달하는 곳은 항상 은행이었다. 회전목마에서 흘러나오는 음악은 멈추지 않을 것 같았다.

LTCM의 금융공학은 1980년대에 메리웨더가 고안한 고정금리 채 차익거래**에 국한되지 않았고 연이어 새로운 구조가 발견됐다. LTCM은 1994년 국채 신용부도스와프***시장을 공동 개발했다.[4] 하필이면 그때쯤 JP모건도 비슷하지만 더 널리 알려진 아이디어를 고안해냈다. JP모건 사람들이 마이애미 주에서 신나는 주말을 보내면서 신용파생금융상품을 탄생시키는 과정은 질리언 테트의 탁월한 저서 『바보의 금(Fool's Gold)』에 소개되어 있다.

LTCM은 이탈리아 금리, 다양한 채무 등급, 외국인투자자에게 지급되는 이자소득에 대한 이탈리아의 원천징수 등을 감안한 복잡한 차익거래의 일환으로 이탈리아 정부채권을 세계 최대 규모로 보유하고 있었다. 이를 통해 LTCM은 금리, 외환, 조세의 위험을 헤지할 수 있었다. 그러나 이탈리아 정부의 부도만은 LTCM이 헤지할 수 없는 위험이었다. 그 위험은 미미했지만 그렇다고 완전히 없는 것도 아니었다. 채권 포지션이 워낙 어마어마했기에 사소한 위험이라도 발생하면 막대한 손실이 예상된다는 결과가 통계 분석에서 나왔다. LTCM은 이탈리아의 부도 위험을 제거해야만 했다. 우리에게

는 그 당시에는 존재하지 않았던 보험이 필요했기에 직접 그것을 만들었다.

LTCM의 트레이더 아준 크리시나마차(Arjun Krishnamachar)와 나는 신종 보험을 만들기 위해 팀을 꾸렸다. 일본계 초대형 은행 스미토모의 밀라노 지점이 우리 계획에 적극적으로 협력했다. 스미토모은행의 밀라노 지점은 이탈리아에 자산을 보유하고 있었고 이탈리아의 국채를 꽤 높은 가격에 떠맡을 용의를 밝혔다. 크리시나마차의 임무는 보험의 가격 책정 공식을 고안하는 것이었다. 나는 법률 고문으로 계약서의 부도 사유 조항을 작성하는 임무를 맡았다. 업계가 신용 부도 계약 조항을 표준화하기 한참 전의 일이었다. 우리는 아무것도 없는 상태에서 시작했다.

예를 들어 정부가 국채를 상환하지 않는 것은 분명 부도 사유에 속했다. 누구나 알 수 있는 일이다. 그러나 정부는 자본 통제, 원천징수, 자산 동결, 초인플레이션 등 여러 방법으로 국채보유자에 대한 상환 의무를 이행하지 않을 수 있다. 우리는 그 모든 상황을 염두에 두어야 했다. 그렇지 않으면 정말 필요한 순간에 보험이 효력을 발휘하지 못할 수도 있었다. 홍수 피해에 대한 보상은 빠져 있고 바람에 의한 피해만 보장되는 허리케인 보험에 가입한다고 생각해보라. 우리는 홍수 피해도 보장하는 보험을 만들고자 했다. 국채 신용부도 스와프는 우리가 최초로 이루어낸 혁신이었다. 그러나 그것이 끝이 아니었다.

탐욕

설립 초기부터 성공이 거듭되고 수십억 달러의 이익이 발생하자 탐욕이 찾아들었다. 레버리지와 파생금융상품을 이용한 돈벌이 방법을 찾는 일은 계속됐다.

파트너들은 인수합병 기업의 주식을 대상으로 한 차익거래로 분야를 넓혔다. 이런 '합병 차익거래'를 통해 인수에 나선 기업이 제시한 가격과 인수 대상의 현재 주가 간에 발생하는 스프레드를 챙기는 것이었다.

A 회사가 주당 21달러에 거래되는 B 회사를 주당 25달러에 자사 주식으로 인수하겠다고 제안하는 경우, 그저 A 회사의 주식을 공매도하고 B 회사의 주식을 사기만 해도 주당 4달러의 스프레드를 포착할 수 있다. 계약 체결 시점에 B 회사의 주식을 인도하고 그 대가로 A 회사의 주식을 받아 공매도 포지션을 정리하는 식으로 거래를 청산하면 주당 4달러의 이익을 챙길 수 있는 것이다.

이런 거래에는 계약이 성사되지 못하거나 B 회사의 주식이 제안을 받은 후에도 더 낮은 수준으로 떨어지는 위험이 내재한다. LTCM 파트너들은 그 사실을 잘 알고 있었다. 그들은 통계적으로 인수합병 거래는 대부분 성사되며 어쩌다 계약이 체결되지 못하더라도 승자가 얻는 이익이 손실을 상쇄하리라 판단했다. 관건은 승자가 막대한 이익을 볼 수 있도록 하는 것이었고 그 비결은 부외 레버리지였다.

LTCM은 실물로 된 인수합병 기업의 주식은 거래하지 않았다. LTCM의 파트너들은 주식시장을 잘 알지 못했다. 이들에게는 수학적 접근이 최선책이었다. 인수합병 대상의 실물 주식을 매매하려면 위탁매매 수수료와 공매도 포지션에 붙는 신용이자 때문에 많은 비용이 든다. 대신에 LTCM은 전담 중개업체 베어스턴스가 구성한 주식 바스켓 스와프를 활용했다. 주식 바스켓 스와프의 한도는 바스켓의 규모에 좌우된다. LTCM과 베어스턴스의 주식 바스켓은 150억 달러어치의 주식으로 이루어졌다. LTCM은 베어스턴스의 스와프 부서와 전화 한 통화이면 주식을 더 넣거나 뺄 수 있었다. 주식 바스켓 스와프를 활용함으로써 LTCM은 비용을 들이거나 소유권에 대한 자본 요건을 갖추지 않아도 실물 주식을 보유할 때와 같은 이익이나 손실을 입는 것이 가능했다.

구세대 차익거래인들은 자신들의 시장에서 LTCM이 벌이는 거래를 보고 혼란스러워했다. 그들은 수십 년을 들여 거래의 성사 여부를 가늠하는 분석 모형을 개발했다. 또 실물 주식을 사고팔았으며 이를 위해 높은 자금 조달 비용을 치렀다. 이들에게 거래가 깨지는 것은 최악의 악몽이었다. LTCM은 주식에 관해 아는 바가 전무했으며 거래가 깨져도 크게 신경 쓰지 않았다. 높은 레버리지 비율과 통계적 승률이 LTCM의 강점이었다. LTCM 파트너들에게는 합병 차익거래도 수학적 게임에 불과했다.

파트너들은 이런 전략을 록히드와 보잉, MCI와 월드컴, 시티코프와 트래벌러스그룹 등 당대 최대 규모의 인수합병 거래에 적용했다. LTCM이 스와프 바스켓에 매입 종목과 매도 종목을 넣으면 베어스턴스가 바스켓의 익스포저*를 없애기 위해 실물 주식을 거래했다. LTCM과 베어스턴스의 거래는 모두 헤지되어 있었다. 베어스턴스는 거래 업체였기 때문에 값싼 자금을 조달할 수 있었다. LTCM은 부외스와프를 이용했기 때문에 값싼 자금을 조달할 수 있었다. 결과적으로 모두가 승자이고 모두가 위험으로부터 방어되어 있었다. 적어도 겉으로는 그렇게 보였다.

1996년 LTCM의 이익이 정점에 이르고 LTCM을 향한 칭송이 극에 달했을 무렵, JP모건이 LTCM의 지분 50퍼센트를 50억 달러에 사겠다고 제안했다. JP모건이 운용 수수료로만 연간 3억 달러가 넘는 이익을 거두었다는 점을 생각하면 합당한 가격이었다. JP모건은 LTCM의 지분을 소유하면 투자자로서 우선적 지위를 누릴 뿐 아니라, 자기계정 거래** 이익을 거둬들일 수 있으리라 판단했다.

JP모건의 제안은 퇴짜를 맞았다. 어떤 파트너의 말을 빌자면 "우리 회사의 가치가 그 정도로 크다면 팔 까닭이 있겠는가?"라는 자만에서 비롯된 거절이었다. 그때 파트너들이 지분을 매각했더라면 1998년 위기가 닥쳤을 때 LTCM은 JP모건의 일부였을 테고, JP모건은 자사의 평판을 보호하기 위해 어떻게든 LTCM을 살렸을 것이다. 일례로 뱅크오브아메리카가 소유한 헤지펀드 디이쇼(D. E. Shaw)도 1998년 공황으로 수십억 달러를 잃었지만 뱅크오브아메리카는 그들을 조용히 지원했다. 오늘날 디이쇼는 370억 달러 규모의 자산운용회사이자 기술기업으로 번창하고 있다. 그에겐 듬직한 형이 있었지만 LTCM은 그렇지 못했다.

합병 차익거래로의 거래 방식 전환과 JP모건의 1996년 인수 제안

---

* exposure, 위험에 노출된 금액

** proprietary trading, 금융회사가 고객의 돈이 아닌 자사의 돈으로 금융상품을 거래하는 것

거절은 LTCM의 관(棺)에 박힌 첫 번째 못이었다. 마지막 못질은 붕괴 직전인 1997년 파트너들이 초창기 투자자들의 지분을 매입할 계획에 착수했을 때 이루어졌다. 파트너들은 운용회사와 운용자금 자체를 소유할 계획이었는데 이 계획은 막대한 부로 향하는 통로였다.

1997년 9월에는 1994년 10억 달러로 시작했던 LTCM의 자기자본금이 크게 불어 70억 달러에 이르렀다. 그러나 투자수익률은 감소하고 있었다. LTCM은 선호하는 형태의 거래에만 자금을 집중했기 때문에 거래 규모가 커질수록 한계수익이 감소했다. 은행들이 LTCM의 전략을 본뜨면서 모든 참여자가 비슷한 거래에서 얻는 이익이 감소했다. LTCM의 파트너들은 초창기 투자자들을 몰아내면 자신들이 차지하는 지분과 이익이 늘어날 것임을 깨달았다. 그들은 자기들의 배를 불리기 위해 설립에 도움을 준 사람들을 쫓아낼 계획을 세웠다.

파트너들의 계획은 두 가지 방식으로 이루어졌다. 첫 번째 방식은 간단하게 강제 지분 환수를 통해 외부 투자자들에게 자금을 돌려주는 것이었다. 이는 1997년 12월 31일 30억 달러 전액을 현금으로 배당하는 방식으로 이루어졌다. 강제 지분 환수로 LTCM의 자본금은 40억 달러 정도로 감소했다. 그중 LTCM의 파트너들이 개인적으로 보유한 자본금은 약 26억 달러였고 나머지는 제3자의 수중에 남아 있었다.

두 번째 방식은 숄스의 주도로 절묘한 옵션 전략을 구사함으로써 자본금 10억 달러를 추가로 확보하는 것이었다. LTCM 파트너들은 자사 지분에 대한 7년 만기 등가 옵션을 10억 달러에 자기들에게 팔라고 UBS를 설득했다. 파트너들은 이 옵션 덕분에 1997년부터

2004년 사이에 언제든 10억 달러의 펀드 지분을 되사들일 수 있었다. 그뿐 아니라 옵션이 판매된 날로부터 10억 달러에 붙은 성과 수익까지 챙길 수 있었다. 실질적으로 LTCM의 파트너들에게 자본금 10억 달러라는 미래의 성과를 제공하는 옵션이었다.

UBS는 숄스가 고안한 옵션 가격 책정 공식에 근거하여 약 3억 달러를 LTCM의 파트너들에게 청구했다. 그리고 자본금 10억 달러를 LTCM에 추가로 투자함으로써 해당 옵션을 헤지했다. LTCM이 수익을 내면 UBS는 옵션 계약에 따라 LTCM의 파트너들에게 더 많은 돈을 빚지는 셈이 된다. 그러나 자본금을 투입하여 이익을 거두면 그 상환 의무가 상쇄될 터이다. UBS는 이런 옵션 헤지를 통해 3억 달러의 프리미엄을 얻었다.

UBS가 투자한 신규 자본금은 1997년 외부 투자자들로부터 지분을 사들이는 데 사용됐다. 상황이 수습된 1998년 초반, LTCM의 자본금 40억 달러 가운데 26억 달러는 파트너들이, 10억 달러는 UBS가, 4억 달러는 전략적 관계를 맺은 외국계 은행 몇 군데가 보유하고 있었다. 그런데 UBS가 투자한 자금은 옵션의 구조에 따라 사실상 파트너들의 돈이었다. 따라서 LTCM 파트너들이 실질적으로 보유한 자본금은 총 자본금의 90퍼센트인 36억 달러였다. LTCM은 더 이상 헤지펀드가 아니라 외부 투자자가 전혀 없는 족벌 기업으로 변해가고 있었다.

이해할 수 없는 점은 옵션 10억 달러가 미래의 이익에 대해서만 대비됐다는 사실이다. UBS는 옵션을 매각하면서 미래의 손실에 대해서는 대비하지 않았다. 그 누구도 LTCM이 손실을 볼 수 있다는 생각은 하지 못했다. UBS 사람들은 자신들이 탄 배가 타이태닉호와 같은 운명을 맞이할 줄도 모르고 전혀 가라앉을 리 없는 배에 보험까지 들었다고 믿었다.

소용돌이

1998년 초반 몇 달 동안 자본시장은 잠잠했다. LTCM은 적지만 꾸준한 이익을 내고 있었다. 이대로 간다면 환상적이지는 않지만 무난한 한 해가 될 터였다.

전년도인 1997년 7월 태국 바트의 평가절하를 기점으로 아시아에서 외환위기가 발생했다. 바트의 평가절하로 인해 캐리트레이드[*]를 목적으로 아시아로 흘러들었던 핫머니[**]가 대량으로 빠져나갔다. 1990년대 중반 투자자들은 저금리로 빌린 달러를 바트로 환전한 다음, 고수익을 기대하며 태국의 리조트와 부동산 개발에 투자했다. 당시 달러를 바트로 환전하는 것은 위험이 낮다고 간주됐다. 태국 중앙은행이 달러에 대해 고정환율제를 실시했고 바트는 자유로운 환전이 가능한 통화였기 때문이다. 그런데 1997년 7월 2일 태국이 예고도 없이 달러 페그제를 폐지했다. 그 즉시 바트 환율은 20퍼센트 추락했고 채권자들과 투자자들은 어마어마한 손실을 입었다.

---

[*] carry trade, 저금리로 자금을 빌려 고금리 국가의 자산에 투자하는 행위
[**] hot money, 국제 금융시장을 이동하는 단기자금

태국은 국제통화기금에 기술적 지원을 요청했다. 외국인투자자들은 현지 투자에서 손을 떼고 태국에서 자금을 회수했다. 그리고 전 세계적 공황이 발생했다.

다음으로 태국과 비슷한 정책을 추진했던 인도네시아와 한국이 직격탄을 맞았다. 그해 8월 14일 인도네시아가 루피아의 달러 페그제를 폐지했고 루피아는 끝도 없이 폭락했다. 공황은 길거리로 확산되었고 화폐 폭동이 일어났다. 경찰은 무력으로 대응했고 폭동에 참여했다가 죽은 사람도 있었다. 국제통화기금이 인도네시아에 강요한 긴축 조치는 역효과만 낳았다.

전 세계 투자자들은 신흥시장의 환율정책을 더 이상 신뢰할 수 없게 됐다. 이들은 자신들의 돈을 돌려받기를 원했다. 공포는 선진국으로 퍼져나갔다. 1997년 10월 27일에 다우지수가 554포인트 하락했다. 사상 최대의 1일 하락폭이었다. 1989년 새로운 세계화시대가 시작된 이후 처음으로 '전염'이라는 단어가 금융계에서 회자됐다.

국제통화기금은 금융계의 화재를 진압하는 데 첫 타자로 나섰다. 그들은 외환을 보유할 수 있도록 한국, 인도네시아, 태국에 현금을 제공했다. 그 조건으로 국제통화기금은 예산삭감, 세율인상, 평가절하 등의 가혹한 조치를 강요했다. 일반인의 희생을 대가로 은행과 채권 소유자를 구제한 것이었다. 국제통화기금의 극약처방은 고통은 낳았지만 결과적으로 효과를 거두었다. 1998년 1월에 이르자 사태는 통제되었고, 소방관으로 나선 국제통화기금은 아시아의 화재를 진압했다.

평온한 사무실에 앉아 있던 LTCM의 파트너들은 이 사태에 대해 불안감보다는 흥미를 느꼈다. 시장이 그처럼 갑자기 붕괴하면 분명

헐값에 나온 자산이 돌아다닐 테니 컴퓨터를 돌려 찾아야겠다고 생각한 것이다. 메리웨더는 분석가들에게 헐값이 된 인도네시아의 회사채를 찾아보라고 지시했다. 길거리에는 유혈이 낭자했지만 LTCM 파트너들과 컴퓨터는 인도네시아를 새로운 기회로 인식했다.

1998년 4월은 LTCM에 손실을 안겨준 달이었다. 파트너들은 정확한 이유를 알지 못했다. 시장은 잠잠해 보였으나 지표면 아래에서 지진이 일어나려는 참이었다.

1998년 4월 6일 트래블러스그룹과 시티은행의 모회사 시티코프가 사상 최대 규모인 1400억 달러의 합병을 발표했다. 트래블러스는 월가의 터줏대감으로 전설이 된 샌디 웨일(Sandy Weill)의 지휘를 받고 있었다. 1995년 아메리칸익스프레스에서 축출된 웨일이 이 합병으로 화려하게 재기한 것이다. 거래 이전 해인 1997년 9월 24일 웨일과 트래블러스는 워런 버핏에게서 살로몬브라더스를 사들인다는 계획을 발표했다. 이를 기점으로 버핏은 자신이 1991년에 구했던 살로몬에서 떠나게 됐다. 당시 우리가 몰랐던 사실은 웨일의 살로몬 인수 그리고 시티코프와의 합병이 LTCM의 운명을 결정지었다는 점이었다.

살로몬은 메리웨더의 친정이었다. 살로몬의 주축이 된 신진 트레이더들은 메리웨더로부터 교육을 받았기 때문에 당연히 그의 거래를 모방했다. 메리웨더가 하던 방식의 차익거래에는 변동성이 내재했다. 스프레드가 수렴이 시작될 때까지 계속 벌어질 수 있었기 때문이다. 그런 경우 시가평가손실이 장부에 계상됐다. 시가평가손실 때문에 퀀트*들이 골머리를 앓는 일은 결코 없었다. 시장이 진정되면 스프레드가 다시 수렴되리라고 확신했기 때문이다. 도박에서 한

판을 지고 나서 판돈을 두 배로 올리는 것과 마찬가지로, 거래 손실이 발생하면 유리한 가격에 더 많은 물량을 사들일 수 있다는 이유로 거래 손실을 긍정적으로 간주할 때도 있었다. 다만 퀀트들이 도박꾼들과 다른 점은 스스로가 도박꾼의 승률이 아닌 카지노의 승률을 지닌다고 믿은 것이었다. 퀀트들은 확실한 일에만 돈을 걸었기 때문에 큰돈을 따는 것은 시간문제라고 믿었다. 그들 생각으로는 그저 판돈을 두 배로 키우는 일만 반복하면 그만이었다.

웨일은 이처럼 판돈을 두 배로 올리면 된다는 사고방식을 경멸했고 그에 따르게 마련인 변동성을 혐오했다. 웨일의 기법은 자신이 보유한 주식을 현찰로 사용하여 목표물을 사들이고 금융제국을 건설하는 것이었다. 웨일은 시티코프를 산 뒤 트래벌러스의 자기지분이 희석되는 일을 최소화하기 위해 트래벌러스의 주가를 최대한 끌어올리려 했다. 주식시장은 주가를 할인하는 식으로 이익변동성이 큰 주식을 처벌한다. 웨일은 트래벌러스의 이익변동성을 줄이기 위해 살로몬의 트레이더들에게 스프레드 포지션을 청산하라고 지시했다. 트레이더들은 그의 지시에 분개했지만 선택의 여지가 없었다.

'청산'하라는 지시는 스프레드를 더 이상 매입하지 말고 매도하라는 뜻이었다. 이 일로 스프레드가 한층 더 확대됨에 따라 비슷한 스프레드 포지션을 보유하고 있던 LTCM과 골드만삭스 같은 회사가 손실을 입었다. LTCM의 파트너들은 처음부터 이 사건을 호재로 받아들였기에 유리한 평가 가격으로 스프레드 포지션을 늘렸다. 그럼

---

* quant, 수학과 물리학 등을 바탕으로 금융시장을 분석하는 전문가

에도 스프레드는 확대됐다. 그러나 스프레드 포지션을 정리하라는 웨일의 지시는 눈송이에 불과했고 눈사태가 기다리고 있었다.

시장은 1998년 6월에 평온을 되찾았다. 나는 시장이 잠잠해진 틈을 타 알래스카의 등반대에 합류했다. 해발 6000미터 이상으로 북미에서 가장 높은 데날리 산에 오르기 위해서였다. 1998년 시즌은 데날리 산에 사상 최악의 악천후가 발생한 때였다. 그 때문에 사상자가 발생했고 그중에는 내 친구이자 가이드인 크리스 휘면도 있었다. 휘면은 버둥거리던 고객을 구조하기 위해 장비를 풀다가 시속 160킬로미터의 돌풍에 휩쓸려 능선에서 추락했다. 5800미터 고지에서 훈련 중이던 영국 특수부대는 부상을 입고 헬리콥터에 의해 구조되었는데 그처럼 고도가 높은 곳에 헬리콥터 구조대가 투입된 적은 그때가 처음이었다. 몇몇 한국인 산악인은 '오리엔트 특급'이라는 별명이 붙은 가파른 산중턱 협곡에서 900미터 아래로 추락하여 목숨을 잃었다. 나는 다행히 전설적인 가이드로서 에베레스트 산 정상에 오른 뒤 네팔에서 알래스카로 직행한 데이비드 한의 도움으로 순조롭게 산을 오를 수 있었다. 그때까지만 해도 나는 데날리 산에서의 위험한 산행이 일상으로 돌아가면 기다리고 있을 일의 예행연습에 불과하다는 사실을 알지 못했다.

8월이 되자 채권 스프레드가 다시 확대되었고 LTCM의 손실이 불어나기 시작했다. 1998년은 이제까지 그래왔듯 고수익을 거두지는 못하더라도 그럭저럭 한 자릿수의 수익률을 거둘 것으로 예상되는 해였다. 좋지는 못하지만 끔찍한 해도 아니었다는 이야기다. 8월 중순에 나는 가족과 함께 노스캐롤라이나 주의 아우터뱅크스로 휴가를 떠났다. 다른 파트너들은 대부분 세계 각국의 골프 리조트로 휴가를 떠났다. 호킨스는 순종마 경주 시즌을 맞아 뉴욕 주 새러토가 시에 머물렀다. 시장은 변동이 심했다. 그러나 LTCM 사람들은 평소와 같이 골프, 순종마 경주, 해 질 녘의 칵테일을 즐겼다.

그 순간 지진이 일어났다.

1998년 8월 17일 월요일, 러시아가 국내채무와 국외채무에 대해 부도를 선언했고 달러 대비 루블을 평가절하했다. 달러로 표시된 외채를 부도내고 루블을 평가절하한 것만도 충격적인 일이었는데, 루블로 표시된 국내채무까지 부도를 낸 이유는 언뜻 이해되지 않았다. 자국 통화인 루블이야 러시아 정부가 찍어낼 수 있었기 때문이다. 이렇듯 국내채무에 대한 부도 선언은 상식적이지 않았으나 실제로 일어난 일이었다.

금융위기가 맹렬한 기세로 귀환하여 전 세계를 덮쳤지만 이전에도 바이러스 형태로 한동안 잠복해 있었을 뿐 완전히 사라진 것은 아니었다. 바이러스는 아시아에서 러시아로 전파됐다. 투자자들은 러시아의 이해할 수 없는 조치를 연구하던 끝에 앞으로 무슨 일이든 일어날 수 있다고 판단했다. 그리고 브라질이 다음 번 쓰러질 도미노로 지목됐다. 갑자기 모든 사람이 투자한 돈을 돌려받으려 했다. 주가가 폭락하자 유동성이 최우선시되었고 다른 자산은 모조리 홀대를 받았다.

그해 8월 21일 아침, 내가 휴가를 보내고 있던 아우터뱅크스의 별장에 전화가 울렸다. 전화를 건 사람은 LTCM의 파트너로서 유일하게 전통적인 트레이더의 성향을 간직하고 있던 짐 맥켄티였다. 맥켄티는 박사학위가 없었다. 나중에 HSBC에 매각된 체이스(Chase)의 백오피스(back office)에서 시작하여 그 자리에 오른 인물이었다. 시장에 대한 그의 직감은 방정식으로는 표현할 수 없지만 신기하게도 잘 들어맞는 편이었다.

맥켄티는 내게 이렇게 말했다. "짐, 어제 우리가 5억 달러를 잃었네. 파트너들이 일요일에 모일 거야. 자네도 돌아와서 회의에 참석해야 해." 나는 알았다고 대답했다. 우리는 차에 짐을 싣고 아홉 시간을 운전하여 코네티컷 주에 도착했고, 다음 6주 동안은 계속 피해를 수습하느라 하루하루가 길게 느껴졌다.

LTCM은 전 세계 20개국의 주식, 채권, 환율, 파생금융상품에 대해 106가지 거래 전략을 펼치고 있었다. 외부에서는 위험이 분산된 거래처럼 보였다. 프랑스의 주식 바스켓은 일본의 국채와 연관성이 낮았다. 네덜란드의 주택담보대출도 보잉의 록히드 인수와 무관했다. 파트너들은 특정 거래에서 손실을 볼 수 있다는 사실을 알고 있었다. 그러나 전반적인 거래 포트폴리오는 연관성을 더하는 일 없이 이익 실현 가능성만을 더하도록 세심하게 구성됐다. 특정 거래의 스프레드가 확대되더라도 스프레드의 상대적 가치에 근거하여 복합적 이익을 창출하도록 거래가 설계됐다.

위험을 분산했다는 것은 망상이었다. 위험분산은 시장이 평온하며 투자자들이 시간을 들여 가치를 발굴하고 스프레드를 수렴시킬 수 있을 때만 가능한 법이다. 그러나 LTCM의 106가지 전략에는 숄스가 훗날 '조건부 상관관계(conditional correlation)'라고 말한 변수가 숨겨져 있었다. 모든 거래는 유동성을 원하는 상대방에게 이를 적시에 제공할 수 있느냐 여부에 달려 있었다. LTCM은 다른 사람들이 팔아버리고자 하는 위험을 사들이는 회사였다. 그런데 갑자기 모든 이가 모든 것을 팔려고 했다. 투자자들은 상대적 가치에는 관심도 없었고 오직 현금으로 된 절대적 가치만을 원했다. LTCM의 해결책은 일시적인 유동성 부족을 타개하기 위해 완충 자본을 충당하는 것이었다. 자본금 40억 달러는 충분한 액수로 간주됐다. 이제 와서 보니 LTCM은 15미터 높이의 지진해일을 막으려고 3미터 높이의 방파제를 쌓았다. 하루 만에 5억 달러를 잃고 나니 40억 달러로는 오래 버티지 못할 것이 분명해졌다.

LTCM은 가장 먼저 개인에게서 자금을 조달한다는 계획을 세웠다. 10억 달러이면 손실을 청산하고 신뢰를 회복할 수 있다고 추정됐다. 시간이 부족했다. 파트너들은 손실액을 파악했지만 은행과 규제기관은 파악하지 못했다. LTCM 같은 헤지펀드는 대부분 일일 내부 현황을 공개하지 않았으며 월간 성과만을 보고했다. 다음 투자자 보고서에는 8월 31일의 월말 가치평가를 통한 손실이 반영될 터였다. 따라서 전 세계가 무슨 일이 일어났는지 알아차리기 전에 우리는 일주일 내에 10억 달러를 현금으로 조달해야 했다.

원래 8월은 어떤 일을 처리하든 가장 불리한 달이다. 10억 달러를 조달하는 일은 두 말할 것도 없다. 8월은 부자와 권력자들이 요트나 고급 휴양지의 별장에서 휴가를 보내는 때다. 그러나 LTCM의 파트너들은 세계에서 가장 막강한 금융계 인맥을 자랑했다. 그들은 조지 소로스, 알 왈리드 빈 탈랄(Al Waleed bin Talal) 왕자, 워런 버핏에게 연락을 취했다. 나는 이 세 사람을 '동일 수법의 전과자'라 부른다. 이들은 늘 급한 전화를 받기는 하지만 그렇다고 항상 투자를 하는 것은 아니다.

버핏은 오마하에서 예의상 LTCM의 파트너 에릭 로즌펠드(Eric Rosenfeld)를 만난 다음 우리 제안을 거절했다. 그는 나중에 '대량살상

금융무기'라 부를 정도로 파생금융상품을 경계하는 것으로 유명하다. 하버드대학 교수가 온갖 가치평가 공식으로 설득한다고 해도 그 사실이 달라질 리는 없었다.

소로스와 알 왈리드 왕자도 거절했다. LTCM이 이익이 내재된 스프레드 포지션을 보유하고 있다면 그런 잠재이익은 스프레드가 확대되어야 증가한다. 물에 빠진 사람이 익사하기를 기다리면 그 사람의 생명보험금을 챙길 수 있는데 구명 밧줄을 던질 이유가 무엇이란 말인가? 소로스는 기다릴 형편이 됐다. 절망에 빠진 매도인들은 갈수록 자포자기하게 마련이라는 것이 그의 지론이었다.

8월 31일 LTCM의 손실은 자본금의 절반에 해당하는 20억 달러로 평가됐다. 우리가 여전히 무너지지 않고 마진콜*에 응하며 날마다 영업하고 있는 것이 용하게 보였다. 이것이 가능했던 이유는 우리의 계약이 상대방에게 탈출구를 제공하지 않았기 때문이다.

LTCM은 '중대한 부정적 변화(material adverse change)'와 같이 주관적 기준의 계약 해지 조항에 서명하기를 줄곧 거부했다. LTCM은 자본금이 5억 달러 이하로 떨어지는 것을 조기 계약 해지의 트리거**로 간주해야 한다고 주장했다. 이에 따르면 자본금이 5억 달러로 감소하면 상대방은 거래를 취소하고 담보를 챙길 수 있었다. 자본금이 10억 달러였던 1994년에는 타당한 조항이었다. 자본금이 50퍼센트 감소하면 계약을 해지할 수 있었기 때문이다. 그러나 자본금이 40억

---

* margin call, 선물 계약의 예치증거금이나 펀드의 투자 원금에 손실이 발생할 경우 이를 보전하라는 요구를 말한다. 증거금이 모자랄 경우 증거금의 부족분을 보전하라는 전화(call)를 받는다는 뜻에서 붙여졌다.
** trigger, 계약 해지 사유

달러로 불어난 그때는 LTCM의 자본금이 90퍼센트 감소하지 않는 한 상대방이 중도에 계약을 해지할 수 없었다. 그 수준에 이르면 붕괴를 막기란 불가능했다. 자본금을 10퍼센트 완충한다고 해도 회사를 살릴 수는 없었다. 은행들은 자신들이 안전벨트에 매인 채 LTCM 파트너들과 함께 불타는 비행기 안에 갇혀 있음을 깨닫고 경악했다. 다 같이 추락할 것이 뻔했다.

그때 또 다른 공황이 은행들을 덮쳤다. "LTCM의 손실 때문에 은행 중 한 곳이라도 부실을 겪으면 어쩌나? 우리 은행이 부실 은행의 위험에 노출되는 것은 아닌가? 부실 가능성이 있는 은행은 어디이며 어떻게 해야 공황이 끝날 것인가?" 이처럼 은행들은 LTCM에 대한 두려움을 넘어 서로를 두려워하기 시작했다.

9월 2일 우리는 투자자들에게 8월의 성과를 발표했다. 나는 투자자에게 보낼 편지를 작성한 다음에 회사 전용 헬스장의 탈의실에 있는 메리웨더에게 편지에 서명해달라고 했다. 그는 자신의 사형 집행 영장에 직접 서명이라도 하는 듯한 표정을 지었다. 나는 편지 내용이 즉각 유출될 것임을 알고 있었다. 1998년만 해도 팩스를 쓰던 때였다. 나는 편지 복사본 40장을 팩스로 전송했다. 맨 처음 팩스를 받은 사람이 40번째 팩스가 도착하기도 전에 《블룸버그》에 편지 내용을 유출했다. CNBC 방송국도 그 소식을 보도했다. 공황은 더 이상 러시아나 브라질의 문제가 아니었다. LTCM이 공황의 주역으로 떠올랐다. 우리가 태풍의 눈이었다.

LTCM은 9월 초에도 출혈이 계속됐다. 우리는 자본 조달 전략을 포기하지 않았다. 목표액을 20억 달러로 수정했을 뿐이다. 개인의 자금을 조달하는 데 실패하고 나서 우리는 골드만삭스를 고용했다.

골드만삭스의 거래팀이 LTCM 사무실에 도착했다. 나는 그쪽 변호사를 접촉하여 관례대로 비공개 동의서에 서명해달라고 요청하자 그가 웃음을 터뜨리며 이렇게 말했다. "우리는 어디에도 절대로 서명하지 않을 겁니다." 나는 영향력은 없었지만 상황은 누구보다 잘 알고 있었다. 나 자신도 오랫동안 월가에 몸담았던지라 약탈적 행동이 월가에서는 예외가 아니라 규칙이라는 사실을 잘 알았다.

골드만삭스의 고위 임원 한 명은 우리가 보유한 파생금융상품 현황을 몰래 CD에 저장한 뒤 이를 월가 근처의 본사로 돌아가는 신참에게 건넸다. 골드만삭스의 트레이더들은 밤새 LTCM의 자료를 이용하여 선행매매를 함으로써 전 세계 고객들을 배신했다. 골드만삭스는 코자인의 지휘 아래 LTCM과 비슷한 스프레드 거래에 관여했다가 역시 수십 억 달러의 손실을 기록하고 있었다. 그러나 LTCM의 자료 덕에 그들은 무차별적으로 난사하는 기관총이 아니라 정밀한 유도미사일처럼 말끔하게 거래를 청산했다. 결과적으로 골드만삭스는 LTCM의 자본금을 조달하는 데 실패했지만 고객의 내부 정보를 입수하는 임무는 완수했다. 골드만삭스는 금융계를 구하지는 못했지만 적어도 스스로를 구할 수는 있었다.

9월 17일이 되기도 전에 이미 LTCM는 임종을 맞았다. LTCM은 여전히 현금과 자본금을 보유하고 있었지만 일부 파트너들의 긍정적인 관측에도 불구하고 회생할 가망이 없었다. 뉴욕 연방준비은행에 조심스럽게 전화를 걸었다. 구제금융을 요청하거나 기대해서가 아니었다. 연준이 헤지펀드를 구제한다는 것은 우리의 상상을 초월하는 일이었다. 그저 연준에 상황을 알리려 했을 뿐이다. 우리는 골드만삭스가 상황을 파악했는데 연준이 모르고 있다는 것은 말도 안

된다고 생각했다. 상황을 알리기 위해 우리는 연준 사람들을 사무실로 초대했다.

9월 20일 일요일, 피터 피셔가 이끄는 연준과 미 재무부 대표단이 LTCM 사무실에 도착했다. 뉴욕 연방준비은행의 공개시장 부문 책임자이던 피셔는 측근 다이노 코스(Dino Kos), 당시 재무부 차관보이자 로버트 루빈 재무장관이 총애하는 게리 겐슬러(Gary Gensler)를 대동했다. 피셔, 코스, 겐슬러는 파트너 전용 회의실에서 메리웨더 그리고 나와 마주앉았다. 그다음 5시간 동안 우리는 LTCM의 거래 포지션을 건별, 대상별로 샅샅이 훑어보았다.

검토가 끝났을 때 피셔의 얼굴은 하얗게 질려 있었다. 그는 이렇게 말했다. "당신네들이 채권시장을 폐쇄시킬 수 있다는 건 알고 있었지만 주식시장까지 문 닫게 할 줄은 몰랐습니다." 피셔는 우리 장부에 올라와 있는 인수합병 주식 150억 달러에 경악을 금치 못했다. LTCM이 계약을 이행하지 못하면 LTCM의 공매도 포지션이 증발함에 따라 베어스턴스가 헤지한 주식 포지션은 곧장 순매입 포지션*이 된다. 그렇게 되면 베어스턴스는 대차대조표의 균형을 맞추기 위해 주식 150억 달러어치를 가뜩이나 폭락하고 있는 시장에서 헐값으로 내다팔 것이다. 그로 인해 시장에 전염이 확산되고 공황이 일어나리라는 것은 불 보듯 뻔했다.

피셔는 이튿날인 9월 21일, 뉴욕에서 JP모건, 골드만삭스, 시티은행, 메릴린치의 CEO들과 조찬 모임을 가졌다. 이날 모인 사람들은

---

* net long position, 어떤 자산에 대한 매입분이 매도분을 초과하는 상황. 자산가격이 상승해야 이익을 볼 수 있다.

LTCM이 파산하면 전 세계 모든 시장의 모든 대형 은행이 베어스턴스와 마찬가지로 헤지가 사라지는 상황에 직면하리라는 것을 알고 있었다. 고요한 시장의 순위험*은 시장이 혼란에 빠지면 총위험**으로 바뀌는 법이다. 그들은 피할 수 없는 결론에 도달했다. LTCM이 대마불사라는 것이었다. 그렇게 해서 구제가 시작되었지만 사실은 월가가 아닌 LTCM이 스스로를 구제해야 했다.

9월 23일 수요일에는 기존 그룹에 월가의 다른 대형 금융회사들까지 동참한 '컨소시엄'이 구성됐다. 그날 저녁 우리는 컨소시엄에게서 거래 조건을 명시한 문서를 건네받았다. 16개 은행이 2억 5000만 달러씩 현금 40억 달러를 투입한다는 내용이었다. 그 외에도 한 줄기 희망이 남아 있었다. 컨소시엄은 거래 청산을 위해 LTCM의 팀을 해고하지 않겠다고 했다. 우리가 원자로를 건설했고, 우리만이 노심이 녹아내리게 하는 일 없이 제어봉을 작동할 수 있는 사람들이라는 의미였다. 틀린 말도 아니었다.

컨소시엄은 LTCM에 4억 달러의 가치를 매기려 했다. 4억 달러이면 우리가 불과 6주 전까지 보유했던 40억 달러의 10분의 1에 해당하는 금액이었다. 물론 자본금이 제로가 될 날이 머지않았으니 10분의 1이면 후한 편이었다. 그러나 일부 투자자들은 자신들의 순가치가 3억 달러에서 3000만 달러로 폭락한 데 따른 충격을 이겨내지 못했다. 그 후 며칠 동안 스트레스로 정신을 차리지 못하는 파트너

---

* net risk, 모든 통제 조치가 제 기능을 하고 있을 때의 위험 수준으로, 잔여 위험이라고도 한다.
** gross risk, 모든 통제 조치가 기능하지 못할 때의 위험 수준으로, 내재위험이라고도 한다.

들 때문에 앰뷸런스를 부르는 일이 이어졌다. 어떤 파트너는 동의서에 서명하면서 눈물을 감추지 못했다. 피만 보이지 않았을 뿐 셰익스피어 비극의 요소를 모두 갖춘 상황이었다.

거래가 순조롭게 마무리되려던 찰나에 골드만삭스가 수류탄의 핀을 잡아당겼다. 골드만삭스는 컨소시엄의 일원으로 뉴욕 연준의 10층에서 회의를 하면서도 AIG의 그린버그, 버핏과 손을 잡고 연준에 대항하는 인수 제안을 획책했다. 골드만삭스와 AIG는 자사에 LTCM의 거래를 청산할 수 있는 파생금융상품 전문가들이 포진해 있으니 직접 나서지 않고도 반대 매매에 따른 이익을 챙길 수 있다고 버핏을 설득했다. AIG, 골드만삭스, 버핏 패거리는 LTCM의 모든 임직원을 즉시 해고하라는 조건을 내걸었다. 그들은 거래와 그에 내재된 미래의 이익을 통째로 장악하고 싶었던 것이다. 골드만삭스는 이 은밀한 인수 제안을 통해 LTCM의 뒤통수를 치는 데 그치지 않고 연준까지 농락했다.

코자인, 그린버그, 버핏이 서명한 인수의향서가 LTCM 사무실의 팩스에서 나왔다. 메리웨더는 기계에서 갓 나와 아직 따뜻한 팩스를 내게 건네며 이렇게 물었다. "이걸 어떻게 해야 하지?" 나는 우리가 LTCM의 수탁자이므로 모든 제안을 검토할 의무가 있다는 사실을 알고 있었다. 우리는 개인적인 호불호에 따라 마음에 드는 제안을 고를 형편이 아니었다. 수탁자 관점에서 해고는 인수 제안과 별개의 문제였다. 나는 메리웨더에게 이 문제는 내가 처리하겠다고 말했다.

나는 특권층 로펌으로 유명하며 인수 제안 당사자들을 대리하던 설리번앤크롬웰(Sullivan & Cromwell)의 선임파트너에게 전화해 이렇게 말했다. "이봐요, 당신네는 우리를 인수하고 싶다는데 우리 회사는 피더펀드가 소유하고 있어요." 피더펀드(feeder fund)란 투자자들에게서 돈을 끌어와 주체가 되는 펀드에 이전하는 법인을 뜻한다. 외국인투자자들의 이익이 본국에서 과세되는 일을 방지하기 위해 피더펀드는 조세피난처에 설립된다. "피더펀드 투자자들을 모아 투표를 해야 합니다. 그런데 우리에게는 그럴 시간이 없어요. 하지만 다른 방법이 있습니다. 당신네들이 신규 피더펀드에 투자하면 그 피더펀드가 우리 회사의 지배권을 인수하는 것이 가능합니다. 파트너십 계약을 수정하고 피더펀드 투자자들에게 현금을 지급하면 당신네가 우리 회사를 통째로 소유할 수 있을 겁니다." 설리번앤크롬웰의 선임파트너는 내게 다시 전화하겠다고 말했다.

이후 한 시간 동안 그는 빌 게이츠와 알래스카의 오지로 낚시 여행을 떠난 버핏에게 정신없이 전화를 걸어댔다. 그러나 버핏은 휴대전화가 연결되지 않는 데다 위성전화도 터지지 않는 지역에 있었다. 설리번앤크롬웰의 선임파트너는 내게 다시 전화해 이렇게 말했다. "버핏과 통화를 못 했습니다. 제게는 거래 조건을 바꿀 권한도 없고요." 나는 이렇게 대답했다. "분명히 해둘 게 있습니다. 나는 당신네 제의를 거절하는 게 아닙니다. 실현 가능성이 없다는 거죠. 당신들이 원하는 방식으로는 성사될 수 없어요." 그러자 그가 말했다. "나는 제안서를 바꿀 수 없어요." 나는 "좋아요. 그럼 처리된 것이 없군요"라고 대꾸하고 전화를 끊었다. 전화 한 통이 연결되지 못하는 바람에 골드만삭스의 수작은 수포로 돌아가고 칼자루는 다시 컨소시엄으로 넘어갔다.

9월 24일 우리와 컨소시엄의 협의는 꾸준히 진전되고 있었다. 그러나 나는 어리석게도 월가의 탐욕을 과소평가했다. 내 전화가 울렸다. 전화를 건 이는 베어스턴스의 고위 임원 중 한 명인 워런 스펙터(Warren Spector)였다. 그는 단도직입적으로 말했다. "우리는 당신네를 부도로 몰아넣을 겁니다. 컨소시엄에서도 빠질 거고요. 그 사실을 가장 먼저 당신에게 알리려고 전화했습니다." 베어스턴스는 카드로 만든 집을 무너뜨리려 하고 있었다.

베어스턴스의 입장은 남달랐다. LTCM의 전담 중개업체였기 때문에 LTCM에게서 받은 현금 담보 5억 달러를 항상 보유하고 있었다. 다른 은행들은 시가로 평가된 담보를 보유했지만 이는 손실을 방지할 뿐 이득이 되지는 못했다. 반면에 베어스턴스가 보유한 담보는 아무런 제약이 없고 깨끗했다. 베어스턴스는 스스로를 보호하기 위해 어떻게든 그 담보를 점유하려 했다. 이는 월가의 다른 금융회사들을 고스란히 위험에 노출시킬 수 있는 배신 행위였다. 베어스턴스가 LTCM과 맺은 중개 계약에는 주관적인 조항이 있었다. 모호한 내용이었음에도 스펙터는 그 조항을 이용해 부도를 신청하려 했다.

컨소시엄과의 거래를 성사시키고 전 세계 금융시장을 구하느냐 여부는 몇 초에 달려 있었다. 나는 이렇게 말했다. "워런, 당신 말이 맞을 수도 있어요. 그렇게 할 수도 있겠죠. 하지만 불가능할 수도 있어요. 당신네가 우리를 부도내면 내게는 내일 아침 일거리 한 가지가 생길 겁니다. 계약 위반으로 베어스턴스에 40억 달러짜리 소송을 제기할 거니까요. 우리가 파산하면 증발할 내재된 차익거래 이익이 딱 그 액수죠. 월가의 다른 회사들도 소송에 동참할 겁니다. 당신을 말릴 수는 없지만 당신 생각이 맞기만을 바라는 게 좋을 거요. 당신은 지금 회사의 운명을 걸었으니까요." 나는 스펙터가 베어스턴스의 최대 주주 중 한 명이라는 사실을 알고 있었다. 따라서 나는 그의 재산을 걸고넘어지는 작전을 썼다. 우리가 소송을 걸면 베어스턴스의 주가는 폭락할 것이 분명했다. 재산 이야기처럼 월가 사람에게 잘 먹히는 것도 없다. 스펙터는 주춤했다.

베어스턴스는 부도를 신청하지 않았지만 컨소시엄에 합류하는 것은 거부했다. 월가에서는 이 사실이 잊히지 않았다. 10년 후 베어스턴스가 파산했을 때 애도하는 분위기는 어디서도 찾아보기 힘들었다. 적어도 월가에서는 베어스턴스의 2008년 파산이 1998년 배신의 대가로 간주됐다.

1998년 9월 25일부터 27일 사이에 우리는 합의 내용을 문서화하느라 쉴 없이 일했다. 9월 28일 이른 아침, 시장은 숨을 죽였다. LTCM이 구제되거나 세계적 공황이 뒤따르거나 둘 중 하나였다. 구제 담당 법률회사 스캐든압스(Skadden Arps)의 회의실에서는 막바지에 이르러 극적인 순간이 펼쳐졌다. 리먼브라더스가 자사도 파산 직전이라며 컨소시엄에 감액을 요청한 것이다. 그들은 당초 2억 5000만 달러를 투입하기로 했지만 1억 달러밖에 내놓을 수 없다고 말했다. 골드만삭스와 JP모건이 차액을 분담했다. 자금이 이동되었고 거래는 마무리됐다.

그다음 날인 9월 29일은 내 생일이었다. 가족이나 친구와 제대로 대화를 나눈 지도 어느덧 6주가 지났다. LTCM 사람들은 일단 회사를 구하고 그다음에 세상을 구하기 위해 종일 일에 매달렸다. 이런 이유로 나는 아내가 모든 지인에게 연락해 내게 축하 이메일을 보내 달라고 부탁한 것도 모르고 있었다. 나는 전날 밤까지 나를 괴롭힌 트라우마 때문에 여전히 망연자실한 채 사무실에 들어서 컴퓨터를 열었다. 그때까지도 나는 그날이 내 생일이라는 사실도 잊고 있었다. 받은편지함이 축하 이메일로 터질 지경이었다. 나는 컴퓨터 화면을 바라보면서 눈물을 흘렸다.

파멸의 역학

LTCM 사태가 주는 교훈은 명확했다. 파생금융상품은 워낙 복잡하게 얽혀 있고 불투명해 규제기관이나 은행이나 어디에 위험이 숨어 있는지 알지 못한다는 사실이었다. 파생금융상품은 요구되는 담보가 총가치(gross vlaue)에 비해 미미해 레버리지 비율을 엄청나게 높일 수 있다. LTCM은 개시증거금*의 납입을 거부하고 거래에 들어간 후 이익이나 손실에 대한 변동증거금**만 예치했기 때문에 레버리지가 엄청났다.

그러나 눈에 보이는 레버리지와 투명성 문제보다 한층 더 위협적인 문제가 존재했다. 월가는 아직까지도 깨닫지 못했지만 위험이 파생금융상품의 순 포지션이 아닌 총 포지션에 도사리고 있다는 사실이다. 간단한 예시만으로도 입증할 수 있는 일이다.

골드만삭스가 시티은행과 10억 달러 규모의 스와프 계약을 체결

---

* 주식시장에서 고객이 주식을 매매할 경우 약정대금의 일정 비율에 해당하는 금액을 미리 예탁해야 하는 보증금

** 선물 거래에서 청산회사는 매일의 결제 시세를 기준으로 거래자들의 계약 손익을 산출하게 된다. 이 경우 거래자의 증거금이 유지증거금 미만으로 감소했을 경우 청산회사는 증거금을 개시증거금 수준으로 올리도록 추가적인 증거금의 적립을 요구하는데 이를 말한다.

한다고 치자. 그 계약에 따라 골드만삭스는 런던의 미국달러 예금을 기준으로 한 1일 금리로 이자를 지급하고 시티은행은 5년 만기 미 재무부 중기채권 수익률을 고정금리로 하여 골드만삭스에 지급한다. 이런 고정-변동금리 스와프의 경우 골드만삭스가 지급한 1일 금리와 시티은행으로부터 받은 고정금리의 차이에서 골드만삭스의 초기 이익이 발생한다. 골드만삭스 입장에서 금리 스와프 계약은 5년 만기 재무부 중기채권을 10억 달러어치 매입하고 그런 매입 포지션을 이용하여 단기리포시장에서 자금을 조성하는 것과 다를 바 없다. 그러나 실물 채권이 거래되는 것이 아니라 그저 10억 달러라는 명목금액을 주고받는 계약이다.

이제 골드만삭스가 뱅크오브아메리카와 10억 달러짜리 스와프 계약을 체결한다고 가정해보자. 골드만삭스가 1일 변동금리를 받고 뱅크오브아메리카에 2년 만기 재무부 중기채권의 수익률을 고정금리로 지급하는 계약일 뿐이다.

두 계약을 결합하면 골드만삭스는 (뱅크오브아메리카로부터) 1일 금리를 받고 (시티은행에) 1일 금리를 지급하게 된다. 이런 거래에서는 현금흐름이 제로에 가깝게 상쇄된다. 또 골드만삭스는 계약 결합을 통해 10억 달러어치의 5년 만기 재무부 중기채권을 매입 포지션으로, 10억 달러어치의 2년 만기 재무부 중기채권을 매도 포지션으로 취하게 된다. 이런 명목 포지션은 (합의된 스프레드에 따라) 제로에 가깝게 상쇄된다. 두 가지 스와프 계약 모두 외부인의 눈에는 보이지 않는 부외거래다.

골드만삭스의 포지션에 내재된 시장 위험은 그들이 지급하는 고정금리와 수취하는 고정금리의 차이에서 비롯된다. 2년 만기 중기채권과 5년 만기 중기채권의 수익률 스프레드는 과거부터 현재까지 낮은 수준을 유지하고 있다. 결과적으로 골드만삭스는 이런 위험에 대해 매우 적은 자본만 납입하면 된다. 월가의 은행은 앞서 언급한 위험 가치에 대한 공식을 이용하여 위험을 산정하는데, 이 공식에 따르면 골드만삭스의 스와프 계약에는 위험이 거의 없다. 스와프에 적용되는 회계기준과 규제 법규에 따라 실물 채권도 필요 없고 회계 업무도 필요 없으며 거의 모든 시장 위험도 사라진다. 온통 좋은 것 뿐이다.

그러나 사실은 그렇지 않다. 현실 세계에서는 시티은행과 뱅크오브아메리카가 골드만삭스와 그런 거래를 하는 동시에 그 거래에 내재된 위험을 헤지하기 위해 반대 방향의 거래를 하기 때문이다. JP모건체이스이든, UBS이든, 시티은행이나 뱅크오브아메리카와 거래하는 상대방이든 비슷한 전략을 취할 것이다. 실제로 위험분산거래의 규모는 지금도 엄청나지만 나날이 증가하는 추세다.

골드만삭스가 파산하면 어떻게 될까? 그들의 공매도 포지션이 상쇄될 기회가 사라지므로 시티은행의 10억 달러짜리 헤지 포지션이 갑자기 총매입 포지션이 된다. 시티은행은 시장에서 10억 달러어치의 5년 만기 중기채권을 매도해야 대차대조표의 균형을 맞출 수 있다. 뱅크오브아메리카는 정반대 상황에 처한다. 당장 10억 달러어치의 2년 만기 중기채권을 매입해야 골드만삭스의 포지션이 합성매입 포지션*에서 사라졌을 때 발생한 순매도 포지션을 상쇄할 수 있다.

물론 시티은행과 뱅크오브아메리카가 서로를 찾아내 골드만삭스가 부도낸 스와프를 모방할 수 있을 정도로 정보력이 풍부하다면 문제될 것이 없지만, 현실적으로 쉽지 않은 일이다. 두 은행 모두 골드만삭스의 장부를 볼 권한이 없으며 시장이 불투명하기 때문이다. 간단한 스와프 위험은 최근에 설립된 청산소들 덕분에 꽤 줄어든 편이다. 그러나 청산소도 복잡한 스와프의 위험은 처리하지 못한다. 복잡한 스와프에는 항상 유동성 문제가 따르게 마련이다. 또한 청산소역할은 대체위험**을 은행에서 청산소로 이전하는 데 그친다. 그러니 시장과 은행 여러 곳이 동시에 붕괴할 경우 청산소가 지급 능력을 유지할 수 있겠는가?

위의 예시는 단순하지만 실현 가능성이 충분하다. 명목금액이 수십조 달러일 때 파산한 상대방의 거래를 대체하는 어려움은 상상을 초월한다. 이런 거래의 근간이 되는 주식, 채권, 원자재, 통화 형태의 기초상품 계약 수천 건이 세계 각국의 무수한 시장에 설립된 계열사와 특수목적법인 수십 군데의 장부에 분산되어 있기 때문이다. 엘리트 은행들을 대마불사라고 일컫는 까닭도 그 때문이다. 한 번의 실패로 시스템 전체가 무너질 수 있다.

사회학자, 경제학자, 저널리스트 등은 금융 붕괴에 '티핑포인트' '검은 백조' '민스키 모멘트'*** 같은 이름을 붙였다. 이런 개념은 흥미롭게 들리지만 과학이 아니다. 파멸의 역학은 복잡성 이론을 활용할 때만 정확하게 이해할 수 있다. 복잡성 이론은 엄밀한 과학이며 다가오는 붕괴를 예측하는 데 필요한 도구를 제공한다.

영어에서 '복잡성'을 의미하는 'complexity'는 'complication'(복잡하게 얽힘)이나 'connectedness'(결합)와 엇비슷한 뜻으로 쓰이는 일이 많다. 그러나 복잡계 이론에서는 이 세 단어가 판이한 뜻으로 사용된다. complication은 문제를 만들어내지만 '창발성'이라 불리는 전혀 예기치 못한 결과를 낳지는 않는다. connectedness는 다양한 대리자와 적응 행동 등의 다른 요소 없이 단독으로 복잡한 상황을 만들어내는 것이 불가능하다.

복잡성 이론을 제대로 이해하는 자본시장 전문가들은 소수에 불과하며, 그들 역시 최근에야 이 이론을 위험관리에 응용하기 시작했다. LTCM과 뒤에서 소개할 리먼브라더스 붕괴 사태에서 단적으로 드러나는 창발성은 갈수록 많은 이의 관심을 끌고 있는 특징이지만 규제기관 사람들에게는 여전히 미지의 개념이다. 그들은 계속해서 불의의 습격을 당할 수밖에 없다. 최첨단 지식으로 무장한 실무자들조차도 아직까지 규모의 중요성을 잘 알지 못한다.

복잡계에서 규모는 크기와 같은 뜻이며, 구체적으로 위험을 창출하는 지표를 말한다. 1998년 LTCM의 붕괴와 2008년 AIG의 부실뿐 아니라 바로 앞에 소개한 예시들은 파생금융상품의 위험이 월가와 규제기관의 추측과는 달리 순가치가 아닌 총명목가치(gross notional value)에 내재해 있다는 것을 보여준다. 총명목가치는 규모를 가늠하는 단순한 척도 중 하나다. 총명목가치가 증가하면 위험이 비선형적 형태로 증가한다는 사실은 잘 알려져 있지 않다. 쉽게 말해 파생금융상품의 총명목가치가 두 배 증가하면 위험이 두 배로 증가하는 것

---

* synthetic long position, 콜 매입과 풋 매도가 결합된 포지션

** replacement risk, 한쪽이 계약을 이행하지 못할 때 상대방이 현재 시가로 원래의 포지션을 복구하는 데 수반되는 위험

*** Minsky moment, 과도한 부채 확대에 기댄 경기호황이 끝난 뒤 은행 채무자의 부채 상환 능력이 나빠져 채무자가 결국 건전한 자산까지 내다팔아 금융 시스템이 붕괴하는 시점을 말한다. 경제학자 하이먼 민스키가 주장한 이론으로, 주류 경제학계에서 크게 주목받지 못하다가 2008년 세계 금융위기 이후 재조명받고 있다.

이 아니라 특정 복잡계의 특성에 따라 10배나 100배까지도 증가할 수 있다는 뜻이다. 자본시장의 복잡성에 관한 최신 연구에 따르면 자본시장이라는 복잡계에는 잠정적인 법칙이 존재한다. 파생금융상품의 위험은 총명목가치로 측정되는 규모의 증가에 따라 기하급수적으로 증가한다는 법칙이다.

이 법칙을 좀 더 쉽게 설명하기 위해 사무실 책상을 예시로 들어보겠다.[5] 빈 서랍이 두 개 달려 있고 위에 파일 한 개가 놓인 책상이 있다. 서랍에는 'A'와 'B'라는 라벨이 붙어 있다. 비서가 퇴근할 때마다 위에 놓인 파일을 두 서랍 중 하나에 넣는다고 가정해보자. 하루는 A 서랍에, 다음 날에는 B 서랍에 넣기도 할 것이다. 이처럼 비서가 파일을 서랍 두 개 중 하나에 넣는 일을 매일 반복하면 A와 B로 이루어진 시계열이 생성될 것이다. 그렇다면 이틀이라는 기간 동안 사용되는 서랍의 시계열로는 어떤 조합이 가능할까? 이 경우 AA, AB, BB, BA라는 네 가지 조합이 가능하다.

이제 서랍의 숫자를 세 개로 늘리고 A, B, C라는 라벨을 붙여보자. 비서가 이틀에 걸쳐 사용하는 서랍의 시계열로는 어떤 조합이 가능할까? AA, AB, AC, BA, BB, BC, CA, CB, CC라는 총 아홉 가지 조합이 가능하다. 이 예시에서 서랍의 숫자는 (두 개에서 세 개로) 50퍼센트 늘어났으나 가능한 조합의 숫자는 (네 가지에서 아홉 가지로) 125퍼센트 늘어났다. 가능한 결과의 숫자가 전체 규모에 대해 비선형적 방식으로 증가한 것이다. 서랍의 숫자와 조합의 숫자 간에는 기하급수적 관계가 성립된다.

예시의 결과를 시장 위험에 적용해보자. 예를 들어 서랍의 숫자를 스와프 계약의 숫자로, 사용되는 서랍의 조합을 은행 부실 등으로 바꿔 생각해보자. 파생금융상품의 규모가 증가함에 따라 전염의 위험성이 한층 더 빠른 속도로 증가하리라는 것이 명확해진다. 복잡성 이론가들은 사무실 책상의 예시에서 나올 수 있는 결과를 다음과 같은 방정식으로 일반화한다.

$$P_2 = P_1 \times r \times (1 - P_1)$$

이 방정식에서 P_1과 P_2는 각각 첫날과 이튿날 저녁에 파일이 놓이는 위치, r은 복잡계 연구를 통해 산출된 변수다. 이 방정식은 한 번 반복할 때의 산출값이 그다음 입력값이 되는 재귀함수 혹은 재귀방정식이다. 각각의 산출값은 시장 전염의 경로 가운데 한 가지로 볼 수 있다.

여러 칸으로 된 책꽂이 속에 있는 파일의 위치를 구한다고 생각해보라. 그리고 위의 방정식에서 산출된 규칙에 따라 비서가 매일 퇴근할 때마다 파일을 책꽂이 중 한 칸에 꽂는다고 가정해보자. 맨 위 칸은 '1', 맨 아래 칸은 '0'이다. 책꽂이의 모든 칸은 책꽂이 안에서의 위치에 해당하는 1과 0 사이의 값을 가진다. 0.25로 지정된 칸은 맨 아래 칸에서 4분의 1만큼 떨어진 칸이다. 책꽂이가 100개의 칸으로 이루어져 있다면 0.25는 맨 아래 칸을 기준으로 25째 칸에 해당한다.

파일이 첫날 저녁에 0.25칸에 꽂히고 r=3이라 한다면 이틀째 저녁의 파일 위치인 P_2는 다음과 같이 정해진다.

$$P_2 = 0.25 \times 3 \times (1 - 0.25) \approx 0.56$$

이는 이틀째 저녁에 비서가 파일을 꽂는 위치가 0과 1 사이의 칸 가운데 100분의 56번째 칸이라는 뜻이다. 책꽂이의 칸이 100개라면 비서가 파일을 넣는 칸은 아래로부터 56번째 칸이다.

사흘째에 파일이 꽂히는 위치인 P_3를 구하려면 이틀째의 산출값인 0.56을 취해 위의 과정을 반복하면 된다. 그러면 다음과 같은 재귀방정식이 도출된다.

$$P_3 = 0.56 \times 3 \times (1 - 0.56) \approx 0.74$$

사흘째 저녁에 비서가 파일을 꽂는 위치는 맨 아래 칸을 기준으로 74번째 칸이다. 우리는 이 과정을 원하는 만큼 얼마든 되풀이할 수 있다. 그것이 바로 복잡성 이론가들이 컴퓨터를 이용하여 하는 일이다. 이들은 장기적인 시계열 데이터를 그래프로 도식화하고 여기에 드러나는 특이한 창발성을 관찰한다. 위의 예시를 계속 되풀이하면 0.25, 0.56, 0.74, 0.58…… 같은 시계열이 생성된다. 파일은 반복이나 뚜렷한 패턴 없이 계속해서 칸 25와 칸 56 사이를 돌아다닐 것이다. 이런 양상을 '카오스'라 부른다.

이제 3이던 변수 r을 소폭 늘려 4로 바꿔 계산해보자. 이번에도 첫날 위치를 칸 25로 정하자. 그렇게 해서 방정식을 돌리면 다음과 같은 결과가 나온다. 이틀째 저녁에 파일의 위치는 다음과 같이 도출된다.

$$P_2 = 0.25 \times 4 \times (1 - 0.25) = 0.75$$

사흘째 저녁에 파일의 위치는 다음과 같다.

$$P_3 = 0.75 \times 4 \times (1 - 0.75) = 0.75$$

이 과정을 반복하면 0.25, 0.75, 0.75, 0.75…… 라는 시계열이 생성된다. 새로운 값을 입력해도 계속해서 75라는 값이 산출된다. 수없이 방정식을 돌려도 입력값과 같은 산출값이 나오는 것이다. 파일은 75에 끌려들기라도 하듯 이 칸을 벗어나지 않는다. 이런 현상을 '고정점 끌개(fixed-point attractor)'라고 한다. 이전 예시에서처럼 변수 r을 3으로 할 때는 '이상한 끌개(strange attractor)'라고 불리는 카오스적 결과가 나온다. 이상하다고 하는 이유는 파일의 위치를 예측하기 어렵기 때문이다.

이런 예시는 복잡계 행동의 중요한 특성 두 가지를 보여준다. 첫번째 특성은 입력값을 조금만 바꿔도 온갖 다양한 산출값이 나온다는 것이다. 위의 두 가지 예시에서는 최초 입력값의 차이점은 변수 r의 값이 3에서 4로 바뀌었다는 것뿐이다. 그러나 r=4일 때는 칸 75가 파일이 지속적으로 꽂히는 위치로 정착된 반면에 r=3일 때는 카오스가 생성됐다. 두 번째 특성은 복잡계가 예기치 못한 결과를 낳는다는 것이다. 복잡계는 창발성이라 불리는 놀라운 일들로 가득하다.

위의 예시를 비롯하여 다양한 실험에서 일정하게 관찰되는 결과들이 있다.

• 자본시장은 복잡한 역학계다.

- 복잡성은 기억이나 피드백을 통해 경로의존성을 보인다.
- 자본시장의 위험은 규모에 대한 지수함수[*]다.
- 초기 시스템 환경의 작은 변화가 여러 다른 결과를 낳는다.
- 시스템에서 질서정연하거나 카오스적인 일들이 산출될 수 있다.

위의 관찰은 일반인 사이에 '검은 백조(black swan)' 사건으로 알려진 일들에 과학적 근거를 제공한다. 놀라운 뉴스가 발생하면 무조건 '검은 백조'라는 말을 갖다 붙이는 것이 유행이다. 그런 사건의 기본 역학에 관한 이론적 지식이 부족한 사람들조차도 이 용어를 즐겨 쓴다. 검은 백조 이야기는 과학을 '그런 일은 일어나게 마련'이라는 숙명론으로 치부하는 경향이 있다. 하지만 그런 일이 그냥 일어나는 것은 아니다. 위기는 규제기관이 자신들이 규제하는 시스템의 통계적 특성을 이해하지 못하기 때문에 일어난다.

LTCM은 복잡성 이론을 무시할 때 어떤 결과가 나타날 수 있는지 보여주는 교과서적 사례다. 예를 들어 LTCM의 트레이더들은 실물 정부채권과 합성채권을 스와프 형태로 사용하는 전략을 자주 구사했다. 두 채권 사이의 스프레드가 예상한 대로 수렴하면 이익이 실현되고 그 거래는 청산된다. 채권을 매도하고 상대방과 협의를 통해 스와프 계약을 해지하는 것이 전통적인 청산 방식이다.

스와프 계약을 조기에 해지하면 상대방에게 소액의 수수료를 지급해야 한다. 그런데 LTCM은 수수료를 지급하는 대신에 정반대 조

---

[*] $f(x)=a^x$ 형태의 함수. 변수가 증가함에 따라 함수값이 기하급수적으로 증가한다.

건의 다른 스와프 계약을 체결함으로써 그전의 스와프를 상쇄했다. 두 가지 스와프의 고정-변동금리 지급과 증거금 예치를 비롯한 여러 이행 조건이 서로를 상쇄하기 때문에 현금흐름과 시장 위험은 제로에 가까운 수준으로 줄었다. 경제학적으로는 조기 해약 수수료가 발생하지 않았을 뿐, 첫 번째 스와프 계약이 해지된 것이나 다름없었다.

규제기관들은 이런 거래의 위험 가치를 제로로 간주했다. LTCM 트레이더들은 자신들의 기법을 '웨딩케이크'라고 불렀다. 스와프 포지션을 조기에 청산하기보다 웨딩케이크의 층을 쌓듯 새로운 포지션을 쌓아 기존의 스와프 포지션을 상쇄한다는 의미에서였다. 그렇게 포지션이 쌓이면서 1조 달러짜리 웨딩케이크가 만들어졌다.

복잡성 이론가라면 LTCM의 계약 해지 기법을 관찰함으로써 총 명목가치가 두 배 증가했다는 사실을 곧바로 파악할 수 있다. 스와프 계약이 한 개에서 두 개로 늘어났기 때문이다. 이 경우 위험은 지수함수이므로 두 배 넘게 증가하게 되어 있다. 파트너들이 위험이 통제된 상태라 믿고 골프장이나 경마장에서 시간을 보내는 사이 LTCM은 시한폭탄이 되어 째깍거리고 있었다. 그리고 1998년 8월, 마침내 폭탄이 터졌다.

후유증

오늘날의 규제기관들도 복잡성 이론을 이해하지 못한다. 1998년에 복잡성 이론을 이해하지 못했다고 해서 LTCM 파트너들을 비난할 수는 없는 노릇이다. 그러나 앨런 그린스펀, 로버트 루빈, 로런스 서머스 같은 금융계의 선도적 지도자들이라면 남다르게 행동했어야 했다. 붕괴가 일어났을 때 거기에서 교훈을 얻고 미래에 비슷한 붕괴가 일어나지 않도록 만전을 기해야 했다. 그러나 그들은 정반대로 행동했다.

LTCM의 위기가 전개되던 1998년 8월, 그린스펀은 연준 의장이었고 루빈은 재무장관이었으며, 서머스는 재무부 부장관으로서 얼마 후 루빈의 뒤를 이어 재무장관이 됐다. LTCM의 파산위기로부터 몇 달 지나지 않은 1999년 2월 《타임》은 그린스펀, 루빈, 서머스를 표지 인물로 선정하고 「세계를 구원할 위원회」라는 표제기사를 실었다.[6] 이 세 사람은 1998년의 일에서 교훈을 얻기는커녕 온갖 수단을 동원해 시스템을 더 위험하고 불안정하게 만들었다. '세상을 파괴할 위원회'라는 말이 더 적절했을 것이다. 실제로 2008년 이들이 힘을 모은 탓에 세상이 파괴되기 직전까지 갔다.

그렇다면 1998년 사태에서 우리가 얻어야 할 교훈은 무엇일까?

우선 부외파생금융상품은 불투명하기 때문에 위험하다는 점이다. 불투명하기 때문에 위기가 닥치더라도 거래당사자들이 상대를 찾아 거래를 청산하는 일이 불가능하다. 둘째, 레버리지 때문에 사소한 시장의 움직임도 막대한 손실로 이어질 수 있으며, 그 결과 금융회사의 지급 능력이 위협받을 수 있다는 점이다. 셋째, 은행이 파생금융상품 사업에서 발을 빼야 한다는 점이다. 헤지펀드와 투기꾼들은 주사위를 굴릴 수 있다고 해도 은행업은 채권 소유자와 예금주의 신뢰를 바탕으로 하는 특수사업체다. 그런 신뢰를 스와프 투기로 저버려서는 안 된다. 넷째, 파생금융상품의 위험이 순가치가 아닌 총 가치에 내재한다는 점이다. LTCM이 파산위기에 처해 휘청거릴 때 은행들이 우려한 것은 장부에 있는 순 익스포저가 아니라 LTCM과의 거래로 발생한 총 포지션이었다. LTCM이 파산하면 그 많은 물량을 대체해야 했기 때문이다. 마지막으로 가장 중요한 교훈은 위기란 경고 없이 갑자기 나타난다는 점이다. 1997년 태국의 외환위기는 이듬해 미국 코네티컷 주 그리니치에 있는 어느 헤지펀드의 몰락에 직접적이거나 뚜렷한 영향을 미치지 않았다. 그럼에도 그 헤지펀드는 붕괴했다.

정책입안자들이 이 다섯 가지 교훈을 염두에 두었더라면 어떤 정책을 선택해야 할지 명확히 알 수 있었을 것이다. 파생금융상품은 투명하고 증거금 예치를 원칙으로 하는 거래소에서만 거래되어야 한다. 레버리지는 제한되어야 하며 외부에서 볼 수 있도록 재무제표에 기록되어야 한다. '신의성실한 헤지 거래(bona fide hedging)'를 제외하고는 은행들의 파생금융상품 거래를 금지해야 한다. 위험 가치처럼 시대착오적이고 통계적 결함을 내포한 척도는 폐기되어야 마땅하다. 마지막으로 다가오는 창발적 위기에 대한 대비책으로서 자본 요건을 강화해야 한다. 그러나 창발적 위기에 대해서는 전혀 예측이 이루어지지 않고 있다.

그린스펀, 루빈, 서머스는 위에 나열한 다섯 가지 교훈과 정반대 방향을 취했다. 그들 입장에서는 몰랐다고 주장하면 넘어갈 수 있다고 생각할 것이다. 그러나 LTCM 사태의 원인을 정확히 파악하고 이 세 사람에게 분명하게 경고한 규제기관 관계자가 있었다. 당시 상품선물거래위원회(CFTC, Commodity Futures Trading Commission) 위원장 브룩슬리 본(Brooksley Born)이었다.

1999년 당시 본은 1987년 주가 대폭락 이후 브래디위원회(Brady Commission)의 권고로 구성된 대통령실무그룹의 일원이었다. 얄궂게도 브래디위원회 보고서의 제1 저자는 데이비드 멀린스 주니어였다. 하버드대학 교수 시절에 브래디위원회 보고서를 썼던 멀린스는 그 후 연준 부의장을 지내다 LTCM의 파트너가 됐다.

대통령실무그룹은 미국 대통령, 연준 의장, 재무장관, 증권거래위원회(SEC) 위원장, CFTC 위원장으로 이루어졌으며 은행, 증권, 상품 규제기관이 한자리에 모여 위기에 대처한다는 취지를 보였다. 1987년 주가 대폭락은 SEC의 규제 대상인 주식시장과 CFTC의 규제 대상인 시카고 선물시장이 복잡하게 얽히는 바람에 일어난 사건이었다. 주가 폭락으로 뉴욕 주식시장과 시카고 선물시장 사이에 10억 달러 규모의 마진콜 요구가 오가면서 위기는 곧 은행 결제 시스템으로 확산됐다. 은행들은 뉴욕의 주식 중개업체로부터 증거금을 받지 못할까 봐 시카고 선물 중개업체에 대한 송금을 중단했고 그로 인해 금융 시스템이 마비되기 시작했다. 증권, 선물, 은행을 규제하는 기관들이 서로 협력하지 않았기 때문에 위기 해결이 어려웠다. 대통령실무그룹은 그런 문제의 재발을 방지하기 위해 구성됐다.

1998년 대통령실무그룹에는 빌 클린턴 대통령, 로버트 루빈, 앨런 그린스펀, 아서 레빗, 브룩슬리 본이 포함되어 있었다. LTCM이 일으킨 전염병은 본의 규제 대상인 스와프에서 시작됐다. 당시만 해도 SEC에는 스와프를 규제할 권한이 거의 없었다. LTCM 사태에 대한 정책적 대응은 루빈, 그린스펀, 본과 루빈의 오른팔인 서머스의 몫으로 떨어졌다.

지금도 그렇지만 그린스펀은 파생금융상품의 위험에 대한 지식이 없었다. 그는 스와프가 위험을 줄여준다는 견해를 보였다. 분석은 관찰에서 시작되고 대체로 정확하며, 전통적인 증권 거래와 은행 거래가 이질적인 위험을 내포하고 있음을 나타냈다. 은행 대출 한 가지에만 금리 위험, 신용 위험, 외환 위험, 유동성 위험, 운영 위험, 국가부도 위험 등의 이질적인 위험이 집합되어 있다고 볼 수 있다. 그린스펀은 파생금융상품으로 이런 위험들을 분산할 수 있다고 믿었다. 실제로 대출기관이 스와프를 활용하면 외환 위험으로부터 신용 위험을 분리해내고 각각의 위험을 위험 감수에 특화된 거래상대방에게 이전할 수 있었다. 금융상품에 집합되어 있던 위험이 특정한 세부 위험을 가장 잘 감당할 수 있는 전문가의 손으로 이동한 것이다. 이를 통해 금융 시스템은 한층 더 강력해지고 유연해졌다. 이런 측면에서는 그린스펀의 생각이 옳았다.

그린스펀이 간과한 사실은 원천 위험 한 단위로부터 생성될 수 있는 파생금융상품의 명목가치에는 상한선이 없다는 점이다. 대출 10억 달러가 스와프를 통해 열 가지 세부 위험으로 나뉘고 제각각 거래되어 총명목가치가 10억 달러가 된다면 그린스펀의 견해가 정당화될 것이다. 현실은 이와 다르다. 딜러들은 10억 달러의 기초증권에서 100억 달러가 넘는 스와프를 창출해낸다. 딜러들이 만들어내는 스와프는 기초상품이 없으며 실물 채권과는 관련 없이 거래를 청산하는 데 필요한 지수와 공식을 이용한 것이 대부분이다. 이처럼 기초자산이 없는 스와프는 위험의 총명목가치를 늘릴 뿐 아니라 시스템의 규모와 복잡성을 증가시킨다. 위험의 최소 단위를 유능한 손에 맡기면 된다는 그린스펀의 구시대적 사고방식은 위험의 최소 단위가 무한대로 늘어날 수 있다는 사실 앞에서 힘을 잃었다.

　스와프는 경제학적으로 장내거래선물(exchange-traded futures)과 동일하다. 거래당사자가 향후 시장의 상황에 따라 상대방에게 대금을 변제해야 한다는 점에서 그렇다. 중요한 차이점은 선물은 장내(거래소)에서 거래되지만 스와프는 장외에서 거래된다는 것이다. 선물 규제기관의 수장이던 본은 스와프 위험에 대한 지식이 있었고, 스와프를 선물거래소로 옮겨 정식으로 증거금을 부과하고 투명하게 거래되도록 하겠다는 계획을 품고 있었다.

　그린스펀, 루빈, 서머스는 본을 첨단 금융 기법에 무지한 구닥다리로 취급했다. 고고학자들은 기원전 4500년 전으로 거슬러 올라가는 수메르 점토판을 발굴했는데, 여기에는 가축의 선도*를 비롯한 상품선물의 거래 내역이 기록되어 있다. 아리스토텔레스는 기원전 4세기에 옵션이 시장 조작에 어떻게 이용되는지 논했다. 본이 규제하는 선물시장은 시카고 상품거래소에서 곡물이 거래되기 시작한 1848년 이래 이렇다 할 변화가 없었다. 본의 관할인 선물시장은 과거에 갇힌 듯 보였다.

　1980년대에 들어서야 메리웨더와 숄스를 비롯한 몇몇 사람들이 스와프시장에 혁신을 일으켰다. 21세기가 가까워질수록 스와프는 범위를 넓혀갔고 한층 더 정교해졌다. 그린스펀, 루빈, 서머스는 스와프를 상품선물과 다르게 취급하는 것을 혁신적인 행위로 간주했다.

　여성 혐오도 한몫했다. 그린스펀, 루빈, 서머스는 강력한 남성 동

---

* forward delivery, 일정 기한이 지난 뒤 상품을 인도하는 것

맹을 이루어 여성인 본의 의견을 깔아뭉갰다. 서머스는 하버드대학 총장을 지내던 2005년 정량과학 분야에서 여성의 능력이 뒤처진다는 악명 높은 발언을 통해 여성에 대한 편견을 드러냈다.

안타깝게도 여성 혐오는 2008년에 다시 고개를 들었다. 서머스, 티머시 가이트너, 벤 버냉키가 다시 남성 동맹을 구축하여 가장 막강한 규제기관인 연방예금보험공사(FDIC, the Federal Deposit Insurance Corporation)의 실라 베어 의장을 따돌린 것이다. 지급 불능인 은행을 폐쇄해야 한다는 베어의 조언은 적절하기 그지없었으며 과학적이었다. 그러나 남성 동맹은 국민의 세금으로 정계와 유착관계에 있는 은행들을 구제했다. 본과 베어는 각각 1998년과 2008년에 금융위기에 대한 올바른 대응책을 내놓았다. 서머스는 두 차례 모두 편견과 잘못된 조언으로 본과 베어의 의견을 묵살했다.

본이 대통령실무그룹에 전달한 조언은 파생금융상품에 한했다. 베어와 달리 본은 은행을 규제할 권한이 없었다. 그녀는 새로운 유형의 스와프를 지속적으로 제한하고 기존 스와프 대부분을 선물거래소로 옮길 것을 권고했다. 남성 동맹은 본의 조언을 하찮은 소리로 치부했을 뿐 아니라 그것과 정반대되는 조치를 취했다.

우선 66년 동안 시행된 글래스-스티걸 법이 1999년 폐지됐다. 대공황시대에 제정된 글래스-스티걸 법은 은행산업과 증권 인수의 분리를 골자로 했다. 1920년대에 은행들이 부실대출을 남발하고 이를 증권으로 만들어 순진한 개인투자자들에게 팔아치운 것이 대공황의 원인 중 하나였다. 1933년 미 의회는 은행이 예금을 받고 돈을 빌려주거나, 증권을 인수하고 판매할 수는 있지만 둘 다 해서는 안 된다는 내용의 글래스-스티걸 법을 통과시켰다. 두 가지를 병행한 은행들이 이해 상충 때문에 부실채권을 증권으로 만들어 고객에게 팔아치웠기 때문이다. 이 법이 제정되자마자 은행들은 예금과 대출을 취급하는 시중은행과 증권을 인수하고 판매하는 투자은행으로 분리됐다.

은행과 증권의 분리 덕에 미국 은행들은 66년 동안 큰 문제를 일으키지 않았고 대형 위기도 겪지 않았다. 물론 1984년에는 콘티넨탈일리노이은행 같은 소형 은행이 부실 위험에 처했고 1980년대에 일어난 저축대부조합 사태에서 보듯 이해 상충과 대출 손실 문제가 완전히 사라진 것은 아니었다. 그러나 글래스-스티걸 법이 시행된 후 1929년부터 1933년 사이에 계속되었던 식의 전반적인 은행위기는 일어나지 않았다.

글래스-스티걸 법은 정확히 복잡성 이론이 지목하는 이유 때문에 효력을 발휘했다. 글래스-스티걸 법에 따라 은행 시스템을 두 부분으로 나누었더니 시스템의 규모가 줄어, 개별 부분이 더 강력해지고 얽히고설킨 연결고리가 줄어들었으며 부실의 전염 경로가 단축됐다. 배의 선창에 방수 구획을 만드는 것과 같았다. 방수 구획이 있으면 한 구획이 물에 잠겨도 배 전체는 가라앉지 않는다.

글래스-스티걸 법은 미 상원의 필 그램 의원과 빌 클린턴 대통령이 주도하는 공화당과 민주당의 야합세력에 의해 폐지됐다. 그 이유는 LTCM와는 직접적인 관련이 없었다. 그보다는 여러 해에 걸쳐 일어난 일들 때문이었다. 샌디 웨일은 원래대로라면 불법인 트래벌러스와 시티코프의 합병에 대한 승인을 얻어냈고, 이것이 글래스-스티걸 법 폐지의 원동력이 됐다. 아이러니하게도 살로몬브라티스가 차익거래를 중단하여 결과적으로 LTCM의 몰락을 불러온 까닭은 합병을 원활하게 추진하고자 했던 웨일의 지시 때문이었다. 이 역시 복잡하게 얽힌 연결망이 뿌리 깊게 작동하고 있음을 보여주는 사례다.

글래스-스티걸 법의 폐지는 금융계의 위험을 증가시키는 데 일조했다. 새로운 유형의 복합 금융회사를 설립하는 일이 가능해짐에 따라 대형 은행 한 곳의 부실이 은행 시스템 전체를 무너뜨릴 정도로 시스템의 규모가 걷잡을 수 없이 커졌다. 또한 시중은행도 투자은행처럼 자기계정 거래와 그에 수반되는 파생금융상품 거래에 관여할 수 있게 됐다.

클린턴 대통령은 퇴임을 불과 몇 주 앞둔 2000년 12월 21일에 글래스-스티걸 법의 폐지만큼 널리 알려지지는 않았으나 체계적 위험의 확산을 은근히 조장한 법안에 서명했다. 2000년의 상품선물현대화법(Commodity Futures Modernization Act)은 특정 유형의 스와프 거래를 금지하는 조항을 무효화하고 그런 스와프의 은밀한 장외거래와 부외거래를 허용했다. 브룩슬리 본은 1999년 6월 1일 CFTC에서 밀려났다. 그녀를 대신한 신임 위원장 빌 라이너(Bill Rainer)는 빌 클린턴과 아칸소 시절부터 친구로 지냈으며 클린턴 행정부가 파생금융상품의 규제 완화를 추진하기 위해 엄선한 인물이었다. 상품선물현대화법은 공화당 상원의원 그램과 민주당 인사 루빈과 서머스에 의해 추진되었으며, 양당이 주요 은행에 주는 선물이었다.

2000년 이전에는 주식 이익, 채권, 금리, 통화만이 스와프의 기초자산으로 허용됐다. 원유, 금속, 곡물 같은 원자재 거래는 정부가 규제하는 선물거래소에서 이루어졌다. 다른 원자재의 거래는 선물시장에서도, 스와프시장에서도 허용되지 않았다. 한마디로 원자재가 파생금융상품 형태로 거래되는 일은 없었다. 그러나 2000년에 스와프에 대한 규제가 풀리면서 모든 형태의 파생금융상품이 그 어떤 규제도 받지 않고 거래되는 길이 열렸다. 엔론 같은 회사는 재빨리 전력 선물을 위한 장외시장을 만들었고 그 때문에 수십 억 달러 규모의 회계 부정을 저질러 몰락했다. 그램, 루빈, 서머스 덕분이라 할 수 있다.

글래스-스티걸 법의 폐지와 스와프 규제 철폐가 서로 결합되어 금융계에 가공할 혼란을 불러왔다. 이 두 가지 요인으로 은행은 헤지펀드처럼 종류를 가리지 않고 어떤 상품이든 거래할 수 있게 됐다. 그러나 조합을 완성하려면 한 가지 재료가 더 필요했다. 바로 레버리지였다.

2003년 11월 17일 루빈의 부하 가이트너가 뉴욕 연방준비은행의 총재로 임명됐다. 가이트너는 은행이 위험을 쌓아올리는데도 한사코 모르는 체했다. 가이트너의 규제 대상인 시중은행이 투자은행을 소유하는 것이 허용됐다. 그러나 투자은행에는 한층 더 엄격한 SEC의 자본 요건이 별도로 적용됐다. SEC의 레버리지 규제를 완화하는 것이 은행의 다음 작전이었다.

2001년 공화당의 부시 행정부가 민주당의 클린턴 행정부를 대신하여 들어섰다. 그러나 은행의 희망사항을 실현하겠다는 정치인들의 의지는 소속 정당과 무관한 법이다. 워싱턴DC은 은행인들이 소유하고 있다. 그러나 은행뿐 아니라 은행 소유가 아닌 베어스턴스나 리먼브라더스 같은 중개업체들도 중개-거래업체에 대한 자본 요건을 완화하라는 압력을 넣었다. 이들은 증권 분야에서 은행과 동등한 조건으로 경쟁할 수 있는 환경을 원했다.

은행들도 자본 요건이 완화되기를 바랐다. 은행의 자본 요건은 국제결제은행 산하의 바젤위원회(Basel Committee)에 의해 정해졌다. 전 세계를 대상으로 한 최초의 은행 자본 규제는 1988년 '바젤 I'이라는 이름으로 도입됐다. 몇 년도 지나지 않아 바젤 I이 지나치게 엄격하다는 불만이 나왔다. 은행들은 더 작은 자본을 기반으로 더 많은 위험을 감수하는 것을 허용하는 공식을 요구하기 시작했고, 이를 위해 결함이 많은 위험관리 모형을 밀어붙였다. 그 결과 2001년에서 2004년 사이의 수정 작업을 거쳐 '바젤 II'라는 자본 규제가 탄생했다. 바젤 II는 레버리지를 극단적으로 끌어올려도 안전하다는 위험관리 모형을 부분적으로 반영하여 은행이 레버리지 비율을 끌어올릴 수 있도록 허용했다.

이런 은행 자본 요건의 완화를 배경으로 SEC도 2003, 2004년에 중개-거래업체 대한 자본 규정의 개정에 나섰다. 2003년 SEC는 레버리지에 필요한 적격담보물의 정의를 확대하여 일부 주택저당증권까지 포함했다. 2004년에는 중개-거래업체의 지주회사에까지 감독 권한을 넓혔다. SEC는 금융지주회사의 규제에 유가증권 유형별 위험가중을 비롯한 바젤 II의 개념을 차용했다. 특히 일부 주택저당증권에 대해서는 전통적인 주식이나 채권보다 더 높은 레버리지 비율을 적용할 수 있도록 허용했다. 이 두 가지 변화로 말미암아 주택저당증권은 레버리지의 적격담보물이 되었고 레버리지 비율을 지탱하는 데도 아주 적은 자본만이 요구됐다.

1998년 파생금융상품 레버리지가 임계 수준에 달하면서 LTCM이 무너졌다. 1999년 글래스-스티걸 법이 폐지됐고 2000년 파생금융상품 규제가 철폐됐다. 2001년 은행 자본 요건이 완화됐고 2003,

2004년에는 중개-거래업체의 자본 요건이 완화됐다. 이 기간을 통틀어 연준은 인위적으로 저금리를 유지했다. 전 세계 규제기관들이 LTCM의 붕괴에 대응한답시고 이를 더 크고 위험한 규모로 재현하려고 합심이라도 한 듯 보였다. 그리고 정확히 그런 일이 일어났다. 2008년, 레버리지로 연결된 아슬아슬하고 복잡한 카드집이 송두리째 무너져 내렸다.

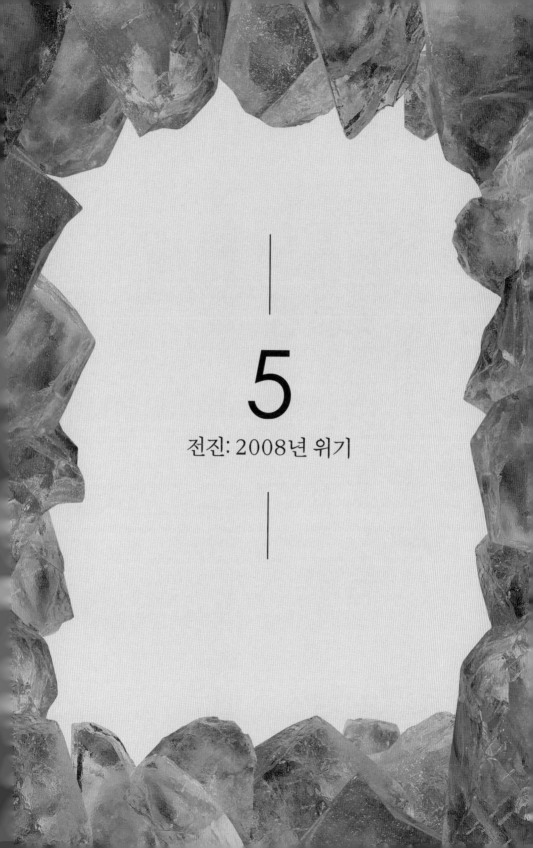

5

전진: 2008년 위기

금융시장에는 피드백이 산재한다.[1] (중략) 도박을 할 때는 이처럼 본질적인 피드백이 발생하지 않는다. (중략) 마찬가지로 모든 사람이 완벽한 날씨 예측 모형을 갖는다 하더라도 날씨는 모형의 영향을 받지 않는다. 일어날 수 있는 일이라고는 모든 사람이 그다음 날 무슨 옷을 입을지 분명히 알 수 있게 되는 것뿐이다. 그러나 시장에 이르면 상황이 달라진다. 모든 사람에게 완벽한 예측 모형이 주어진다면 강력한 피드백 효과 때문에 그 모형은 곧바로 효력을 잃을 것이다.

— 닐 존슨, 마이애미대학 물리학과 교수

정치권력을 움직이는 은행 권력

복잡성 이론의 관점에서 2008년 붕괴는 쉽게 예측할 수 있는 일이었다. 본질적으로 동일한 붕괴가 1998년 일어났기 때문이다. 물론 2008년 공황의 범위는 1998년 공황보다 훨씬 컸다. 10년 사이 시스템의 규모가 증가했기 때문에 범위의 확대는 충분히 예상 가능했다. 앞서 언급한 자본시장에 대한 복잡성 이론을 떠올려보자. 파생금융 상품의 위험은 총명목가치로 측정되는 규모의 함수에 따라 기하급수적으로 증가한다.

과도한 레버리지, 불투명성, 은행 간의 얽히고설킨 연결망은 두 위기의 공통 요인이었다. 촉발 요인(1998년에는 국채 스와프 스프레드, 2008년에는 서브프라임 모기지)이 달랐다는 것은 중요하지 않다. 중요한 점은 금융 위험의 깊숙한 구조다. 위기의 원인을 스와프와 서브프라임 모기지로 분류하여 논하는 것은 눈사태의 위험은 무시하면서 눈송이만 살펴보는 것이나 마찬가지다. 눈송이는 사람을 죽이지 않지만 눈사태는 사람을 죽일 수 있다.

1999년 LTCM을 떠난 후 나는 전 직장의 몰락에 대한 세간의 해석에 만족할 수 없었다. 노벨상 수상자들은 '퍼펙트 스톰'*이니 '100년에 한 번 있는 홍수'니 '표준편차 15의 사건'**이니 하는 말들을 했다. 나도 이런 말들이 정규분포 위험, 평균회귀(랜덤워크 모형과 효율적 시장 가설)와 관련된 것임을 깨달을 정도의 통계학적 지식은 있었다. 그런 논의에 나는 현대 금융경제학에 본질적으로 잘못된 부분이 있음을 직감했다.

LTCM의 붕괴 이후 몇 년 동안 나는 물리학, 응용수학, 네트워크 이론, 행동경제학, 복잡성 이론을 공부했다. 9·11 테러가 일어났을 때 나는 CIA로부터 테러 대응 프로젝트의 일환으로 주식시장의 변칙성 포착에 관한 의뢰를 받았다. 우리 팀은 테러 공모자들의 내부자거래를 색출하는 기법을 개발했고 현재 CIA는 이를 토대로 테러 공격을 사전에 예측할 수 있게 됐다. 내가 CIA에서 익히고 활용한 분석 기법은 하필 LTCM의 붕괴 원인을 규명하기 위해 사용하려던 기법과 동일했다.

2005년 나는 금융에 작용하는 복잡성 이론에 통달한 상태였다. 복잡성 이론의 주요 원리는 오래전에 물리학자들에 의해 규명되었으며 지진학, 기상학, 생물학 등 다양한 과학 분야에 응용됐다. 그럼에도 금융과 관련한 복잡성 이론 연구는 별 진전이 없었다. 자본시장에 정통한 물리학자들이 거의 없었기 때문이다. 반면에 나는 금융계 경력이 있었기 때문에 물리학을 이용하여 금융에 접근하기보다 금융의 관점에서 물리학에 접근하는 것이 유리했다. 내가 이룬 이론적 돌파구는 '규모'라는 개념을 금융에 적용하고, 파생금융상품의 총명목가치를 비롯한 규모 측정의 척도를 체계적 위험을 평가하는 수단으로 활용한 것이었다. 나는 초기에 달성한 이론적 성과를 취합하여 CIA의 학술지《정보연구(Studies in Intelligence)》2006년 9월호에 논문으로 실었다.[2] 2006년 9월호는 CIA가 9·11 테러 5주기를 맞아 펴낸 특집호였는데, 내 논문을 비롯한 모든 내용이 아직까지 기밀로 남아 있다.

1990년대에 LTCM에서 일하고 2000년대에 그 붕괴 원인을 탐색한 경험 덕분에 나는 2005년 이후 자본시장의 전개 과정을 독창적 관점으로 분석할 수 있었다. 초대형 은행은 몸집을 불려나갔고, 몇몇 대형 은행의 자본 집중 현상이 갈수록 심화되었으며, 파생금융상품의 명목가치가 급격히 증가했다. 국제결제은행 조사에 따르면 대형 은행들이 보유한 장외 파생금융상품의 총명목가치는 2001년 6월 30일만 해도 100조 달러를 밑돌다가 2007년 6월 30일에는 508조 달러를 웃도는 수준으로 증가했다.[3] 같은 기간 동안 허핀달지수***가 529에서 686으로 상승했는데 이는 스와프가 몇 안 되는 대형 은행에 집중되었다는 강력한 증거다.[4]

---

* perfect storm, 몇 가지 악재가 겹쳐 위기를 일으키는 상황
** fifteen-standard-deviation event, 일어날 확률이 극히 희박한 사건
*** Herfindahl index, 미국 달러로 된 금리 스와프의 시장 집중도를 나타내는 척도

나는 2003년에서 2005년 사이에 노스웨스턴대학 켈로그경영대학원 강의에서 새로운 금융위기가 다가오고 있으며, 그 때문에 1998년 LTCM 위기보다 더 큰 손실이 발생할 것이라고 경고했다. 내 경고는 구체적으로 서브프라임 모기지에 초점을 맞춘 것은 아니었다. 그보다는 규모 측정의 척도와 밀도함수*, 자본시장의 규모와 상호연관성과 관련된 전문용어에 초점을 맞추었다. 나는 금융 시스템이 비유적으로가 아니라 문자 그대로 임계점에 도달하고 있다고 말했다. 어떤 중성자가 다른 중성자를 밀어내 연쇄반응을 일으킬지는 나도 알 수 없었다. 어떤 중성자냐는 상관없었다. 그보다는 우리가 다시 한 번 우라늄을 핵무기로 만들었다는 사실, 우리가 다시 한 번 자본시장을 임계상태로 만들었다는 점이 중요했다.

핵무기에서 연쇄반응이 시작되면 에너지가 방출되고 십억 분의 몇 초 안에 불덩이가 생성된다. 자본시장에서 일어나는 연쇄반응의 역학도 같다. 그러나 그 과정에 좀 더 오랜 시간이 걸린다. 금융시장의 중성자는 빛의 속도가 아닌 인간의 적응 행동에 걸리는 속도로 움직인다.

2008년 9월 금융시장에 나타난 불덩이는 1년도 더 전인 2007년 7월 16일 주간에 시작된 연쇄반응의 결과물이다. 베어스턴스는 채권 파생금융상품의 레버리지 거래를 전문으로 하던 헤지펀드 두 곳을 운영하고 있었는데 이 헤지펀드들이 그 주에 지급 불능 상태가 되어 파산한 것이다. 베어스턴스는 자력으로 살아남으려 했으나 실패했

* density function, 각 점마다 밀도를 대응시킨 함수

다. 메릴린치 같은 거래상대방들은 유동성과 가치를 거의 상실한 것으로 드러난 담보를 압수했다.

2007년 8월 3일 CNBC의 〈매드머니(Mad Money)〉 진행자이자 전직 헤지펀드 매니저인 짐 크레이머가 생방송 TV 프로그램에서 비유동성이 자본시장을 감염시키고 있는 상황을 감지하지 못하고 있다며, 벤 버냉키 연준 의장을 성토했다. 크레이머는 함께 출연한 동료 에린 버넷에게 이렇게 말했다.[5]

나는 지난 72시간 동안 이런 대다수 금융회사 대표를 만나 이야기를 나누었다. 하지만 버냉키는 실정이 어떤지 전혀 모른다. 연준 관계자 빌 풀도 시장 상황이 어떤지 모른다. 이 판에 25년 동안 몸담아온 내 지인들은 지금 해고당하고 있다. 그들의 회사도 파산하게 생겼다. 미쳐 돌아가고 있다. 연준 사람들은 제정신이 아니다. 이런 현실을 전혀 모른다. 시장 상황은 지금까지와 완전히 다른데도 연준은 잠자코 있다.

며칠 후인 2007년 8월 9일 프랑스 은행인 비엔피파리바가 서브프라임 모기지 자산에 투자된 펀드 세 가지의 환매를 중단했다.

베어스턴스의 펀드가 지급 불능에 빠지기 직전인 2007년 6월 28일 열린 연방공개시장위원회(FOMC) 회의에서 버냉키와 위원들은 "경제는 다가오는 분기 동안 적정한 속도로 확장을 지속할 것으로 보인다"고 말했다. 그로부터 얼마 전인 2007년 3월 28일에도 버냉키는 이렇게 예측했다.[6] "서브프라임 시장의 문제가 경제 전반과 금융시장에 미치는 영향은 억제될 것으로 보인다. 특히 우량대출자 대상의 주택담보대출과 모든 등급의 대출자를 대상으로 하는 고정금리 주택담보대출은 연체 비율도 낮고 계속해서 좋은 실적을 보이고 있다." 2007년 봄과 여름은 시장 붕괴가 한창인 때였으니 위험에 대한 관료들의 무지와 실제 상황이 이처럼 극명하게 대비되는 사례도 드물 것이다.

리먼브라더스가 붕괴하기 1년여 전인 2007년 8월 24일, 나는 미 재무부 관료를 만나 체계적 붕괴의 가능성이 있다고 경고했다. 나는 《자본시장 위기 대응을 위한 정보 입수와 관리 제안(Proposal to Obtain and Manage Information in Response to Capital Markets Crisis)》이라는 표제가 붙은 상세한 분석 보고서를 그에게 건넸다. 내 제안의 일부를 소개한다.[7]

> 2007년 금융위기는 유동성 부족만큼이나 정보 부족과도 연관성이 크다. 이 보고서는 국제비상경제권한법에 따른 행정권한을 행사함으로써 (중략) 포지션 정보를 확보한 후 보안 환경에 저장하고 금융위기 관리를 위해 선택적으로 활용할 것을 제안한다. (중략) 그 어떤 펀드도 거래 종목, 레버리지 방법, 위험 관리 방법을 지시받는 일은 없을 것이다. 유일한 목적은 충분한 투명성을 제공하여 미국 정부가 중대한 국가보안 인프라의 일부인 자본시장의 정상 기능 유지라는 의무를 제대로 이행하도록 돕는 것이다. (중략) 우량 중개업체와 청산 은행은 (중략) 신속한 파악이 가능하며 규제를 받는 부문의 편중된 위험을 찾아내는 일도 가능하다.
>
> 지난 30년 동안 규제가 약하거나 전혀 없는 부문 때문에 규제를 받는 금융 부문에서 탈중개화 현상이 나타났다. (중략) 이런 변화의 모든 단계에서 (중략) 투명성이 축소하고 위험이 증가했다. (중략) 파생금융상품 기법 때문에 위험의 수량이 기하급수적으로 증가하면 비선형 임계 체계에 내재하는 축적과 복잡성

의 위험 증가 영향이 위험 감소 영향을 압도한다. (중략)

문제의 범위를 어느 정도라도 파악하지 않으면 그 문제는 해결될 수 없다. 이 보고서는 적극적인 규제나 구제금융 투입이나 상명하달식 해법을 제안하는 것이 아니다. 정보의 투명성을 높이는 방향의 비교적 온건한 조치는 (중략) 공황과 압박의 시대에 시장 안정성을 유지할 임무를 맡은 관료들에게 매우 유용할 것이다.

미 재무부 관료와의 만남은 훈훈하게 시작됐다. 사교적인 인사말을 나눈 다음 나는 본론으로 들어갔다. "위기는 지금 시작에 불과합니다. 한동안 불안정성이 축적되었어요. 시스템은 이미 몇 가지 충격을 흡수했습니다." 몇 가지 충격이란 세계 최대의 선물 중개업체였던 레프코(Refco)가 2005년 10월 10일 회계 조작이 폭로된 이후 파산한 사건과, 헤지펀드 애머런스(Amaranth)가 일주일 만에 60억 달러의 손실을 내고 2006년 9월 무너진 사건을 뜻했다.

당시 나는 이런 사건들이 즉발임계*를 유발할 것으로 내다보았지만 내 생각이 틀렸다. 두 사건 모두 지발임계**가 일어났다. 시장은 충격을 흡수하고 반등했다. 이처럼 눈사태로 이어지지 않는 눈송이도 있다.

2007년 7월에서 8월 사이의 사건을 관찰한 끝에 나는 이번 위기

---

* prompt-criticality. 핵연료의 핵분열 반응으로 발생한 중성자끼리 충돌하여 주위의 핵연료까지 덩달아 분열하고 계속해서 반응하는 상태
** delayed-criticality. 핵분열 이후 수초에서 수분이 지체된 후 생겨나는 중성자들에 의해 도달한 임계상태

의 동력에 제동을 거는 것이 전혀 불가능하며 위기가 광범위하게 확산되리라 확신했다. 미 재무부는 그 사실을 깨닫고 하루빨리 행동에 나설 필요가 있었다.

"모든 은행과 헤지펀드에 파생금융상품 포지션을 거래상대방 이름, 기초상품, 결제 흐름, 해지 일자까지 포함해 상세하게 보고하라는 명령서를 발부해야 합니다. 일반적인 기계가 읽을 수 있는 포맷으로 보고서를 만들어 주문이 나간 날짜로부터 일주일 내에 제출하라고 하십시오. 제출하지 않은 곳은 어디든 문제 금융회사 명단의 맨 위에 올리십시오. 정보를 입수하는 즉시 IBM 글로벌서비스에 보안 환경에서 그 정보를 처리해달라고 의뢰해야 유출이 일어나지 않습니다. 매트릭스 표를 만들어 누가 어디에 얼마만큼 변제해야 하는지 확인하십시오. 위험 편중이 가장 심각한 은행을 가려내고 상위권에 있는 은행에 초점을 맞추세요."

재무부 관료는 예의 바르게 내 이야기를 듣더니 잠시 침묵한 다음 이렇게 대답했다.

"그건 불가능해요."

"왜 불가능하죠?"

나는 그가 법적 장애물을 나열하리라고 생각했다. 그렇지만 단언컨대 재무부는 마음만 먹으면 내가 말한 조치에 필요한 권한을 모조리 행사할 수 있었다.

"현 재무부와 행정부는 자유시장 성향입니다. 우리는 개입하거나 남들에게 이래라저래라 지시하는 것을 옳다고 생각하지 않아요."

내가 대답했다. "이래라저래라 하라는 말이 아닙니다. 그 사람들이 무엇을 거래하느냐는 자유입니다. 그 어떤 회사의 운영에도 개입할 필요가 없습니다. 그저 정보만 확보하라는 거예요. 일이 생기면 결국에는 재무부 소관이 될 텐데요. 재무부에는 어떤 일에 대처해야 할지 알 권리가 있습니다. 정보만 얻으면 됩니다."

"우리는 그런 식으로 일하지 않아요. 정보가 사라질 일도 없고요."

재무부 관료는 부시 행정부 특유의 자유시장 철학을 내비쳤다. 분석도, 반성도 없었다. 은행이 보조금을 받고 예금보험에 들어 있으며, 규제를 받고 암묵적으로 지급보증을 약속받는 한 자유시장 정책이 은행에 통할 리가 없다. 현대의 은행은 자유시장의 기관과는 딴판이므로 다른 정책을 적용해야 한다. 부시 행정부의 재무부는 그 사실을 이해하지 못하는 듯했다.

회의가 끝나자 나는 그 관료에게 시간을 내줘서 고맙다는 인사를 건넸다. 적어도 회의를 갖고 재무부의 내부인사에게 경고는 전달해 다행이라 생각했다. 그러나 그 경고는 아무런 영향도 미치지 못했다.

나는 무더운 여름날 해밀턴 플레이스에 있는 재무부 건물의 계단을 지나치다가 그 옆에 서 있는 백악관을 힐끗 보고 이렇게 생각했다. '저 사람들은 사태에 대한 준비가 되어 있지 않아. 이런 일들이 서로 연관 없이 일시적으로 일어나는 시장 하락이라 생각하는군. 무슨 일이 일어날지 전혀 모르고 있어.'

헨리 폴슨 재무장관은 슈퍼 SIV*라는 허상을 추구하느라 2007년 9월 한 달을 허비했다. 정부는 은행의 대차대조표에서 자산유동화

---

* Structured Investment Vehicle. 투자은행이 설립하는 구조화 투자회사. 단기자금을 조달하여 고수익 자산에 장기간 투자한다.

증권*을 제거한다는 목적으로 초대형 SIV 설립을 후원했다. 은행들은 위험을 은닉하고 신용카드와 자동차 할부 금융으로 발생하는 소비자 채무에 대한 추가 자본 납입을 피하기 위해 몇 년을 들여 SIV를 만들었다. 그런데 겁에 질린 투자자들이 SIV의 채무에 대한 만기 연장을 거부함에 따라 은행들은 SIV의 채무를 대차대조표로 되돌려야 했다.

폴슨의 생각은 정부가 주요 은행들의 부실자산을 슈퍼 SIV 한 곳에 집합하고 차환할 수 있도록 암묵적으로 지원하겠다는 것이었다. 결과적으로 그의 생각은 호응을 얻지 못한 가운데 조용히 무산됐다. 2007년 12월 21일에는 한때 슈퍼 SIV에 관심을 표명했던 주요 은행들이 그런 기관이 현재는 필요하지 않다는 성명서를 발표했다.[8] 이 성명서로 은행들이 미 재무부만큼이나 위험을 깨닫지 못했다는 사실이 명백해졌다.

2007년 10월 5일 다우지수는 8월 15일의 최저점인 1만 2861.47포인트에서 10퍼센트 가까이 반등한 1만 4066.01포인트에 이르러 최고점을 갱신했다. 시장은 '이상 없음'이라는 신호를 보내고 있었다.

그러나 사람들이 잘 모르는 사이에 주택담보대출 손실이 쌓이고 유동성이 증발하고 있었다. 은행들은 2007년의 손실을 2008년 1월 안에 보고해야 했다. 재무부는 은행 자본의 감소로 투자자들이 겁을 먹어 여름에 나타났던 극심한 공포가 되살아날 것을 우려했다. 폴슨

---

* asset backed securities, 기업이나 은행의 자산을 담보로 발행한 증권

은 비밀리에 국부펀드와 외국계 은행을 새로운 자본 공급원으로 하는 은행 구제 계획을 세웠다. 2007년 11월 6일 시티그룹이 지분 4.9퍼센트를 75억 달러에 아부다비투자청(Abu Dhabi Investment Authority)에 매각했다. 2007년 12월 19일 모건스탠리가 중국 국부펀드 CIC에 지분을 50억 달러에 매각했다. 12월 25일에는 싱가포르의 국부펀드 테마섹(Temasek)이 메릴린치의 지분 44억 달러와 추가 매수 옵션을 사들였다.

투자자들에게 태연한 척하고 미국의 은행 부문이 만사형통이라는 믿음을 심어주기 위해 급조된 거래들이었다. 사실 미국의 은행들은 속속들이 썩어 있었고 국부펀드들은 폴슨과 은행인들에게 속아 넘어가 봉 노릇을 했다. 신흥시장의 일반인이 믿고 맡긴 국부펀드의 자금 수십억 달러가 1년 안에 흔적도 없이 사라질 터였다. 그러나 부시 행정부로서는 당장 급한 불은 끈 셈이었다. 시장은 위기가 지나갔다는 믿음을 되찾은 채로 2008년을 맞이했다.

2008년 초의 거짓된 평온함은 1998년 초와 섬뜩하리만치 비슷했다. 1998년 위기도 그전 해 여름에 시작되었으며 겨울에 해결된 듯 보이다가 이듬해 봄 다시 출현했다. 2008년 위기도 정확히 10년 전과 같은 패턴을 보였다.

2008년 3월 12일부터 3월 16일까지 불과 사나흘 만에 베어스턴스가 무너지면서 위기가 다시 모습을 드러냈다. 수요일인 12일만 해도 베어스턴스의 CEO 앨런 슈워츠는 CNBC에서 이렇게 말했다.[9] "우리의 유동성과 단기자금 조달에는 전혀 문제가 없다. (중략) 베어스턴스의 재무제표, 유동성, 자본은 여전히 견조하다. (중략) 그리고 상황은 머지않아 안정될 것이다." 사흘 후 베어스턴스는 빈털터리 상태로 JP모건체이스에 인수됐다. 문제가 가장 심각했던 포지션은 연준의 부외자산으로 묻혔다. 미국 증권거래위원회(SEC)의 크리스토퍼 콕스 위원장이 주요 투자은행의 완충 자본이 넉넉하다고 확언한 지 며칠도 지나지 않아서였다.

다시 한 번 투자자들은 은행과 규제기관이 상황을 통제했다고 믿고 안도의 한숨을 내쉬었다. 2008년 3월 7일 1만 1893.69포인트였던 다우지수가 5월 2일 9.8퍼센트나 뛴 1만 3058.20포인트로 반등했다. 투자자와 규제기관은 상황이 보이지 않는 상태로 임계점에 치닫고 있다는 사실을 알지 못했다. 모든 위기가 다른 위기와 연관성이 없으며 통제 가능한 것으로 간주됐다. 그 누구도 단편적인 사건들이 발생하는 시간과 장소는 각기 달라도 모두 하나의 위기와 전면적인 붕괴로 연결된다는 결론을 도출하지 못했다.

그해 7월에 이르자 정부 후원을 받는 주택담보대출 기업이며 세계 양대 금융회사인 패니메이와 프레디맥이 유동성위기를 겪고 있다는 사실이 드러났다. 워싱턴DC 정치꾼들은 '패니메이와 프레디맥'을 각별히 총애했다. 이들은 지난 수십 년간 두 회사로부터 선거운동 자금을 끌어다 썼을 뿐 아니라 민주당이든 공화당이든 당에 충성한 정치 측근들을 두 회사의 한직에 앉히고 연봉 수백만 달러를 챙기게 했다. 패니메이와 프레디맥은 경쟁사인 은행들만큼이나 썩어 있었고 부실하게 운영됐다.

2008년 7월 24일 미 의회가 2008년 주택 및 경제회복법(Housing and Economic Recovery Act of 2008)을 통과시킴에 따라 재무부는 패니메이와 프레디맥의 지원에 국민 세금을 사용할 수 있는 권한을 얻었다. 이번에도 일반인이 주식 소유자, 채권 소유자, 두 회사의 연봉 두

독한 임원 등의 엘리트를 구제한 것이다. 부시 대통령은 2008년 7월 31일 해당 법에 서명했다. 지난 수십 년 동안 개인적으로 수억 달러를 벌어들인 정치 측근들은 구제금융에 한 푼도 보태지 않고 재산을 지켰다.

수닭이 세 홰를 울며 동이 텄음을 알리듯 주식시장도 세 번째로 반등하며 위기가 끝났음을 알렸다. 다우지수는 패니메이와 프레디맥 사태가 극에 달했던 7월 14일 1만 1055.19포인트로 저점을 기록했지만 8월 11일 1만 1783.35포인트로 상승했다. 그러나 세 번째 안도 반등은 지난 두 차례와 비교해 미약한 6퍼센트 상승에 그쳤다. 그러나 주가 반등은 정부 관료들이 반복적으로 제시한 해법을 시장이 신뢰한다는 신호였다. 그뿐 아니라 투자자, 규제기관, 은행이 앞으로 어떤 상황이 전개될지 까맣게 모르고 있음을 알리는 신호이기도 했다.

2008년 늦여름, 나는 존 매케인 대선 캠프에 비공식적으로 경제 자문을 제공했다. 리먼브라더스가 붕괴하기 불과 한 달 전인 8월 16일, 나는 매케인 측에 '폭풍 경보'라는 제목의 이메일로 다음과 같은 조언을 전달했다.[10]

금융위기에 대해 짤막한 의견을 제시하겠습니다.

저는 작년 여름부터 상황이 심상치 않다고 말했습니다. 두려움이 급증하는 일은 주기적으로 일어나왔고 그럴 때마다 우리는 두려움의 심연을 들여다본 것처럼 느낍니다. 그때 마법 지팡이 같은 것이 나타나 문제가 해결되고 시장이 진정되며 사람들이 (최근에 한 경험 때문에 경계심을 늦추지 않으면서도) 낙관적인 태도를 조금은 회복한 듯 보입니다. 이런 추세는 3~4개월 주기로 반복되는 듯합니다. 정확히 90일은 아니지만 그 정도 주기입니다.

2007년 8~9월에 우리에게 닥친 공황은 폴슨이 제안한 '슈퍼 SIV' 때문에 완화되었습니다. 그러다 10월, 11월은 평온하게 흘러갔습니다. 우리는 2007년 12월 공황을 겪었고, 이번에는 국부펀드에 의한 구제금융 투입과 연준의 신규 대출 프로그램 덕분에 공황이 완화되었습니다. 그러다 2008년 1월, 2월은 평온하게 흘러갔습니다.

2008년 3월에 공황이 발생했고, 베어스턴스 구제와 연준의 추가 대출 프로그램 덕에 공황이 완화되었습니다. 그러다 4월부터 6월에는 상황이 평온했죠.

2008년 6월에 공황이 발생했고, 패니메이와 프레디맥을 구제하기 위한 주택 및 경제회복법으로 공황이 완화되었습니다. 8월은 아직까지 잠잠합니다. 저는 9월도 마찬가지일 것이라고 예상합니다. (중략) 상황이 진정될 때마다 시장은 최악의 사태가 끝났다고 생각하며 안일한 마음을 품습니다. 하지만 절대 끝난 게 아니에요. (중략)

2008년 10월 다시 한 번 '공황'이 급증하리라는 예상이 가능합니다. 기업이 3분기 실적을 보고하는 10월 하순에 그렇게 될 가능성이 큽니다. 대선 2주쯤 전이고 대선 주자 간 마지막 토론이 끝난 직후로 예상됩니다. 의회가 휴회에 들어갈 때라 신속한 입법 해결책을 마련할 기회도 없습니다. 연준의 꼼수는 바닥이 났고 폴슨이 제안한 아이디어가 대부분 실현되지 않았기 때문에 폴슨의 신용은 떨어졌습니다. (중략)

대선 후보의 관점에서 두 가지를 염두에 두십시오.

첫째, 금융위기가 끝났다는 안도감에 좌우되지 않도록 하십시오. 대선 전까지 다른 폭풍에 대한 경계심을 늦추지 마십시오.

둘째, 지도자다운 성명서 몇 가지를 준비해두십시오. 대선 후보라면 항상 경제에 관한 (중략) 선언문을 미리 준비하고 지니고 다녀야 합니다. 즉흥적으로 마련할 시간이 없을 수도 있고 공황기는 대체로 명료하게 생각하기에 적합한 때가 아닙니다.

2008년 8월 25일, 나는 매케인 대선 캠프의 선임자문으로부터 8월 27일로 예정된 매케인의 경제자문팀과의 전화회의에 정식으로 참여해달라는 부탁을 받았다. 나는 예정된 시간에 전화를 걸어 회의에 참여했다. 회의는 상당히 느긋한 분위기로 진행됐다. 경제학자들은 금리인하와 규제 완화 등 성장 친화적인 메시지를 고수하겠다는 것 이외에는 경제 측면에서 할 일이 많지 않다는 의견을 밝혔다.

매케인은 경제정책 전문가라기보다 강경한 대외정책을 지지하는 매파(the hawks)로서 대선에 출마했다. 그는 이라크 문제로 민주당 후보인 버락 오바마와 대결을 벌이려 했다. 매케인의 정책은 부시 행정부의 급격한 병력 증강으로 거둔 성공을 발판으로 삼겠다는 것이었다. 오바마는 개입을 중단하고 이라크에서 철수하고자 했다. 매케인 팀은 패니메이와 프레디맥이 구제된 후에 안도했다. 그들은 금융위기가 끝났기 때문에 매케인 후보가 대외정책 메시지에만 집중하면 된다고 생각했다.

대화에 끼어들 기회를 기다리다 나는 매케인 진영에 말했다. "이봐요, 금융위기는 끝나지 않았어요. 대통령 선거일이 되기 전에 분명 지진이 일어날 겁니다."

전화선 너머로 정적이 흘렀다. 나는 말을 이었다. "이 일이 시작된 이후로 몇 달에 한 번씩 붕괴가 일어났습니다. 갈수록 규모가 커지는 데다 아직 끝나지 않았어요. 다음 붕괴에 대비해야 합니다. 사람들은 그 점에만 관심을 가질 거예요."

매케인 경제자문팀이 듣고 있는 가운데 나는 말을 이었다. "지금 해야 할 일을 말씀드리겠습니다. 지금 연설문을 작성하세요. 네 가지 계획을 포함하세요. 구체적인 내용은 중요하지 않습니다. 일단 쓰세요. 파생금융상품 청산소와 투명성에 대한 내용을 넣으셔도 됩니다. 공황이 닥치면 당신네 후보에게 재무부 계단에 서서 언론에 그 계획을 발표하라고 하십시오. 미국 국민은 공황 발작을 일으키다시피 할 겁니다. 그때 후보의 연설을 들으면 안심할 거예요. 그러면 후보가 유리한 고지에 서게 될 겁니다."

전화회의를 주관한 사람이 말했다. "고맙지만 우리는 이 일을 문제로 생각하지 않습니다. 위기는 끝났어요. 우리는 성장 메시지를 고수해야 합니다." 그 말을 끝으로 전화회의는 마무리됐다. 그것이 내가 대선 캠프 자문으로 처음이자 마지막으로 참여한 회의였다. 나는 그 후 다시는 초대받지 못했다.

위기는 리먼브라더스의 파산이 결정된 2008년 9월 13일과 14일 주말 본격적으로 시작됐다. 리먼브라더스는 9월 15일 파산을 신청했다. 그날 다우지수는 500포인트(4.4퍼센트) 넘게 급락했다. 매케인에게는 치명적인 결과였다. 그는 경제에 대해 아는 것이 전무했지만 그의 진영은 그렇지 않은 척했다. 매케인은 넋 나간 채 우왕좌왕하는 것처럼 보였다. 2008년 9월 24일에는 대선운동을 중단하고 워싱턴DC으로 돌아가 위기에 대응하겠다고 말해 공화당 지지자들을 충격에 빠뜨렸다. 그는 부시 대통령을 만나 대응책을 논의하겠다고 우겼다. 선거일이 6주밖에 남지 않았을 때도 부시의 위기대응팀이 어떤 후보를 선호하는지 분명하지 않을 정도였다.

9월 25일 부시는 위기에 대한 의견을 구하고자 백악관 서쪽 건물

회의실로 매케인과 오바마를 한꺼번에 초대했다. 오바마 진영이라고 매케인 측보다 위기에 대해 더 빠삭하게 꿰고 있는 것은 아니었다. 그러나 그들은 적어도 평정을 유지하고 말을 아끼며 태연한 분위기를 풍길 줄은 알았다. 매케인은 안절부절못하는 태도에 하얗게 질린 안색이었으며 그 자신이 공황 발작을 일으킬 기세였다. 금융시장이 끝없이 추락하던 그때 미국 국민은 둘의 차이점에 주목했다.

2008년 대선이 끝난 이후에 매케인이 파멸한 이유가 세라 페일린을 부통령 후보로 지명했기 때문이라는 통념이 자리 잡았다. 2012년 홈박스오피스(HBO)가 제작한 영화 〈게임 체인지(Game Change)〉를 통해 일반인의 뇌리에 각인된 착각이다. 페일린을 경량급 정치인이자 매케인의 걸림돌로 보던 워싱턴DC 엘리트들의 시각을 반영한다. 그러나 자료로는 입증되지 않는 서사이기도 하다.

정치 분석 매체인 리얼클리어폴리틱스(RealClearPolitics)가 집계한 전국 여론조사의 평균치에 따르면 리먼브라더스의 파산 전날만 해도 매케인은 지지율 47.4퍼센트로 45.3퍼센트이던 오바마를 앞서고 있었다. 그러다 파산 이틀 후에는 두 후보가 45.7퍼센트로 동률을 기록했다. 사흘째에는 오바마가 47.1퍼센트로 45.2퍼센트인 매케인을 앞질렀다. 오바마는 그 후 시행된 여론조사에서 단 한 번도 매케인에 뒤지지 않았다. 오바마의 승리를 이끈 전환점은 페일린의 지명이 아니라 리먼브라더스의 파산이었다.

나는 2007년과 2008년에 부시 행정부의 재무부와 매케인 선거진영에 위기가 다가오고 있다고 경고했지만 그들은 내 경고를 받아들이지 않았다. 그러나 복잡성 이론이 제시하는 통찰을 이해하지 못했던 사람은 부시와 매케인뿐이 아니었다. 폴슨이나 버냉키 같은 정책입안자들과 메릴린치의 존 테인에서 리먼브라더스의 딕 펄드에 이르는 CEO들도 멍하니 손 놓고 있었다.

LTCM 구제로부터 정확히 10년이 지난 2008년 9월 29일에 미 의회는 폴슨과 버냉키가 추진한 부실자산구제프로그램(TARP, Troubled Asset Relief Program) 법안에 퇴짜를 놓았다. TARP는 국민 세금을 대형 은행에 투입할 구제금융으로 사용하겠다는 취지로 마련됐다. 그다음 날 다우지수가 777포인트(8퍼센트) 급락함으로써 역대 최대의 1일 하락을 기록했다.

이틀 후인 10월 2일 《워싱턴포스트》는 「산을 간과하다: 위험 모형은 어째서 월가와 워싱턴DC에서 실패했을까」라는 제목의 내 기고문을 실었다. 복잡성 이론을 사용하여 진행 중인 금융 붕괴를 일반인에게 설명한 것은 그때가 처음이었다. 그중 일부를 소개한다.[11]

1990년대 이후로 월가에서는 '위험 가치(VaR)'라는 위험관리 모형이 대세로 자리 잡았다. 이 모형은 모든 유가증권을 위험 요인으로 간주하며 포트폴리오 전반의 위험 요인을 총합하여 상쇄되는 위험을 찾아낸다. 그다음 마지막으로 남는 '순수' 위험을 과거의 패턴에 비추어 분석한다. 이 모형은 금융회사가 정해진 금액 이상으로 손실을 보는 확률을 99퍼센트로 예측한다. 이런 '최악의 경우'를 실제 자본과 비교할 때 자본액이 그런 손실보다 크면 금융회사들은 밤잠을 편히 잘 수 있었다. 규제기관도 금융회사가 이 모형을 사용한다는 데 안도하여 발 뻗고 잤다.

그러나 여기에는 결정적 오류가 숨어 있었다. 위험이 무작위로 분포되고 연속적으로 일어나는 각 사건이 그다음 사건과 연관되지 않는다는 오류였다. (중략) 이런 시스템이 그리는 곡선에 따르면 최근 우리가 목격한 일련의 사건들은 현실적으로 불가능할 뿐 아니라 통계적으로도 일어날 법하지 않은 일이여야 한다. 그런 사건이 일어날 때 시장이 놀라는 것도 그 때문이다.

그러나 시장이 동전던지기와 다른 식으로 움직인다면 어떻게 될까? (중략) 새로운 사건이 그 이전 사건으로부터 엄청난 영향을 받아 일어난다면?

자연계나 인간이 만든 시스템이나 복잡성으로 가득하기 때문에 초기의 사소한 변화가 여러 판이하고 예측 불가능한 결과로 이어진다. (중략) 이런 결과는 성능이 극대화된 컴퓨터로도 모형화할 수 없다. 자본시장은 그처럼 복잡한 역학계 가운데 하나다.

《워싱턴포스트》는 외부 논평에 대한 기준이 극도로 엄격하다. 금융위기가 정점에 이른 때이니만큼 복잡성 이론을 다룬 내 기고문은 FOMC의 통화경제학자를 역임한 시장 거품 전문가 빈센트 라인하트(Vincent Reinhart)와 수차례 전화회의를 거친 끝에 게재됐다. 라인하트는 《워싱턴포스트》의 논설 심사위원을 맡고 있었다. 나는 당시 출장차 머무르던 부다페스트의 호텔에서 현지 시각으로 한밤중에 그와 복잡성 이론을 논했다. 나는 그의 기술적 문의에 답할 수 있었고 《워싱턴포스트》는 몇 가지 단어와 표현을 수정한 뒤 내 논평을 실었다. 내 글이 당시의 공공정책 논의에 아무 영향을 미치지 못할 것임은 분명했다. 그렇더라도 나는 개인적으로 전달했다가 모조리 묵살당한 경고를 널리 알릴 기회를 놓칠 수 없었다.

그다음 날인 2008년 10월 3일, 의회는 TARP 법안을 통과시켰다. 그리고 채 몇 시간이 지나지 않아 부시 대통령이 서명하여 TARP 법이 확정됐다. 시장참가자, 언론인, 일반인 모두가 리먼브라더스와 AIG 사태부터 TARP법 제정에 이르기까지 불과 몇 주 만에 시스템이 통제 불능이 됐다는 사실에 충격을 받았다. 그때 구제금융이 추가로 투입되어야 한다는 소문이 돌기 시작했다. TARP는 자본시장의 몰락을 늦추는 데는 도움이 됐다. 그러나 실물경제의 문제는 이제 막 불거진 데 불과했다. 미국은 대공황 이후 최악의 경기후퇴 국면으로 접어들었다. 실업률이 10퍼센트를 넘어 사상 최고치를 기록했다. 다우지수는 2008년 10월 1일 1만 831.07포인트에서 2009년 3월 9일 6547.05포인트로 추락했다. 2007년 10월의 최고점 이후 발생한 손실도 모자라 추가로 40퍼센트나 급락한 것이다.

1998년 위기 때와 마찬가지로 정책입안자들은 위기의 교훈을 무시하고 미래의 붕괴 가능성을 차단하기는커녕 오히려 조장하는 정책을 취했다. 정책적 실수는 새로 승인된 TARP 자금이 투입된 직후에 시작됐다. 폴슨과 버냉키는 TARP 자금으로 은행의 부실자산을 사들인 다음 시간을 두고 매각하여 비용을 회수하고 납세자에게 그 혜택을 제공하자고 의회를 설득했다. 두 사람의 전략은 타당성이 있었다. 1980년대에도 저축대부조합 사태를 수습하기 위해 비슷한 정책이 도입되어 실효를 거둔 바 있었다. 그 외에도 은행의 부실자산을 제거할 수 있다는 것이 장점이었다. 재무제표가 깨끗해지면 은행들도 가장 역동적이고 일자리도 가장 많이 창출하는 중소기업에 다시 돈을 빌려줄 수 있게 된다.

폴슨은 의회에 한 약속과 달리 은행에 직접 자금을 제공했고 그 덕에 손실을 회복하겠다는 목적으로 부실자산을 그대로 보유할 수 있었다. 그러나 은행이 만회한 손실이 납세자에게 돌아가는 일은 없었다. 폴슨은 옛 동료인 골드만삭스의 파트너들을 비롯한 은행과 금융회사 경영진이 미래의 이익을 독식하는 것을 묵인했다.

폴슨이 시작한 사기는 2009년 3월 오바마 행정부가 시가평가제도를 중단하면서 확대됐다. 이 제도의 폐지로 은행은 부실자산의 가치를 전보다 높게 평가할 수 있게 됐다. 가치를 부풀릴 수 있게 되자 은행들은 연준의 양적완화를 참을성 있게 기다렸다. 양적완화로 저금리 자금이 풀리면 자산가격이 폭등하여 시장 가치가 가짜로 계상된 장부 가치에 가까워지기 때문이었다. 사기의 마지막 단계는 은행이 자산을 조금씩 팔아치우고 그 이익을 그대로 보유하고 있다가 경영진과 주주에게 성과급과 배당금으로 지급하는 것이었다. 납세자들은 강요에 의해 돈을 빌려주었다가 돌려받지 못하는 처지가 되었고 그 어떤 혜택도 받지 못했다.

이런 사기가 부시 행정부와 오바마 행정부를 이어 자행됐다는 사실에서 은행의 권력이 정치권력을 뛰어넘고 워싱턴 정가에서 불변의 힘을 발휘한다는 것을 알 수 있다.

2008년 위기의 여파

백악관과 의회는 2009년부터 2010년까지 1년을 할애하여 도드-프랭크 금융개혁법의 초안을 마련하고 법률로 제정했다. 2010년 7월 21일 오바마 대통령이 서명하면서 발효된 이 법의 최종안은 1000페이지가 넘는 분량이었다. 찬성표를 던진 국회의원들조차 가까스로 읽을 수 있을 정도였다. 이 법은 진정한 개혁, 말뿐인 개혁, 직무유기, 로비스트의 희망사항이지만 개혁에 불필요한 사안 등 희한한 요소가 뒤섞여 있었다.

물론 은행의 자본 요건 강화나 특정한 유형의 자기계정 거래를 금지하는 볼커룰* 같은 조항은 금융 시스템의 안전성 강화라는 목표를 이루기에는 한계가 있었지만 유용한 조치였다. 가장 과대평가된 조항은 '강제청산' 권한이었다. 원칙적으로 이 조항은 2008년 리먼브라더스의 붕괴 때와 같은 혼란이나 임시변통 식 구제금융 투입 없이 부실한 대마불사 은행을 단계적으로 정리하는 지침을 제시한다. 그러나 워싱턴DC의 겉만 그럴듯한 정책이 항상 그러하듯, 강제청산 제도는 실제로 공황이 닥쳐 시행에 들어가는 순간 효력을 잃을 것이다. 규제기관은 이제까지 그래왔듯 금융계 인맥과 미봉책에 의존할 것이다.

의회의 직무유기는 도드-프랭크 금융개혁법의 200여 개 시행령을 마련하는 과정에서 명백해졌다. 의회는 법규에 포함되지 않은 주요 사안을 파악한 다음, 정부기관에 시행령 제정권한을 위임했다. 그러다 보니 2011년 이후 로비스트들이 의회의 입법 취지를 무산시키려고 시행령 제정기관에 떼 지어 달려드는 일이 계속됐다. 결국 시행령에는 입법 취지가 거의 남아 있지 않게 됐다. 헤밍웨이의 소설 『노인과 바다(The Old Man and the Sea)』에서 상어 떼에 뜯겨 뼈만 남은 청새치가 연상될 정도였다.

도드-프랭크 금융개혁법의 불필요한 조항으로는 이름만 들어도 위압적인 금융소비자보호국(Consumer Financial Protection Bureau)의 창설

---

* Volcker rule, 미국 금융기관의 위험 투자를 제한하고 대형화를 억제하기 위해 만든 금융기관 규제 법안 중 하나

을 들 수 있다. 이제까지 '보호국'이 소비자와의 합의를 명목으로 금융회사로부터 강제 징수한 금액은 110억 달러를 넘어섰다. 또한 소비자 신용을 제한함에 따라 경기회복에 지장을 초래하고 있다. 금융소비자보호국의 단속과 은행 공황의 재발 방지 사이에 어떤 연관성이 있는지는 여전히 수수께끼로 남아 있다.

금융안정감시위원회(FSOC, Financial Stability Oversight Council)와 금융조사국(OFR)은 도드-프랭크 금융개혁법에 따라 체계적 위험 문제를 직접적으로 다룰 기관으로 신설됐다. FSOC는 1998년 파생금융상품에 대한 브룩슬리 본의 경고를 묵살한 대통령실무그룹을 새롭게 만든 기관이다. FSOC는 재무장관과 연준 의장을 비롯해 증권거래위원회, 상품선물거래위원회, 연방예금보험공사 등 금융규제기관의 수장들로 구성된다. 도드-프랭크 금융개혁법은 FSOC에 공식적으로 권한을 부여하며 그 권한을 재무부가 집행하도록 하고 있다. 향후 체계적 위험이 닥칠 경우 긴급 대책을 조율하는 것이 FSOC의 임무다.

OFR은 금융 규제기관도 월가의 신동들 못지않게 파생금융상품의 위험을 정확히 측정할 수 있도록 훈련하기 위해 재무부 내에 신설된 두뇌 집단이다. OFR은 FSOC의 분석 부서에 해당한다. 원칙적으로 FSOC는 OFR의 분석을 토대로 체계적 위험과 공황에 대한 대응책을 결정한다. 애당초 두 기관은 서로 긴밀하게 협력하도록 설립됐다.

2013년 초 나는 워싱턴DC의 재무부 건물에서 FSOC와 OFR 관료들에게 비공개 브리핑을 해달라는 요청을 받았다. 브리핑은 4월 12일 금요일에 있었다. 브리핑을 주관한 재무부 관료는 복잡성 이론에 관해 궁금한 것이 많았고, 어떻게 하면 자본시장의 체계적 위험을 파악하는 데 활용할 수 있을지 알고 싶어 했다. 나는 브리핑 요청을 받고 기운이 났다. 약 30년 전 구소련을 휩쓴 글라스노스트*가 워싱턴DC에서도 시작된 것이 아닐까 싶었다.

나는 내가 주로 활용하는 위험 모형에 관한 백서를 작성하여 미리 재무부에 보냈다. 워싱턴DC에 도착한 나는 FSOC와 OFR의 관료 아홉 명을 만나 브리핑을 시작했다. 회의는 약 두 시간 동안 진행됐다. 재무부치고는 꽤 넉넉한 시간을 준 셈이었다. 나는 그런 기회를 준 재무부에 고마움을 느꼈다. 그러나 나는 브리핑이 진행될수록 재무부 사람들이 경청하는 척 해도 향후 조치에 관심이 없다는 인상을 받았다. 관료들은 새로운 아이디어를 접하는 임무를 완수한 것에 뿌듯해했지만 아이디어에 함축된 의미를 깊이 숙고하지는 않는 눈치였다.

어느 지점에 이르렀을 때 나는 브리핑을 멈추고 재무부의 관료들을 향해 이렇게 말했다. "나는 여러분의 직책이 부럽지 않아요. 새로운 아이디어를 말씀드린다고 해서 크게 달라질 건 없어 보입니다. 여러분이 할 수 있는 일은 많지 않습니다. 워싱턴DC을 소유한 건 은행이니까요."

나는 내 동정적이면서도 도발적인 말이 관료들의 분노를 불러일으킬 것이라고 생각했다. 그러나 한 관료가 내게 말했다. "맞는 말씀이오." 위험관리가 은행 이익보다 뒷전임을 솔직하게 인정한 것

---

* glasnost, 구소련 고르바초프 서기장이 1985년에 시행한 개방, 정보 공개 정책

이다.

브리핑 후반부에 나는 OFR의 고위 관료에게 어떤 모형으로 체계적 위험을 측정하는지 물었다. 나는 그들이 복잡성 이론을 활용하지 않으며 여전히 위험관리 모형에 의존한다는 것을 그때도 알고 있었다. 그저 위험관리 모형을 보완하거나 개선해 사용하고 있는지 궁금했을 뿐이다. 고위 관료는 이렇게 대답했다. "우리는 지금은 도드-프랭크 규정을 시행하는 일만 맡고 있습니다. 체계적 위험관리는 연준에 맡겼습니다."

OFR 관료의 자백은 앞선 재무부 관료의 발언보다 한층 더 충격적이었다. 나는 연준 관료들이자 연준 소속 연구원들과의 대화를 통해 연준의 모형에 얼마나 심각한 결함이 있는지 잘 알고 있었다. OFR은 그보다는 나을 줄 알았다. 그러나 은행의 몸집이 불어났느니, 파생금융상품이 늘어났느니, 상호연결성이 확대되었느니, 워싱턴DC이 내놓는 말은 대동소이했다. 연준이 OFR에 위험관리 방법을 조언하는 것은 맹인이 다른 맹인을 이끄는 격이었다.

지난 30년 동안 전 세계 자본시장은 임계점에 이르렀고 네 번에 걸쳐 붕괴되기 직전까지 갔다. 1987년 10월 19일의 '검은 월요일(Black Monday)'이 시작이었다. 이날 미국 주식시장은 하루 만에 20퍼센트 넘게 폭락했다. 그다음에는 1994년 12월 20일 멕시코가 하루 동안 페소를 15퍼센트나 평가절하한 테킬라 위기(Tequila crisis)가 일어났다. 세 번째로 임계점에 도달한 것은 1998년 8월 17일에 러시아가 루블을 평가절하하고 국가부도를 선언하여 결국 LTCM 붕괴를 유발했을 때였다. 네 번째는 2007년 6월 20일 베어스턴스 산하의 헤지펀드 두 곳이 구제금융을 받고도 회생하지 못하면서 이듬해 리먼브라더스 사태를 일으킨 때였다. 현재 자본시장은 물리학자들이 말하는 초임계상태에 있다. 결정적 사건 하나가 연쇄반응을 일으키다 파괴적 결말을 낳는 상태를 뜻한다. 지난 30년 동안의 연대표만 보더라도 결정적 사건이 진작 일어났어야 했다는 점을 짐작할 수 있다.

이 기간 동안 자본시장에서는 1990년 일본의 자산 거품 붕괴나 2000년 닷컴 거품 붕괴 등 다른 중대사건들도 일어났다. 두 차례의 거품 붕괴는 투자자들에게 막대한 손실을 입혔지만 전 세계 금융 시스템 전반에 영향을 끼친 것은 아니었다. 2016년 6월 23일 시행된 브렉시트* 투표에 대한 반응도 결정적 사건이 될 조짐이 보이지만 아직까지는 아니다. 유럽과 영국 중앙은행의 약속 덕분에 브렉시트의 파장은 당분간 억제될 전망이다. 중앙은행의 조치는 원자로 조종사가 방사성 노심에 제어봉을 삽입하여 용융을 막는 것과 비슷하다.

1987년, 1994년, 1998년, 2007년의 촉매제는 모두 초임계상태를 유발했다. 중앙은행과 다른 정책기관이 대대적으로 개입하고 나서야 위기의 연쇄반응이 약화됐다.

나는 은행인, 헤지펀드 임원, 분석가 등 각기 다른 자격을 지니며 네 번의 위기를 경험했다. 먼저 일어난 세 번의 위기는 예측하지 못했다. 그냥 일어난 위기들이었다. 적어도 당시에는 그렇게 보였다. 나는 최선을 다해 노력한 결과 세 번의 위기를 빠져나올 수 있었다. 특히 1998년의 경험을 바탕으로 나는 위험의 통계적 특성을 정확히

---

* Brexit, 영국의 EU 탈퇴

이해하는 데 필요한 모형을 연구하고 개발했다. 그러고 나서 1987
년, 1994년, 1998년을 돌이켜보고 그 위기들이 '그냥 일어난' 위기
가 아니라 충분히 예상할 수 있었던 위기임을 깨달았다. 제대로 된
모형을 활용했다면 늦어도 내가 경고했던 2005년에는 2007년 위기
를 예측할 수 있었을 것이다.

이런 모형을 활용해 앞을 내다보면 마음이 어수선해진다. 이번에
도 시스템이 붉은빛으로 깜빡이고 있기 때문이다.

THE ROAD

TO RUIN

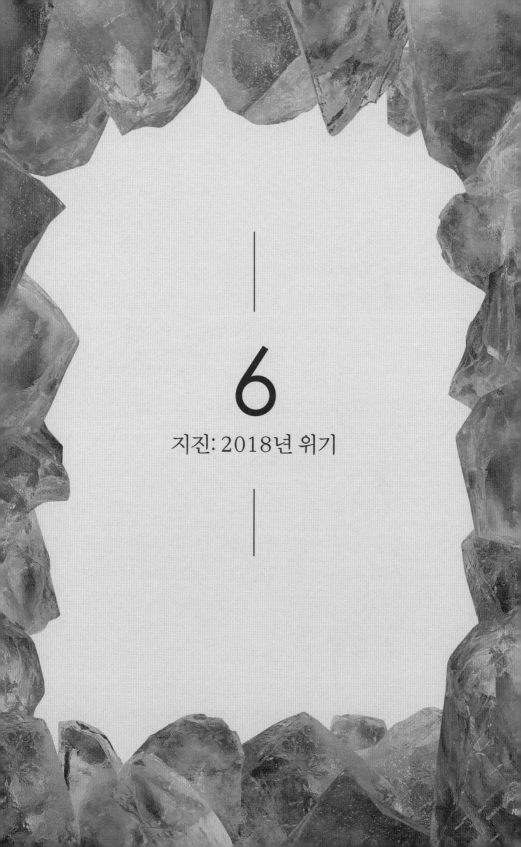

6

지진: 2018년 위기

우리가 만든 혼잡하고 서로 연결되었으며 도시화된 데다
핵무기로 무장한 세계가 휘청거리다 새로운 암흑기로 들어서기라도 한다면
그것처럼 무서운 일이 없을 것이다.[1]

– 이언 모리스, 스탠퍼드대학 교수

얼굴 없는 남자

"아직 못 했어요." 연준이 1998년과 2008년에 터진 것과 비슷한 심각한 거품을 찾아냈느냐는 내 질문에 존 포스트는 이렇게 대답했다. 우려를 자아내는 말이었다. 연준이 과거의 위기에서 얻은 교훈이 거의 없음을 알 수 있었다. 터지기 일보 직전인 거품을 아직까지도 발견하지 못했다면 연준은 거품 붕괴를 막지 못할 것이다.

포스트는 벤 버냉키 의장이 2012년에 직접 인선하여 연방준비제도이사회(FRB)의 특별 자문을 지내고 있는 연준 내부자다. '내부자'라는 말은 대개 막연히 어떤 기관에 발만 들여놓았으며 핵심층에는 포함되지 못한 사람을 가리킬 때 사용된다. 이처럼 막연한 어법이 포스트에게는 적용되지 않는다. 그가 연준에서 맡은 역할을 따져본다면 '내부자 중의 내부자'가 더 적당한 표현이다.

2012년 1월에서 2014년 8월까지인 그의 임기 중에 버냉키에서 재닛 옐런으로 연준 의장이 교체됐다. 그의 역할은 다방면에 걸쳐 있었지만 주된 업무는 커뮤니케이션이었다. 커뮤니케이션이라 해서 대국민 홍보나 언론 홍보를 생각하면 안 된다. 포스트는 상담역으로서 포워드 가이던스*의 언어를 책임지는 인물이었다.

포워드 가이던스는 제로 금리나 저금리가 대세인 세상에서 중앙은행의 중요한 통화정책 수단이 된다. 연준은 시장 예측을 조작하는 데 포워드 가이던스를 이용한다. 시장 예측을 조작하면 금리를 조정하지 않고도 통화긴축이나 완화를 달성할 수 있다. 한마디로 금리에 대한 예측을 바꾸는 것이다. 예측 조작은 연설문, 성명서, 회의록, 언론 유출 등 언어를 매개로 이루어진다. 그 언어가 바로 포워드 가이던스다.

포스트는 연준 이사는 아니었지만 의장과 윌리엄 더들리 뉴욕 연방준비은행 총재에 이어 세 번째로 막강한 권한을 가졌다고 전해진다. 외부에 잘 알려지지 않은 인물이었기 때문에 오히려 훨씬 강력한 권한을 휘두를 수 있었다. 단어 몇 개로 시장을 들었다 놓았다 하면서 영향력을 행사했다. 스파이 소설의 표현을 따르자면 그는 '얼굴 없는 사람'이었다.

포워드 가이던스를 글로 작성하는 것은 예삿일이 아니다. 일반인에게 공개하는 내용을 정확한 문장으로 풀어내려면 연방공개시장

---

* forward guidance. 금융정책의 방향을 미리 알리는 조치로, 2008년 금융위기 이후 미국과 영국 등의 중앙은행들이 시장 우려의 완화를 주된 목적으로 하여 새로 도입한 통화정책 수단

위원회(FOMC) 내부의 운영 방식은 물론 버냉키와 옐런의 개인적 시각까지 속속들이 파악하는 과정이 필수였다. 포스트는 재직 기간 동안 화려하고 천정 높은 FRB에서 열리는 FOMC 회의에 거의 빠짐없이 참석했다. 그의 임기 동안 3차 양적완화로 불리는 연준 사상 최대 규모의 통화 발행 프로그램이 시행되었고, 버냉키는 2013년 연설을 통해 통화량을 줄이겠다고 위협했다. 그해 12월 실제로 통화 발행량이 줄어들기 시작했다.

FOMC 회의가 열리지 않을 때면 그는 버냉키와 옐런의 집무실에서 시장에 영향을 미칠 만한 단어와 표현을 생각해내고 이를 시험하기 위해 브레인스토밍을 했다. 나중에 내가 그의 역할에 관해 묻자 버냉키는 "맞아요. 존의 사무실은 내 사무실의 바로 복도 건너편에 있었어요"라고 말했다. 포워드 가이던스에 관해서만큼은 그가 연준의 브레인이었던 것이다.

포스트는 케인스주의와 통화주의를 막론하고 학계에서 명망이 높다. 그는 1988년 UC버클리에서 박사학위를 받았다. 옐런은 연준의 고위 관료로 임명되기 전에 UC버클리 교수였다. 포스트의 학위 논문을 지도한 사람은 옐런의 남편이자 노벨경제학상 수상자인 조지 애컬로프다. 포스트는 1981년부터 2006년까지 연준에서 다양한 역할을 하다 마지막에는 국제 금융국 부국장에 올랐다. 요는 포스트가 2012년 FRB로부터 자문을 맡아달라는 부름을 받았을 때 연준의 사정을 모르는 사람이 아니었다는 점이다.

그가 퇴임하고 얼마 지나지 않은 2015년 1월 20일, 나는 뉴욕의 유명한 스테이크하우스 개인실에서 그와 함께 저녁을 먹었다. 그 식당의 실내 장식은 스테이크하우스답게 짙은 색 목재, 황동 장식, 흰

색 식탁보, 어둑한 조명으로 꾸며져 있었다. 나와 포스트는 몇 년 동안 알고 지낸 사이였지만, 그날 우리는 버냉키가 2012년 그를 기용한 이후 처음으로 사적인 만남을 가졌다. 우리는 한 뼘 정도 사이를 두고 서로 직각으로 앉아 연어, 크렘 브륄레*에 훌륭한 와인을 곁들여 먹으면서 두 시간 넘게 대화했다. 포스트는 레드와인을, 나는 늘 마시던 화이트와인을 마셨다.

나는 FOMC 위원들의 연설과 글을 챙겨보기도 했고, 연준 이사나 총재와 가끔씩 대화도 나누었기 때문에 그의 FOMC 동료들에 대해 말거리가 있었다. 그 덕에 그와 정책뿐 아니라 인물평까지 나눌 수 있었고 대화는 한층 더 활기를 띠었다.

내가 특히 관심을 갖고 있던 인물은 제러미 스타인이었다. 스타인은 2012년 5월부터 2014년 5월까지 연준 이사 겸 FOMC 위원을 지냈다. 그는 포스트와 임기가 겹쳤다. 나는 스타인에게서 연준의 제로 금리정책이 보이지 않는 위험과 거품의 동력을 만들어낸다는 점을 유일하게 기술적으로 이해하는 연준 이사라는 인상을 받았다. 당시는 댈러스 연방준비은행 총재 리처드 피셔를 비롯한 일부 FOMC 위원이 '금리를 인상해야 하며, 그렇지 않으면 위험하다'는 의견을 공공연하게 밝히던 때였다. 그러나 피셔나 그와 생각이 비슷한 찰스 플로서 필라델피아 연방준비은행 총재가 금리인상을 주장한 데는 직관적이고 포퓰리즘적 이유가 작용했다. 저금리 덕에 월가 금융인들이 레버리지로 자사주를 마음껏 매입해 재산을 불리는 반면에 예

---

* creme brulee, 차가운 크림 커스터드 위에 유리처럼 얇고 파삭한 캐러멜 토핑을 얹어 내는 프랑스의 디저트

금주들은 부당하게도 온당한 대가를 받지 못하는 것을 생각하면 어느 정도 일리 있는 이유였다.

스타인은 그들보다 교묘했다. 그는 무슨 일이 일어나고 있는지 꿰고 있었다. (교환당사자가 다른 거래에 우량담보를 제공하기 위해 불량담보를 우량담보로 교환하는) 자산 스와프 때문에 보이지 않는 레버리지가 증가하고 있었다. 스타인은 규제 강화 때문에 '그림자 금융'이라 부르는 탈중개화 현상이 나타났고, 2008년 붕괴 때보다 금융 시스템이 악화됐다는 사실을 알고 있었다. 그가 파생금융상품 위험이 순가치가 아니라 총명목가치에 있음을 간파했다는 것은 연설과 저술에서 명확하게 드러났다. 스타인은 거품의 원동력이 무엇인지 파악하고 있었다. 그런 그가 FOMC를 떠났다. 이제 FOMC에는 스타인이 간파한 것을 알아차린 인물이 아무도 없는 듯했다.

나는 포스트에게 직설적인 질문을 던졌다. 스타인은 연준 내부에 경보를 울린 사람이었다. 그의 분석은 엄밀하지만 포퓰리즘적이지 않았다. 게다가 그는 2008년 공황이 일어나고 얼마 지나지 않아 거품이 또 붕괴되면 한 세대 동안 신뢰가 완전히 무너지며, 지난 위기 이후 세계경제를 자립 과정에 올려놓기 위해 연준이 실행한 일이 모두 물거품이 된다는 사실을 알았다. 나는 몸을 숙이고 그에게 물었다. "옐런도 스타인이 찾아낸 걸 찾아냈나요? 시장에서 거품을 발견했나요?" 당시 그의 대답은 "아직 못 했어요"였다.

그 대답으로 나는 많은 것을 알 수 있었다. 특히 연준이 아직도 구식 모형에 매달리고 있다는 사실을 알 수 있었다. 연준이 거품을 터뜨려서는 안 되며 거품이 붕괴된 뒤 나타나는 난장판을 치워야 한다는 생각은 오랜 역사를 지닌다. 그 기원은 적어도 대공황의 원인을 다룬 밀턴 프리드먼과 애너 슈워츠(Anna Schwartz)의 고전적 저작으로 거슬러 올라간다. 프리드먼과 슈워츠는 연준이 1928년 주식시장의 거품을 터뜨리기 위해 금리를 인상한 것을 비판했다. 인플레이션이 극심하지 않은 때 연준이 금리를 올림으로써 1929년 당시 그해 10월 주가폭락의 직접적인 원인이 된 경기후퇴가 나타났다는 주장이다. 1929년 10월의 주가폭락은 대공황의 신호탄으로 자주 언급된다.

앨런 그린스펀과 버냉키도 프리드먼과 슈워츠의 비판에 동조한다. 그린스펀은 1996년에 닷컴에 생기기 시작한 거품을 2000년 저절로 터지도록 내버려두었다는 이유로 찬사를 받았다. 그린스펀은 심각한 경제적 손실이나 금융 시스템의 전염을 유발하는 일 없이 '난장판을 청소'했다. 버냉키도 방대한 저술이나 대공황의 원인을 언급한 2004년 3월 2일 연설을 통해 그린스펀과 거품에 대한 접근법이 동일함을 드러냈다.

그러나 그린스펀-버냉키의 접근법은 역사를 잘못 이해한 결과물이며 최근에 일어난 일들과도 모순된다. 연준이 1928년 금리를 인상한 것은 실수였지만 문제는 거품을 공격한 것이 아니라 금본위제의 기본 원칙을 따르지 않은 데서 발생했다. 1928년 금본위제를 시행하던 미국에 유럽으로부터 엄청난 양의 금이 유입됐다. 통화와 관련된 기본 원칙에 따르면 통화 완화가 필요했다. 이론적으로 통화 완화는 인플레이션을 유발하고, 수출가격을 올리며, 유럽으로 다시 금을 유입시킴으로써 금 물량의 균형을 유지해준다. 금리인상은 미국으로 유입되는 금 물량을 증가시키고 미국 이외 지역의 유동성을 떨어뜨렸다. 금리인상은 금본위제와 정면으로 배치되는 정책이었기 때문에 대공황의 직접적인 원인이 된 것이다.

그린스펀과 버냉키가 놓친 것은 오늘날에는 금본위제는커녕 그 어떤 통화본위제도 존재하지 않는다는 사실이다. 통화정책을 평가할 본위제가 없는 상황에서는 연준이 그저 거품을 방관하기보다 통화정책이 거품의 원인인지 골똘히 생각해야 한다. 그러나 연준의 금리인상과 인하는 금의 유입량이 아니라 일시적인 기분이나 물가안정실업률*, 필립스곡선** 같은 인플레이션과 실업률 간의 엉터리 상관관계에 좌우되고 있다.

최근 경험을 통해 그린스펀이 닷컴 거품 붕괴 이후의 난장판을 그다지 말끔히 청소하지 못했다는 사실이 드러났다. 그는 사태 수습을 위해 너무 오랫동안 지나친 저금리 기조를 유지했다. 이는 주택담보대출 거품과 2008년 세계 금융위기로 직결됐다. (나중에 옐런이 계승했지만) 버냉키는 2008년에서 2015년 사이에 제로 금리정책을 유지함으로써 파괴 가능성을 내포한 그린스펀의 실수를 되풀이했다.

제대로 된 분석은 거품이 자동적으로 위험을 유발하지 않는다는 것이다. 중요한 점은 그 거품이 채무에 의해 과열되었느냐 여부다. 닷컴 거품은 채무보다 일찍이 그린스펀이 말한 '비이성적 과열'에 의해 부풀어 올랐으며 붕괴했을 때 투자자 손실을 유발했지만 상대적으로 거시경제에는 별 다른 피해를 끼치지 않았다. 반대로 주택담

---

* Non-Accelerating Inflation Rate of Unemployment., 물가상승률이 더 높아지거나 낮아지지 않고 안정적으로 유지될 수 있는 수준의 실업률

** Philips curve, 실업률과 화폐임금상승률 사이에는 매우 안정적인 함수관계가 있음을 나타내는 모델로서 영국의 경제학자 윌리엄 필립스에 의해 발표되었다.

보대출 거품은 전적으로 채무와 파생금융상품 때문에 일어났으며, 대공황 이후 가장 극심한 경기후퇴를 몰고 왔다. 거품이라고 다 같은 것은 아니다. 스타인은 그 점을 아는 인물이었다.

거품의 역학을 이해하기에는 채무보다 레버리지가 좀 더 적절한 기준이 된다. 레버리지에는 전통적인 대출 외에 파생금융상품도 포함된다. 이 역시 스타인의 놀라운 통찰이었다. 버냉키와 옐런은 채무 기반의 거품과 그렇지 않은 거품을 구분하지 못했을 뿐 아니라 파생금융상품이 일종의 채무라는 사실도 깨닫지 못했다. 최근 등장한 자산 거품은 2016년까지도 확대되었는데, 채무와 파생금융상품 때문에 발생했으므로 나쁜 유형이었다. 옐런의 시대착오적 무간섭주의 정책 때문에 그 차이점이 간과됐다.

경제학자가 공황을 예측하지 못하는 것은 어제오늘 일이 아니다. 가장 큰 망신을 당한 사람은 저명한 경제학자 어빙 피셔였다.[2] 그는 이틀 만에 주가를 24퍼센트나 떨어뜨린 1929년 10월 28일의 주가폭락 며칠 전에 주가가 '영구적 최고점'에 도달한 것으로 보인다고 내다봤다. 폭락이 계속되면서 주가는 1932년 밑바닥을 치기까지 1929년의 최고점 기준으로 80퍼센트나 하락했다. 굳이 이 사례를 드는 이유는 피셔를 조롱하기 위해서가 아니다(그는 20세기가 낳은 가장 탁월한 경제학자 중 한 명이다). 그보다는 경제학자, 그중에서도 연준의 경제학자들이 거품을 전혀 간파하지 못한다는 점을 강조하기 위해서다.

복잡성 이론, 인과관계 추론, 행동경제학을 활용한 모형은 거품을 꽤 정확히 파악해낸다. 그러나 거품이 정확히 언제 붕괴할지는 여전히 예측하기 어렵다. 유발 요인이 미세하고 스토캐스틱이 경로의존적이기 때문이다. 스타인과 연준 이사 릭 미슈킨은 재귀함수를 사용해 그런 위험을 파악하는 데 가장 큰 진전을 이루었다. 나는 연준이 그들의 생각을 신기해하기보다 진지하게 받아들이기를 바랐다. 그러나 포스트의 대답으로 내 바람은 산산조각이 났다. 옐런은 평소처럼 거품이 없다고 생각하는 것이 분명했다.

포스트의 대답에서 '아직'이라는 말도 내게 불안감을 안겼다. 그 말은 거품이 생성되고 있어도 아직은 제어할 시간이 있다는 뜻으로 들렸다. 중앙은행이 풍선의 바람을 조금씩 뺄 수 있다는 믿음이 담긴 말이었다. 이런 생각은 온도조절기에 비유할 수 있다. 집 안이 너무 추우면 다이얼을 돌려 온도를 올리면 된다. 집 안이 너무 더우면 다이얼을 돌려 온도를 내린다. 그는 경제정책의 조정을 선형적이고 원상복구가 가능한 과정으로 보는 듯했다. 다이얼만 돌리면 된다는 식이다.

그러나 경제는 온도조절기보다 원자로에 가깝다. 원자로도 다이얼로 조절 가능하다. 그러나 그 과정은 선형적이지도, 원상복구가 늘 가능하지도 않다. 초임계상태에 이르면 원자로의 노심이 녹아내린다. 그때부터는 아무리 다이얼을 돌려도 노심의 온도를 낮출 수 없다. 원자로는 자본시장과 마찬가지로 복잡계다. 포스트는 연준이 자본시장의 행동 방식을 모른다는 것을 무심코 드러낸 셈이다.

포스트는 양적완화와 관련해서는 거품에 대한 발언과 대조적으로 참신한 의견을 내놓았다. 그는 연준 내부 사람들도 양적완화의 효과가 애매하다고 생각한다는 점을 솔직히 시인했다. 아무런 조치도 취하지 않느니 양적완화라도 시도하는 편이 나았을 것이다. 그러나 조금이라도 긍정적인 효과가 있었는지는 확실치 않다.

버냉키도 2015년 내게 그 점을 인정했고, 나와 사적으로 만난 FOMC 위원들도 비슷한 말을 했다. 그들은 2008년 이후 자기들이 무슨 일을 하는지 잘 몰랐다는 점을 인정했다. 버냉키는 대공황시대의 루스벨트 대통령을 본보기로 삼았다고 말했다. 루스벨트는 임시변통의 대가였다. 루스벨트 행정부는 정책을 추진할 때 감에 의존하다시피 했다. 잘될 것 같은 감이 드는 정책을 추진하는 식이었다. 그렇게 해서 성공한 정책도 있었지만 실패한 정책도 있었다. 어느 정도 효과는 있었지만 대놓고 불법적이라 나중에 위헌 판결을 받은 정책도 있었다. 루스벨트에게는 중요한 일이 아니었다. 경제 위기에서 벗어날 가능성이 있다면 뭐든 시도해야 한다는 것이 그의 신조였다. 루스벨트는 위기 때는 가만히 있는 것보다 뭐라도 하는 편이 낫다고 믿었다. 버냉키는 내게 루스벨트의 접근법에 동의한다고 말했다.

실제로는 상황에 따라 다르다. 마구잡이로 발버둥 치느니 가만히 있는 것이 나을 때도 있다. 본질적으로 고대 의사의 선언문인 히포크라테스 선서에도 비슷한 내용이 담겨 있다. 요즘 말로 옮기면 "나는 '모른다'는 말을 수치스럽게 생각하지 않을 것입니다. (중략) 무엇보다도 나는 결코 신을 흉내 내지 않을 것입니다" "예방이 치료보다 바람직합니다" 정도 되는 내용이다. 역사 기록을 살펴보면 루스벨트의 미봉책이 아니었더라면 대공황은 더 일찍 끝났으리라는 것이 명확하게 드러난다. 2008년 이후 '추세 미만의 성장(below-trend growth)'이 계속되면서 경기침체가 길어지고 있는데, 이는 버냉키-옐런의 미봉책이 유발한 불확실성 때문이다. 경제체제가 불확실할 때는 자본이 파업에 돌입한다.

포스트는 FOMC 회의 직후에 배포되는 보도자료를 작성하는 과정에 대해서도 허심탄회하게 털어놓았다. 그는 '어처구니없다'는 말로 그 과정을 설명했다. 단어에 함의를 다는 일 없이 그저 자료를 수정하기 위한 목적으로 단어를 바꾸는 일이 많다는 것이었다. 보도자료를 읽는 사람들은 그것도 모르고 갖은 해석과 기호학적 분석을 통해 숨은 의미를 찾아내려 했다. FOMC 성명서는 보통 정책 변화를 시사하지 않는 내용과 통화긴축을 시사하는 내용 등 두 가지 초안으로 작성된다. 한번은 버냉키가 그 두 가지 초안을 훑어보다가 고개를 들고 포스트에게 이렇게 물었다. "둘 중 뭐가 나쁘지?" 한마디로 FOMC 보도자료는 별 뜻을 담고 있지 않았고 그저 보이기 위한 용도였다.

포스트에게 보도자료 작성보다 더 중요한 업무는 《월스트리트저널》의 기자 존 힐전래스(Jon Hilsenrath)에게 전화해 단어 선택과 상관없이 연준이 어떤 의미를 전달하고자 하는지 설명하는 일이었다. 힐전래스는 연준이 의도하는 의미를 담아 충실히 보도했고 시장은 예상대로 반응했다. 철학자 미셸 푸코가 본다면 자기 이론이 맞지 않느냐며 뿌듯해할 법한 상황이었다.

포스트와 나는 정책 사안에 대해 한 시간 정도 대화하다가 화제를 바꿔 2008년 직후의 일을 역사적 관점에서 논의했다. 나는 연준에 비판적인 입장이었지만 적어도 연준의 전략이 잘못됐다고는 생각지 않았다. 그렇다면 여기서 한 가지 의문을 제기해볼 수 있었다. 당시 연준이 지금 아는 것을 알고 있었다면 같은 길을 택했을까?

의문의 전제는 간단했다. 연준은 2010년 2차 양적완화를 단행할 때 2011년이 되기 전에 견조한 경기 실적이 나타나리라 예상했다. 2012년 9월 3차 양적완화를 시행할 때도 그것이 해가 바뀌기 전에 견조한 경기 실적으로 이어지리라 기대했다. 그러나 기대와 달리 경제성장은 실현되지 않았다. 물론 경기가 악화된 것은 아니고 일 자리도 창출됐다. 그러나 실질성장률이 잠재성장률에 한참 미달하 는 미미한 수준이었다. 두 차례의 양적완화가 양끝이 가파른 절벽 으로 된 협곡이나 막다른 골목처럼 탈출구 없는 상황에서 이루어 졌던 것일까?

포스트는 내 질문에 직접적으로 대답하지 않았다. 그 대신에 50년 이 지나면 "벤 버냉키와 비슷한 신세대 학자가 등장해 1930년대와 우리 시대를 돌이켜보며 비교해 어떤 접근법이 성공했고 어떤 것이 실패했는지 따져볼 겁니다. 그 사람한테는 두 개의 데이터포인트*가 있을 테니까요"라며 생각에 잠긴 표정으로 말했다. 데이터포인트라 는 학술용어를 아무렇지도 않게 언급하는 것을 보면서 연준의 생각 을 엿볼 수 있었다.

연준 사람들은 시대착오적 균형 모형 외에도 빈도주의(frequentist) 통계법에 매달린다. 빈도주의 접근법은 다른 통계법, 특히 베이즈 정리를 토대로 하는 추론법과 대조적이다. 빈도주의 접근법과 베이 즈주의 접근법은 둘 다 원인과 결과를 통해 예측을 산출한다. 다른 이분법적 논쟁과 마찬가지로 최근 몇 년 동안 서로의 이점을 받아들 임에 따라 어느 정도 통합되기도 했다. 그러나 둘 사이의 경계선은 여전히 명확하다.

빈도주의자는 방대하고 장기적인 시계열 데이터 세트가 있어야 통계적으로 유효한 결론을 내릴 수 있다고 주장한다. 데이터가 많고 오랜 기간 취합될수록 정확한 결론이 나온다는 뜻이다. 그들은 방대 한 데이터 세트를 분류하고 분석함으로써 인과관계에 대한 가설을 세우고 변칙성을 포착한다. 그리고 그렇게 산출된 결과를 미래의 행동을 예측하는 근거로 삼는다.

경제학에서 사용되는 빈도주의 통계법으로는 몬테카를로 시뮬레이션이 대표적이다. 컴퓨터로 수백만 번에 걸쳐 룰렛바퀴 모형을 회전시키거나 디지털주사위를 굴려 얻은 산출값을 연결수분포**로 나타냄으로써 특정 산출값이 나타나는 빈도를 관찰하고, 앞으로 나타날 결과를 비교적 정확히 예측할 수 있는 기법이다. 데이터가 많을수록 관찰 빈도가 증가하므로 통계학자도 좀 더 확실한 예측을 내놓을 수 있다. 그래서 이 방법에는 '빈도주의'라는 말이 붙는다.

베이즈주의 접근법은 불가피하게 충분한 데이터를 확보하지 못한 경우에 사용된다. 생사가 걸린 문제를 해결해야 하는데 데이터포인트가 한 가지뿐이라면 베이즈 정리가 해결책을 찾는 데 도움을 줄수 있다. 베이즈주의 접근법으로는 데이터 세트가 작거나 심지어 전혀 없을 때도 문제를 해결할 수 있다.[3] 이들은 사전에 추정을 하고이를 이용해 가설을 세운다. 사전추정은 역사, 상식, 직관, (부족하나마 존재하는) 데이터 등의 요인을 이용해 산출한다. 그런 다음 확보한 것 중 가장 타당한 근거를 토대로 참일 확률을 구하고 이 확률을사전추정에 반영한다. 데이터가 전혀 없을 때는 사전추정에 불확실성의 근사치인 50대 50 확률을 반영한다.

베이즈주의자는 후속적인 관찰을 이용해 사전추정을 검증하는 식

---

* data point, 데이터 안에서 규명할 수 있는 요소
** degree distribution, 연결수란 어떤 네트워크에서 무작위로 선택된 교점이 다른 교점과 맺는 관계의 수를 말한다. 연결수분포는 네트워크 내에서 연결수의 확률분포를 의미한다.

으로 유추하는 방법이다. 각각의 후속 사건에 대해서는 가설이 참일 경우 일어나거나 일어나지 않을 확률을 별도로 구한 다음 사전추정이 참일 확률을 높이거나 낮춘다. 시간의 흐름에 따라 사전추정은 점점 강력해져 90퍼센트 확률에 이르거나 점점 약화되어 폐기된다. 정통 베이즈주의자라면 후속 관찰이 본래의 가설에 미치는 영향에 대해 열린 시각을 유지한다. 빈도주의자는 자료가 없는 상황에서 사전추정을 세우고 확률을 부여하는 베이즈주의에 대해 어림짐작이라며 진저리 친다. 그들은 베이즈주의가 부두교*의 주술보다 조금 나은 수준의 비과학적 방법이라 생각한다.

베이즈주의자는 실용주의를 근거로 빈도주의자의 주장을 반박한다. 데이터가 충분치 않지만 한시도 지체할 수 없는 상황이라면? 잠수함 유보트의 식량보급선 봉쇄를 뚫기 위해 나치 독일의 이니그마 암호를 해독해야 한다면? 빈도주의 접근법대로 충분한 데이터를 확보할 때까지 기다렸다면 영국인은 굶주림을 견디다 못해 독일에 항복했을 것이다. 이런 이유 때문에 베이즈 통계학은 군사나 첩보작전에 광범위하게 사용되고 있다. 군사나 첩보작전을 수행하는 사람들은 생사가 걸린 문제를 다루어야 하기에 시간을 들여 데이터를 취합할 여유가 없다.

포스트의 발언은 속속들이 빈도주의에 기반하고 있었다. 사실 2007년에서 2015년 사이 버냉키와 옐런이 시행한 정책들의 데이터

---

* 아프리카에서 서인도 제도의 아이티로 팔려 온 노예 흑인들 사이에서 믿던 종교. 북 치고, 노래하고, 춤추는 행위를 통하여 주술적 힘을 발휘할 수 있다고 믿는다.

포인트가 대공황 한 가지뿐이었다는 그의 말은 변명에 가까웠다. 버냉키는 대공황 연구의 양대 거두인 프리드먼과 슈워츠 다음으로 그 분야에 정통한 통화주의자로 꼽힌다. 그의 말대로라면 50년 후 활약할 정책입안자는 경제 공황에 직면했을 때 1929년과 2008년의 경기침체를 연구하고 대학졸업 시험문제를 푸는 식으로 두 가지 정책적 대응을 비교하고 대조해볼 수 있을 것이다. 후세가 평가해주리라는 것은 포스트만의 생각이 아니었다. 버냉키도 내게 같은 견해를 표명했다. 그는 자신의 정책이 성공적이었는지 판단하기에 아직 이르다고 신중한 표정으로 말했다. 학자들이 판단을 내리는 데는 수십 년이 걸릴 것이라 했다.

버냉키-포스트의 빈도주의적 사고방식에 대한 내 평가는 이렇다. 한 세기당 데이터포인트 한 가지의 비율로 연구하다가는 2525년이나 되어야 통화정책과 경기침체의 연관성을 대략적으로나마 이해할 수 있을 것이다. 포스트의 말대로라면 2008년 위기가 닥쳤을 때 버냉키는 참고할 수 있는 기준이 한 가지뿐이었고, 그는 할 수 있는 한에서 최선을 다했다. 흥미롭게도 옐런이 연준의 직책을 맡은 도중에 교수로 재직한 UC버클리는 지난 세기에 빈도주의 통계학의 학문적 기반이 마련된 곳이기도 하다. 옐런은 버냉키보다 한층 더 데이터와 모형을 중시한다.

연준이 베이즈 통계학 기법을 제대로 파악하지 못한 것은 이 세계로서는 매우 불행한 일이었다. 학자에서 중앙은행가로 변신한 사람들이 자기들의 실패를 스스로 납득하기 위해 수십 년 동안 데이터가 쌓이기만을 기다렸으니 자본시장은 연속적인 재앙을 겪을 수밖에 없었다.

포스트와 나는 식당에서 한 블록 떨어진 월도프애스토리아* 호텔로 향했다. 그리고 이름 한 번 잘 지은 불앤베어** 바에서 저녁을 마무리했다. 우리는 그곳에서 만난 헤지펀드 억만장자 데이브 놀런이 세심하게 선택한 장기 숙성 스카치위스키를 놀런과 그의 동행인 세계 정상급 생물학자 베벌리 웬들랜드(Beverley Wendland)와 함께 마셨다. 우리는 당시 막 학계로 돌아간 포스트를 위해 건배했다. 나는 그에게 '연준 탈출'을 축하한다고 말했다.

불행히도 세계경제는 탈출구가 없다.

/ 금의 힘 /

파멸의 원인보다 시기만 궁금히 여기는 투자자는 복잡성 이론이라는 렌즈로 시장 붕괴를 예측하는 일 자체에서 만족감을 얻지 못한다. 부분적으로는 탐욕 때문이다. 투자자들은 자본시장이 붕괴하리라는 데는 동의할지 몰라도 실제로 붕괴할 때까지 투자를 멈추지 못할 것이다. "주식에 거품이 생겼다는 건 알지만 수익이 너무 좋아 그만둘 수가 없다. 붕괴 바로 전날 연락하라. 모든 것을 팔아치워 현금으로 갈아타고 금을 사서 수익을 유지할 것이다. 내 전화번호를 주

* Waldorf Astoria hotel, '뉴욕의 왕궁'이라는 별칭을 가진 미국 최고급 호텔
** Bull and Bear, 황소와 곰

겠다"고 하는 식이다.

이런 성향의 투자자에게는 아무도 정확한 시간이나 날짜를 알지 못한다는 것밖에는 달리 해줄 말이 없다. 분석이 부족해서가 아니라 과학적인 이유에서다. 복잡성의 본질은 초기 조건의 보이지 않는 변화가 근본적으로 판이하고 시스템 전반에 영향을 미치는 결과를 낳는다는 것이다. 시장의 특성은 비선형성과 사실상의 비결정성이다. 원인과 붕괴 사이에는 인과관계가 있을지도 모른다. 그러나 있다고 하더라도 너무 미약해 관찰할 수 없는 데다 그 시기를 예측하기도 어렵다. 시장 붕괴를 예측하는 일은 지진을 예측하는 일이나 다름없다. 반드시 일어나리라는 점은 확실하고 그 규모를 예측하는 일도 가능하지만 정확히 언제 일어날지는 절대 알 수 없기 때문이다.

물론 모래더미쌓기 실험이나 세포자동자를 사용한 컴퓨터시뮬레이션 등의 과학 실험으로 극단적 사건의 연결수분포를 밝혀내는 것은 가능하다. 그러나 그런 실험을 100만 번 한다고 해도 어떤 모래알갱이가 모래더미를 무너뜨릴지는 예측할 수 없다.

단일한 원인이 아닌 시스템 전체의 불안정성은 투자자의 부를 파괴한다. 불안감이 든다면 눈송이에 집중할 것이 아니라 눈사태에 대한 경계를 게을리하지 말아야 한다. 그럼에도 눈송이를 찾는 일은 흥미를 자극한다.

그렇다면 가장 큰 타격을 끼칠 눈송이는 무엇일까? 바로 주요 은행이 실물 금을 인도하지 못하는 상황이 알려지는 것이다. 이런 일이 발생하면 시장은 2007년 주택담보대출 부도 때와 마찬가지로 타격을 입을 것이다. 예상 가능한 결과로는 금의 공황매수*, 금값의 슈퍼스파이크**, 다른 시장으로의 파급효과 확산 등이 있다.

금은 세계에서 가장 덜 알려진 유형의 자산이다. 원자재처럼 거래되기 때문에 혼동하기 쉽지만 금은 원자재가 아니라 화폐다. 수만 톤의 금을 금고에 쌓아두고 있는 국가들은 의도적으로 둘을 구분하지 않는다. 중앙은행도 금이 화폐임을 알지만 일반인이 그 사실을 아는 것은 원치 않는다.

그러나 정부 관료들의 부인에도 불구하고 과거부터 현재까지 채굴된 금의 15퍼센트에 해당하는 3만 5000톤이 정부 금고에 있다는 사실 자체가 금의 화폐 역할을 입증한다. 1974년 공식적으로 금의 화폐 기능을 박탈한 국제통화기금도 2800톤을 보유하고 있다. 중앙은행의 중앙은행으로 불리는 스위스의 국제결제은행이 자체 계정으로 보유한 금은 108톤에 달한다. 중앙은행과 재무부는 구리, 알루미늄, 강철은 비축하지 않지만 금은 비축한다. 중앙은행이 금을 쌓아두는 이유는 뻔하다. 금이 화폐이기 때문이다. 그러나 중앙은행은 달러나 유로 같은 명목화폐를 선호하는 척해야 하기 때문에 금에 대한 기만을 지속할 수밖에 없다. 자신들이 명목화폐의 발행을 독점하고 있기 때문이다. 중앙은행은 금을 독점하지는 않는다. 적어도 아직까지는 아니다.

금의 본질을 혼동하는 현상 때문에 거래의 양상도 혼란스럽다. 금이 원자재로 거래될 때는 여느 원자재나 마찬가지로 인플레이션, 디플레이션, 실질금리 변동에 반응한다. 뉴욕 상품거래소의 자체 계정 금 거래인이 근월선물[***]을 매도하고 원월선물(back-month futures)을 매수하면 창고료와 운송료를 차감하고도 이익을 남길 수 있다. 이런 상태를 '콘탱고(contango)'라고 한다. 중국이 비밀스럽게 운영하고 있는 국부펀드국가외환관리국(SAFE)을 비롯한 기관 차원의 매수인들은 금 확보 계획을 마치지 못했기 때문에 낮은 가격을 선호한다. 일부 금 보유자는 금 선물거래인들이 뉴욕 상품거래소에 실물 금을 인도하라고 통보하기만을 기다리지만 실물 금이 인도되는 일은 일어나지 않는다. 인도 요구에 부응할 만큼 현물 금이 많지 않기 때문이다. 선물거래인이 실물 금 인도를 요구하면 금 선물거래시장은 곧바로 와해된다. 그런데도 인도를 요구할 까닭이 있을까? 은행과 중개업체는 현재 관행으로 짭짤한 이익을 거두고 있다. 소액투자자든 대형 금융회사든 이익을 내는 금값의 역학 구조를 지금 당장 깨뜨릴 이유가 없다.

금은 현재 원자재가격으로 책정되어 1온스당 1400달러에 거래되고 있지만 앞으로 원자재가격을 돌파하고 화폐로서의 본래 가치인 1온스당 1만 달러를 향해 나아갈 것이다. 거래인들의 반란 때문이 아니라 실물 금시장과 선물 금시장 간의 전달 메커니즘이 파괴될 것이기 때문이다. 금은 실질적으로 화폐임에도 원자재로 인식되지만 앞으로 그 가치는 화폐에 가깝게 조정될 것이 분명하다. 지금도 그런 조짐이 보인다.

2014년 11월 금값 추세가 톰슨로이터의 지속원자재지수(CCI, Continuous Commodity Index)와 극명하게 갈린 것이 그런 조짐 중 하나다. 금은 하나의 지수 구성 요소이고 수년 동안 지수와 같은 추세를

---

* buying panic, 투자자들이 가격이 인상되는 상황에서도 추가 인상을 예상하고 투자상품을 대량으로 매입함으로써 가격급등을 유발하는 현상

** super-spike, 원자재가격이 몇 년간 급등세를 유지하는 현상

*** front-month futures, 선물시장에서 결제월의 만기가 가장 가까운 선물계약

보였다. 놀라운 일도 아니다. 지수의 일부인 요소가 지수를 쫓는 것은 당연하다. 그러고는 2014년 11월 CCI가 급속도로 하향세를 탄 반면 금은 상승세로 이탈했다. 이탈 현상은 2016년 내내 계속됐다. 2014년 11월은 금이 화폐라는 인식이 원자재라는 기존의 인식을 뒤집기 시작한 시점이다.

다른 조짐은 그처럼 두드러지지는 않지만 한층 더 흥미롭다. 2014년 7월 18일 나는 뉴욕의 회원 전용 클럽에서 세계에서 가장 노련한 금괴 딜러로 꼽히는 친구와 함께 저녁식사를 했다. 그 친구가 한 말은 충격적이었으나 내가 홍콩과 취리히에서 들은 이야기와 별반 다르지 않았다.

금융상품으로서의 금 거래에 관해서는 알려진 바가 많지 않다. 금은 추상적 존재가 아니라 물질이다. 실물 금을 다루는 전문가들로는 딜러, 광부, 정제업체 그리고 금을 방탄차량과 전세기로 전 세계에 수송하고 개인 금고를 관리하는 보안 물류업체를 들 수 있다. 이처럼 실물 금에 통달한 사람들을 수시로 만나는 것이 내 습관이다.

클럽 만찬장은 창문이 없으며 조명이 어둡고 전통적인 마호가니 나무판과 굵직한 장식물로 장식되어 전형적인 분위기를 풍기고 있었다. 벽에는 빈틈을 찾아볼 수 없을 정도로 많은 그림이 걸려 있었다. 대부분 보헤미안의 감성이 느껴지는 누드화였다. 그곳은 전통적 화폐인 금을 논하기에 더할 나위 없는 장소였다. 우리는 굴과 껍질이 말랑말랑한 바닷게, 빈티지 샴페인을 들면서 이야기를 나누었다.

그 친구는 2009년에 대마불사 은행이며 세계 최대 금 거래업체인 HSBC가 관여한 사건을 직접 목격했다. HSBC는 뉴욕 공공도서관과 가까운 맨해튼 웨스트39번가에 금 보관소를 운영한다. 금 보관소는 날마다 그곳을 지나치는 수천 명의 행인들이 눈치채지 못할 정도로 외관상으로는 특별할 것이 없다. 웨스트39번가에는 금괴를 싣고 내리는 방탄차량을 댈 수 있는 적재구역이 세 군데 있다. 그중 한 곳은 이중차축 방탄차량 전용 구획이다. 이 차량은 이곳보다 규모가 큰 뉴욕 퀸스의 존에프케네디공항에 있는 브링크 금 보관소로 금을 수송하기 위해 그곳에 대기하는 일이 많다. 존에프케네디공항에서 항공기에 실린 금은 스위스와 상하이 등 세계 곳곳으로 수송된다.

적재구역의 문 너머로는 금을 측정하는 정산실이 있다. 보관할 물량이 많지 않은 딜러들은 금화나 금괴를 어깨에 메는 가방에 넣어 직접 가지고 온다. 정산실은 방탄유리로 덮여 있기 때문에 어느 위치에 있더라도 주위에서 어떤 일이 일어나는지 살필 수 있다. 어느 날 내 친구는 금화 100온스를 예치하기 위해 정산실에 갔다. 그는 400온스 규격의 금괴가 인접한 적재구역에 내려지는 것을 보았다. 그는 정산실 직원에게 "이봐요, 내 금화를 저기에 있는 금괴와 바꿔주세요"라고 농담을 건넸다. 그러자 직원이 시선을 내리깔고 목소리를 낮추며 말했다. "그럴 필요 없어요. 금화가 더 가치 있으니까요." 불순물이 섞이거나 도금이 된 가짜 금괴라는 이야기였다.

친구가 그런 기이한 말을 들은 직후 HSBC가 돌연 대규모 계정을 제외한 고객들의 금괴를 더 이상 보관하지 않겠다고 발표했다. 중소규모의 계정 소유주들은 보관한 금화를 빼달라는 통보를 받았다. 지원 업무를 맡았던 직원 상당수가 해고되었고 그 가운데는 내 친구에게 가짜 금괴에 대해 귀띔해준 직원도 포함되어 있었다. 20년 넘게 실물 금의 예치 사업을 이끌었던 스테퍼니 시프먼(Stephanie Schiffman)은 잠을 자던 도중 때 이른 죽음을 맞이했다.

이야기는 거기서 끝나지 않았다. 얼마 지나지 않아 중국 정부가 불순물이 섞인 금괴와 도금이 된 위조 금화를 적발했다. 모두 HSBC에서 실어 보낸 선적물이었다. 가짜 금괴의 거래를 중개한 HSBC는 원 출처를 중국 정부에 밝히지 않았다. 중국 정부는 제대로 된 금괴로 보상하라고 요구했고 HSBC는 그 요구에 즉각 응했다. 그 결과 이 일은 은폐되었고 곧 잊혔다. 2009년 이후 중국은 금 생산을 확대하고 대량 정제 기술을 개발함으로써 서구 의존도를 차츰 줄여가고 있다. 또 서구에서 400온스 규격의 기존 금괴를 사들일 때는 스위스에서 한 번 더 정제하여 좀 더 순도 높은 1킬로그램 금괴로 재가공해 보낼 것을 상대방에 요구하고 있다. 은행의 조작에 걸려들지 않기 위한 조치다. 가짜 금괴를 정제소에 보내면 사기가 통할 수 없다. 금을 녹이는 과정에서 금세 들통나기 때문이다. 그렇게 해서 400온스 규격의 가짜 금괴는 서구에 남아 있게 됐다.

금 파생금융상품 거래를 뒷받침할 실물 금은 갈수록 비축량이 줄고 있다. 중국이 당한 금괴 사기 사건은 실물 금이 얼마만큼 부족해졌는지 보여주는 한 사례일 뿐이다. 내 딜러 친구는 금 공급량이 위험한 수준으로 줄었다고 말했다. 10톤 이상 주문은 이행하기가 어려울 정도라고 한다. 미국 법에 따르면 실물 금의 선도매도(forward sale) 계약은 28일 내에 인도를 통해 완결되어야 하며 그렇지 않으면 선물 계약으로 재분류된다. 금 선물은 장내 선물거래소에서 거래되지 않는 한 불법으로 규정된다. 금 공급량이 부족한 현재 이런 법 규정은 지켜지지 않는 일이 더 많다. 딜러들이 법이 요구하는 대로 28일 이내 실물 금을 인도하기란 거의 불가능하기 때문이다. 미국 정부도 해당 법을 집행할 의지가 없는 듯하다. 소량의 실물 금이 금 파생금융상품을 떠받치고 있는 역피라미드 구조가 형성된 데는 잘 알려진 미결제약정* 외에도 불법 선도매도의 역할이 크다.

역피라미드 구조로 이루어진 종이 금(국제통화기금 특별인출권) 거래를 떠받치고 있는 실물 금은 유동적 공급량(floating supply)이다. 이는 총공급량과 다르다. 유동적 공급량은 딜러 활동을 지원하기 위해 즉각적인 배송이 가능한 금으로 이루어진다. 총공급량은 전 세계에 존재하는 실물 금의 총량을 말한다. 금은 대부분 개인 금고에 보관되거나 장신구로 사용된다. 이런 금은 거래를 지원하는 것이 쉽지 않다. 이것이 중요한 차이점이다. 이처럼 유동적 공급량과 총공급량이 서로 다르기 때문에 은행이나 딜러가 거래상대방에게 실물 금을 인도하지 못할 경우 곧바로 금을 공황매수하는 현상이 확산될 수밖에 없다.

서구권 중앙은행, 국제통화기금, 국제결제은행의 금고에 비축된 금은 시장에 임대하는 용도이므로 유동적 공급량의 일부다. 금괴은행**에 임대 형태로 소유권이 넘어간 금은 비할당 기준(unallocated basis)으로 선도매도에 사용된다. '비할당'이라는 말은 완곡한 표현으로, 금을 산 사람이 금값 익스포저와 계약 증서는 보유하지만 실물 금은 보유하지 못한다는 뜻이다. 예를 들어 뉴욕 연방준비은행에 예치된 독일 정부의 금 1톤은 국제결제은행의 중개에 따라 런던 골드만삭스에 임대된 후 10톤의 선도매도 물량을 뒷받침하는 데 사용될

---

* open interest, 장이 종료된 후에도 청산되거나 결제되지 않고 남아 있는 선물옵션 계약
** bullion bank, 금을 대량으로 공급하는 투자은행

수 있다. 금을 임대하느냐 시장에서 빼내느냐는 실물 금을 보유한 당사자에 달려 있다.

중국 정부가 어떤 나라의 중앙은행에서 매입한 금이 상하이로 수송되면 그 금은 깊숙한 창고에 반영구적으로 비축되어 임대가 불가능하게 된다. 총공급량에는 변동이 없지만 유동적 공급량은 감소하는 것이다. 네덜란드나 독일이 뉴욕 연방준비은행에 보관해둔 자국의 실물 금을 돌려받아 암스테르담이나 프랑크푸르트의 금고로 보관할 때도 마찬가지다. 법적으로 금을 빌려준 주체는 독일과 네덜란드이지만 두 나라에는 임대시장이 발달되어 있지 않다. 금 임대는 뉴욕과 런던을 중심으로 이루어진다. 두 곳 모두 상법이 명료하고 법적 선례로 볼 때 거래당사자가 계약의 강제성을 충분히 신뢰할 수 있는 곳이다. 따라서 미국에서 유럽으로 금이 회송되면 유동적 공급량이 감소한다.

투자자가 UBS나 크레디트스위스 같은 은행 금고에 있는 금을 캘리포니아 주의 루미스나 존에프케네디공항 브링크 금 보관소의 개인 금고로 옮겨달라고 요구할 때도 유동적 공급량이 감소한다. 은행 금고의 금은 임대나 여러 건의 비할당 판매에 활용할 수 있는 반면에 개인 금고의 금은 그렇지 못하다. 은행 금고에서 개인 금고로 옮겨달라는 요구는 금고 운영업체의 고위 임원이 직접 확인한다.

소유주가 분명한 할당 금(allocated gold)을 불법적으로 바꿔치기하는 것도 실물 금시장의 실패 요인 중 하나다. 어떤 매입자는 할당 금으로만 소유하기를 원한다. 이는 증서뿐 아니라 실물 금괴에 대한 소유권까지 보유하기를 원한다는 뜻이다. 표준형인 400온스 실물 금괴에는 정제업체, 성분 조사업체, (400온스보다 더 나가거나 덜 나갈 수 있는) 실제 무게, 주조된 날짜, (99.50과 99.99 사이인) 순도, 고유한 일련번호가 찍혀 있다. 이처럼 고유한 표식이 찍히므로 금괴는 저마다 다르다. 그러나 순금은 다른 물건으로 대체가 가능하며 이것이 금의 이점이기도 하다. 나는 투자자들이 실물 금괴의 인도를 요구했다가 다른 날짜나 일련번호가 찍힌 것을 인도받았다는 이야기를 수없이 들었다. 원래 금괴를 다른 투자자에게 보내고 원 소유주에게는 대체품을 보내는 것이다. 어쨌든 금은 금이므로 수령하는 측이 거부하는 일은 드물다. 대체품이 가짜만 아니라면 문제될 일이 없다. 대체품이 전달된다는 말은 그만큼 금이 희소하다는 사실을 입증한다.

뉴욕 상품거래소의 금 보관소가 텅 비고, 유럽이 회송을 요구하며, 중국이 철저한 절차를 걸쳐 금을 매입하고, 투자자들이 비은행 개인 금고에 금을 보관하며, 불법적인 대체품이 나돌고 금의 위변조 행위가 공공연하게 이루어지는 추세가 가속화되고 있다. 그 결과 실물 금으로 된 유동적 공급량은 감소하고 금 파생금융상품은 증가하는 역피라미드 구조가 두드러지고 있다. 인도할 실물 금이 부족한 상황에서 인도 과정상의 지연과 사기 사건이 빈발한다. 그러나 인도 과정의 지연에 구애받지 않고 금을 사들이는 시장참가자들 때문에 이런 기능 장애들이 간과되고 있다.

내부자들이 보기에 실물 금의 희소성이 갈수록 뚜렷해짐에 따라 국면 전환이 일어나고 있다. 실물 금 없이 금의 소유권만 있는 사람들이 실물 금을 요구하고 나선 것이다. 이런 추세는 최근 독일과 네덜란드가 금 회송정책을 시행하는 데서 드러난다. 뉴욕 연방준비은행의 금 예치 현황 보고서에서도 그런 경향을 찾을 수 있다. 2014년 연준에 보관된 금의 양은 177.64톤 감소했다.[4] 게다가 감소분 가운데 절반 이상이 2014년 10월과 11월, 불과 두 달 사이에 발생했다.[5] 보관량의 변화 추이는 한 방향으로만 이루어져 보관량이 증가한 달은 없었다. 실물 금의 급격한 감소는 금값 이탈과 동시에 이루어졌다. 물량 감소와 가격 괴리가 동시에 이루어졌다는 것은 금이 화폐이며 공급량이 딸린다는 견해에도 부합한다.

이런 추세는 전문가와 내부자에게만 알려졌다. 일반인과 미국 정책입안자들은 현 추세가 시사하는 바를 정확히 인지하지 못한다. 계약 물량에 비해 실물 금이 모자라고 계약당사자가 실물 금의 인도에 대해 불안해하는 상황이 발생하자 전형적인 예금 이탈이 일어날 뿐이다. 금 이탈은 없다.

현재의 시장 역학은 1968년을 기점으로 유럽인들이 미국 켄터키주 포트녹스의 금을 달러로 현금화하자 닉슨 대통령이 1971년 8월 15일 금 교환창구를 폐쇄했을 때와 비슷하다. 물론 오늘날에는 금값이 고정되어 있지 않으며 금의 출처가 포트녹스가 아닌 연방준비은행과 ETF 운용회사 같은 민간 관리 주체다. 그럼에도 시장 역학은 다르지 않다.

이제 실물 금의 인도 실패가 만천하에 공개될 때가 무르익었다. 그 사실이 대대적으로 알려지면 금을 증서 형태로 소유한 사람들이 일제히 실물 금을 요구하고 나설 것이다. 중개업체가 인도 약속을 이행하기 위해 희소한 실물 금을 끌어모으는 통에 금값이 폭등할 것이다. 전에는 금에 별 관심이 없던 금융회사들이 갑자기 금으로 포트폴리오를 구성하려 하면서 가격상승 모멘텀이 향상될 것이다. 최종적으로 아이스나인이 금에도 적용된다. 금 거래소가 거래를 중단하고 계약을 해지한 뒤 마지막 종가에 맞춰 현금으로 돌려줄 것이다. 그 결과 거래상대방은 미래의 가격인상 기회와 실물 금 확보 기회를 놓치게 된다. 금이 없는 사람은 얼마를 부르더라도 금을 얻지 못할 것이다.

공황매수가 금에 국한되고 자본시장 전체로 퍼져나가지 않는다면 금융 시스템에 가해질 타격은 크지 않다. 그러나 그럴 가능성은 희박하다. 금융경색은 전염성이 있다. 금 공황이 일시적으로 억제된다 하더라도 자본시장이 안정성을 확보할 수 있는 것은 아니다.

달러 부족

화폐 중 공급량이 부족한 것은 금뿐이 아니다. 달러 역시 전 세계적으로 공급 부족 상태인 데다 날이 갈수록 부족이 심화되고 있다. 얼마 후면 달러 부족이 극심해지리라는 것이 부도, 디플레이션, 은행 부실화로 명확해지게 되어 있다. 리플레이션 대책에는 통화 창출, 채무 화폐화*, 금융회사와 MMF에 대한 아이스나인 조치 등이 포함된다. 디플레이션의 힘과 리플레이션의 힘이 충돌하여 빚는 갈등은 이제까지 축적된 부를 단숨에 파괴할 수 있을 정도로 강력하다.

달러가 부족하다는 말이 이상하게 들릴 수도 있다. 연준은 2008

---

* debt monetization, 정부가 채권을 발행하고 중앙은행이 해당 채권을 매입하는 과정

년에서 2015년 사이에 3조 3000억 달러가 넘는 신규 통화를 창출했다. 다른 나라의 중앙은행들도 경제 규모를 따질 때 그에 상응하는 통화량을 창출했다. 넘칠 정도로 많은 신규 통화가 창출되었는데 달러가 부족한 것은 어째서일까?

그 답은 연준이 3조 3000억 달러의 신규 통화를 발행한 것 그리고 시장이 60조 달러 이상의 채권과 수백조 달러의 파생금융상품을 발행한다는 것에서 찾을 수 있다. 새로 발행된 통화는 다양한 채널을 통해 50대 1이 넘는 비율의 레버리지로 이용된다. 신규 채권과 파생금융상품이 전부 전통적인 의미의 '화폐'에 해당하는 것은 아니다. 그러나 채권은 상대방에게 정해진 때 '돈을 돌려주는' 계약 이행 의무를 발생시킨다.

계약을 이행하지 않거나 계약을 뒷받침하는 담보의 가치가 떨어지거나 계약 이행의 가능성이 의심스러울 경우 정리 절차가 시작된다. 단기채권자들이 융자 연장을 거부하고, 은행이 다른 은행에 대출을 해주지 않으며, 회계사들이 자산 상각을 요구하고, 세계 금융 시스템이 디레버리징에 돌입하는 단계로 진행된다. 쉽게 말해 모두가 자기 돈을 돌려달라고 요구하는 것이다. 그러나 돈을 돌려주기에는 진짜 돈이 충분하지 않다. 그 사실이 분명해질 때 정리 절차에 가속도가 붙고 달러 부족이 본색을 드러낸다.

정리 절차가 시작되었음을 입증하는 자료는 한두 가지가 아니다. 주요 달러 지표에 따르면 2013년에서 2016년 사이에 달러는 점차 강세를 보였다. 이는 전 세계 달러 수요를 보여주는 징표다. 2016년 7월 이탈리아의 주요 은행들이 은행 간 유로달러 자금 조달에 극심한 어려움을 겪고 있다는 사실이 불거진 것도 달러 부족을 나타내는 조짐이다. 중국, 러시아, 사우디아라비아에 대한 2016년 전반기의 미 재무부증권 순매출을 보더라도 그런 나라들이 자금 유출 수요를 충족하거나 지속 불가능한 환율 페그제를 유지하기 위해 달러를 필요로 한다는 사실을 알 수 있다.

달러 부족 현상을 입증하는 자료 중 가장 흥미로운 것은 5년 만기 TIPS, 금, 10년 만기 미 재무부 중기채권의 가격이 뒤얽혀 있다는 점이다. TIPS는 물가연동채권(Treasury Inflation-Protected Securities)의 약자로, 원금이 인플레이션율에 연동하여 움직이는 재무부 중기채권이다. 따라서 TIPS의 수익률이야말로 실질수익률이다. 원금이 인플레이션에 노출되지 않기 때문에 명목수익률에 인플레이션 프리미엄을 더할 필요가 없다. 투자자가 액면가에 프리미엄을 얹은 가격을 지급하고 TIPS를 매입하면 인플레이션율을 감안한 원금에서 프리미엄을 차감한 금액을 받는 셈이므로 실질적인 만기수익률은 마이너스가 된다.

2006년에서 2016년 사이에 금과 5년 만기 TIPS는 역수익률 구조*의 수익률로 측정한 결과 강력한 양의 상관관계를 나타냈다. 타당한 결과다. 채권 수익률이 마이너스일 때는 수익률이 없는 금의 이점이 커진다. 이런 원리대로라면 금에 대한 달러의 가치가 상승할수록 TIPS의 마이너스 수익률 폭이 커지는 상관관계가 발생해야 하는데 실제로 그렇다. 마이너스 실질수익률과 금 대비 달러 가치의 상승은 인플레이션의 초기 신호다. 전 세계 중앙은행이 엄청나게 많

---

* inverted scale, 단기 증권의 수익률이 장기 증권의 수익률을 초과하는 수익률 구조

은 통화를 창출했다는 점을 감안할 때 인플레이션율이 상승하리라는 예측이 합당하다.

금, 5년 만기 TIPS, 10년 만기 재무부 중기채권 중 예외적 요소가 10년 만기 재무부 중기채권이다. 인플레이션으로부터 원금이 보호되지 않기 때문에 투자자들은 더 높은 쿠폰금리*를 요구하거나 할인된 금리에 채권을 매입함으로써 인플레이션에 대비한다. 10년 만기 중기채권의 만기수익률에는 (일반적으로 낮은) 신용위험과 (경제 상황에 따라 달라지는) 인플레이션 위험이 두루 반영되어 있다. 금과 5년 만기 TIPS가 인플레이션을 예고한다면 10년 만기 재무부 중기채권의 수익률이 오르고 가격이 떨어져야 정상이다. 그런데 정반대 결과가 나타났다. 10년 만기 재무부 중기채권 수익률이 2007년 7월 6일 5.2퍼센트에서 2016년 7월 8일 1.3퍼센트로 주저앉은 것이다.

이는 역사상 최대 규모의 채권시장 반등이다. 채권 수익률이 계속해서 떨어지고 가격이 계속해서 오르다가 최고점을 경신한 가운데, 채권시장에 거품이 있다고 예상하고 채권을 공매도했던 헤지펀드와 금융회사가 수십억 달러의 손실을 입었다. 이런 가격 움직임은 디플레이션과 경제성장둔화는 물론 경기침체를 강력하게 알리는 신호다.

금값과 TIPS 가격이 인플레이션율을 예고하고 10년 만기 재무부 중기채권이 디플레이션율을 예고한다니, "어떤 말이 옳을까?" 하

---

* coupon, 만기에 원금 상환을 약속하는 증서인 채권에 대해 지급하기로 약정된 확정금리를 가리키는 말

는 의문이 들 법도 하다. 효율적 시장을 상정하는 경제학자가 보기에 시장은 절대 틀리는 법이 없다. 그러나 두 가지 상반된 결과를 예고하는 시장을 어떻게 옳다고 할 수 있겠는가? 그 답은 인플레이션의 힘과 디플레이션의 힘이 불안정한 긴장 속에 공존한다는 데 있다. 이처럼 양방향으로 끌어당기는 힘이 동시에 작용하면 지층이 끊어져 단층이 일어나듯 투자자 대부분에게 예상치 못한 충격이 발생한다.

금과 TIPS와 10년 만기 채권의 가격을 교묘하게 조화시키려면 각각의 상품과 두려움 간의 관계를 알아둘 필요가 있다. 인플레이션을 두려워하는 투자자는 TIPS와 금을 산다. 디플레이션을 두려워하는 투자자는 10년 만기 채권을 산다. 현명한 투자자는 인플레이션과 디플레이션에 동시에 대비하기 위해 이 세 가지를 모두 산다. 가능성 높은 경로는 채무, 디레버리징, 인구통계, 기술 등의 요인으로 단기적 디플레이션과 경기후퇴가 일어나고, 그 직후에 중앙은행과 재정당국의 디플레이션 타개책으로 인해 인플레이션이 뒤따르는 것이다.

물리학자들은 이런 식의 앞뒤로 오락가락하는 행동에 익숙하다. 이는 복잡계가 카오스로 넘어가기 직전에 나타나는 양상이다. 복잡계가 그처럼 휘청거린 직후에는 통제 불능인 카오스가 펼쳐진다. 결국 인플레이션이 승리한다. 정부가 인플레이션을 필요로 하고 항상 디플레이션에 대한 해법을 찾기 때문이다. 그러나 정부가 그 위력을 깨닫고 채무 화폐화 등의 초강력 수단을 동원할 때까지는 디플레이션이 단기간 지속된다.

디플레이션과 인플레이션이 줄다리기하는 불안정한 상황은 달러 부족으로 증폭된다. 인플레이션을 유발하기 위한 중앙은행의 통화 발행과 채권 발행이 경기후퇴를 초래하는 채무불이행으로 상쇄되는 것이다. 현재의 달러 부족 현상은 1950년대 상황과 판박이다. 제2차 세계대전 직후 미국이 전 세계 산업 생산능력에서 차지하는 비중(퍼센트)과 미국의 금 비축량은 역대 최고 수준이었다. 한편 유럽과 일본은 산업 생산능력이 전쟁으로 파괴된 데다 금 비축량도 고갈됐다. 달러가 부족해 미국이 생산하는 제품도 살 수 없었다.

해결의 첫 단계는 미국이 마셜 플랜과 한국전쟁에 따른 군비지출을 통해 전 세계에 달러를 공급한 것이었다. 두 번째 단계로 미국은 막대한 무역적자와 예산적자를 짊어짐으로써 달러를 공급했다. 이런 정책은 시간은 걸렸지만 효과를 거두었다. 1960년대 후반에 이르자 부족하던 달러가 과잉공급됐다. 인플레이션이 기승을 부리자 미국의 교역상대국들은 달러 대신 금으로 교환했다. 이는 미국이 금 교환창구를 폐쇄하는 결과로 이어졌다.

1950년대의 달러 부족에서 1960년대의 달러 과잉으로 이어지는 과정은 트리핀의 딜레마를 보여주는 단적인 사례다. 트리핀은 미국이 세계 무역과 금융에 필요한 달러를 충분히 공급하기 위해 다른 나라에 대해 만성적 무역적자를 짊어질 것이라고 정확히 예견했다. 그런데 미국이 무역적자를 무한정 짊어지다 보면 결과적으로 파산할 수밖에 없다는 것이 딜레마였다. 2016년에 이르기까지 미국은 트리핀이 60년 전 정확히 통찰한 지점에 가까워지고 있다. 전 세계에 달러 공급을 지속할 능력에 한계가 온 것이다. 그러나 전 세계가 의존하는 달러가 부족함에 따라 세계 자본시장이 불안정해질 위험이 커졌다. 진짜 딜레마는 다수가 합의하고 인정하는 달러의 대체화폐가 아직 나타나지 않았다는 사실이다. 특별인출권이 달러의 왕관을 차지하려 대기하고 있지만 위기가 가속화되지 않는 한 전환에는 시간이 걸리는 법이다.

세계 곳곳에는 부실채권이라는 지뢰가 깔려 있다. 그 지뢰가 터지면 달러 유동성위기가 일반화될 것이다. 어떤 지뢰가 먼저 터지느냐가 문제일 뿐이다. 2009년에서 2015년 사이에 5조 4000만 달러를 웃도는 에너지 관련 채권이 발행됐다. 대부분 프래킹* 산업과 관련된 채권이다. 이 채권의 지속가능성은 유가가 배럴당 70달러 이상을 유지하느냐에 달려 있다. 유가가 배럴당 60달러를 밑돈 2014년에서 2016년 사이에 에너지 관련 채권의 부도율이 급증하기 시작했다. 국제결제은행의 추산에 따르면 9조 달러가 넘는 신흥국의 달러 표시 회사채도 에너지 채권만큼이나 위협적이다. 이는 2009년 두바이와 2011년 그리스에서 위기를 일으킨 국가 채무와 다른 종류다. 러시아, 브라질, 멕시코, 인도네시아, 터키 등의 신흥국 제조업체와 원자재 생산업체가 발행한 회사채다.

국가 채무의 이자는 발행국의 경화준비금으로 상환할 수 있으며, 필요한 경우 여기에 국제통화기금 차관, 통화 스와프, 중앙은행 매입 등으로 보완할 수 있다. 회사채는 한층 더 취약하다. 회사채를 발행한 기업이 수출로 달러를 벌어들이는 것은 가능하지만 대부분 그렇지 못하다. 최근 달러가 강세를 보이는 까닭은 수출업체들도 채무

---

* fracking, 수압균열법의 영어 표현인 hydraulic fracturing의 줄임말로 물, 화학제품, 모래 등을 혼합한 물질을 고압으로 분사해 바위를 파쇄해 석유와 가스를 분리해내는 공법

에 비해 벌어들이는 달러가 줄어들고 있기 때문이다. 그 결과 채무를 상환하기가 점점 어려워지는 것이다. 기업도 자국 중앙은행의 경화준비금을 이용할 수 있지만, 러시아처럼 경화준비금이 국가 채무를 상환하기도 벅찬 수준이라면 그 가능성을 장담할 수 없다.

에너지 채권과 신흥국 채권의 부도율이 10퍼센트에 불과하더라도 수조 달러가 넘는 대출 손실이 발생할 수 있으며, 연계된 파생금융상품까지 감안하면 액수가 훨씬 불어날 가능성도 있다. 세계는 2007년에 이어 다시 한 번 대규모 부채 충격에 빠질 수 있다.

에너지 채권과 신흥국 채권에서 새로운 부채 충격이 발생하리라는 점은 중앙은행이 지난번 전쟁에서 싸웠던 장군들보다 나을 것이 없음을 암시한다. 1998년 위기는 신흥국의 국가 채무와 헤지펀드 LTCM에서 비롯됐다. 당시 규제기관은 헤지펀드를 면밀히 주시하라고 은행에 지시했으며 신흥국은 달러로 예비준비금을 쌓아두었다. 2008년 위기는 주택담보대출이라는 뜻밖의 방향에서 닥쳐왔다. 당시 규제기관은 주택담보대출 기준을 강화했고 초기 납입금(down payment)을 늘렸으며 인수 기준을 높였다. 이번에도 회사채라는 예상치 못한 방향에서 위기가 다가오고 있다.

중국의 신용위기도 예상된다. 2009년부터 2016년 사이에 불필요한 인프라와 유령도시 건설, 부정부패 때문에 중국은 10조 달러가 넘는 자금을 허비했다. 지출의 일부는 폰지 식 자산운용상품에 투자한 소액 예금주, 중국의 은행, 중국의 번지르르한 성공 신화에 동참하고 싶어 안달이 난 해외 대출기관들로부터 조달됐다. 중국인민은행이 금리와 지급준비제도를 통해 이런 상황을 교묘하게 처리하는 동안 부실채권 문제는 악화되고 있다. 규제기관은 과거의 문제에 매달리느라 그다음 문제는 알아차리지 못한다. 진짜 문제는 부실채권이 아니라 애당초 채권 발행을 유도한 통화 완화정책이다. 시장참가자들은 그나마 중앙은행보다 채권과 파생금융상품을 창출할 방법을 찾아내는 데 능숙하다. 제러미 스타인은 그 점을 통찰했기에 환멸을 느낀 것이다.

디플레이션 역시 치명적 위협을 제기한다. 선진국의 재정적자가 감소하고는 있지만 명목성장률이 매우 낮기 때문에 GDP 대비 채무 비율은 계속해서 상승하고 있다. 실질성장률을 플러스로 끌어올리면서도 명목성장률은 마이너스로 끌어내린다는 점이 디플레이션의 수수께끼다. 디플레이션 때문에 명목달러의 가치가 높아지면 실질적으로는 경제가 성장하는 반면에 생산된 제품과 서비스의 달러 가치로 따지면 경제가 둔화된다는 이야기다. 생활수준 측면에서는 긍정적이지만 채무는 항상 명목가치로 나타내므로 채무의 지속가능성 측면에서는 극심한 타격이다. 달러 가치가 높아지면 적자가 줄어들더라도 채무 부담이 늘어난다. 이것이 바로 기이하고 초현실적인 디플레이션의 세계다.

통화 전쟁이 일어나자 각국 중앙은행이 교역상대국에 비해 자국의 통화 가치를 떨어뜨리고자 연달아 금리를 인하했다. 특히 일본, 스위스, UN의 중앙은행은 정책 금리를 마이너스대로 인하했다. 다른 나라 채무시장에서는 채권 총수익률이 마이너스 수준이다. 마이너스 금리는 세계적인 경기둔화 추세를 일시적으로 완화한다. 그러나 다음 공황이 오면 무엇으로 완화할 것인가?

중앙은행은 다음 공황이 닥치기 전에 금리를 정상화할 수 있으리라 예상했다. 그러나 금리를 정상화해야 할 시점은 2009년 후반이었다. 이제는 너무 늦었다. 다음 위기는 현재의 완화 주기가 반전되기 전에 나타날 것이다. 중앙은행은 다시 대규모 양적완화 프로그램을 단행하는 것 외에는 속수무책일 것이다. 그처럼 과도한 신규 화폐 창출은 중앙은행에서 발행된 화폐에 대한 신뢰를 극한까지 시험하는 계기가 될 것이다.

금, 채무, 디플레이션, 부도 같은 원인 외에도 지정학적 공간에서 발생하여 순식간에 금융 공황으로 번질 수 있는 외부적 위협도 존재한다. 이런 위협으로는 재래식 전쟁, 사이버 전쟁, 암살, 자살 공격, 송전망 차단, 테러 공격 등이 있다. 마지막으로 지진해일, 화산 폭발, 허리케인, 치명적인 유행병 등의 자연재해도 있다.

회의론자들은 전쟁, 지진, 질병 등의 위협이 인류와 더불어 항상 존재했다고 말한다. 세계는 살아남는 법을 터득했을 뿐 아니라 재앙을 겪은 뒤 한층 더 번성해왔다고도 주장한다. 맞는 말이다. 그러나 지금까지 세계가 이 정도 규모의 채무를 짊어진 적도 없었다. 채무 부담이 적은 사회는 재앙에도 끄떡없다. 자본을 동원하고, 금리를 인상하며, 지출을 증대하고, 피해를 입은 뒤에는 재건에 나서면 된다. 채무 부담이 막중한 사회는 재앙에 한층 더 취약하다. 공포에 질린 채권자들이 상환을 요구하고 그 때문에 자산 투매와 시장 폭락과 연쇄부도가 일어난다. 공황 속에서는 자본의 형성이 쉽지 않다. 가뜩이나 부족한 예산을 더 이상 늘리지 못해 비상 지출을 감당할 수 없게 된다. 부담에 짓눌린 납세자들이 더 이상 세금 징수를 견디지 못한다. 정책입안자들이 버튼을 누르고 레버를 당겨도 변속기가 고장 난 상태다. 채무에 허덕이는 사회는 회복하지 못하고 쓰러진다.

2018년의 지진

지진과 눈사태를 사용한 은유는 금융 붕괴의 역학을 이해하기 쉽게 전달하는 데 도움이 된다. 그것은 은유에 그치지 않는다. 자연재해와 금융 재앙을 설명하는 데 사용되는 복잡계의 역학과 수학적 모형은 본질적으로 동일하다.

물론 이런 은유를 실제 상황에 적용할 경우 시간의 흐름이 다르다는 점을 감안해야 한다. 핵폭발은 십억 분의 수초 내에 일어난다. 지진은 수초에 걸쳐 진행된다. 지진해일은 몇 시간 동안 몰려온다. 허리케인은 한 번 발생하면 며칠 또는 몇 주에 걸쳐 맹위를 떨친다. 이처럼 시간의 흐름이 다른 것은 재난이 일어나는 시스템의 규모와 구성 요소 간의 반응 속도가 제각각이기 때문이다. 금융 붕괴는 몇 년씩 지속될 수 있는 중대사건으로, 초신성에 비유할 수 있다. 실제 초신성처럼 수천 년에 걸쳐 진행될 가능성도 있다. 이처럼 오래 지속되는 까닭은 역동성이 떨어지는 사건이어서가 아니라 시스템 규모가 다른 것에 비해 방대하기 때문이다.

서서히 진행된 듯 보였던 통화 붕괴 중 하나는 영국 파운드가 몰락하고 미국 달러가 세계 준비통화에 등극한 사건이었다. 브레턴우즈회의의 최종 협정이 비준된 1945년 12월 27일은 달러가 공식적으로 파운드를 대체한 시점으로 간주된다. 이 협정의 근간이 된 것은 1944년 7월 브레턴우즈에서 합의된 새로운 세계 통화 질서로, 금에 고정한 달러에 다른 통화를 연동하고 국제통화기금의 승인이 없는 한 평가절하를 하지 못하도록 제한함으로써 달러의 특별한 역할을 규정한 것이었다.

그러나 통화 대체는 그보다 30년 전인 1914년 11월 일어났다. 미국에서 영국으로 이동했던 금이 다시 미국에 유입되기 시작한 시점이다. 1914년 7월 29일은 미국의 금이 영국에 대량으로 유입되기 시작한 날이다. 이날부터 영국은 제1차 세계대전 비용을 마련하기 위해 투자자산을 정리하고 그 대금을 금으로 교환하기 시작했다. 미국은 금본위제의 기본 원칙에 따른 약정을 이행하기 위해 영국으로 금을 실어 보낼 수밖에 없었다. 이때 미국의 금을 영국으로 보내는 일을 능수능란하게 처리한 이들은 잭 모건을 비롯한 JP모건의 파트너들이었다.

1914년 11월에는 정리 국면이 마무리되었고 단기 무역어음시장이 안정됐다. 그때부터 자본수지보다 무역수지의 중요성이 커졌다. 영국은 미국산 식료품, 면화, 군수품을 수입하지 않으면 안 될 상황이었다. 전시 보험이 만들어지고 운송 문제가 해결되자 미국산 제품이 대량으로 수입됐다. 기본 원칙에 따라 미국의 수출대금은 금으로 결제됐다. 그것이 당시 갓 설립된 연준과 연준을 소유한 민간 은행들이 막대한 금을 축적하기 시작한 계기였다.

1914년부터 1944년까지 파운드는 허울뿐인 세계 준비통화였다. 런던이 계속해서 금융 중심지 역할을 하고 파운드가 준비통화 지위를 유지할 수 있었던 것은 영국이 대영제국 곳곳에 보유한 전속시

---

* captive market, 고정 거래층이라 표현할 수도 있다. 즉 선택의 여지없이 특정 제품을 사지 않을 수 없는 소비자층을 말한다.

장[*]과 친영 성향인 JP모건 파트너들의 용인 덕분이었다. 영국이 스스로 힘을 가지고 있어서가 아니었다. 경제학자 배리 아이컨그린은 저서 『황금 족쇄(Gold Fetters)』에서 파운드에서 달러로의 전환 과정과 양차 세계대전 사이에 달러와 파운드가 세계 준비통화의 왕관을 놓고 벌인 경쟁을 일목요연하게 소개했다.[6]

파운드는 1914년 사실상 준비통화 지위를 잃었지만 세계는 1944년까지도 파운드의 몰락을 감지하지 못했다. 30년은 찰나의 순간이 아니다. 그러나 파운드의 몰락은 역동적인 과정이어서 막을 길이 없었다. JP모건의 내부자들은 매일같이 금을 다루고 금이 어디로 흘러가는지 지켜보았기 때문에 사정을 잘 알고 있었다. 달러도 이미 준비통화로서의 지위를 상실한 것으로 보인다. 미국이 아직까지도 제국인 양 행세하는 덕에 그 사실이 몇몇 내부자를 제외한 투자자들에게 알려지지 않았을 뿐이다. 달러의 몰락은 미래에 일어날 극적이고 경천동지할 사건이라기보다 이미 눈앞에 닥친 일일지도 모른다.

T.S. 엘리엇은 「텅 빈 사람들(The Hollow Men)」이라는 시에서 이렇게 썼다.[7] "이런 식으로 세계가 끝나는구나. 꽝음 한 번 내지 않고 낑낑거리면서." 대부분은 그처럼 낑낑거리는 소리를 들을 수 없다.

미래의 역사학자들은 2008년 9월 18일을 달러가 숨을 거둔 날로 돌아볼 것이다. 연준은 리먼브라더스, AIG, 골드만삭스에 일어난 불을 끄기 위해 미친 듯이 돈을 찍어냈다. 동시에 중국이 금본위제에 따른 매입이 아닌 정체불명의 중개업체나 첩보작전을 이용한 비밀 매입으로 대량의 금을 자국에 유입하기 시작했다. 달러 강세라는 허상은 여전히 유지되었으나 달러의 기반은 이동하기 시작했다.

지나고 나면 클라이맥스를 정확히 짚어내는 일이 가능하지만 실시간으로 금융 붕괴의 전개 과정을 일일이 파악하기란 불가능하다. 붕괴는 몇 년에 걸쳐 단계별로 나타난다. 도중에 평온한 국면이 포함되어 있어 경보 해제를 알리는 사이렌이 울리고 대피했던 투자자들이 다시 활동에 나서기도 하지만, 그러다 전보다 더 극심한 폭격을 당한다.

시스템의 복잡성은 시스템 자체의 붕괴를 일으킬 씨앗을 틔운다. 유럽 문명이 로마제국의 멸망 이후 르네상스에 이르는 1000년 동안 전반적인 붕괴를 겪지 않은 이유는 무엇일까? 당시에는 '유럽'이라는 시스템이 없었기 때문이다. 유럽대륙은 소규모 왕국, 공국, 바이킹의 지배를 받는 문화권 등이 조각보처럼 얼기설기 연결된 곳이었다. 유럽에는 전쟁, 정복, 문화, 종교, 예술은 있었지만 고도로 구조화된 시스템이 존재하지 않았다.

16세기에 프랑스, 스웨덴, 러시아, 잉글랜드 같은 중앙집권적인 정치 독립체가 출현하고 나서야 대규모 시스템의 원동력이 나타났다. 밀도함수가 증가함에 따라 30년전쟁, 나폴레옹 전쟁, 양차 세계대전 등 세 차례의 대규모 시스템 붕괴가 일어났다. 붕괴가 일어날 때마다 합의된 원칙에 따라 시스템을 안정화하기 위한 공동의 노력이 뒤따랐다.

30년전쟁의 해결책으로서 1648년 베스트팔렌조약이 체결되면서 근대 국가체제가 수립되고 종교와 왕의 신권 대신에 국가이성이 국정 운영의 지침으로 자리 잡았다. 나폴레옹 전쟁의 해결책으로는 1815년 6월 9일에 빈회의 최종 의정서가 체결됐다. 최종 의정서는 프랑스의 힘을 약화했지만 그렇다고 프랑스에 지나치게 가혹한 조건을 강요한 것도 아니었다. 빈회의는 현대 외교와 국제관계에 작용하는 세력 균형체제의 근간을 마련했다. 빈회의 이후의 비교적 안정적이고 평화로운 번영기를 '유럽협조(concert of Europe)체제'라고 일컫는다.

제1차 세계대전 직후에는 1648년이나 1815년과 같은 안정적인 시스템이 만들어지지 않았다. 1919년 6월 28일 베르사유에서 체결된 평화 조약은 패전국 독일에 대한 정치적 응징이었으며 경제적으로도 비합리적이었다. 그 조약은 초인플레이션과 세계적 공황을 유발했고 제2차 세계대전의 주요 원인이 됐다. 제2차 세계대전이 끝날 무렵에 이르러서야 세계는 안정을 되찾았다. 1944년의 브레턴우즈협정과 1945년의 유엔 헌장을 비롯한 일련의 합의가 이루어지면서, 미국과 소련의 주도하에 패권주의적인 새로운 세계 질서가 구축된 것이다.

서기 500년부터 1500년까지의 천년과 1500년 이후의 500년을 비교해보면 시스템의 규모가 얼마나 중요한지 알 수 있다. 중세에는 왕국이 나타났다가 멸망하기를 반복했지만 온 세상이 타격을 받을 정도로 대대적인 붕괴는 일어나지 않았다. 정치적으로 분열된 양상이 배의 방수 구획 역할을 했다. 게다가 네트워크 밀도가 낮아 중세 유럽은 정치적, 경제적 전염을 피할 수 있었다. 1500년 이후로는 복잡성 이론이 정확히 예측한 바와 같이 유럽의 규모가 점차 커짐에 따라 붕괴의 규모가 기하급수적으로 증가했다.

빈회의 이후 유럽협조체제는 60년에 걸쳐 단계적으로 붕괴했다. 1871년에 이루어진 독일과 이탈리아의 통일은 유럽의 네트워크 밀도와 시스템 규모가 증가할 것임을 알리는 신호탄이었다. 정치적 네트워크의 밀도는 전화, 기차, 증기선, 전기 등 신기술의 발명이나 보급이 빚어낸 경제적 네트워크를 타고 한층 더 증가했다. 복잡성이 증가하면서 전보다 더 복잡하고 심각한 위기가 잇따라 일어났다. 오스만제국의 쇠퇴, 1905년 러일전쟁, 1912년 발칸 사태는 한데 결합해 1914부터 1945년 사이에 유럽의 파괴와 제국의 붕괴를 일으킨 실마리가 됐다. 양차 세계대전은 유럽, 일본, 중국, 대영제국이 한꺼번에 무너진 대규모 시스템 붕괴로 보는 편이 가장 적절하다. 후대의 역사학자들도 그렇게 간주할 것이다. 복잡성이 시스템을 파괴한 사례다.

그렇다면 현재 우리가 있는 곳은 어디일까? 세계는 복잡성 이론의 작동으로 금융위기가 역동적인 전쟁을 대체한 지점에 이르렀다. 1998년과 2008년 위기는 1870년부터 1912년 사이에 일어난 러시아-튀르크 전쟁, 프로이센-프랑스 전쟁, 발칸전쟁과 유사한 사건이다. 1998년과 2008년 위기는 앞으로 상상을 초월할 불행이 기다리고 있음을 경고한 사건이다. 이는 막연한 추측이 아니라 시스템 역학을 감안할 때 예측되는 결과다. 그런 결과를 반드시 피할 수 없다고는 할 수 없지만 피하지 못할 가능성이 더 크다. 벼랑 끝에서 벗어나려면 은행의 몸집을 줄이고, 파생금융상품과 레버리지를 축소하며, 금을 기준으로 한 건전한 화폐를 마련해야 한다. 그러나 이 처방 가운데 그 어느 것도 실현 가능성이 없다. 실현 가능성이 있는 것은 시스템 붕괴뿐이다.

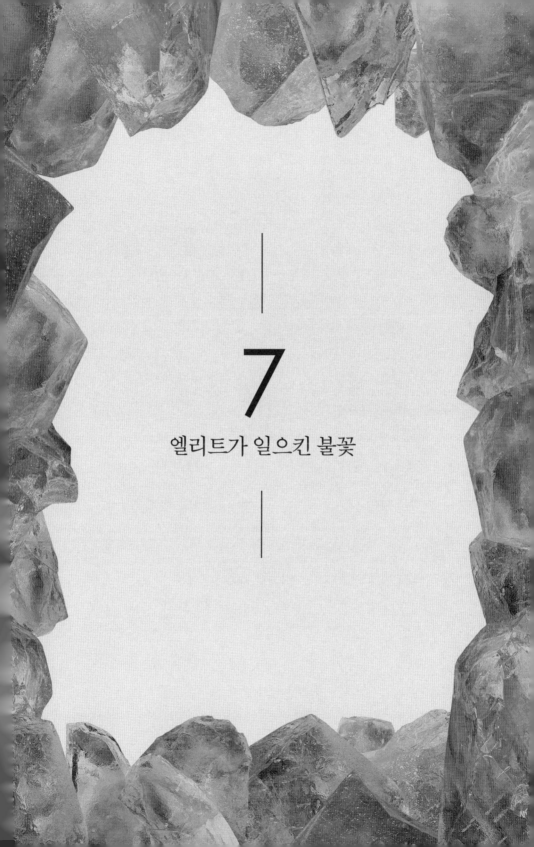

7

엘리트가 일으킨 불꽃

나쁜 경제사상의 비극은 그것이 사회의 상상력을 장악하고 나면
그 사상을 저버리라고 사람들을 설득해도 통하지 않는다는 데 있다.[1]
그런 사상은 설득보다는 경험을 통해 반증되어야 한다.

— 토머스 팰리, 경제학자

경제학의 허상

누*는 무리를 지어 암사자로부터 스스로를 보호한다. 외떨어진 누는 암사자에 대적이 되지 않는다.

케냐와 탄자니아에 걸쳐 있는 세렝게티 초원의 새벽녘, 암사자 한 마리가 누의 무리에게 다가가 먹잇감을 정한 뒤 돌진한다. 누는 무리를 지어 대응한다. 겁에 질려 큰 울음소리를 내면서 먼지를 일으키며 달리다가 방향을 바꾼다. 그러다 암사자가 공격하면 일제히 발차기로 암사자를 쓰러뜨린 뒤 도망친다. 그러나 암사자가 허탕 치고 돌아가는 일은 드물다. 결국 암사자는 누 한 마리를 죽인 뒤 아침

---

* wildebeest, 아프리카에 서식하는 영양의 일종

햇볕이 내리쬐는 초원에서 주둥이에 따뜻한 피를 묻혀가며 게걸스레 물어뜯으며 기세등등하게 무리의 사자들에게 건넨다. 누의 관점에서 보면 한 마리가 잡아먹힌 것은 불행한 일이지만 어쨌든 무리는 살아남는다.

세렝게티 초원에서 일어나는 일은 오늘날 통화 엘리트의 사고방식을 설명하기에 적절한 사례다. 통화 엘리트는 무리를 이룬다. 이들은 비밀스러운 지하조직이라기보다 각국 재무장관, 중앙은행 관료, 학자, 언론인, 두뇌 집단의 일원 등 신분이 확실한 사람들의 무리다. 보스턴에서 베이징에 이르는 세계 곳곳에서 자산운용회사를 운영하는 사람들도 포함된다. 대통령과 총리에게 자문을 제공하고 적절한 때 자리를 물려줄 후배나 제자를 거느린 사람들도 무리의 일원이다.

시간이 흐르면서 무리 구성원에 변동이 생긴다. 오늘날의 엘리트 명단에는 예컨대 크리스틴 라가르드, 마리오 드라기, 로런스 서머스 같은 사람들이 포함된다. 과거에는 장 클로드 트리셰와 도미니크 스트로스 칸이 가장 중요한 위치에 있었다. 통화 엘리트들은 로버트 루빈이 그랬듯 공공 부문에서 민간 부문으로 자리를 옮겼다. 그들은 다보스포럼이나 콜로라도 주 애스펀에서 열린 아이디어 페스티벌이 개최될 때 은밀하게 열리는 비공식 만찬에 참석하여 인사를 나눈다. 그들은 회의록이 남지 않는 국제결제은행의 비밀 회의에서 만난다. 그들은 세계 금융뿐 아니라 세계 정치를 좌우한다. 정치에는 자금이 필요하기 때문이다.

지금 그들은 암사자에게 쫓겨 달아나는 누 무리와 비슷하다. 암사자는 그들이 시도했다가 실패한 아이디어다.

엘리트들은 대중 앞에서는 서로 대립하는 척한다. 대부분 겉으로는 논쟁을 벌이지만 알고 보면 놀랄 만큼 한마음으로 핵심적인 신념을 신봉한다. 연준 이사 래얼 브레이너드와 크리스틴 포브스는 각각 민주당과 공화당을 지지하지만 주요 정책에 대해서는 대부분 뜻을 같이한다. 엘리트들은 특정 정당에 소속된 덕분에 유권자가 어떤 당에 표를 던지든 요직에 임명될 가능성이 크다. 어떤 사람이 되더라도 정책 자체는 변하지 않는다. 유권자만 타격을 입는다.

케인스주의자는 통화주의자의 신념을 지지하고 성장을 촉진하는 중앙은행을 응원한다. 통화주의자도 재정정책을 통한 케인스 식 경기부양책을 반대하지 않는다. 케인스주의자와 통화주의자가 소위 '신자유주의 합의' 아래 손을 잡는 형국이다.

엘리트 무리는 불완전성이 작용하지만 시장이 효율적이라고 입을 모은다. 그들은 수요와 공급이 부분균형(local equilibrium)을 이루며 그런 부분균형의 총합이 일반균형(general equilibrium)이라는 데 의견이 일치한다. 균형이 깨지더라도 정책으로 균형을 회복할 수 있다고 믿는다. 엘리트 무리는 변동환율이 가격 신호와 시장 반응을 만들어내 일반균형을 이루는 데 기여한다는 데 공감한다. 그들은 리카도 식 비교우위(comparative advantage)에 뿌리를 둔 자유무역이 개별적으로는 승자와 패자를 만들지만 전체적으로는 최대한도로 부를 창출한다는 데 뜻을 같이한다. 그들은 이구동성으로 금을 '야만시대의 유물(Barbarous Relic)'이라 부른다.

케인스주의자는 다시 해수파(saltwater school)와 담수파(freshwater school)로 나뉘지만 이들 사이에는 본질적인 차이가 없다. 해수파는 하버드대학이나 MIT처럼 해안에 있는 대학과 연관된다. 담수파는 시카고대학 등 내륙의 대학과 관련이 있다. 두 학파 모두 시장에 불완전성이 존재한다는 데 동의하지만 해결책에 대해서는 의견이 갈린다. 해수파 학자들은 정부의 개입이 시장의 불완전성을 바로잡는다는 시각이다. 반면에 담수파 학자들은 개입 비용이 불완전성 해소에 따른 이익을 넘어서므로 시장의 불완전성을 내버려두어야 한다는 시각이다. 그러나 균형과 효율처럼 중요한 사안에 대해서는 담수파나 해수파나 뜻이 같다. 담수파나 해수파나 시장의 복잡성과 비합리성을 인정하지 않는다. 말로만 시장이 비합리적이라 할 뿐이다. 이들의 논쟁에는 내 편 네 편이 없다. 어떤 주제에 대해 사소한 의견 차이만 있을 뿐이다.

엘리트들은 엄선된 대학에서 받은 경제학 박사학위가 진지한 정책 토론에 참여하기 위한 필수요건이라는 데 의견을 같이한다. 물론 루빈이나 라가르드 같은 몇몇 뛰어난 변호사와 티머시 가이트너 같이 똘똘한 공무원이 엘리트층 편입에 성공할 때도 있다. 의견 일치와 배타적 선발은 통화 엘리트를 고착화하는 요인이다.

신자유주의 합의에는 심각한 결함이 있다. 실증적으로도 입증되었지만 브렉시트 투표나 도널드 트럼프의 대중적 인기에서 나타났듯 정치적으로도 결함이 있는 것으로 판명됐다. 단적인 사례가 브렉시트 투표와 도널드 트럼프의 지지율이다. 엘리트 무리는 애당초 브렉시트와 트럼프를 조롱하다가 그 명분이 갈수록 인기를 끌자 독설로 대응했다. 그러다 브렉시트가 결정되고 트럼프가 당선되는 등 예기치 못한 일이 일어나자 충격에 빠졌다. 우리는 지금 엘리트가 신경쇠약으로 무너지는 모습을 목격하고 있다.

시장은 효율적이지 않다. 비합리성에 의해 형성된다. 균형은 불안정한 복잡성을 가리는 허울이다. 리카도의 비교우위 이론에 토대를 둔 자유무역은 실제로는 결코 자유롭지 못하므로 최상의 결과를 가져올 수 없다. 자유무역은 현실 세계에서 한 번도 지배적인 지위를 차지한 적이 없었고 앞으로도 마찬가지일 가설을 기반으로 한다. 흘러내리는 모래 위에 지은 집을 생각하면 된다. 변동환율은 시스템을 안정시키기는커녕 통화 전쟁을 유발하는 요인이다. 금은 다른 화폐의 가치 기준이 된다는 점에서 최고의 화폐다. 엘리트가 공유하는 신념은 한결같이 시대착오적이다. 이를 입증하는 근거가 엘리트의 정책적 실패를 통해 서서히 쌓이고 있다. 실제로 부인할 수 없는 실패로 막을 내린 정책이 허다하다.

　신자유주의 합의에 심각한 결함이 있다면 어째서 그토록 오랫동안 유지되는 것일까? 사실 합의는 이미 깨졌다. 신케인스주의는 1947년 MIT의 폴 새뮤얼슨이 주창했으니 경제학계를 지배한 세월이 70년에 불과하다. 통화주의는 1960년대에 밀턴 프리드먼의 주도로 시카고대학에서 탄생한 이후 약 60년 동안 학계를 주도했다. 유진 파마의 '효율적 시장 가설(efficient market hypothesis)'은 1960년대 학위 논문에서 싹텄지만 피셔 블랙, 마이런 숄스, 로버트 머튼이 옵션 가격 모형(options pricing model)을 고안한 1970년대에야 시장에 영향을 미치기 시작했다. 파생금융상품과 레버리지를 가능하게 한 것은 블랙숄스 모형(Black-Scholes model)이다. 리카도의 비교우위 이론은 그 역사가 200년에 이른다. 그러나 1947년 이후에야 '관세 및 무역에 관한 일반 협정(GATT)'을 통해 광범위한 규칙 기반 방식으로 시행되기 시작했다. 화폐와 금의 연동은 1971년부터 1973년까지 단계적으로 폐지되었고 그와 동시에 변동환율체제가 나타났다. 간단히 말해 통화 엘리트의 인지도*는 비교적 최근에 완성됐다.

그러나 엘리트 인지도의 모든 구성 요소가 처음부터 전폭적인 지지를 받은 것은 아니었다. 인지도는 갈수록 수가 줄어들던 고전학파, 오스트리아학파, 비정통 경제학자들의 반대를 무릅쓰고 단계별로 완성됐다. 엘리트가 의견 일치를 이룬 지는 불과 반세기밖에 지나지 않았다. 경제사상의 역사를 생각해보면 이는 눈 깜짝할 새에 불과하다.

'균형'은 현대 거시경제학과 미시경제학이 성배처럼 여기는 중요한 개념이다. 균형 모형은 수요와 공급이라는 지극히 단순한 개념에서 출발한다. 가격이 낮으면 소비자가 더 많은 물건을 사고, 가격이 높으면 생산자가 더 많은 물건을 생산한다는 것이다. 우하향하는 수요곡선이 우상향하는 공급곡선과 교차하는 지점은 소비자와 생산자 모두에게 만족스러운 가격으로 수요와 공급이 같아지는 균형점이다.

이렇게 교차하는 두 곡선은 공급망을 통한 공급과 다양한 종류의 완제품에도 적용된다. 노동과 자본 비용도 마찬가지다. 선호도가 변화하면 곡선의 형태도 달라진다. 가격이 조금만 올라도 수요가 줄어드는 경우 곡선들은 탄력적인 경향을 가진다. 반대로 가격이 어떻든 소비자가 같은 양을 구매하는 경우 곡선들은 비탄력적인 경향을 가진다.

---

* cognitive map, 미국의 학습이론가 톨먼(Tolman)에 의해 제안된 개념으로, 학습 시 인간이나 동물이 소유하게 되는 문제 해결이나 목표 달성의 방법에 대한 정신적 표상

자유시장에서는 수요와 공급의 불일치를 해소하기 위해 소비자와 판매자가 서로 가격 신호를 주고받을 수 있다. 예를 들어 어떤 제품이 특정한 가격일 때 소비자의 수요가 줄어든다면 판매자는 그 제품을 25퍼센트 낮은 가격에 내놓을 수 있다. 어떤 제품이 공급 부족일 때는 농어민의 생산 증가를 유도하기 위해 소비자가 가격을 끌어올릴 수 있다.

마지막으로 교차점을 포함한 수요-공급곡선을 통합하면 일반균형이 달성된다. 표면적으로는 노동과 자본에 대한 선호도 등 공급의 몇 가지 요소가 일반균형의 달성을 좌우하는 듯하다. 생산 요소(노동과 자본)와 생산 요소에 대한 선호도(임금과 이자)는 연준이 맡은 두 가지 임무의 핵심을 이룬다. 명문대 박사학위를 소지하고 연준의 두 가지 임무와 통화 공급의 중요성을 머리에 단단히 새긴 경제학자를 연준 의장으로 앉히면 세계경제가 균형을 향해 나아가 정밀한 스위스 시계처럼 돌아가리라는 것이 엘리트의 시각이다.

이것이 얼마나 모순으로 가득한 사고방식인지는 그 내용을 대충 훑어봐도 알 수 있다. 어느 것 하나 옳은 생각이 없다. 엘리트들은 스스로가 자기기만에 빠졌다는 것을 깨닫자 명맥이라도 유지하기 위해 타인을 기만하기로 방향을 급선회했다. 엘리트 무리는 신자유주의라는 암사자의 기적이 나는 순간 달아나기 시작했다.

경제학자들은 자유시장 모형의 결함을 파악하는 데 수십 년을 할애했다. 가격 신호는 시장 조작에 의해 변동한다. 독점력이 공급을 제한하고 가격을 고정하는 데 이용된다. 정보 비대칭 탓에 판매자가 제품 결함을 숨기고 소비자를 기만하는 일이 벌어진다. 이런 일들이 일반균형을 교란하지 않고도 공공연히 자행된다. 이에 대해 엘리트는 공공정책을 해결책으로 내놓는다. 독점은 반독점법으로 다스린다. 정보 비대칭은 제품 보증으로 해결한다. 이런 해결책이 한두 가지가 아니다. 해결에 드는 비용과 그에 따른 편익에 대해서는 열띤 토론이 이루어진다. 그러나 일반균형에 대해서는 의문이 제기되지 않는다.

일반균형의 근간은 합리적 행동이다. 합리적인 사람은 은퇴에 대비해 돈을 모은다. 가격이 떨어질 때 구매를 늘린다. 주식을 사서 보유한다. 금리가 낮을 때 돈을 빌린다. 앞을 내다보고 생각한다. 이런 믿음들로 이루어진 것이 합리적 기대 이론이다. 이 이론에 따르면 사람들은 깔끔하기 그지없는 행동만 한다.

합리적 기대(rational expectations) 이론에 따르면 인간은 가격 신호를 활용하여 앞을 내다보고 행동한다. 시장은 가격 신호의 매개체다. 실업이나 경기후퇴로 시스템의 균형이 깨지면 중앙은행 관료들은 시장 조작을 통해 바람직한 행동을 유발할 수 있는 가격 신호를 보낸다. 바람직한 행동이 발생하면 균형이 회복되고 성장률이 다시 최적화된다.

현실 세계에서는 경제학자들이 규정하는 것과 같은 합리적인 행동은 거의 일어나지 않는다. 경제 시스템은 균형 잡힌 체계가 아닌 역동적인 복잡계다. 임계상태, 카오스, 붕괴의 위험이 있다. 합리적 기대 이론을 신봉하는 학자라면 어째서 가격 조작을 통해 유용한 가격 신호가 발생하는지부터 생각해봐야 한다. 정책입안자들이 일반적인 미국인이 어리석은 행동을 한다는 조너선 그루버 MIT 교수의 견해를 경청한다면 수수께끼를 수월하게 풀 수 있을 것이다. 그러나 그런 견해는 상아탑을 벗어나는 순간 혹독한 비판의 대상이 되어 받아들여지지 않게 마련이다.

경제학자들이야 자신들의 이론이 유효함을 입증하려면 인간의 행동이 합리적이라고 주장해야겠지만 사실 인간은 합리적으로 행동하지 않는다. 현대인의 비합리성은 (물론 빙하기 사람들의 관점에서는 합리적이겠지만) 대니얼 카너먼, 에이머스 트버스키, 댄 애리얼리 등의 심리학자가 과거 30년 동안 연구한 결과로 입증된다. 인간은 충분히 저축하지 않는다. 충동적으로 소비한다. 시장 상황에 지나치게 비관적이거나 낙관적인 반응을 보인다. 합리적 기대 이론이 오류투성이라는 이야기다. 그러나 중앙은행 관료들은 정책을 심의할 때 합리적 기대 이론에 의존한다.

그뿐 아니라 일반균형 모형은 구성의 오류를 지닌다. 엘리트는 부분균형이 모이면 경제 일반의 균형이라는 좀 더 광범위한 균형에 이른다고 가정한다. 인간을 만나보지도 않고 총체적 인간 본성이 DNA 한 가닥에서 비롯된다고 추론하는 것이나 다를 바 없다. 인간의 DNA 구조를 완전히 파악한다고 인간의 언어, 인지, 사랑을 추론할 수 있는 것은 아니다. 언어, 인지, 사랑은 인류에게 불시에 출현한 특성이다. 마찬가지로 모든 형태의 곡선을 파악하고 분석할 수 있다고 해도 경제가 어떻게 돌아갈지는 추론할 수 없다.

균형 모형의 치명적 오류는 시장 가격 변화의 연결수분포가 종형 곡선이나 정규분포를 나타낸다는 가정에서 찾을 수 있다. 종형 곡선을 그리는 시스템과 멱함수 곡선을 그리는 시스템의 차이점은 비단 곡선의 형태 차이에 그치지 않는다. 곡선 그 자체는 각 시스템에서 일어나는 일을 보여주는 도구에 불과하다. 종형 곡선은 평균회귀 특성이 있는 균형계를 나타낸다. 멱함수 곡선은 온갖 극단적 사건이 일어날 수 있는 복잡계를 나타낸다. 실증 데이터에 따르면 시장 가격과 극단적 사건은 멱함수 곡선을 따라 분포한다. 정규분포는 허상이다.

애플과 캐터필러

엘리트가 신봉하는 일반균형, 합리적 기대, 효율적 시장 모형은 다 쓰러져가는 건물의 기둥에 불과하다. 자유무역도 허상이다. 비용도 많이 든다. 효율적 시장에 대한 비판과 비교할 때 자유무역의 타당성이 이론적으로 반박되기 시작한 것은 상대적으로 최근의 일이다. 뿐만 아니라 효율적 시장에 대한 비판에 비해 엘리트 경제학자 사이에서 이렇다 할 지지를 얻지 못하고 있다. 엘리트가 그토록 방어적인 이유와 엘리트 무리의 두려움이 확산되고 있는 이유를 이해하려면 자유무역에 대한 비판부터 살펴봐야 한다.

자유무역의 이론적 토대는 데이비드 리카도의 『정치경제학 및 과세의 원리(On the Principles of Political Economy and Taxation)』에 소개된 '비교우위 이론'이다.[2] 리카도에게는 안타까운 일이지만 비교우위 이론은 세계화시대에는 더 이상 통하지 않는 이론이다. 비교우위 이론은 리카도가 살던 시대를 설명하기에 적합했으며 당시 갓 태동한 경제 과학을 고전주의 단계로 진전시켰다.

뉴턴도 마찬가지다. 그의 만유인력 법칙 역시 아인슈타인의 상대성 이론에 추월당했다. 뉴턴은 인류 역사상 가장 위대한 천재 중 한

명으로 꼽히며 아인슈타인도 뉴턴을 역사상 가장 뛰어난 과학자라고 말했다. 그러나 만유인력 법칙을 이용해 머나먼 은하계를 탐구하는 것은 불가능하다. 마찬가지로 리카도의 이론으로 21세기 경제를 운영할 수는 없다. 은하계 탐구에 아인슈타인의 이론이 필요하듯 미국 경제를 망가뜨리지 않으려면 세계화시대에 맞는 새 경제 이론이 필요하다.

그렇다면 리카도의 이론의 골자는 무엇이며 어떤 치명적 오류가 있을까? 비교우위 이론에서 중요한 것은 '비교'라는 말이다. 리카도 전에는 절대우위(absolute advantage) 이론이 있었다. 두 나라가 서로 교역을 하며 그중 한 나라가 다른 나라보다 상품을 효율적으로 생산한다면 생산 효율이 떨어지는 나라가 생산 효율이 높은 나라로부터 상품을 수입하는 것이 두 나라 모두에 유리하다. 수입국은 값싼 상품을 얻을 수 있고 수출국은 시장을 확보할 수 있어 두 나라 모두 형편이 나아진다. 아이슬란드가 블루베리를 재배하는 것은 가능하기는 하지만 효율적이지는 못하다. 재배 환경이 이상적인 칠레에서 블루베리를 수입하는 편이 한층 더 효율적이다. 칠레는 블루베리 재배에서 절대우위를 갖기 때문에 자국이 재배한 작물을 판매할 시장을 확보할 수 있다.

리카도는 이 이론을 확장했다. 그는 어떤 나라가 특정 상품에 대해 절대우위를 갖지 못하더라도, 다시 말해 생산 효율이 떨어진다고 하더라도 다른 상품에서 교역상대국에 비해 비교우위를 지닌다면 효율적 수출국이 될 수 있다고 간주했다. 경제학자 이언 플레처는 언뜻 보면 직관에 어긋나는 이 이론을 간결하게 설명했다.[3]

간단한 질문 하나만 던져보더라도 비교우위 이론 전반을 쉽게 이해할 수 있다. "프로 축구선수가 자기 집 잔디를 직접 깎지 않는 이유는 무엇일까?" (중략) 축구선수라면 대개 직업적으로 잔디를 깎는 사람보다 좀 더 효율적으로 잔디를 깎을 수 있다. (중략) 축구선수는 잔디를 좀 더 효율적으로 깎으므로 경제학적 용어로 표현하자면 잔디 깎기에서 절대우위를 갖는다. 그러나 축구선수가 덜 효율적인 '생산자'로부터 잔디 깎는 서비스를 '수입'하는 것을 이상하게 생각하는 사람은 아무도 없다. 왜 그럴까? 축구선수가 그 시간에 더 나은 일을 할 수 있기 때문이다. 비교우위 이론에 따르면 미국은 특정 상품을 수입할 때 더 큰 이득을 볼 수 있다. 그 상품보다 가치가 높은 상품을 생산하는 데 인력을 투입할 수 있기 때문이다. 나라를 예시로 들면 미국은 가치가 낮은 상품을 생산하니 그 시간에 더 나은 일을 할 수 있다. 그러므로 때로 생산 효율이 낮은 나라로부터 상품을 수입하는 것이 유리하다.

자동차 생산 효율이 높은 미국이 그보다 낮은 한국에서 자동차를 수입함으로써 비교우위가 더 큰 나노기술의 개발에 노동력과 자본을 투입할 수 있다면 자동차를 수입하는 편이 이득이라는 뜻이다.

비교우위 이론은 효율성이라는 개념을 근간으로 한다. 효율성을 측정하거나 국가 간의 효율성을 비교할 수 없다면 이 이론을 신뢰성 있게 적용할 수 없다. 효율성은 노동과 자본이라는 생산 요소를 활용하는 데서 비롯된다. 노동은 숙련된 노동, 미숙련 노동, 지식 노동, 육체노동 등 다양한 형태로 제공된다. 자본도 자금, 특허, 영업 비밀, 전문지식, 천연자원 등 다양한 형태로 존재한다. 가장 낮은 비용의 생산 요소를 투입하여 산출물을 창출하는 생산자가 가장 효율적인 생산자다. 절대 효율이 절대우위를 만들어내고 제품이든 부문이든 비교 효율이 비교우위를 만들어낸다. 효율은 비용 측정에서 시작되고, 비용은 화폐로 측정되며 시장에서 형성되는 가격 시스템을 토대로 한다.

따라서 비교우위 이론은 생산, 비용, 가격, 시장, 화폐 등으로 복잡하게 얽힌 네트워크를 전제하지 않는 한 효력을 발휘할 수 없다. 정책이나 자체적인 불완전성 때문에 네트워크 교점 중 하나라도 조작되거나 왜곡되면 비교의 기준이 사라지게 되므로 비교우위 이론은 힘을 잃는다. 오늘날에는 네트워크의 교점이 빠짐없이 왜곡되거나 불완전하거나 두 경우 모두에 해당한다. 비교우위는 상상하면 즐겁지만 전혀 현실성이 없다는 점에서 사상누각이다.

비교우위는 신자유주의 합의의 시금석이자 자유무역, 공개 자본계정(open capital accounts)을 비롯한 세계화 양상의 이론적 토대다. 리카도와 그보다 앞선 애덤 스미스가 자유시장과 자유무역 이론을 고안해냈을 때 세계는 금의 가치에 환율이 고정된 금본위제를 시행하고 있었다. 따라서 가격 비교가 가능했다. 금본위제나 고정환율제가 시행되지 않는 시대에 무슨 방법으로 가격을 비교할 수 있을까?

이론적으로는 명목화폐 간의 변동환율만으로도 가격을 비교할 수 있고 교역 조건(terms of trade)을 손쉽게 조정할 수 있다. 금리 조작, 통화 전쟁, 더티 플로트*가 이루어지는데 가격 비교나 교역 조건의 조정이 정말로 가능할까? 교역 조건에 진정한 비교우위가 반영되어

---

* dirty float, 통화당국이 외환시장에 개입해 환율을 조작하는 행위

있는지, 조작된 비교우위가 반영되어 있는지 어떻게 알 수 있을까? 교역 조건이 조작된 비교우위를 반영한다면 자유무역을 시행할 이유가 있을까?

변동환율제는 왜곡되고 잘못되었음에도 전 세계의 엘리트들이 1970년대에 프리드먼에게 속아 넘어가 수용한 제도다. 건축업자가 집 지을 근로자를 고용해 첫째 날에는 한 뼘 길이의 줄자를 주고 이튿날에는 한 뼘이 40센티미터라고 하더니, 사흘째에는 25센티미터라고 하는 식으로 계속 말을 바꾼다고 생각해보라. 그렇게 지은 집이 튼튼할 리 만무하다. 허물어질 위험이 크다. 변동환율시대에 비교우위를 적용하면 이와 비슷한 일이 벌어진다. 환헤지는 계약 기간이 1년을 넘지 않는 것이 대부분이다. 일반적으로 자본 약정의 만기가 5~10년임을 감안할 때 지나치게 짧은 기간이다.

변동환율제는 외환 딜러와 투기꾼을 배불리면서 무역 비용을 상승시키고 자본 흐름을 저해한다. 환율은 조작 가능성이 크다. 비교우위를 근거로 자유무역이라는 허상을 옹호하는 사람들은 고정환율제가 통용된 1944년에서 1971년 사이에 성장의 황금기를 맞이했으며 실질소득이 증가했다는 사실을 생각해봐야 한다. 엘리트 무리는 자유무역뿐 아니라 변동환율제를 선호한다. 두 제도 모두 외환 조작을 유발함으로써 미국의 일자리를 해외에 빼앗기는 결과를 초래한다.

자유무역 옹호론자들이 다음으로 간과한 것은 생산 요소의 이동성이다. 리카도는 생산 요소가 본국에 고정되어 있다고 가정했다. 시장은 교역의 근거지로서 비교생산비(comparative cost)를 산출한다. 오늘날에는 자본을 비롯한 생산 요소가 한 곳에 고정되어 있지 않고 다른 곳으로 이동할 수 있다. 예를 들어 중국은 (낮은 인건비 덕분에) 노동 효율이 높고 미국은 (고도로 발달되고 유동성 풍부한 금융 시스템 덕분에) 자본 효율이 높다. 그런데 생산 요소가 고정되어 있다면 미국은 중국에 비해 인건비가 높아도 자본 비용이 낮기 때문에 제조업에서 비교우위를 지닌다. 그러나 미국의 값싼 자본이 중국으로 이동하여 중국의 값싼 노동력과 결합하면 중국은 비교우위뿐 아니라 절대우위까지 누릴 수 있다. 이는 가설이 아니라 세계화시대의 전형적인 사례다. 리카도의 비교우위 이론은 생산 요소가 이동하는 시대에는 들어맞지 않는다.

과거, 현재, 미래 사이의 변화를 놓쳤다는 점도 비교우위 이론의 결함이다. 정태적 비교우위만 상정했을 뿐 동태적 비교우위를 간과했다는 이야기다. 새로운 10년이 시작될 무렵 비교우위를 지닌 나라가 신생 산업을 육성하고 10년 후까지 비교우위를 유지하기 위해 보호주의를 발동하는 것은 충분히 가능한 일이다. 어떤 나라가 교역 상대국의 비교우위를 떨어뜨리기 위해 불공정무역을 펼치는 일도 있다. 그처럼 부정한 방법을 사용한 국가가 비교우위를 확보한 다음 자유무역 클럽에 합류하는 일도 가능하다.

이런 방법을 활용한 나라 중 가장 전형적인 사례가 미국이다. 미국은 1776년에서 1944년 사이에 보호무역주의를 발동해 세계적으로 전례가 없을 정도로 거대한 산업 구조를 구축했다. 그러다 1970년대 이후 미국은 일본, 한국, 대만, 중국이 펼친 보호주의의 대상이 됐다. 오늘날에는 미래형 고부가가치 일자리가 아시아에서 창출되고 있다. 이는 아시아가 비교우위를 '선점'해서가 아니라 보호주의와 환율 조작을 통해 비교우위를 '창출'했기 때문이다.

외부효과*의 존재를 간과한다는 점도 비교우위 이론의 결함이다. 외부효과는 드러나지 않는 비용을 뜻하며 직접적인 생산비 비교에는 반영되지 않는다. 예를 들어 중국이 미국보다 광물 채굴에 효율을 발휘하는 까닭은 (광석에서 금속을 추출하는 데 사용되는 독극물인) 시안화물을 하천에 내다버리기 때문이다. 금속 수출품의 가격에 시안화물 중독의 비용이 반영되지 않는다고 해서 중국이 교역으로 이득을 얻는다고 할 수 있을까?

비교우위 이론의 가장 큰 맹점은 '모든 사람'이 규칙대로 행동할 때만 유효하다는 데 있다. 브레턴우즈 GATT(1947년)와 그 후속 체제인 세계무역기구(WTO, 1995년)는 가맹국에 자유무역을 강요할 목적으로 만들어졌다. 농업보조금에 대한 예외 조항과 중국의 불공정 행위 때문에 세계는 이상향에서 멀어졌다. 미국의 자유무역정책은 참가자 중 유일하게 미국만이 다른 참가자의 카드를 볼 수 없는 포커게임에 비유하는 것이 가장 적합하다.

오늘날 중국의 무역정책은 18세기 영국과 19세기 미국의 정책과 비슷하다. 영국과 미국이 과거 시행했던 무역정책은 보호주의, 지적 재산권 절도, 금 비축 등을 골자로 했다. 이런 중상주의정책은 영국과 미국의 발달에 크게 기여했다. 영국은 1846년 보호주의법인 곡물 조례**가 폐지되기까지 산업과 교역을 주름잡던 최강국이었다. 그러다 70년에 걸친 사양길로 접어들기 시작했고 1914년에는 몰락이 정점에 달해 국가가 파산할 지경에 이르렀다. 1944년 브레턴우즈체제가 확립될 때까지는 미국이 산업과 교역의 최강국이었다. 미국도 1944년부터 70년에 걸친 사양길에 들어섰고 2008년에는 최악의 순간을 맞이했다.

몰락은 붕괴와 동의어가 아니다. 영국과 미국은 자유무역을 수용하고 난 다음인 1860년대와 1960년대에도 각각 번영을 누렸다. 그런 번영은 씨앗이 남아 있는 옥수숫대를 떠올리면 쉽게 이해할 수 있다. 두 나라가 번영을 누릴 수 있었던 까닭은 그때까지도 중상주의의 추진력이 남아 있었던 덕분이다. 추진력은 되살아나지 않으면 고갈되게 마련이다.

보호무역을 옹호하는 신자유주의 엘리트는 미국의 일자리 상실에 대해 느긋한 태도를 보인다. 미국이 비교우위를 지닌 다른 경제 분야에서 일자리가 창출된다는 사고방식에 지배당하고 있기 때문이다. 미국은 고등교육과 첨단기술 분야에서 세계 최고 수준이다. 그러나 두 분야의 일자리 수를 합치더라도 최근 수십 년간 사라진 제조업 일자리에 비하면 새 발의 피다. 세계 교역 시스템에 승자와 패자가 있다는 것을 기정사실로 받아들인다 치자. 그렇다면 승자는 소수이고 대다수가 패자일 경우 어떤 일이 일어날까? 경제 활동 참가율이 낮아지고, 생산성이 떨어지며, 임금이 정체되고, 소득불평등이 확대된다. 북미자유무역협정(NAFTA)과 WTO가 창설된 1990년대 이후로 미국이 겪은 일들이다.

교역으로 늘어난 일자리와 사라진 일자리 수가 비슷하다고 해도 (사실은 그렇지 않지만) 모든 일자리가 동등하게 창출되는 것은 아니다. 사라지지는 않지만 성장하지 못하므로 있으나 마나 한 일자리도

---

* externality, 금전적 거래 없이 어떤 경제 주체의 행위가 다른 경제 주체에게 영향을 미치는 효과 혹은 현상
** Corn Laws, 곡물의 수출입을 규제하기 위해 제정한 법률

있다. 바리스타는 꾸준히 일자리를 찾을 수 있으며 임금도 무난한 편이지만 그것이 전부다. 바리스타는 언제나 카운터 뒤에서 일해야 한다. 게다가 일은 고되지만 신기술을 적용할 여지가 크지 않으므로 발전 가능성이 없다. 레고 식의 부품 조립 직종에서는 외적 요인이 없으면 일자리가 더 이상 창출되지 않는다.

반대로 최첨단 제조 공정을 활용하는 기업가는 직접적으로 일자리를 창출하고 지적재산권을 창출할 뿐 아니라 공급망과 유통망 전반의 원재료 산업과 완제품 제조업 일자리를 늘리는 데 기여한다. 고부가가치 제조업은 원재료, 공구, 공정의 지속적인 공급을 촉진하므로 미국이 정책적으로 지원해야 할 산업이다. 긍정적인 외부효과를 창출하지 못하는 '막다른 일자리'*는 교역상대국에 넘겨줘도 무방하다.

자유무역의 역기능은 이미 오래전에 알려졌다. 조지프 슘페터는 1942년 발표한 『자본주의 사회주의 민주주의(Capitalism, Socialism and Democracy)』에서 이렇게 썼다.[4] "전통적인 이론의 경우 (중략) 앨프리드 마셜과 프랜시스 에지워스 시대 이후 완전경쟁과 (중략) 자유무역에 대한 기존 명제에 벗어나는 사례들이 하나둘씩 발견되고 있다. 그 결과 리카도와 마셜 사이에 번영했던 세대는 자신들이 소중히 여겼던 가치를 더 이상 전폭적으로 신뢰할 수 없게 됐다."

슘페터는 대기업이 긍정적인 외부효과를 창출함으로써 조직이 비

---

* dead-end job, 단순 반복적이고 발전 기회가 없는 미숙련 일자리

대해질 때 나타나는 문제점을 해결한다는 맥락에서 위의 내용을 논했다. 요컨대 기업이 정태적 경쟁(static competition)보다 '창조적 파괴(creative destruction)'라는 역동적 힘에 관심을 기울여야 한다는 이야기다. 창조적 파괴는 혁신을 이끌어내기 때문이다. 현대의 분석가들도 똑똑한 보호주의정책의 이점에 관해 같은 견해를 제시한다. 미국 기업은 사실상 해외 기업과 경쟁한다기보다 미래와의 경쟁에서 뒤지고 있다.

요는 리카도 이론의 결함을 지적하자는 것이 아니다. 그보다 그의 이론이 현실 세계에 부합하지 않는 가정에 근거하기 때문에 정책에 대한 지침으로는 쓸모없다는 점이 중요하다. 이처럼 비교우위가 허상이며 자유무역이 허울뿐이며 실은 조작된 게임인데도 엘리트들이 이를 고집하는 까닭은 무엇일까?

엘리트가 소위 자유무역을 옹호하는 것은 미국의 이익과 대립되는 범세계적 관점을 공유하기 때문이다. 미국을 희생시킨 대가로 세계의 성장을 도모하는 정책이 승인되고 되고 미국에 이익이 되는 반면 세계의 성장을 둔화시킬 것 같은 정책은 거부된다. 국가주의의 패배와 세계화의 승리로 각국이 자국의 손익을 재평가하기 시작하면서 오히려 국가주의가 부활하고 있다.

일부 글로벌 기업은 결함이 있는 시스템 덕에 막대한 이득을 취한다. 중상주의적 측면에서 정반대되는 두 기업을 살펴보자. 한 기업은 가장 사랑받는 스마트폰 아이폰을 제조하는 애플이고 다른 기업은 세계 최대의 중장비 제조업체이며 주로 '캣(Cat)'으로 불리는 캐터필러다.

애플은 중국에 자본을 수출하고 중국은 그 자본과 자국의 값싼 노동력을 결합하여 아이폰 제조 분야에서 절대우위뿐 아니라 비교우위까지 갖는다. 중국은 환율을 낮게 유지함으로써 좀 더 손쉽게 혜택을 얻는다. 위안의 가치가 낮으면 중국의 단위 노동비용에 대한 미국의 소비자 구매력이 증가하기 때문이다. 미국은 단연 세계에서 가장 크고 또 부유한 소비자가 가장 많은 시장이다. 중국은 지적재산, 일자리, 경화준비금을 얻는다. 애플은 막대한 이익을 챙기고 미국이 부과한 세금을 내지 않고 미룬다. 애플은 승승장구하지만 미국에서는 일자리를 거의 창출하지 않는다.

캐터필러는 주로 미국 내에서 중장비를 생산하여 해외에 내다판다. 캐터필러는 보호주의, 비관세장벽, 낮은 현지 환율 등 해외의 갖가지 중상주의정책을 극복해야 한다. 중상주의 덕분에 일본과 한국의 중장비는 신흥시장 구매자들에게 좀 더 매력적으로 다가온다. 그런데도 캐터필러는 미국 내에 있는 공장에서 고임금의 고부가가치 일자리를 창출한다.

애플과 캐터필러의 엇갈린 역학은 통화 전쟁과 달러 강세의 디플레이션 효과에 대한 경제적 논쟁으로 이어진다. 경제학자 토머스 팰리는 그 차이를 다음과 같이 요약한다.[5]

미국 기업이 국내에서 생산하고 해외에 수출했을 때는 달러 약세가 미국의 상업적 이익에 도움이 됐다. 그래서 미국 기업은 정부의 과도한 달러 평가절상을 막기 위해 로비를 벌였다. 그러나 새로운 모형 아래서는 미국 기업이 해외에서 생산하고 미국으로 수입하게 됐다. 이로써 미국의 상업적 이익이 반전되었고 미국 기업은 달러 강세를 옹호하는 쪽으로 돌아섰다. 달러가 강세이면 해외 생산에 필요한 달러 비용이 줄어들고 해외에서 생산되어 미국에서 미국

가격에 판매하는 제품의 이윤 폭이 증가한다.

비교우위 이론이 얼마나 부적절한지 알 수 있는 대목이다. 이동성 자본, 공장을 신속히 이전할 수 있는 역량, 금본위제가 부재한 틈을 타서 환율을 움직일 정도로 정치적 영향력을 지닌 소수의 글로벌 기업이 자유무역을 비웃는 것이다. 이들은 자신만의 이익을 창출하고 자신만의 규칙을 만든다. 조작 행위는 미국에 본사를 둔 글로벌 기업에만 국한된 일이 아니다. 독일, 일본, 중국의 거대 기업이 이런 일에는 훨씬 더 능숙하다.

이처럼 애플과 캐터필러의 엇갈린 이해관계를 비교해보면 자유무역을 허상이라 하는 이유가 드러난다. 이동성 자본, 기술이전, 보호주의와 환율 조작은 미국이 한때 누리던 비교우위를 상쇄했다. 투입 요소의 이전이 끝나는 순간 비교우위는 완전히 상실된다. 미국에는 막다른 일자리만 남아 있고 제대로 된 일자리는 대부분 사라졌다.

미국은 캐터필러의 해외 이전을 부추기는 듯한 정책을 취하는데 그보다 애플의 일자리를 미국 내로 되찾아올 수 있는 정책을 도입해야 한다. 애플의 가치사슬* 중 더 많은 부분을 미국으로 가져와야 한다. 리카도의 이론을 근거로 이런 정책이 비효율적이라 주장하는 사람들에게 던지고 싶은 질문이 있다. "미국 근로자들이 좋은 일자리를 얻을 수 없어 과중한 빚에 허덕이게 된다면 글로벌 기업이 만든

---

* 생산, 판매, 관리, 개발 등 부가가치 창출을 위한 기업의 제반 활동과 시스템, 프로세스

제품을 누가 살 것인가?" 미국은 적극적으로 관세와 무역장벽을 활용해 성장을 촉진하는 일자리를 만들어내야 한다. 이는 알렉산더 해밀턴이 1791년에 미 의회에 제출한 《제조업에 관한 보고서(Report on Manufactures)》에서 제안한 바이기도 하다.

원산지가 해외인 모든 제품에 직접적으로 수입 관세를 부과하는 것은 미국에 이득이 된다. 이와 더불어 소득세를 10퍼센트 인하하면 세입의 균형을 이룰 수 있다. 관세를 부과하면 애플이 가격을 인하함으로써 이윤을 줄이지 않는 한 수입산 아이폰 가격이 올라간다. 그러나 소득세를 인하하면 소비자에게는 아이폰이든 무엇이든 선호하는 제품을 살 여력이 생긴다. 결과적으로 애플이 양질의 일자리를 미국으로 다시 가져와 관세 인하와 소득세 절감이라는 두 마리 토끼를 잡으리라 예상할 수 있다. 이런 정책의 효과는 애플과 아이폰뿐 아니라 모든 고부가가치 수입품에도 적용된다.

여론 호도는 엘리트의 지배력을 강화하는 역할을 한다. 미 외교협회(Council on Foreign Relations)에서 《뉴욕타임스》에 이르는 친무역주의자들의 선동은 잘못된 여론 형성을 조장한다. 자유무역이 바람직하고 관세가 나쁘다는 것이 그들의 기본 방침이다. 언론인들은 10년에서 20년 전 경제학 수업에서 배웠음직한 내용을 아직도 읊고 있다.

엘리트의 신념을 전파하는 사람들은 자유무역 신조에 의문을 제기하는 사람들을 무시한다. 이런 가짜 전문가들은 스무드-홀리 관세(Smooth-Hawley tariffs)가 대공황을 유발했다는 터무니없는 주장을 한다. 대공황은 그보다 일찍 시작되었으며, 더욱이 연준의 잘못된 통화정책에서 비롯됐다. 스무드-홀리 관세가 시행되기 전까지 미국의 관세는 평균 44.6퍼센트였고 그 후에도 크게 증가하지 않아 53.2

퍼센트에 머물렀다.[6] 플레처는 1861년, 1864년, 1890년, 1922년에 관세가 인상되었을 때는 경기후퇴가 일어나지 않았던 반면에 관세 인상이 없었던 1873년과 1893년에는 경기후퇴가 일어났다고 지적한다. 관세와 경기후퇴의 인과관계는 근거가 미약하다는 이야기다. 대다수 전문가들은 이런 지적을 놀라운 일로 받아들인다.

미국이 새로운 관세를 부과하면 막다른 일자리인 부품 조립 직종과 농촌 일자리 가운데 일부가 교역상대국으로 넘어갈 것이다. 반면에 미국 국내에 더 많은 고부가가치 일자리가 생겨날 것이다. 관세를 부과하면 무수한 무역장벽, 지적재산권 절도, 현지 부품 사용 의무 같은 수법으로 고부가가치 일자리를 독차지하려던 교역상대국의 시도가 좌절될 것이다. 세계 최고의 소비대국인 미국은 이런 식의 구조적 변화를 단행해야만 잠재성장률을 끌어올릴 수 있다. 그 결과 생산성이 향상되고 실질임금이 상승해 채무의 지속가능성이라는 목표에 한 걸음 다가갈 수 있다.

공개 시장과 낮은 관세가 유리한 경우도 있다. 하지만 그런 사례는 일반적인 것이 아니며, 경제보다 정치적 연관성 때문에 이득이 발생하는 경우가 대부분이다. 제2차 세계대전 직후의 미국과 유럽이 그러했듯, 자국의 경제가 온전하지만 교역상대국의 경제가 파탄났을 때는 교역상대국이 새 출발할 수 있도록 공개 시장과 값싼 자금을 제공하는 것이 합리적이다. 또한 제2차 세계대전 직후의 유럽 각국이 그러했듯, 전쟁과 파괴를 겪은 나라 간에는 관세동맹 형태의 자유무역을 시행하는 것도 바람직하다.

세계 무역을 다시 시작해야 할 필요성과 전쟁 발발을 막아야 할 필요성이 수렴한 사례는 매우 희귀하다. 1940년대 후반에 이처럼 특수한 상황이 발생하면서 브레턴우즈체제는 유용할 뿐 아니라 필수불가결한 제도가 됐다. 그러나 오늘날 중국, 인도 등의 국가에는 그처럼 특수한 상황을 적용할 수 없다. 미국은 이제 교역상대국을 도와주는 데 그치지 않고 스스로를 해치는 지경에 이르렀다.

빚의 제국

엘리트의 세계관을 지탱하는 이론적 토대는 균형 모형, 통화주의, 케인스주의, 변동환율, 자유무역, 세계화, 명목화폐다. 그러나 현실 세계는 복잡성 이론, 조건부확률, 행동심리학, 통화 전쟁, 신중상주의, 금이라는 렌즈를 통해 바라볼 때 가장 확실히 이해할 수 있다. 엘리트들의 세계관과 현실 경제 사이에 충돌이 빚어지면서 엘리트의 자신감과 통제 능력에 금이 가기 시작했다. 오늘날의 엘리트는 두 부류로 나뉜다. 우선 자신의 신뢰도가 추락한 데 혼란을 느끼는 부류가 있다. 다음으로 자신이 믿던 경제사상이 잘못됐다는 사실과 그 신념 때문에 빚어진 결과를 깨닫고 공황에 빠졌으나 남들에게 드러내지 않는 부류가 있다.

제2차 세계대전 직후 세계 성장률과 부가 눈에 띄게 증가했다는 것은 엘리트가 자신들의 합의에 대한 비판적인 측면을 반박할 때 가장 자주 써먹는 반증이다. 1950년대와 60년대에는 미국, 캐나다, 서유럽, 일본이 이례적으로 강력한 성장세를 보인 데다 실업률과 인플레이션율도 낮았다. 물론 이런 성장은 전쟁의 파괴적 행위 때문에 기준선이 워낙 낮아진 상황에서 이뤄진 것이었기 때문에 풍부한 인적자본과 미국이 제공한 금융 자본을 비롯한 투입 요소들을 활용할 여지가 많았다. 그러나 초기의 번영기에 일반적이었던 조건이 오늘날에는 일반적이지 않다. 1950년대와 60년대는 고정환율, 금본위제, 재정 균형, 관세, 무역 선호 등으로 규정되었다. 오늘날의 엘리트가 내세우는 공식에 상반되는 조건들뿐이었다.

1970년대와 80년대는 전후에 결성된 브레턴우즈체제와 다른 체제 사이의 과도기였다. 금은 화폐 기준으로서의 지위를 상실했고 변동환율이 1970년대 중반에 나타났다. 그러나 금본위제의 종말은 레이건 행정부 시절 신종 달러본위제의 출현으로 무마됐다. '킹 달러'(King Dollar)는 당시 미 재무장관이던 제임스 베이커)가 1985년 플라자 합의(Plaza Accord)와 1987년 루브르 합의(Louvre Accord)에서 솜씨를 부려 이끌어낸 제도로서 여기서 환율에 대한 광범위한 합의가 이루어졌다. 킹 달러는 고정환율제는 아니었지만 그에 버금갈 만큼 바람직한 제도였다. 특히 1977년부터 1981년 사이 초인플레이션에 육박할 정도로 물가가 치솟았을 때 당시 연준 의장이던 폴 볼커가 인플레이션 비율을 낮추는 데 성공함에 따라 킹 달러가 힘을 얻었다. 유럽에서는 이따금씩 중단되기도 했지만 단일 통화제도가 계속 시도되었고 이것이 금본위제의 대안으로 자리 잡았다.

1970년대와 80년대는 신케인스주의와 통화주의의 전성기이기도 했다. 케인스주의는 지속적인 예산적자를 정당화했던 반면에, 통화주의는 고정환율제를 폄하하며 명목화폐 보유고를 조절하면 인플레이션을 유발하지 않고도 지속가능한 실질성장률을 극대화할 수 있다고 주장했다. 하이에크와 프리드먼이 한 편이 되어 케인스와 벌인 논쟁에서는 승자가 가려지지 않았지만 그 시대는 두 학파 모두 경제학계에 깊숙이 뿌리를 내린 시대였다. 두 학파는 정부의 통제력을 중시했다는 점에서 공통분모가 있었다. 유일한 차이점이라면 케인스주의는 재정당국에서, 통화주의는 통화당국에서 그런 통제력이 비롯되어야 한다고 믿었다는 것이다. 신자유주의 합의는 이 두 학파를 모두 수용했다.

세계화에 심취한 엘리트 집단이 전면에 등장한 때는 1870년에서 1914년 사이의 제1차 세계화시대와 희미하게나마 비슷한 제2차 세계화시대의 동이 튼 1989년 이후였다. 1989년에는 냉전이 끝나고 베를린 장벽이 무너졌으며, 영국 경제학자로서 워싱턴DC의 연구소에서 재직하던 존 윌리엄슨이 기념비적 논문에서 '워싱턴 컨센서스(Washington Consensus)'라는 개념을 제시했다.[7]

윌리엄슨의 논문에는 1970년대 이후 전개된 경제 이론이 집약되어 있었다. 그는 그런 이론들을 새로운 세계화시대의 교본으로 집대성했다. 윌리엄슨은 자유무역, 공개 자본계정, 외국인 직접투자, 지적재산 보호를 촉구했다. 또한 재정 규율의 강화를 주장했으나 현실적으로는 신흥국만이 그 대상이 되었고 선진국은 이를 준수하지 않았다. 워싱턴 컨센서스는 로버트 루빈이 장관으로 있던 미 재무부가 국제통화기금을 내세워 강요함에 따라 1990년 내내 중단 없이 시행됐다.

1990년대는 이름뿐인 자유무역이 정점에 달한 시기였다. NAFTA와 중미자유무역협정(CAFTA) 등의 다자간 무역 협정이 강제적으로 시행됐다. 엘리트는 1991년부터 2000년까지 미국 역사상 가장 오랫동안 지속된 평화기를 마음껏 향유했다. 조지 H. W. 부시 대통령의 임기 후반부터 클린턴 대통령의 임기 후반에 이르는 기간이다. 러시아는 자본주의를 추구했고, 중국은 한 세기 동안 지속된 혼돈에서 벗어났으며, 아시아의 호랑이들은 새로운 기회를 노리며 배회하던 참이었다. 그런 성과 때문에 엘리트의 세계관이 합당한 듯 보이기도 했다.

그러나 표면 아래에서는 부패가 진행되고 있었다. 제도화된 부패가 러시아와 중국에 만연했으며, 소득 불평등이 크게 심화되었고, 신흥국에서는 손쉽게 얻을 수 있었던 요소들을 활용할 기회가 눈 깜짝할 새에 사라졌다. 역사적인 맥락에서 본다면 1990년대의 경제적 번영은 영국이 19세기 후반에, 미국이 20세기 중반에 자유무역으로 얻은 표면적 성공과 비슷한 방식으로 이루어졌다. 새로운 정책의 성과라기보다 과거의 보호주의에 의해 창출된 이익에서 비롯된 성공이었다. 성장은 이루어졌지만 지속가능한 성장은 아니었다. 그밖에도 엘리트 간의 합의가 1990년대와 2000년대 초반에 거둔 표면적이고 지속 불가능한 성공은 '채무'라는 한 단어로 설명 가능하다.

1990년대부터 2000년대 초반까지 개인, 기업, 국가의 채무가 전례 없는 수준으로 급증했다. 1990년대에는 소비자 신용, 주택담보대출, 회사채가 채무 증가의 주요인이었다. 2000년에서 2007년에는 상황이 바뀌어 선진국의 국가 채무와 서브프라임 모기지가 채무 증가를 이끌었다. 2007년 이후에는 선진국 국가 채무가 지속적으로 증가하는 한편 학자금 대출과 신흥국 채무가 기하급수적으로 불어났다.

2009년 이래 신흥국의 달러 표시 회사채가 9조 달러나 증가했다. 에너지 탐사와 개발 분야에 종사하는 기업이 발행한 유가증권 총액은 5조 달러를 넘어섰는데, 문제는 그중 상당수가 투자등급 미만이라는 점이다. 전 세계적으로 모든 형태의 채무 증가액이 60조 달러를 넘어섰다. 이런 증가세는 앞으로도 끝날 전망이 보이지 않는다.

채무의 지속가능성을 판별하는 표준척도는 GDP 대비 채무 비율이다. 2000년에서 2013년 사이에 (금융회사를 제외한) GDP 대비 채무 비율은 168퍼센트에서 212퍼센트로 상승했다. 같은 기간 동안 선진국의 GDP대비 채무 비율은 310퍼센트에서 385퍼센트로 뛰었다. 2008년 세계 금융위기의 여파로 이 추세가 중단되거나 디레버리징으로 전환될 기미도 보이지 않는다. 2008년 이후 민간 채무가 감소한 것은 사실이지만, 국가 채무의 증가는 민간 채무의 감소폭을 상쇄했을 뿐 아니라 채무 총액까지 증가시켰다.

선진국의 국가 채무 총액은 2008년 초반 GDP의 80퍼센트에서 2014년 110퍼센트로 상승했다. 금융회사를 제외한 신흥국 채무는 2009년 초반 125퍼센트에서 2014년 140퍼센트로 상승했다. 여기에는 중국의 국가 채무가 증가한 탓이 크다. 금융회사를 제외한 중국의 GDP 대비 채무 비율만도 2014년 이미 200퍼센트를 넘어섰다.

스위스 제네바에 본부를 둔 국제통화은행연구센터(ICMBS)의 의뢰를 받아 작성된 2014년 《제네바 보고서》는 상황을 다음과 같이 요약한다.[8]

세계는 아직도 레버리지를 늘리고 있다. (중략) 채무 비율은 상승세를 지속하여 사상 최고치에 이르렀다. (중략) 2008년까지는 선진국이 레버리지 확대를 주도했지만 그 후로는 신흥국(특히 중국)이 레버리지 확대의 원동력이다. (중략) 일본의 전체적인 레버리지 수준은 통상적인 기준을 벗어났다. (중략)

통념과는 달리 세계경제는 선진국에서 금융위기가 시작된 지 6년이 지난 지금까지도 디레버리징 경로에 진입하지 못했다. 실제로 우리 연구센터의 분석에 따르면 GDP 대비 세계 전체 채무 비율은 금융회사를 제외했을 경우 (중략) 꺾이지 않는 기세로 꾸준히 증가하고 있다. 계속해서 사상 최고치를 경신하고 있다.

이런 채무 수준은 전례 없는 것이지만 세계경제가 이를 뒷받침할 정도로 충분한 성장률을 달성했다면 지속가능할 수 있다. 그러나 그렇지 못한 것이 문제다. 지난 15년 동안 세계경제의 성장률이 정체된 것도 엘리트 간의 합의가 유효하지 않음을 입증한다.

《제네바 보고서》의 저자들은 선진국 GDP 지수를 취합하고 2008년 수치를 100으로 조정하여 금융위기 이후의 실질성장률과 금융위기 이전의 추세를 근거로 한 잠재성장률을 비교했다. 2014년까지의 잠재성장률은 111에 이르렀지만 실질성장률은 102에 간신히 도달했다. 잠재성장률과 실질성장률의 차이를 '산출 격차'라 부른다.

정상적인 경기회복 추세라면 경제는 유휴 생산능력과 추세를 상회하는 요소의 활용 덕에 짧은 기간 동안 잠재성장률을 웃도는 수준으로 성장하고 산출 격차가 사라진다. 그러나 현재의 회복 추세에서는 그런 일이 발생하지 않았다. 산출 격차가 사라지기는커녕 계속해서 벌어지고 있다. 산출 손실 때문에 위태로워지는 것이 개인의 행복과 생활수준뿐이라고 해도 문제가 크다. 산출 손실이 과도한 채무와 결합되면 치명적인 결과를 초래한다. 《제네바 보고서》는 산출 손실과 채무의 위험한 조합을 다음과 같이 설명한다.[9]

한쪽에서는 레버리지와 디레버리징 정책의 악순환이 이어지고 다른 쪽에서는 명목성장률이 둔화되면서 디레버리징이라는 느리고 고통스러운 과정 혹은 다른 위기의 기반이 조성됐다. (중략) 우리는 이런 상황 때문에 세계가 지난 20년 동안 일어났던 일련의 금융위기를 한 차례 더 겪을 위험이 크다고 본다.

보고서는 채무 증가와 성장둔화의 악순환을 조심하라고 경종을 울리고 있다.[10]

금융위기로부터의 회복을 저해하는 주요인으로는 성장과 레버리지 간의 악순환이 있다. (중략) 과도한 수준의 채무를 상환하다 보면 경기가 둔화되고 GDP의 역동성이 떨어져 디레버리징 과정이 한층 더 고통스러워지는 결과가 발생한다.

유용한 위기 분류 체계에 따르면 붕괴와 회복의 주기는 세 가지 유형으로 나뉜다.[11] 위기 유형 1이 일어나면 실질산출이 감소한다. 그 후 추세를 상회하거나 V 형태를 그리는 회복 국면이 이어지면 산출 격차가 나타나고 추세 성장이 재개된다. 위기 유형 1은 경제에 고통스럽지만 일시적인 영향만 미친다. 1990년대 초반 스웨덴이 겪었던 위기가 바로 유형 1이다.

위기 유형 2가 일어나면 잠재산출이 감소한다. 이런 상황에서는 초기의 산출 손실이 미미할 수도 있지만, 그 이전 추세와의 산출 격차가 벌어지고 시간이 흐름에 따라 확대된다. 위기 유형 2는 장기간에 걸쳐 엄청난 비용을 초래한다. 1990년대 이후 일본의 상황이 위기 유형 2의 사례로 자주 인용된다.

위기 유형 3이 닥치면 실질산출뿐 아니라 잠재산출도 감소한다. 이런 상황에서는 초기의 산출 손실이 너무 커서 결코 회복되지 않는데다, 산출 격차가 시간이 흐름에 따라 확대된다. 막대한 손실, 회복 불가능, 성장둔화 지속이라는 점에서 최악의 위기 유형이다.

《제네바 보고서》의 자료에 따르면 미국을 필두로 한 선진국은 위기 유형 3을 겪고 있다.[12] 이런 진단이 좀 더 빨리 나오지 않은 것은 각국 정부가 정책적 실수를 눈가림하기 위해 레버리지를 끌어다 썼기 때문이다. 《제네바 보고서》의 결론은 다음과 같다.

> 1990년대 후반부터 2007년대까지 관찰된 성장 가속화는 세계적인 채무 축적으로 뒷받침됐다. (중략) 이는 동시에 여러 국가에서 레버리지 확대를 부추김으로써 자산가격의 상승과 재무제표 확대로 직결됐다. 이런 확대 국면은 2008년에서 2009년 금융위기로 마침내 끝을 맞이했다.
>
> 세계화와 공동 번영이라는 엘리트의 꿈은 채무로 만들어진 허상이었다. 그 허상은 2008년에 사라졌지만 채무는 아직 남아 있다. 채무에서 탈출하는 길은 최선의 경우에도 위험할 뿐더러 최악의 경우 파국으로 가는 지름길이다. 가장 안전한 것은 구조조정을 단행하여 엘리트 간의 합의를 없던 일로 하고, 신중상주의정책으로 되돌아가 미국 내의 일자리와 성장을 창출하는 것이다. 이제까지 했던 것들을 되풀이하는 것이야말로 가장 위험한 길이다. 채무 확대, 레버리지 확대, 파생금융상품 확대 등의 무모한 행위로 실현 불가능한 자생적인 성장을 추구하는 것이다.

이런 인식이 뿌리내리자 엘리트 무리의 본능이 강화됐다. 중앙은행의 재무제표는 인플레이션을 유발하기 위해 확대됐다. 실질성장은 불가능하더라도 명목성장으로 채무를 해결하려면 인플레이션이 필요하기 때문이다. 그러나 세렝게티 초원에서 누 떼를 추격하는 암사자처럼 디플레이션이 엘리트 무리를 위협하고 있다. 엘리트는 통화 발행이 물가상승이 아닌 자산 인플레이션을 불러올 수 있으며, 언제든 터질 위험이 있는 데다, 두 세대 동안 신뢰에 타격을 줄 거품을 발생시킬 수 있다는 사실을 깨달았다. 그런 일이 발생할 때에 대비하여 아이스나인을 마련해놓고 대기 중이다.

현재 엘리트는 베트남의 진흙탕에 목까지 빠진 채 고립된 군부대처럼 사면초가가 되어 리플레이션을 밀어붙이고 있다.

막다른 골목

엘리트의 신자유주의 합의는 애덤 스미스, 데이비드 리카도, 밀턴 프리드먼 같은 경제학자들이 미사여구로 치장한 자유시장과 자유무역에 기반을 두고 있다. 그러나 자유시장과 자유무역은 이론적으로 결함이 있을 뿐 아니라 현실 세계에 존재하지 않는다.

개념만 놓고 보면 자유시장 패러다임은 대공황 때 발명된 보드게임 모노폴리와 비슷하다. 플레이어는 모두 같은 칸에서 같은 액수의 돈을 갖고 시작하며 같은 규칙을 따른다. 실제 삶에서처럼 주사위굴리기에도 운이 작용하지만 시간이 흐름에 따라 운의 영향이 줄어든다.

플레이어의 기량이 제각각이라는 데 모노폴리의 묘미가 있다. 명

민한 플레이어는 런던의 세인트제임스 광장에서 시작되는 주황색 부동산을 소유해야 유리하다는 사실을 안다. 주황색 부동산이 감옥(Jail) 칸과 가깝기 때문이다. 한마디로 다른 플레이어들이 주황색 부동산으로 이동할 가능성이 커서 더 많은 통행료를 물릴 수 있다. 이론적으로 시장은 이런 종류의 기량을 지닌 참가자에게 보상을 제공한다.

플레이어들이 규칙을 무시하면 어떤 일이 벌어질까? 어떤 플레이어가 몇 바퀴 돈 다음에 자기가 갖고 있는 돈이 다른 플레이어보다 두 배 많다고 선언하더니 은행가에게 가서 제멋대로 500달러짜리 지폐 다발을 뺏는다고 생각해보라. 자유시장의 기본 원칙이 무시되면서 게임은 혼돈으로 치닫게 된다. 중앙은행이 통화정책, 통화 전쟁, 무역 조작을 시행하는 과정에서도 똑같은 일이 일어난다. 자유시장 모형이 뒤집히는 것이다.

불공평함을 원망하고 허상을 추구하기보다 미국 내에서 성장과 일자리를 창출할 수 있는 정책을 시행하고, 거기서 비롯된 번영을 '협조적인' 파트너끼리 공유하는 방법을 모색하는 것이 미국은 물론 세계를 위한 해결책이다. 그러는 동안 다른 나라는 스스로가 정한 길을 가면 된다. 비협조적인 파트너는 알아서 해결책을 찾도록 내버려두는 편이 옳다.

1990년대 이후의 채무 증가를 장기적인 관점에서 볼 때 2008년의 금융 공황은 훨씬 나쁜 상태를 나타내는 징후였다. 정책당국은 지속가능한 성장의 대안을 마련하기 위해 신용팽창과 자산 거품을 이용했다. 그 결과로 나타난 소득 불평등은 도덕적인 문제에 그치지 않는다. 소득 불평등은 소비를 해치고, 투자를 저해하며, 순수출(과 그로 인한 통화 전쟁)과 정부 지출(과 그로 인한 채무)만을 성장 동력으로 남긴다.

엘리트가 내심 가장 두려워하는 것은 디플레이션이다. 앨런 그린스펀은 많은 비난을 감수하면서까지 2002년부터 2005년에 이르는 장기간 동안 저금리 기조를 유지했다. 2001년 디플레이션 조짐이 보이자 그 가능성을 뿌리 뽑기 위해 저금리정책을 단행한 것이다. 그러나 디플레이션은 몇 년 지연되었을 뿐이었다. 그린스펀은 자산 거품을 일으켜 디플레이션 시기를 늦추는 정책을 구사했고 2007년 초반에 그 거품이 붕괴했다. 그 결과 결코 사라진 적 없던 디플레이션이 다시 모습을 드러냈다.

할 줄 아는 것이라고는 한 가지밖에 없는 연준은 버냉키와 옐런이 2008년부터 2015년까지 제로 금리를 유지한 데서 알 수 있듯 그린스펀의 실수를 되풀이했다. 결과적으로 더 큰 자산 거품이 생겨났다. 정책입안자들이 디플레이션의 근본 원인인 인구통계, 기술, 디레버리징, 멕시코에서 말레이시아에 이르는 나라들의 신중상주의 등에 대응한 적은 단 한 번도 없었다.

자유무역과 공개시장을 옹호하는 측은 흔히 이렇게 주장한다. 미국은 시스템의 조작으로 발생하는 비용을 흡수할 수 있을 만큼 부강한 반면에 세계는 미국 외의 나라에서도 일자리가 창출할 때 비로소 풍요로워진다는 것이다. 미국이 조금 덜 부유해지더라도 지구가 더 부유하고 평화로워지는데 그 정도 비용쯤이야 아무것도 아니라는 주장이다.

이와 같은 범세계적 관점에는 일자리를 잃은 미국인 근로자들을 얕보는 심리가 깔려 있다. 그러나 그 점은 차치하고라도 저 주장이 사실일까? 세계 평균성장률의 이면에 비정상적인 소득 불평등이 감춰져 있는 것은 아닐까? 근로자들의 형편이 약간 나아진다고 해도 부패한 올리가르히*들이 성장으로 얻은 이익의 대부분을 빼돌려 밴쿠버나 런던 메이페어에서 한 채에 50만 달러씩 하는 고급 아파트를 정신없이 사들이는 일이 벌어지고 있다.

반면에 미국에는 아시아, 아프리카, 중남미와 같은 정도의 '올리가르히 문제'가 존재하지 않기 때문에 국내의 고부가가치 제조업 진흥에 초점을 맞춘 공공정책이 시행된다면 성장으로 발생하는 이익이 좀 더 널리 분배될 것이다. 실질소득이 상승하면 미국인 근로자에게는 국산품뿐 아니라 수입품도 더 많이 구매할 수 있는 여유가 생긴다. 교역상대국의 근로자들은 저숙련 일자리에 특화될 것이고 미국인 근로자들은 고숙련 일자리를 얻을 것이다.

미국의 정치적 문제는 민주당과 공화당이 자유무역 문제에 대해 보조를 같이한다는 데 있다. 일부는 반대 의견을 내지만 NAFTA나 최근에 출범한 환태평양경제동반자협정(TPP, Transatlantic Trade and Investment Partnership)이 보여주듯 자유무역 패러다임은 당파를 초월한다. NAFTA는 조지 H. W. 부시가 협상에 참여하고 클린턴이 서명했다. TPP는 오바마가 제안하고 공화당 지도부가 지원했다. 양당이 손잡으면 교착 상태가 해소된다기보다 집단사고에 젖기 쉽다.

정치적 정체를 합리적으로 해결하려면 우선 법인세를 폐지하고 최저임금을 인상해야 한다. 또 근로자 대표를 경영에 참여시키는 독

---

* oligarch, 원래는 러시아의 신흥 재벌을 의미했으나 최근에는 신흥국 전반의 소수 독점 재벌을 뜻하기도 한다.

일 식 공동결정법(codetermination law)을 도입하여 근로자의 지위를 향상해야 한다. 좌파는 법인세 인하에 반발하여 아우성을 칠 것이고 우파는 공동결정법을 규탄할 것이다. 좌파나 우파나 공론가로서의 본색이 드러날 것이다. 자본가와 근로자를 모두 지원하는 똑똑한 정책이 미국이 성공할 수 있는 길이다.

엘리트는 세계가 순환적 회복 국면이 아닌 장기적 공황 상태에 빠져 있다는 것을 깨닫자 점점 더 큰 두려움에 휩싸이고 있다. 케인스는 공황을 다음과 같이 정의한다.[13]

보통보다 못한 경기가 뚜렷한 회복 추세나 완전한 붕괴 추세 없이 상당 기간 동안 이어지는 만성 상태

《제네바 보고서》는 좀 더 구체적으로 산출이 급격히 감소한 뒤 거의 회복되지 않으며 끝없이 하향 추세를 그리는 위기 유형 3을 공황으로 본다. 그 내용을 살펴보자.[14]

2007년 이후 일어난 일은 경기후퇴라기보다는 채무위기였다. 2009년 1분기까지 5퍼센트의 산출 손실이 회복되지 않았고 (중략) 성장이 현저히 둔화함에 따라 산출 손실은 2007년까지 우세했던 추세와 비교할 때 실질적으로 확대됐다.

공황은 통화정책으로 완화될 뿐 치유되지 않는다. 공황에 대한 해결책은 구조조정이다. 대공황은 막대한 채무를 끌어다가 투자하고 제2차 세계대전에서 싸울 노동력을 동원하고서야 비로소 끝났다.

이제 종반전이 시작됐다. 채무가 성장보다 빠른 속도로 불어나고 있다. 통화정책은 거품을 일으키고 시간을 버는 것 외에는 아무런 효력이 없다. 정치 기능이 마비된 탓에 구조조정이 걸림돌을 만났다. 국가 채무 자체가 과도하게 늘어나 민간 채무를 국가 채무로 대체하는 일도 더 이상 불가능하다.

채무, 디플레이션, 인구통계, 공황은 자유무역, 자유시장, 자유로운 자본 흐름이라는 엘리트의 이상을 박살내는 중이다. 엘리트는 한 벌의 카드 중 유리한 패를 뽑기를 바라지만 이미 수십 년에 걸쳐 소득 불평등과 일자리 상실을 부인한 결과가 쌓여 있다. 일부 엘리트는 딴 돈을 챙겨들고 배에서 도망쳐 고급 아파트와 전용기는 물론 섬까지 사들이고 금괴와 미술품을 개인 금고에 쌓아둔다. 어떤 엘리트는 갈수록 혼란스러워하면서도 세계화의 막다른 골목을 따라 가던 길을 계속 가고 있다.

THE ROAD
TO RUIN

8

자본주의, 파시즘, 민주주의

사회주의가 실현된다고 해서 정통 사회주의자들이 꿈꾸는 문명이 도래
하리라 믿을 이유는 거의 없다. 앞으로 실현될 사회주의는 그보다 파시
즘적 특성을 보일 가능성이 크다. 마르크스의 기도에 대한 응답치고는
야릇하다. 그러나 역사는 때로 악취미의 농담을 즐긴다. [1]

— 조지프 슘페터, 『자본주의 사회주의 민주주의』

다시 보는 슘페터

조지프 슘페터라는 이름을 들으면 '창조적 파괴'라는 표현이 떠오를 것이다. 그가 남긴 학문적 업적 중 가장 유명하며 20세기에 나온 경제학적 통찰 가운데 가장 설득력 있는 개념으로서 오늘날까지 중요한 영향을 미치고 있다.

슘페터는 자본주의가 그 안에서 흥망하는 기업보다 한층 더 강한 역동성을 지닌다고 생각했다. 그런 역동성 때문에 자본주의의 발전은 자본주의의 몰락을 불러온다. 이런 개념은 그가 1942년 발표한 명저『자본주의 사회주의 민주주의』에 요약되어 있다.[2]

자본주의는 (중략) 절대 정지되어 있을 수 없다. (중략) 자본주의 엔진을 가동하고 계속 돌아가게 하는 기본 추진력은 자본주의 기업이 창조하는 새로운 소비재, 생산 방식, 운송 수단, 시장, 산업 조직에서 나온다.

새로운 시장의 개척은 (중략) 경제 구조를 내부로부터 끊임없이 혁신하고, 끊임없이 옛것을 파괴하고, 끊임없이 새것을 창조한다. 창조적 파괴의 과정은 자본주의에 관한 가장 중요한 사실이다.

한참 지난 지금은 당연한 이야기로 보인다. 하지만 창조적 파괴도 다른 독창적 개념과 마찬가지로 처음 제기되었을 때는 혁명적이라는 평가를 받았다. 자본주의가 역동적이고 부를 창출하는 원동력이라는 사실은 애덤 스미스가 1776년 발표한 『국부론』은 물론 19세기 고전파 경제학자들의 저작을 통해 오래전에 알려졌다. 그러나 슘페터의 창조적 파괴는 창조적 힘이 아닌 파괴적 힘을 강조했다는 점에서 새롭다. 기존 자본이 파괴되어야 새로운 자본주의적 시도에 필요한 자원이 해방된다는 의미다.

슘페터는 대공황 후반부터 제2차 세계대전 발발까지의 결정적 전환기에 이 책을 썼다. 미국을 비롯한 각국에서 자본주의가 시험에 들고 사회주의가 인기를 얻었던 시기다. 사회주의가 한창 유행하던 19세기 후반과 20세기 초반에도 미국에서는 사회주의가 뿌리내리지 못했다. 1933년부터 1945년까지 재임한 프랭클린 루스벨트 행정부는 사회주의 개혁가로 가득했고, 대규모 전력 생산 사업을 담당하는 테네시 강 유역 개발 공사와 캘리포니아 주 메리즈빌의 연방 집단농장 같은 농업 공동체를 비롯해 새로운 시도를 멈추지 않았다.

대공황시대에는 자본주의가 실패한 시스템이라는 인식이 널리 확산됐다. 자본주의는 RCA, GM, 뉴저지 스탠더드오일, US스틸 같은 거대 기업과 결탁했다. 경쟁은 더 이상 자본주의를 규정짓는 특성이 아니었다. 독점이 그 자리를 차지했다.

슘페터는 자본주의에 쏟아진 독점 혐의에도 아랑곳하지 않았다. 그는 대기업을 칭송했고 독점이나 그와 유사한 관행을 옹호했다. 슘페터는 대기업이 소비자에게 한층 더 폭넓은 다양성과 광범위한 유통망과 낮은 가격을 제공한다고 보았다. 그는 이렇게 썼다.

> 그런 사업 전략을 분석하는 과정에서 조사를 담당하는 경제학자나 정부 관료는 약탈적이라 생각되는 가격정책과 산출을 제한하는 규정에 주목한다.[3] (중략) 그는 그런 종류의 제한이 강풍이 끊임없이 휘몰아치는 환경에서 (중략) 장기간에 걸쳐 확장되는 과정을 저해하기보다는 그것을 보호하기 위해 나타나는 부수적 조치라는 생각을 하지 못한다.
>
> 과중한 자본 요건이나 경험 부족 때문에 경쟁자가 단념하리라는 것이나, 경쟁자를 단념시키거나 좌절시킬 수단이 있어 추가 개발을 위한 시간과 공간을 확보할 수 있으리라는 것을 착수 단계에 확인하지 못한다면 대규모 계획을 실행에 옮기는 일은 대체로 불가능하다.

슘페터가 창조적 파괴와 독점 대기업이라는 대립적인 개념을 동시에 옹호했다니, 쉽게 이해되지 않을 수도 있다. 그러나 좀 더 생각해보면 두 가지가 모순되지 않는다는 점을 알 수 있다. 슘페터는 기업이 다른 기업이 아닌 '미래'와 경쟁한다는 위대한 통찰을 제시했다. 독점 대기업을 파괴하는 것은 오늘날의 경쟁사나 반독점 규제가 아니라 예기치 못했던 미래의 기업이라는 것이다.

슘페터는 1942년에 이미 우버의 택시 독점체제 파괴와《드러지 리포트》* 같은 뉴스 취합 사이트에 의한 일간지 몰락 같은 사건들을 예견했다. 그는 제아무리 규모가 크더라도 안전한 기업은 없다는 사실을 알았다. 독점 기업가가 밤잠을 설치는 이유가 경쟁자 때문이 아니라 미래 때문임을 깨달은 것이다.

슘페터의 업적은 그를 신봉하는 이들 사이에서 향유됐다. 인습타파주의자라면 대부분 겪는 숙명이었다. 지금은 창조적 파괴가 어디서나 찾아볼 수 있는 밈**이 됐다(그러나 상투적으로 읊어대는 사람들이 생각하는 것만큼 창조적 파괴는 자주 일어나는 일이 아니며 현재도 매우 시급한 상태다). 놀라운 점은 창조적 파괴가 슘페터의 업적 중 극히 일부에 불과하다는 사실이다. 430쪽에 달하는『자본주의 사회주의 민주주의』에서 창조적 파괴가 소개된 부분은 전체 분량의 1퍼센트를 간신히 넘는 다섯 쪽에 불과하다. 오늘날 우리가 가로지르는 경제적 경로를 이해하는 데는 역사적 과정과 사회주의의 불가피한 승리를 다룬 나머지 부분이 더 유용하다.

슘페터는 1883년 당시 오스트리아-헝가리제국의 영토였으며 오늘날 체코에 속하는 모라비아에서 태어났다. 그는 1906년 빈대학에서 칼 멩거의 열렬한 추종자이자 오스트리아학파의 창시자 중 한 명인 오이겐 폰 뵘바베르크(Eugen von Böhm-Bawerk)의 지도로 박사학위를 받았다. 그는 1932년부터 1950년 세상을 떠날 때까지 하버드대학 경제학과 교수를 지냈다. 슘페터는 파란만장한 사생활을 영위했

---

* Drudge Report, 주로 센세이셔널한 특종을 터뜨려 화제가 되고 있는 인터넷신문. 1995년 매트 드러지라는 고졸 학력의 미국인 선물가게 점원이 혼자서 창간해 운영하고 있다.

** meme, 모방을 통해 습득되는 문화적 요소

으며 20세기 경제학자로서는 유일하게 결투에 참여한 인물일 것이다. 슘페터의 전기를 쓴 토머스 맥크로(Thomas McCraw)의 말을 빌자면 "그는 세계에서 가장 위대한 경제학자이자 연인이자 기수가 되기를 꿈꾼다는 말을 자주 했다. 그리고 말(馬)만큼은 뜻대로 되지 않았다는 촌철살인의 말을 덧붙였다."[4]

슘페터는 빈대학에서 배우고 뵘바베르크의 지도를 받았음에도 오스트리아학파만 고집하지는 않았다. 그는 19세기 독일에서 발달한 역사학파를 추종했다. 역사학파는 경제학을 좀 더 정확한 눈으로 보기 위해 사학, 정치학, 사회과학을 접목했다. 구체적인 시대와 장소에만 적합하며 경제 상황에 대한 잠정적 견해에 불과하다는 이유로 수학적 모형 대부분을 거부한 것도 특징이다. 반면에 역사는 좀 더 폭넓은 관점을 제공하고 인간 행위의 추동력을 좀 더 정확하게 밝혀 준다고 보았다. 무엇보다 역사학파는 관념보다 현실을 강조했다.

역사학파 경제학자들의 공통점은 결론에 있지 않다. 실제로 학자에 따라 극과 극의 판이한 결론을 도출했다. 그보다 장기적 과정을 면밀히 고찰하여 결론을 이끌어내는 식의 귀납법이 그들의 공통점이었다. 초기 역사학파 경제학자로는 월터 배저트, 막스 베버, 칼 마르크스 등이 있다. 슘페터는 순수한 의미에서 이 학파를 대표하는 마지막 학자다. 다만 하이먼 민스키, 앨런 그린스펀, 노벨경제학상 수상자 로버트 솔로 등은 슘페터의 영향을 받았다. 오늘날 역사학파가 활용한 귀납법과 역사학적 분석은 신케인스주의의 방정식과 오스트리아학파의 통화 기구 옹호론에 밀려나 푸대접을 받고 있다.

그러나 기업가정신을 통한 자본 형성과 기업가정신이 일반적인 사업 모델에 미치는 파괴적 영향(창조적 파괴)에 슘페터가 보여준

통찰력은 아마존과 넷플릭스의 시대에 부합하는 면이 있다. 슘페터의 부활은 오스트리아학파의 화폐 이론이 유통 속도의 변동성을 설명하는 데 실패하고 신케인스주의 모형이 새로운 유동성 함정*에 대비되어 있지 않다는 사실이 드러났을 때 이루어졌다. 그러나 이제와서 슘페터의 책을 꺼내들고 역사적 방법론을 수용하기에는 너무 늦었다.

현재 슘페터에 대한 고찰은 주로 (개인과 기업을 다루는) 미시경제학에 관심 있는 사람들에 의해 이루어진다. 그러나 그의 거시경제학적 관점을 고찰하지 않는다면 그의 부활을 논할 수 없다. 특히 세계 성장 역학에 대한 그의 가설을 살펴볼 필요가 있다. 슘페터의 장기파동 가설**은 칼 포퍼가 주창한 점진적 사회공학의 문제점을 해결하기에 적합하다. 특별인출권이 임시 수단에서 세계화폐로 등극하기까지 벌인 60년 동안의 고투 역시 장기파동 가설로 설명 가능하다. 우리는 그의 이론으로 그런 과정의 역사적 맥락을 파악하고 그 경로를 예측할 수 있다.

20세기 후반 들어 슘페터의 명성이 퇴색한 것은 부분적으로 사회주의가 자본주의를 대체하리라는 그의 예측 때문이다. 그는 그 점에서만큼은 마르크스와 뜻을 같이했지만 마르크스 이론의 허점을 찾아내는 데 주저함이 없었다.

---

* liquidity trap, 통화량을 늘리고 금리를 낮춰도 투자와 소비가 늘지 않는 상황
** long-wave theory, 세계경제의 역사적 흐름을 보면 과학기술과 산업 생산 방식의 혁명적 변화는 약 50년을 주기로 규칙적으로 나타난다는 이론

일례로 슘페터는 마르크스의 혁명 이론을 헛소리라고 일축했다. 혁명으로 이득을 보는 자는 혁명가밖에 없다고 비아냥거리기도 했다. 그가 마르크스를 높이 산 것은 예측 자체가 아니라 방법이었다. 실제로 마르크스는 수백 년에 걸쳐 다양한 사회 계층이 흥하고 몰락한 과정을 고찰했다. 슘페터는 마르크스의 방법을 활용함으로써 사회주의가 오랜 세월에 걸쳐 점진적으로 부상하여 한동안 자본주의와 공존하면서 민주주의 틀 안에서 무리 없이 작동하리라 예측했다.

그러나 우리는 1960년대 유럽과 일본에서 자본주의가 성공하고 이어서 1980년대에 대처-레이건 혁명이 성과를 거두며, 1990년대에 중국이 '부자가 되는 것은 영예로운 일'이라는 덩샤오핑의 발언을 주문 삼아 주도적 위치에 오르는 과정을 지켜보았다. 당연히 슘페터의 사회주의 가설을 신뢰하기란 쉽지 않을 것이다. 자유시장 자본주의가 승리했다는 의식이 시애틀에서 상하이에 이르기까지 그토록 깊이 자리 잡았으니, 자본주의가 사회주의를 당해낼 수 없다는 슘페터의 예측이 터무니없게 느껴질 만도 하다.

그러나 슘페터가 정확히 짚었다.

슘페터가 말한 사회주의는 프롤레타리아 독재체제가 아니었다. 근로자의 '이익'을 위해 국가가 지휘하고 슘페터가 '기획가'라 일컬은 엘리트가 운영하는 경제 시스템이었다. 그의 구상에 따르면 승자는 기획가와 근로자였고 패자는 오늘날 중산층으로 불리는 '부르주아'였다.

그의 예언은 적중했다. 현재 미국에서는 중산층 공동화 현상이 나타나고 있으며, 소득 불평등이 1890년대 이후로 유례를 찾아볼 수 없을 만큼 극단적 수준에 달했다. 게다가 슘페터가 예측한 대로 사회 대부분이 엘리트와 근로자에게로 넘어갔다.

미국의 중위 가계소득은 2014년 불변달러*로 따졌을 때 1999년 5만 7843달러로 최고치를 기록했다.[5] 2014년에는 5만 3657달러였으니 15년 만에 무려 7퍼센트 넘게 '감소'한 것이다. 미국의 가계는 갈수록 빈곤해지고 있다. 그러나 소득감소가 균등하게 이루어진 것은 아니다. 수도 워싱턴DC의 중위 가계소득은 같은 기간 동안 25퍼센트 가까이 증가했다. 국가경제는 침체되고 있는데 워싱턴DC 시민들은 갈수록 부유해지고 있다. 이런 양극화를 통해 엘리트들이 세금, 규제, 기생적 기관을 통해 미국 중산층의 재산을 빨아들이고 있음을 알 수 있다.

맥킨지글로벌연구소는 2016년 발간한 《부모보다 가난해질까? (Poorer than Their Parents?)》라는 보고서에서 소득 불평등 추세가 미국만의 일이 아니라는 결론을 내렸다.[6] 소득 불평등이 서유럽과 호주 등 전 세계 선진 각국에서 발견되는 추세라는 것이다.

> 선진국의 불평등 확대에 관한 논의는 소득과 부의 증가가 최상위 소득자에게 편중된다는 점에 초점을 맞춰왔다. 우리는 그에 비해 별다른 주목을 받지 못한 측면을 살펴보고자 한다. 과거의 비슷한 가계와 비교할 때 소득이 상승하지 않은 선진국 가계가 이 보고서의 연구 주제다. 소득은 과거에 비해 상승하지 않았다. 이 문제를 세 가지 개별적인 방법으로 검토한 결과, 우리는 그처럼 소득이 정체된 가계의 숫자가 큰 폭으로 증가했음을 알 수 있었다.

---

* constant dollar. 인플레이션의 영향을 제거한 달러 환율

2014년의 소득 분포를 2005년과 비교해볼 때, 25개 선진국의 가계 가운데 65~70퍼센트에 해당하는 5억 4000만~5억 8000만 명이 실질시장소득(임금과 자본소득)이 정체되거나 하락한 구간에 있는 것으로 나타났다. 그에 비해 1993년에서 2005년에 같은 현상을 겪은 가계는 1000만 명 미만으로 전체 가계 중 2퍼센트에 미치지 않았다. 정부 이전소득과 세율인하가 이 현상이 가처분소득에 미치는 영향을 완화하여 2005년에서 2014년 사이의 소득분포에서 가처분소득이 정체되거나 하락한 구간에 있는 가계는 전체에서 20~25퍼센트였다. 이와 비교해 1993년에서 2005년 사이에는 그 비중이 2퍼센트를 밑돌았다.

바꿔 말하면 부유층이 한층 더 부유해지는데도 중산층 소득은 정체되어 있다는 것이다. 정부 이전소득 지급 형태의 사회주의가 소득 정체의 영향을 어느 정도 완화하기는 하지만 완전히 상쇄하지는 못했다. 슘페터가 정확히 예견한 대로 사회주의는 혁명이 아니라 자본주의의 부를 이용한 은밀한 방법으로 기세를 더하고 있다. 근로자 계층을 매수하는 한편 중산층을 억압하는 방식이다. 맥킨지의 보고서는 사회주의적 소득이전에 대해 논하면서 그 점을 강조한다.[7]

오늘날의 젊은 세대는 부모 세대보다 가난한 삶을 살게 될 위험에 처해 있다. 2002년에서 2012년 소득분포에서 인구구간 대부분이 소득 정체나 하락을 경험했다. 그중 젊고 교육수준이 낮은 근로자가 가장 큰 타격을 받았다. (중략) 소득 정체나 하락의 폭을 결정짓는 것은 정부정책과 노동시장 관행으로 나타났다. 예를 들어 정부가 개입하여 일자리를 보존한 스웨덴에서는 시장소득의 하락이나 정체의 폭이 20퍼센트에 불과한 반면에 인구 대부분의 가처분소득이 상승했다. 미국에서는 정부의 과세와 이전소득 덕분에 전체 소득구간 가운데 81퍼센트의 시장소득 하락이 거의 모든 가계의 가처분소득상승으로 전환됐다. 인구 과반수의 소득이 정체하거나 하락하면 수요 증가폭이 감소하며 사회적 지출의 필요성이 증가한다. 그뿐 아니라 사회적 대가를 치러야 할 수도 있다.

현재와 같은 인구 동향과 근로 동향이 장기간 이어질수록 소득상승은 지속적으로 압력을 받을 것이다. 경제가 역사적인 고성장 경로에 다시 들어선다 하더라도, 일터의 자동화가 가속화되는 등 노동시장에 전환이 일어난다면 소득구간 중 30~40퍼센트는 향후 10년 안에 시장소득상승을 경험하지 못할 가능성이 있다. 이것이 우리의 추정이다. 2005년에서 2012년 사이와 같은 성장둔화 환경이 지속된다면 선진국 전체 소득구간 가운데 무려 70~80퍼센트가 2025년까지 시장소득의 정체나 하락을 경험할 수 있다.

슘페터는 기업이 근로자에게 연간 4만 달러를 지급한 후 국가가 1만 달러를 세금으로 걷어가는 것이 불합리한 일이라 보았다. 국가가 근로자에게 3만 달러를 지급하는 편이 효율적이라는 것이다. 어차피 근로자의 순소득은 동일한 데다 겉치레로 개인 급여와 공공 조세를 나누는 데서 오는 비효율성을 없앨 수 있다. 슘페터의 제안은 좌파 버니 샌더스와 우파 찰스 머리가 다양한 형태로 주장한 기초소득보장제도의 정책 제안을 통해 부활했다. 식품구매권, 장애수당, 오바마 케어*, 메디케어**의 확대와 근로소득 세금공제는 정부의 소득보장정책에 해당한다. 우리가 실질적 사회주의로 이동하고 있음을 보여주는 징표이기도 하다.

슘페터는 민주주의라는 이념 아래서는 사람들의 희망이 충족되지 않는다고 말했다. 그는 민주주의를 엘리트가 지도자 역할을 놓고 경쟁하는 과정으로 보았다. 선거가 끝나는 순간 승리를 거둔 엘리트는 유권자들을 무시하고 미리 정해둔 계획을 수행한다는 것이다. 미국을 비롯한 민주주의 국가는 선거를 치르지만 각종 수당과 관료주의는 선거 결과와 상관없이 눈덩이처럼 불어난다.

그리고 중국의 사례가 있다. 중국은 세계 2위의 경제대국이며 공식적으로는 공산주의를 표방한다. 하지만 슘페터가 사회주의라고 말한 국가자본주의 모형을 택했다. 슘페터는 사회주의가 민주주의적 제도의 유무와 상관없이 완벽하게 작동한다는 점을 분명히 했다. 경제에 중요한 것은 투표가 아닌 기획이다. 민주주의란 기획가가 번갈아 통치하는 데 이용되는 수단이라는 슘페터의 예견 그대로다. 전세계 주요 국가가 중앙위원회나 중앙은행의 기획에 따라 운영된다.

실리콘밸리의 자본주의 영웅들은 컴퓨터가 발명되기 전 슘페터가 규정한 기업가정신을 지니고 있다는 점에서 기업가들이다. 그러나 슘페터는 기업가정신이 곧 자본주의라고는 생각하지 않았다. 그는 기업가란 극히 억압적 환경이 아닌 한 어떤 역할이든 하게 마련이라고 예견했다. 또한 기업가정신과 사회주의가 대립되지 않는다고 보았다. 성공한 기업가는 엘리트 계층으로 손쉽게 편입되어 정치가, 기획가와 어깨를 나란히 한다는 것이다.

현대 기업가들이 적극적으로 아웃소싱과 생산 자동화를 추진함에

---

* Obamacare, 미국의 전 국민을 대상으로 한 미국의 무상 건강보험
** Medicare, 65세 이상의 미국 국민에게 제공되는 건강보험

따라 중산층의 씨가 말랐고 근로자 계층은 값싼 선물로 무마되었으며 엘리트 계층은 막대한 부를 나눠 가졌다. 사라진 것은 기업가가 아니라 슘페터와 마르크스가 부르주아라 칭한 중산층이다.

슘페터는 자본주의의 몰락을 섬뜩할 정도로 정확하게 예견했다. 그는 자본주의의 몰락이 갑자기 일어나는 사건이 아니라 '정체주의 (stagnationism)', 즉 총수요의 부족으로 이어지는 단계적 과정이 되리라 예측했다. 1946년 슘페터는 이렇게 썼다.[8]

> 기업의 사업적 성공은 (중략) 정확한 의미에서의 사업 능력보다는 노동 지도자, 정치가, 관료를 다루는 능력에 달려 있다. (중략) 이런저런 위원회 앞에 '출두' 해야 함으로써 끊임없이 페이스가 흐트러지는 사업가는 기술적, 사업적 문제를 처리해야 할 기력이 남지 않게 된다.

그뿐 아니라 그가 예측한 연준의 미래상이 그대로 실현됐다.[9]

> 사업 유기체에 가장 중요한 행위의 매개변수인 임금, 물가, 이자가 정치 영역으로 이전되어 그곳에서 일부 기획가가 생각한 바에 따라 다루어질 때 (중략) 기업체는 스스로가 계획한 대로 기능할 수 없다.

그리고 20세기 후반을 예측한 글에서 자본주의의 최종전을 다음과 같이 요약했다.[10]

> 노동 불안, 물가 통제, 직권을 남용하는 행정부, 불합리한 과세는 정체주의 가설을 그대로 입증하는 듯한 결과를 소득과 고용에 초래하기에 충분하며, 실

제로 공공지출 적자가 극심해지는 상황을 유발할 수 있다. 심지어 (중략) 사람들이 투자 결정을 실행에 옮기기를 기피하는 상황이 나타날 수도 있다. (중략) 그것이 무엇이든 미국뿐 아니라 전 세계의 사회적 상황에서 지배적인 요인이 될 것이다. 그러나 이는 향후 반세기 정도에 국한된 이야기다. 장기적인 분석에는(중략), 즉 자본주의의 몰락과 사회주의의 부상에는 영향이 없을 것이다.

슘페터는 이념에 매달리는 사람이 아니었을 뿐만 아니라 사회주의자는 더욱 아니었다. 그는 역사적 과정으로서의 경제학을 냉철한 시각으로 분석한 학자였다. 사회주의를 바람직하게 생각한 것도 아니다. 그저 사회주의가 자본주의를 대체하는 일이 불가피하다고 말했을 뿐이었다. 눈치챈 사람은 드물지만 실제로 사회주의는 상당 부분 자본주의를 대체했다. 그가 보기에 자본주의에서 사회주의로의 전환 중 마지막 단계는 정부의 자본 통제다. 다음 금융위기가 일어나서 아이스나인이 시행되면 정부의 자본 통제가 실현된다.

슘페터는 사회주의에 대한 예견을 무시무시한 결론으로 끝맺었다. 그는 엘리트의 기획이 관행으로 뿌리내리고 기업과 정부가 유착되며 정당이 동질성을 띠는 순간, 사회주의가 전체주의와 결합하는 위험한 순간이 온다고 보았다. 파시즘이 우파가 아닌 좌파의 창조물이라고도 했다. 그가 묘사한 스탈린시대의 러시아는 그로부터 70년 뒤의 상황과 정확히 일치한다.[11]

러시아의 문제는 사회주의라서가 아니라 러시아라서 발생한다. (중략) 러시아는 본질적으로 군국주의적인 독재국가다. 엄격하게 훈련된 일당이 다스리고, 언론의 자유를 허용하지 않으며, 파시즘의 결정적 특징 중 한 가지 특징을 보이고, 마르크스주의적 의미에서 대중을 착취한다."

마지막으로 슘페터는 현재 미국에 만연한 전쟁 피로감을 정확히 예측했다.[12]

선동에 의해 격렬한 자극을 받으면 국가는 해외에 적극적으로 개입하는 경로에 들어서거나 개입하라는 요구를 수용할 수 있다. 그러나 지금 그렇듯 얼마 못 가 싫증을 느낀다. (중략) 러시아가 한두 나라를 더 삼키게 내버려두라. 그게 뭐 대수인가?"

슘페터를 복잡성 이론가라고 하는 것은 무리다. 그는 복잡성이 물리학의 하위 분야로 확립되기 10년 전에 세상을 떠났다. 그러나 경제학을 역사적 과정으로 보는 그의 시각은 복잡성 이론에도 부합한다. 복잡성 이론도 장기적 과정을 설명하는 데 가장 적합하기 때문이다. 복잡성은 갑작스레 파국적으로 붕괴하는 고밀도 네트워크의 느리고 꾸준한 형성 과정을 이해하는 데 필요한 모형을 제공한다. 지진 단층선, 삼림, 금융시장은 모두 역동적 배열을 갖추고 있어 갑작스러운 지진, 대화재, 폭락이 모든 것을 파괴할 때까지는 시스템이 안정된 상태를 유지하는 것으로 보인다. 복잡성 이론가들은 표면적 안정성은 점점 더 고조되는 긴장을 숨기는 가면임을 알고 있다.

복잡성 이론은 인간사에도 적용된다. 가장 대규모의 사례는 문명의 흥망성쇠다. 자본주의 흥망성쇠에 대한 슘페터의 고찰은 특정한 문명에 국한되지는 않지만, 복잡성 이론을 접목했을 때 한층 더 정확한 결론을 도출할 수 있는 유형의 이론이다. 슘페터는 케인스 식 모형을 배격했다. 거의 모든 변수를 상수로 고정하는 한편, 그중 한 변수를 현상의 '원인'으로 일률적으로 분리하는 술책을 썼다는 이유에서였다.

21세기 혼돈상에 대한 슘페터의 장기적 관점과 (슘페터 생전에는 존재하지 않았던) 대규모 연산 능력 덕분에 재귀함수를 빠른 속도로 확장하고 세포자동자를 이용해 인간의 행위를 모방할 수 있게 됐다. 슘페터가 그런 시도를 본다면 자신이 말한 장기적이고 역사적인 과정의 합리적 복제품이라며 분명 긍정적으로 평가할 것이다. 지금 사회는 복잡성 이론을 장착한 슘페터의 어깨 위에 서서 산 너머로 사회주의와 파시즘이라는 본질적으로 동일한 이념이 발흥하는 순간을 목격하고 있다.

/ 21세기 식 친위대 /

고대 로마에서는 프라이토리아니(Praetorian Guard)라는 소수 정예 친위대가 황제의 호위를 담당했다. 이들의 흥망성쇠는 우리에게 경고의 메시지를 준다.

프라이토리아니는 원래 전장에 나간 지휘관의 막사를 경호하는 부대였다. 프라이토리아니라는 이름도 로마어로 지휘관을 뜻하는 프라이토르(praetor)에서 유래했으며, 프라이토르의 막사는 프라이토리움(praetorium)으로 불렸다. 그러다 로마 공화정 말기에 율리우스 카이사르가 사설 친위대를 두었다. 시간이 흐름에 따라 프라이토리

아니는 그 규모가 점점 더 확대됐다. 기량이 가장 뛰어나며 엘리트 중에서도 가장 상층부에 있는 군인들만이 지휘관에 의해 손수 선발되어 프라이토리아니에 들어갔다.

전장에 사설 친위대를 둔다고 해서 문제될 것은 없었다. 갈등은 지휘관이 전투에서 승리하여 로마로 돌아갔을 때 빚어졌다. 로마 공화정은 프라이토리아니의 로마 시내 주둔을 금지했다. 카이사르는 이런 금지 조치를 고의로 묵살했다. 기원전 49년에는 자신의 친위대를 거느리고 로마로 귀환하는 길에 루비콘 강을 건너면서 "주사위는 던져졌다"고 말했다.

카이사르는 기원전 49년 1월 친위대를 이끌고 로마로 진군했다. 이런 반란은 순식간에 내전, 카이사르의 암살, 로마 공화정의 몰락, 아우구스투스 황제 치하의 로마제국 수립으로 이어졌다. 아우구스투스는 과거 지휘관들이 친위대를 두었던 전통을 따라 프라이토리아니를 공식적인 부대로 편성했다. 그 규모는 현대의 사단 규모에 육박하는 9000명으로 정해졌다. 아우구스투스는 전통을 존중하여 거의 모든 프라이토리아니를 로마 밖에 주둔시켰지만, 일부는 현역으로 로마 시내에 상주시켰으니 역사상 최초의 경찰이라고도 할 수 있었다.

기원후 수백 년에 걸쳐 프라이토리아니의 역할은 황제 호위에서 황제를 직접 선발하는 것으로 발전했다. 이들은 솔선하거나 원로원도당 등 엘리트의 사주를 받아 황제를 암살했다. 프라이토리아니는 직접 선발한 사람이나 황제가 될 야심으로 뇌물을 준 엽관배를 새 황제로 앉혔다. 오늘날에도 프라이토리아니의 표식이 남아 있다. 미국 대통령의 공군의장대 배지에 붉은색으로 수놓인 로마 헬멧이 그

것이다.

그러나 프라이토리아니의 유산은 상징에서 그치지 않는다. 공화국이던 미국이 갑자기 백악관의 정치적 지휘 아래 법무부의 지시를 받고 정치적, 사회적 신념을 품은 군대와 무장경찰이 최첨단 감시체제와 빅데이터 관계 인식 프로그램의 도움을 받아 시민을 표적으로 삼는 나라로 변한 것이다.

오늘날 '이상적인 미국 공화국'은 더 이상 존재하지 않는다. 그저 마음을 편하게 하는 허구일 뿐이다. 이제 미국은 새롭게 출현한 프라이토리아니가 도시 안으로 들어와 엘리트에게 봉사하는 나라가 됐다. 시민 대다수는 군소리 없이 정부가 시키는 대로 하기 때문에 프라이토리아니의 존재조차 모르고 있다. 무고한 시민 중에서도 경찰봉, 알몸 수색, 테이저건 공격, 기습, 영장 없는 수색, 선택적인 기소를 당해본 사람은 그 존재를 안다.

현대판 프라이토리아니가 미국 공화국 내에 얼마나 깊이 침투했는지는 잘 알려져 있지 않다. 그들이 그만큼 선택적으로 영향력을 행사하기 때문이다. 광범위한 사회적 불안이 없으므로 광범위한 탄압도 없다. 이들의 활동은 선택적으로 이루어진다. 예를 들어 SWAT* 팀이 어린이의 얼굴 바로 앞에 섬광탄을 던진다거나, 시사평론가 디네시 더수자(Dinesh D'Souza)와 CIA 국장이었던 데이비드 퍼트레이어스 같은 인물을 정치적 표적 기소의 대상으로 삼는 식이다. 현대판 프라이토리아니는 사회가 와해되어야 전면적인 활동에

---

* FBI의 특별 기동대

나설 것이다. 금융 붕괴, 아이스나인, 초인플레이션, 재산 몰수 등이 이루어질 때 본격적으로 활동할 것이다. 화폐 폭동도 그들이 전면에 나설 기회가 된다.

이런 디스토피아적 미래는 일상적인 행동의 '범죄화', 정의의 '정치화', 경찰의 '군사화', 감시의 '디지털화'라는 네 개의 축을 토대로 한다. 엘리트의 권력 추구는 어제오늘 일이 아니며 인간 본성의 일부다. 새로운 것은 이제 권력 추구라는 목적을 달성할 수단이 모두 갖춰져 있다는 점이다.

일상적 행위의 범죄화는 하비 실버글레이트의 저서 『하루 세 건의 중죄 기소(Three Felonies a Day)』에 다음과 같이 묘사되어 있다.[13]

> 바삐 사는 보통의 직장인이 아침에 일어나 자녀들을 등교시키고, 출근해서 전화나 이메일을 쓰고, 회의에 참석하고, 사업소개서를 검토하거나 은행 대출을 신청하고, 귀가하여 자녀들을 재우고, 저녁식사를 들고, 신문을 읽고, 잠자리에 드는 과정에서 자기도 모르는 새에 세 건의 중범죄를 저지를 가능성은 매우 크다. 야심만만하고 창의적인 검사라면 하루 동안의 일상적 활동에서 세 가지 중범죄를 찾아내 기소할 수 있다는 이야기다.[14]

이런 일은 실버글레이트의 억측이 아니다. 최근 수십 년간 연방 형법의 범위가 어마어마하게 확장된 데 따른 실제 결과다. 시민이 '범죄화'에 두려움을 느끼지 않는 까닭은 무지 때문이거나 자신들은 범죄자가 아니라는 고지식한 믿음 때문이다. 독립선언서가 작성된 1776년부터 비교적 최근까지도 연방 형법의 범위는 헌법에 명시된 의회 권한의 제한에 부합하여 제한을 받았다. 1920년대까지만 해도 연방 형법은 주로 반역, 위조, 내란, 군사 재판 등 연방정부의 업무 영역에 포함되는 조항만으로 이루어졌다.

1920년대부터는 다른 주로 도주하는 은행 강도와 유괴범, 수정 헌법 16조에 의한 세법 성문화, 탈세, 금주법 제정에 따른 문제점에 대응하기 위해 연방 형법이 확대됐다. FBI의 전신으로 1908년에 설립된 수사국(Bureau of Investigation)은 1924년 J. 에드거 후버가 국장에 오르자마자 적극적인 역할을 떠맡았다. 후버는 존 딜린저, '기관총' 켈리('Machine Gun' Kelly), 알 카포네 등 악명 높은 범죄자를 겨냥한 '공공의 적' 시대를 열었다. 후버는 요원들에게 그들을 발견하는 즉시 사살하라는 지시를 내렸고 그 결과 1934년 은행 강도 딜린저가 사살됐다. FBI가 적극적으로 도청을 활용한 것도 후버시대부터다.

1930년대 후반과 1940년대에는 대법원의 광범위한 통상 조항 해석에 따라 연방 형법의 범위가 한층 더 확대됐다. 연방 형법에 변형이 일어나기 시작한 계기는 5대 4 판결이 내려진 1937년 웨스트코스트호텔 대 페리쉬(West Coast Hotel vs. Parrish) 소송과 1941년 미국 대 다비목재(United States vs Darby Lumber Co.) 소송이었다. 전자의 소송으로 국가가 개인 사이의 계약을 규제할 수 있게 되었고, 후자로 연방정부가 국익을 해친다고 판단되는 기업을 규제하는 것이 가능해졌다. 민간 기업에 대한 국가의 규제가 허용되자 그 즉시 형법 집행 수단이 뒤따라 만들어졌다. 1942년 그 어느 때보다 강력해진 후버 휘하의 FBI는 '이주'라는 그럴듯한 이름이 붙은 집단수용소에 가둬둘 인물들의 명단을 작성했다.

1970년대에 이르기까지 연방정부가 토지 사용, 고용 관행, 보건, 은행업, 투자, 교육, 교통, 광물 채굴, 제조, 에너지 등의 영역에 개입하는 일은 허다했다. 민사 규제제도가 마련될 때마다 이를 보완할 형법 집행 수단이 뒤따랐다. 연방 형법에 음모, 허위 신고, 허위 진술에 대한 법령까지 추가되면서 그물망이 완성됐다. 하루에 세 건의 중범죄로 기소될 수 있다는 실버글레이트의 추정은 결코 과장이 아니었다.

그렇다면 검사들은 어째서 일반인까지 표적으로 삼는 것일까? 답은 정의의 '정치화'에 있다. 닉슨, 레이건, 클린턴 행정부가 벌인 마약과의 전쟁, 조지 W. 부시가 벌인 테러와의 전쟁, 오바마가 티파티(Tea Party)라는 이념적인 적과 벌인 전쟁 등을 통해 법의 적용이 더 이상 정의 구현과 공공질서 유지에만 국한되지 않는다는 사실이 뚜렷해졌다. 이제 형법은 정치계의 인민위원*이 손에 쥔 몽둥이나 마찬가지다.

닉슨, 레이건, 클린턴 행정부는 모두 범죄를 가차 없이 처단한다는 인상을 주기 위한 정치적 계산에 따라 적잖은 경찰력, 병력, 검찰력을 대마 종자 퇴치와 의료용 대마 사용자에 대한 단속에 투입했다. 사실 대마 사업은 과거에 정부가 금지하는 소비자 필수품을 공급하던 암시장 형태로 운영됐다. 대마 사용이 국가안보나 시민질서를 위협할 까닭이 없다. 대마 사용을 널리 인정하고 합법화한 나라도 있다. 대마 사용은 정치적 논의를 하기에 합당한 주제다. 닉슨, 레이건, 클린턴은 그런 논의에는 관심이 없었다. 그들은 오직 유권자의 표에만 관심이 있었다.

전쟁을 벌이려면 군사화가 필요하다. 마약과의 전쟁도 예외가 아니다. 미군을 국내법 집행에 적용하려면 대통령을 비롯한 군 지휘 계통의 승인을 받아야 한다. 1878년 제정된 민병대소집법(Posse

Comitatus Act)에 따라 지역당국이 미군을 치안 활동에 투입하는 것은 금지되어 있다.

시장이 군에 치안 업무를 맡길 수 없다는 이야기다. 그 대신에 경찰을 군사화하는 것은 가능하다. 1960년대 로스앤젤레스에서 SWAT가 창설된 이래 1977년 국가방위인증법이 통과되고 그 악명 높은 '1033 프로그램'** 이 시행된 이후, 미군은 오늘날까지 방탄복, 야간투시경, 자동화기, 수류탄 발사기, 장갑차, 섬광탄 등 전쟁에 맞게 설계된 군사장비를 지역 경찰에 공급해왔다. SWAT는 군사기지에서 훈련한다. 베트남, 쿠웨이트, 아프가니스탄, 이라크에서 전쟁을 벌이고 돌아온 퇴역 군인들이 지역 경찰에 합류하고 있다. 1980년대에서 2001년 사이에 군대식 급습 건수는 연 3000건에서 4만 5000건으로 늘어났다.

래들리 발코는 저서 『호전적 경찰의 부상(Rise of the Warrior Cop)』에서 경찰의 군대식 급습을 당한 죄 없는 미국인의 공포심을 생생하게 묘사했다.[15] 발코는 허버트 지글로토(Herbert Giglotto)와 그의 아내 이블린이 겪은 이야기를 소개한다. 그들은 일리노이 주의 소도시 콜린스빌에 사는 무고한 부부다.[16]

오후 9시 30분이 조금 지났을 때 (중략) 지글로토 부부는 요란한 소리에 잠에

---

* commissar, 구소련시대에 공산당의 임명을 받아 장군을 감시하고 일반 병사들에게 선전 활동을 하던 정치 장교

** 1033 Program, 미군의 잉여 군사 장비를 민법 집행기관에 이전하는 정책

서 깼다. (중략) "침대에서 나와 세 발자국 정도 옮긴 다음 현관을 내려다보니, 옷차림이 히피 같고 피스톨로 무장한 남자들이 현관을 가로질러 계단을 달려 올라오면서 날카로운 목소리로 고함을 쳤어요." 지글로토는 아직 침대에 누워 있던 아내 쪽으로 몸을 돌려 말했다.

"큰일 났어, 여보. 우리 이제 죽었어."

"그래 너 죽었어, 이 개자식아!"

남자들 중 한 명이 소리쳤다. 15명 정도 되는 그 남자들은 침실을 급습했다. 그중 한 명이 지글로토를 침대에 내던지고 그의 두 손을 뒤로 돌려 결박하고는 총구를 머리에 들이댔다.

"움직이면 죽는다."

그 남자가 말했다. 그러더니 손으로 이블린을 가리켰다.

"저기 누워 있는 년은 누구지?"

"제 아내예요." (중략)

"약이 어디 있는지 말하지 않으면 죽을 줄 알아."

지글로토가 남자에게 애원했다.

"제발 부탁드리는데, 총을 쏘기 전에 제 지갑의 신분증을 확인해보세요. 집을 잘못 찾아오신 것이 확실하니까요."

몇 초 후 계단에 있던 누군가가 외쳤다.

"우리가 착각했어!"

남자들은 지글로토의 결박을 풀고 방을 빠져 나가기 시작했다.

지글로토는 간신히 바지를 입고 무슨 일인지 알아보려고 그들을 쫓아갔다.

"당신들 왜 그랬어요?"

그의 머리에 총구를 겨눴던 남자가 대꾸했다.

"야, 주둥이 닥쳐."

이블린은 경찰이 부부가 키우는 개 세 마리와 고양이 한 마리까지 집 밖으로 내팽개친 것이 말할 수 없이 속상했다. 그녀는 경찰에게 애완동물들을 다치게 한 것 아니냐고 물었다가 "동물 따위 뭐지라 해"라는 대답을 들었다.

그래도 애완동물들이 무사했으니 지글로토 부부는 운이 좋은 편이었다. 사실 불시 습격의 희생자가 소유한 동물 수천 마리가 아무 이유 없이 죽임을 당한다. 더욱이 경찰이 주소를 잘못 알고 엉뚱한 집을 급습하는 경우가 대부분이다. 발코는 엉뚱한 급습의 사례로 2008년 메릴랜드 주의 하워드 카운티에 사는 케빈과 리사 헨더슨 부부의 이야기를 소개한다.[17]

경찰과 처음 마주친 것은 가족이 키우던 12살짜리 래브라도레트리버와 로트와일러 잡종견 그런트였다. (중략) 경관 하나가 그런트의 주의를 다른 곳으로 돌리자 다른 경관이 그런트의 머리 한가운데에 총을 겨누고 방아쇠를 당겼다. 부부의 아들이 왜 그런트를 쏘았냐고 묻자 한 경관이 아이의 머리에 총을 겨누고 말했다.
"계속 지껄이면 네 대갈통도 날릴 거다."

전에는 개별적인 급습이 이루어졌으나 최근에는 일망타진 식 대규모 급습이 일반적이다. 발코는 SWAT의 일망타진을 여러 번 목격한 사람의 이야기 또한 소개한다.[18]

"그 사람들은 군대처럼 헬리콥터를 타고 나타나요. 그게 SWAT의 방식이죠."
(중략)

"제가 살던 공영단지 아파트에는 밖에서 노는 아이들이 많았어요. 그 사람들은 신경 쓰지 않더군요. 어린애들을 땅바닥에 내리꽂은 다음 머리에 총을 겨누고 문을 발로 차서 열고 들어오는 일이 다반사였어요. 그 사람들은 조금도 개의치 않았어요."

미국의 경찰력 확대에 따른 부작용은 SWAT와 경찰의 특공대 식 급습 외에도 다양하다. 학대가 매일같이 도시의 길거리에서 자행되고 있다. 특히 '정지 후 신체 수색'이라는 불심검문은 과세 수단으로 진화했는데 국가가 폭력을 동원해 가난한 사람들에게서 세금을 뜯어내는 것이다.

빈곤이 만연한 뉴욕 주의 브루클린에서는 경찰이 막연한 의혹만으로도 시민을 두들겨 패는 것이 일상이다. 범죄 사실을 밝혀내는 경우도 있지만 대부분은 아무것도 찾지 못한다. 근거 없는 공격을 정당화하기 위해 경찰은 희생자에게 수갑을 채우고, 경찰차에 던져 넣고, 알몸 수색을 하고, 인도에서 걷지 않고 서 있기만 하는 것까지 범법 행위로 몰아 소환장을 발부한다.

당하는 사람의 관점에서는 인정사정없이 두들겨 패고 옷을 벗긴다는 점에서 정지 후 신체 수색이나 폭행 후 알몸 수색이나 다를 바가 없다. 정지 후 신체 수색은 겉보기에는 그다지 충격적이지 않지만 일상적으로 일어나는 일이다. 이런 행위들은 '우리 아니면 적'이라는 SWAT의 사고방식을 적나라하게 드러낸다.

언론인 맷 타이비는 저서 『가난은 어떻게 죄가 되는가(The Divide)』에서 브루클린에 사는 앤드루 브라운의 이야기를 전형적인 사례로 든다.[19]

"하루는 그가 영업용 운전면허 수업을 듣고 집으로 돌아오는 길이었다. 아파트 입구를 50미터 정도 남겨둔 곳에 다다랐을 때 누군가가 그의 뒷덜미를 낚아챘다.

"왜 이러세요? 전 아무 짓도 안 했어요!"

그가 소리쳤다. 정신을 차릴 새도 없이 사복 경찰 두 사람이 양쪽에서 그를 붙잡아 건물에 설치된 비계*에 밀어붙였다.

(중략)

"제가 무슨 짓을 했다고 이러세요?"

앤드루가 물었다.

"네가 인상착의 그대로야."

한 경관이 대꾸했다.

앤드루는 어떤 인상착의이길래 그러냐고 물어봤자 아무 소용없다는 것을 알았다.

"저희 동네 주민들은 다들 그 인상착의에 딱 들어맞을 걸요."

그가 설명했다. (중략) 경관들은 그를 경찰서로 데려가서 필요한 절차를 밟고 알몸 수색을 한 뒤 질서 교란 행위로 소환장을 발부했다. 뉴욕 주 형법 제240.20조 제5항 '보행자 통행 방해'를 적용한 것이다. 인도에 그냥 서 있었다는 이유로 체포된 것이다.

앤드루 브라운의 경우처럼 노골적으로 헌법에 위배되는 체포를 통해 소환장을 받으면 500달러의 벌금형에 처해질 수 있다. 그러나

---

* 높은 곳에서 공사를 할 수 있도록 임시로 설치한 가설물

이런 일을 당하는 사람들은 가난해서 500달러의 벌금을 감당할 수 없다. 그러니 1000달러를 주고 변호사에게 의뢰하고 며칠 동안 일을 쉬며 공판에 참석하여 억울함을 풀기 위해 교통비를 감당하는 것은 더욱 불가능하다. 애당초 희생자 대부분은 일자리가 위태로운 사람들이다. 경찰의 표적수사 때문에 하던 일을 중단하면 일자리를 잃거나 직업 교육반에서 퇴출되거나 그토록 헤어 나오려 애썼던 빈곤의 덫에 다시 빠질 수밖에 없다. 그래서 그들은 어쩔 수 없이 벌금을 내고 전과를 달게 되고, 그 결과 경제적 형편은 다시 나빠지며 전과 때문에 앞으로 일자리를 얻을 가능성도 줄어든다.

이런 상황에서 국가는 결코 자신들의 행위가 옳다는 것을 입증할 필요가 없다. 타이비는 브루클린의 어느 법정을 방문한 경험을 토대로 국가의 셈법이 무엇인지 전한다. 그는 날조된 범죄로 기소되는 피고인 대부분이 보석금을 낼 수 없다는 데서 이야기를 시작한다.[20]

뉴욕 시에서 B급 경범죄로 체포되면 15일에서 90일의 구금을 선고받는다. 하지만 보석금을 마련할 수 없는 사람은 거의 자동으로 구금되어 그 기간 동안 감옥 안에서 소송을 기다려야 한다.

주정부는 B급 경범죄에 대해 보석금을 마련할 수 없는 사람을 기소하는 것은 그 사람에게 유죄 판결을 내리는 것이나 마찬가지임을 잘 알고 있다. 검사가 공소를 제기하고 판사가 높은 보석금을 책정하면 피고인은 다시 감옥에 들어간 다음 나중에나 석방해달라고 청구할 수 있다. 당연한 것이다. 그때는 구금 기간을 다 채웠을 때니까. (중략) 한 가지 차이라면 이제는 유죄 판결을 받았다는 점이다.

희생자들은 보석금의 액수와 소송까지의 기간을 따져보고 허위 기소에 맞서기보다 유죄를 인정한다. 타이비의 이야기를 좀 더 들어보자.

당신이 벌금을 내는 이유는 죄를 저질러서가 아니다.[21] 주정부가 물고 늘어지려고 작정하고 허위 기소를 그대로 추진하면 더 많은 벌금을 내야 한다는 것을 잘 알기 때문이다.

이것이 지구전에 의한 사법 행위의 본질이다. 포커게임에 비유하자면 체포된 피의자가 칩을 한 개만 받은 채로 테이블에 앉아 있는 상황이다. 반면에 상대 플레이어인 주정부의 앞에는 칩이 15미터 높이로 쌓여 있다. 당신이라면 게임을 하겠는가, 포기하겠는가? 대부분은 포기를 택한다.

피고인이 강력 범죄를 밥 먹듯 저지르는 사람이라면 벌금을 뜯긴다고 동정심이 들지는 않을 것이다. 그러나 그들은 그런 사람들이 아니다. 이런 경우 강력 범죄와 무관할뿐더러 아주 가벼운 혐의로 기소되는 사람들이 많다. 주위에 아무도 다니지 않는 한밤중에 자기가 사는 건물 앞에서 담배를 피운 남자가 '보행 방해죄'로 기소된다. 몸에 딱 붙는 원피스를 입었다고 '불법 성매매를 하려는 목적으로 배회'했다는 죄목으로 기소된 여자도 있다. 실제로 보행 방해나 성매매가 이루어지는 경우는 많지 않다. 그저 자기 동네에서 자기 할 일을 하면서 살아가던 가난한 사람들이 시내 체포 할당량과 벌금 수입 목표를 달성하려고 혈안이 된 경찰의 희생자가 된다.

　　경찰의 이런 행위는 시 재정을 확충하려고 가난한 사람들에게 돈을 뜯어내는 것이나 다를 바 없다. 그것이 사실이라는 것이 2014년 12월 말에 밝혀졌다. 뉴욕 경찰들이 동료 경관 라파엘 라모스와 웬

지엔 류가 경찰차에 앉아 있다가 볼티모어에서 온 조직 폭력배의 총에 맞아 숨진 데 항의하기 위해 그런 수법을 몇 주 동안 중단했을 때, 뉴욕 시의 벌금 수입이 급감한 것이다. 그러나 그러는 동안에도 뉴욕 경찰은 강력 범죄에 대한 단속은 멈추지 않았다. 언론인 대라 린드(Dara Lind)는 그로 인해 어떤 차이가 나타났는지 설명한다.[22]

데이터에 따르면 체포 건수가 전반적으로 줄어든 한편 주로 경범죄와 경죄의 체포 건수에서 감소 추세가 두드러진다. 지하철 치안을 담당하는 환승 경찰의 체포 건수는 얼마 되지 않는다. (중략) 공영주택단지의 치안을 담당하는 부서 역시 체포 건수가 급감했다. 체포 건수의 감소 가운데 이 두 가지의 감소가 차지하는 비중만도 3분의 1이 넘는다. 그러나 주요 중죄인의 체포 건수는 지난해에 비해 불과 17퍼센트 감소했다. (중략) 감소분 가운데 체포 건수에 비해 교통위반 딱지와 경범죄 소환장의 감소가 훨씬 큰 비중을 차지하는 이유 중 하나는 교통위반 딱지가 뉴욕 시의 주요 세입원이기 때문이다. (중략) 뉴욕 시는 경범죄 단속의 둔화 때문에 이미 수백만 달러의 세입을 날렸다.

뉴욕 경찰이 총에 맞아 숨진 사건은 비극적인 일이며 경찰들의 태업도 이해가 가는 바다. 그러나 세수감소로 경찰이 저소득층 지역에서 쓰는 수법이 본의 아니게 드러났다. 정지 후 신체 수색에 걸려드는 사람들은 폭력적인 경찰 살해범들이 아니다. 그들은 바깥에서 신선한 공기를 마시거나 길을 걷던 가난한 사람들일 뿐이다. 가난한 사람들이 마주치는 경찰들은 사실상 무장한 국세 징수원들이다. 가난하다는 이유로 대가를 치르는 것이다.

오늘날의 경찰 활동이 무장한 상태로 세금을 징수하는 행위로 변질되었음을 가장 극명하게 보여주는 사례가 바로 재산 몰수다. 경찰은 아직 유죄 판결을 받지도 않은 시민에게서 현금, 자동차, 배, 집을 뺏는다. 이때 입증 책임은 재산을 소유한 사람에게 떠넘겨진다. 몰수된 자산을 돌려받으려면 스스로 무죄를 입증해야 뜻이다. 이런 입증 책임의 전환은 미국 법의 무죄 추정 원칙을 정면으로 위배하는 현상이다.

재산 몰수 관행은 마약 밀매업자들의 자금과 운반 수단을 박탈하기 위한 것이라고 알려졌다. 그렇지 않을 경우 재판이 시작될 때까지 마약 밀매를 지속할 수 있기 때문이다. 그러나 재산 몰수는 경찰의 수입원으로 변질되었고, 경찰은 그렇게 마련한 자금으로 SWAT를 유지하고 장갑차를 구입하는 등 한층 더 무시무시한 급습을 준비한다. 고속도로 순찰대가 이제는 주정부의 승인을 받은 노상강도가 됐다.

재산 몰수는 1970년 닉슨이 선포한 '마약과의 전쟁'의 일환으로 '마약류 남용 예방과 규제 종합법'이 제정되면서 시작됐다. 몰수 건수가 급증한 것은 1984년 의회가 범죄 규제 종합법을 통과시키고 나서부터다. 이 법으로 미 법무부가 관리하는 재산 몰수 기금이 창설됐다. 해당 기금은 공정 배분 프로그램에 따라 수사에 참여한 연방정부, 주정부, 지방정부의 관계자에게 공평하게 분배된다. 특히 재원이 부족한 지방경찰당국은 그렇게 분배된 자금을 요긴하게 사용해왔다. 경찰은 몰수된 자산의 일부를 받을 수 있다는 데 자극을 받아 순전히 자산을 몰수할 목적으로 무고한 시민을 체포하고 있다.

『경찰 국가 미국(Police State USA)』의 저자 셰릴 첨리는 2007년 메릴랜드 주에서 있었던 데일 아고스티니(Dale Agostini)의 체포를 전형적

인 사례로 소개한다.[23]

아고스티니는 (중략) 약혼자와 16개월짜리 아들과 그의 식당 종업원을 차에 태우고 텍사스 동부를 지나고 있었다. (중략) 그들은 식당에 필요한 기구를 사러 가던 중이었다. 아고스티니는 수중에 5만 291달러를 소지하고 있었다. 큰 액수였지만 그는 구매자가 현찰로 지불한 것을 알면 판매상이 가격을 할인해주기 때문에 현금을 지니고 있었다고 말했다. (중략)
경관이 그들에게 차를 갓길에 세우라고 명령했다. (중략) 현금을 발견한 경관은 그들에게 돈 세탁 혐의가 있다고 보았다. 그는 성인들을 체포하고 아기를 보호센터에 보냈다. 또 휴대전화 여섯 대와 아이팟, 아고스티니가 몰던 차량을 압수했다. (중략)
아고스티니는 기소되지 않았다. 그러나 몇 달에 걸친 법정 공방을 통해 자신이 식당 사업으로 정당하게 돈을 벌었다는 것을 입증한 후에야 그는 약혼녀, 종업원과 함께 풀려나고 아기를 되찾고 현금을 돌려받을 수 있었다.

아고스티니는 운이 좋은 편에 속한다. 재산 몰수를 당한 사람들은 몰수당한 재산이 범죄와 관련 없다는 점을 입증할 수단을 지니지 못했기 때문에 재산을 포기하는 일이 많다.
《워싱턴포스트》는 「정지 후 압수」라는 연재기사를 통해 민간인 몰수제도가 여기저기서 남용되는 실태를 다루었다.[24] 정당한 절차 없이 무고한 시민의 재산을 몰수하고 그 매각대금으로 주정부와 시의 재정을 확충하며 군사화된 경찰부서가 쓸 신형 무기를 구입한다는 것이다. 이런 관행은 '수익형 치안 활동'이라 불린다.《워싱턴포스트》는 경찰들이 몰수 대상을 마구잡이로 골라내는 데 그치지 않고 정보 작전을 통해 현금을 소지하고 다닐 만한 민간인을 표적으로 삼는다고 폭로했다. 마약 밀매업자만 표적이 되는 것도 아니다. 경찰은 데이터마이닝을 이용해 흔히 표적이 되는 흑인뿐 아니라 가난한 백인 등의 무고한 시민을 골라낸다.

재산 몰수를 담당하는 경찰을 훈련하고, 현금을 비롯한 각종 재산 몰수에 기술적 지원을 제공하기 위해 '블랙 아스팔트 전자 네트워크 및 통보 시스템(Black Asphalt Electronic Network and Notification System)'이라는 민간 기업까지 탄생했다. 이 사실만 봐도 수익을 거두기 위한 재산 몰수가 얼마나 확산되었는지 알 수 있다. 블랙 아스팔트는 '형제애'라는 사회관계망을 만들고, 가장 많은 현금을 몰수한 경관을 선발하는 대회를 매년 주최하고 있다. 입상자에게는 '왕실 기사'라는 칭호를 수여한다. 의도는 하지 않았겠지만 이들이 왕실이란 단어를 사용한 것도 시사하는 바가 있다. 왕실 기사상은 옛날 군주들이 재산을 몰수하는 데 이용했으나 미국 헌법에서는 축소된 기법을 사용한 사람에게 수여되기 때문이다. 블랙 아스팔트는 지역경찰뿐 아니라 국토안보부와 여러 연방기관에 서비스를 제공하고 있다.

《워싱턴포스트》는 블랙 아스팔트의 자회사 데저트스노(Desert Snow)가 의심 가는 운전자를 식별하고 위협하는 기법을 경찰들에게 교육한다는 내용을 소개함으로써, 공권력이 청원경찰 수준이 되어 버린 실상을 고발한다.[25]

데저트스노는 "갓길에서의 대화 기술"이나 "언제 어떻게 현금을 몰수할 것인가" 같은 주제의 강연과 실습 훈련으로 사나흘 동안 워크숍을 진행한 다음 한 사람당 590달러의 수강료를 청구한다. 이 회사는 호텔 회의장에서 실습 훈련을 진행하는 일도 많다. 뉴저지 주정부가 공개한 가격표에 따르면 데저트스노가 사흘간의 "영업용 차량, 범죄자, 테러리스트의 식별과 체포를 위한 상급 워크숍"을 통해 수강생 88명에게서 거둬들인 수강료는 총 14만 5000달러에 달한다.

"현금 몰수가 어찌나 잦은지, 연방정부의 지침에 정부기관이 지출 예산을 사전에 책정하는 것을 삼가라고 되어 있음에도 워싱턴DC 경찰국은 향후 민간인에게서 몰수한 현금과 자산으로 거둬들일 수익을 염두에 두고 수백만 달러 규모의 계획을 세웠다"고 《워싱턴포스트》는 전한다.[26]

몰수 프로그램은 마약과의 전쟁이나 테러와의 전쟁 같은 명분으로 정당화된다. 사실 그것은 시민과의 전쟁이다. 현재 일부 수법들은 금지되었지만 현금 소유가 완전히 불법화되거나 화폐 폭동이 일어나면 그에 곧바로 대응할 수 있는 수단, 사고방식, 역량은 그대로 남아 있다.

현대판 프라이토리아니와 그들이 섬기는 정치가의 화살통에 든 마지막 화살은 바로 '감시의 디지털화'다. 클라우드 저장의 급증으로 인한 사생활 침해와 구글이나 페이스북이 제공하는 무료 미디어가 당연시되고 있는 시대다. 그 때문에 사용자의 개인적인 비밀이 구글과 페이스북 같은 기업의 데이터마이닝에 의해 수집되는 일이 다반사다. 개인 정보 정책에 제3자 공개 조항을 포함하지 않는 기업도 있다. 그렇다 해서 그 기업이 사용자의 개인 정보를 직접 사용하지 않는다거나 정부에 유출하지 않는다고 단언할 수는 없다. 구글은 사용자가 한 번이라도 방문한 웹사이트 기록을 모조리 보관한다. 사용자가 자기 컴퓨터의 웹브라우저에서 방문 기록을 삭제한다고 구글 측의 기록이 사라지는 것은 아니다. 인터넷 사용자라면 대부분이 사실을 알고 있다.

그러나 정부와 민간 웹사이트 업체가 결탁하고 대량 정보 처리 능력과 빅데이터 알고리즘을 적용함으로써 시민을 실시간으로 감시한다는 사실을 아는 사람은 많지 않다. 사생활을 보호한다는 구글, 애플, 페이스북의 주장은 실소를 자아낼 뿐이다. 정부는 막강한 행정 권한을 지니고 있으므로, 금융 공황 같은 비상사태가 일어나면 기업에 얼마든 데이터 제공을 요구할 수 있다. 비상시에는 몇 분 안에 개인 정보 열람에 대한 승인이 정부요원에게 떨어진다.

디지털 안면 인식 소프트웨어는 지문 인식 기법보다 훨씬 신뢰도가 높다. 외출할 때마다 지문을 날인해야 한다면 거부할 사람이 대부분일 것이다. 그러나 그 비슷한 일은 디지털 기법에 의해 이미 일어나고 있다. 쇼핑몰, 은행, 마트의 CCTV가 사람들의 얼굴을 촬영하는 것이다. 그뿐 아니라 비디오 스캐너가 건물 내부, 고속도로, 시내도로에 설치되어 있다. 비디오 스캐너는 안면, 차량의 번호판, 종류, 제조사를 포착한다. 운전자들은 통행료 자동 결제 시스템 이지패스(E-ZPass)를 편리하다고 좋아하지만, 모든 이지패스 요금소가 디지털 감시 지점이자 차단 지점이라는 것을 잘 알지 못한다.

이지패스의 감시 기능은 라디오 주파수 식별 기술을 활용한 것으로, 이지패스 태그에는 사용자 정보를 요금소 윗부분에 설치된 스캐너로 전송하는 송신기가 부착되어 있다. 현재 정부는 그 같은 정보를 수집하기 위해 비디오 스캐너와 카메라를 모든 도로에 설치하고 있다. 최근 뉴욕시민자유연합(New York Civil Liberties Union)은 뉴욕 시와 뉴욕 주가 다양한 장소에 스캐너를 설치해 시민의 소재를 추적했다는 사실을 밝혀냈다. 비디오 스캐너는 통행료 징수와 아무 관련이 없는 장비다. 미국이 상시 감시 국가라는 용납할 수 없는 진실을 드러낼 뿐이다.

비디오 카메라와 이지패스 태그만이 감시 도구로 사용되는 것은 아니다. 스마트폰과 신용카드에도 RFID의 일종인 근거리 무선통신이 탑재되어 있어 사용자의 활동을 스캐너에 전송한다. 스마트폰의 GPS는 구매 지점 간의 행적을 신호로 전송한다. 정부는 수정 헌법 4조에 명시된 '합리성'과 '상당한 이유(probable cause)' 요건에 어긋나는 수집 절차를 사용하여 그런 정보를 수집한다.

다음으로 일어날 일은 구글, 테슬라, 폴크스바겐이 적극적으로 지지하는 무인자동차의 등장이다. 무인자동차는 운전자가 필요 없는 차량이 아니라 운전자가 사람이 아닌 차량을 뜻한다. 무인자동차의 실제 운전자는 알고리즘, GPS 장비, 로봇공학을 연결한 네트워크다. 무인자동차 시스템은 정부의 통제를 받는다. 미래에 정부가 정적이 탄 자동차의 소프트웨어를 해킹하고 차 문을 잠그기만 하면 그 사람을 구치소로 보내 가둘 수 있다는 이야기다.

가난한 사람은 정지 후 신체 수색을 당한다. 중산층은 재산 몰수를 당한다. 반체제 성향의 엘리트는 편파적인 기소의 대상이 된다. 통제 국가에서는 모든 사람이 중죄인이기 때문에 그 누구도 자유로울 수 없다. 그런 일이 우리에게 닥칠 때가 되었느냐가 문제일 뿐이다.

국가 권력이 정치적인 기소에 악용된다는 사실이 믿기지 않는가? 그렇다면 2010년 중간 선거 직후 미 국세청이 로이스 러너(Lois

Lerner) 청장의 지시로 티파티 활동가들에 대한 표적 세무조사를 실시한 것을 떠올려볼 필요가 있다. 또한 국세청의 작전에 박수를 보냈던 티파티 반대파들은 정권이 바뀌면 자신들도 표적이 될 수 있다는 점을 잊지 말아야 한다.

돈에는 이념이 없다. 아이스나인이 시작되면 좌파나 우파나 똑같이 희생당할 것이다. 아이스나인에 대해 조직적 저항이 일어나면 SWAT가 출동할 것이다. 21세기 식 프라이토리아니는 자신들이 봉사해야 할 국민이 아닌 자신들에게 돈을 주는 정부의 지시에 따라 움직일 것이다.

파시즘의 부활

파시즘은 미래가 아닌 현재의 일이다. 20세기 지배적인 이념 중 하나였던 파시즘은 가장 모호하고 알려진 바가 적은 이데올로기다. 공산주의나 사회주의처럼 뚜렷한 이념 체계가 없기 때문이다. 파시스트들은 다양한 시대에 걸쳐 특정한 관점을 신봉해왔지만, 그때그때 관점을 바꾸고 여의치 않으면 폐기하는 데도 주저함이 없다. 무엇보다 파시스트는 지속적인 행위와 시민 생활에 대한 국가의 통제를 중시한다. 파시즘 국가라도 국가의 목표에 부합하고 국가의 감시에 순응한다면 민간 기업과 단체의 설립과 운영을 허용할 수 있다. 그러나 국가의 목표에 어긋나는 기업이나 단체는 폐쇄되거나 자격을 박탈당한다.

파시즘을 가장 적절하게 정의한 사람은 파시즘의 이론적 토대를 세운 우드로 윌슨 대통령이다. 1908년 윌슨은 이렇게 썼다.

> 대통령은 법적으로나 양심상으로나 최대한도로 큰 권한을 지닌 사람이 되기 위해 무슨 일이든 할 수 있다.[27] 대통령의 지위가 권력의 한도를 정할 것이다. 또 의회가 대통령에게 제압당한다면 그것은 헌법을 만든 사람들의 잘못이 아니라 (중략) 그저 대통령이 국가를 배후에 두고 있고 의회는 그렇지 못하기 때문이다.

윌슨은 저서 『국가(The State)』에서 "이제 정부는 경험이 허용하거나 시대가 요구하는 일이라면 가리지 않고 한다"라고 덧붙였다.[28] 윌슨이 글로 남긴 내용을 실천에 옮긴 파시즘 지도자가 바로 이탈리아의 독재자 베니토 무솔리니다. 그의 좌우명은 "국가 안에 모든 것이 존재하고 국가 밖에는 아무것도 존재하지 않는다"였다. 윌슨과 무솔리니가 아돌프 히틀러, 이오세프 스탈린, 프랭클린 루스벨트에 이르는 20세기 파시스트들의 원형인 셈이다.

파시즘을 이해하려면 좌익, 우익, 진보, 보수 등 언론 매체가 사용하는 구분법을 잊어야 한다. 고전적인 의미의 진정한 진보주의와 보수주의자가 아직도 남아 있기는 하지만 멸종되는 추세다. 파시즘과 자유주의를 양극단으로 하는 스펙트럼 위에 지도자들을 배치하는 것이 좀 더 적절한 구분법이다. 그런 관점에서 본다면 '우익 파시스트'든 '좌익 파시스트'든 그저 국가의 행위를 추종하는 파시스트에 불과하다는 사실을 깨달을 수 있다. 좌파와 우파라는 이념 구분은 번드르르한 겉치레일 뿐이다.

조나 골드버그의 2008년 저서 『진보주의적 파시즘(Liberal Fascism)』
은 파시즘의 비이념적 본질을 꿰뚫은 책이다.[29] 골드버그는 파시즘
체제가 저마다 판이할 수 있다고 말한다. 히틀러의 나치와 스탈린
정권처럼 살인을 일삼는 체제도 있고 무솔리니와 프랑코 정권처럼
독재적인 체제도 있다. 윌슨과 루스벨트시대의 미국처럼 민주주의
라는 큰 틀 안에서 운영되는 체제도 있다. 이들을 하나로 묶는 공통
점은 국가가 인간 행위의 유일한 중재자이며 목적이 수단을 정당화
한다는 시각이다. 파시스트들은 지속적인 '행위'를 촉구한다. 국가
권력의 행위를 통해 파시스트는 의회 절차를 무시하고 보수적인 신
중함을 일축한다.

윌슨은 민주적으로 선출된 파시스트의 대표적인 사례다. 윌슨은
20세기 초반의 진보주의적 경향에 부합하게 미국 역사상 최초로 박
사학위를 소지한 대통령이었다. 진보주의자들은 과학과 전문지식이
정부와 사회의 문제를 풀어줄 것이라고 믿었다. 이 시대에는 '전문
가'가 숭배의 대상이었고, 그 결과 정책의 원천이던 입법부의 기능
이 약화됐다. 1913년 임기 1년을 맞이한 윌슨은 연준과 연방소득세
의 근거가 된 법안에 서명했다. 그 후로 두 제도는 국가 권력의 양대
기둥으로 남아 있다.

윌슨의 상명하달 식 국가 통제 프로그램 시행에 중요한 발판이
된 것은 제1차 세계대전이었다. 윌슨은 군수산업위원회(WIB, War
Industries Board)를 세워 미국 경제의 다양한 산업 부문을 사실상 국유
화했다. WIB는 임금과 물가 규제뿐 아니라 생산 할당량까지 정했
다. WIB 위원으로는 버나드 바루크와 JP모건의 에드워드 스테티니
어스 시니어 같은 월가의 금융업자들이 있었다. 유니언퍼시픽철도

회장 로버트 로벳과 미국 노동연맹을 이끈 휴 프레인도 있었다. 그 외에도 훗날 연준 의장과 세계은행 총재가 된 유진 마이어가 있었다. WIB는 대기업, 대형 노조, 월가가 완벽하게 결합된 조직이었다.

월슨이 각각 1917년과 1918년에 서명한 경제스파이법, 반정부선동금지법은 언론 자유를 억압하고 반대 세력을 탄압하는 수단이 됐다. 월슨이 임명한 법무장관 A. 미첼 파머는 악명 높은 '파머 습격(Palmer raids)'을 지시하여 이민자를 잡아들였고, 적법한 절차를 우회하기 위해 '적색 공포'*를 조성했다. 골드버그는 월슨체제를 이렇게 요약한다.[30]

> 우드로 월슨은 20세기 최초의 파시스트 독재자였다. 언뜻 터무니없는 주장처럼 들릴 수도 있지만 이런 주장을 할 만한 근거가 있다. 몇 년 안 되는 월슨시대에 체포되거나 수감된 반체제 인사가 무솔리니 치하의 이탈리아에서 1920년대를 통틀어 체포되거나 수감된 반체제 인사보다 더 많았다. (중략) 월슨은 (중략) 문자 그대로 배지를 단 폭력배 수십만 명을 풀어 미국 국민을 탄압했으며 언론에 대한 악랄한 캠페인을 추진했다. (중략)

히틀러와 무솔리니는 저서에서 월슨을 긍정적으로 언급했고 그의 탄압 수법을 독일 국가사회주의 운동과 이탈리아 파시즘 운동에 적용했다.

월슨이 남긴 진보주의-파시즘 전통은 워런 하딩과 캘빈 쿨리지

---

* red scare, 공산주의와 공산주의자에 대한 공포심

가 대통령을 지낸 1921년에서 1929년 사이의 '광란의 20년대(Roaring Twenties)'에 기세가 잦아들었다. 파시즘이 재부상한 시기는 1929년에서 1945년 사이의 후버-루스벨트 체제였다.

허버트 후버는 윌슨보다 전문가라는 말에 더 걸맞는 인물이었다. 그는 성공적이고 부유한 광산기술자로, 대통령이 되기 한참 전에 까다로운 수송 문제와 경제 문제를 해결한 이력이 있었다. 공화당 지지자였지만 윌슨 밑에서 미 식품국 국장으로 일했다. 식품국은 행정명령에 따라 제1차 세계대전 기간 동안의 식품 공급을 관리하는 기관이었다. 후버는 오늘날로 치면 민관 협력체를 옹호했다. 그는 효율성을 제고함으로써 정부의 운영을 개선할 수 있다고 주장한 테일러주의를 지지했다. 윌슨과 마찬가지로 정부의 적극 개입은 문제를 키우기보다 해결한다는 것이 후버의 열렬한 신념이었다.

1929년 주식시장이 붕괴하고 대공황이 시작되자 개입주의 성향의 고삐가 풀린 후버가 광적으로 개입에 나섰다. 그는 공화당 대통령이었지만 자유방임주의와는 거리가 멀었다(연방주택융자은행 같은 정부기관 창설이라는 면에서 오히려 훗날 루스벨트와 정책적으로 일맥상통했다). 그는 세율인상, 연방주택대부은행, 연방농업위원회(Federal Farm Board) 등의 기관을 통해 좀 더 적극적인 물가 조절에 나섰다. 후버는 미국식 변종 파시즘인 진보주의를 수용했다.

후버의 후임 루스벨트는 민간 영역에 대한 정부의 개입을 지속했다. 그도 후버와 마찬가지로 윌슨 재임 시절이던 1913년에서 1920년 사이에 처음으로 연방정부의 공직인 해군차관을 맡았다. 루스벨트가 민간 기업과 시민 생활에 개입한 것은 잘 알려진 사실이다. 그는 1917년 제정된 적성국교역법의 행정명령을 이용해 미국 국민의 금을 몰수했다.

그는 시민보호단을 창설하여 수백만 명의 남성을 모집하고 군복 비슷한 제복을 입힌 다음, 군대의 것과 비슷한 계급을 부여하고 군 용열차에 태워 막사에 집합시켰다. 또 일부 민간 송전망을 테네시강 유역 개발 공사의 일환으로 국유화했다. 1933년에는 국가부흥법에 따라 국가부흥국(NRA, National Recovery Administration)을 설립했다. 이 기관은 기업에 가격을 일정 수준에 맞출 것과 경쟁을 없앨 목적으로 마련된 행동 수칙을 이행할 것을 요구했다. 루스벨트는 첫 임기 동안 완전한 계획경제를 추구했다.

루스벨트를 파시스트라 부르는 것은 수정주의적 시각이 아니라 이미 1930년대에 일반화된 시각이다. 작가이자 사회평론가인 월도 프랭크는 1934년 이렇게 썼다.[31]

> NRA는 미국식 파시즘의 시작이다. (중략) 미국의 파시즘은 유권자 대부분이 존재를 눈치 채지 못할 정도로 서서히 고개를 들 것이다. 현재와 같이 독일 총통이나 이탈리아의 수령을 모방하는 인물이 아니라 (중략) 신중하고 고상한 신사이자 최고 대학을 졸업한 사람이 파시스트 지도자가 될 것이다.

1928년 민주당 대통령 경선에 출마했던 앨 스미스는 루스벨트를 칼 마르크스와 블라디미르 레닌에 비유했다. 스미스가 과장한 것은 사실이지만 루스벨트 행정부 내에 스탈린의 추종자가 있었음을 입증하는 자료가 수두룩하다. 그중에는 1927년 모스크바를 방문했으며 정부 주도형 계획도시를 기획하고 미국 농촌에 재정착촌을 세운 렉스퍼드 터그웰(Rexford Tugwell) 등의 막강한 영향력을 지닌 인물도 있었다.

  윌슨이 씨앗을 뿌리고 후버와 루스벨트가 가꾼 미국식 변종 파시즘은 미국 정치계에서 결코 사라지지 않았다. 린든 존슨이 '위대한 사회(Great Society)'를 시행함에 따라 1960년대에 재출현했으며, 1970년대에도 리처드 닉슨의 임금-물가 조절정책과 더불어 다시 고개를 들었다. 오늘날에도 존재한다. 신파시즘은 조지 W. 부시의 아동낙오방지법, 버락 오바마의 공동체 철학, 힐러리 클린턴의 '아이를 키우려면 마을 전체가 필요하다'는 식의 정치 철학 등에 드러난다. 선거 결과에 상관없이 이런 경향은 결코 완전히 사라지지 않는다. 윌슨, 루스벨트, 존슨, 오바마는 민주당 소속이었고 후버, 닉슨, 부시는 공화당 소속이다. 이 사실을 통해 우리는 파시즘이 이념이 아니라 국가를 민간 영역으로 확장하는 과정임을 깨달을 수 있다. 무엇보다 파시즘은 신이나 개인이 아닌 국가가 권한과 규범적 행위의 주체라고 믿는다.

  파시즘 활동은 항상 일어나지만 않지만 한 번 일어나면 돌이킬 수 없다. 1920년대와 1980년대처럼 진보주의-신파시즘 활동이 오랫동안 거의 진전되지 못하는 때도 있다. 그러나 파시즘이 뉴딜, 위대한 사회, 오바마 케어 같은 돌파구를 통해 다시 등장하면 영구적인 변화가 일어난다. 돌파구가 마련될 때마다 국민의 자유는 희생되고 국가 권력은 강력해진다. 자립을 희생한 대가로 의존도가 커진다. 미국인들은 이런 일이 일어난다는 것을 거의 눈치채지 못하고 있다.

  위기는 파시즘의 진격에 도움이 된다. 쇼크 독트린의 적용 덕분이다. 윌슨의 독재자적 성향은 제1차 세계대전으로 강화됐다. 후버와 루스벨트는 대공황 덕에 자신들의 계획을 실행에 옮길 수 있었다. 존슨은 1963년 케네디 암살과 1965년 로스앤젤레스의 왓츠 폭동이라는 충격적 사건들 덕분에 야심을 실현할 수 있었다. 오바마의 건강보험정책, 도드-프랭크 금융개혁법, 경기부양책도 2008년 세계 금융위기 이후 민주당이 다수석을 확보했기 때문에 실현될 수 있었다.

투자자들은 다음 금융위기 때도 독재적인 신파시즘 활동이 부활하고 에너지를 재충전할 것이라는 점을 명심해야 한다. 그로 인해 가장 직접적이고 두드러지게 초래되는 결과는 아이스나인을 통한 자산 동결과 재산 몰수일 것이다. 그러나 그것이 전부가 아니다. 자본이 동결되면 자본주의 자체도 멸망한다. 임금과 물가의 통제, 생산 목표, 공유 독점, 소득 보장, 전 국민의 공무원화를 특징으로 하는 계획경제가 자연스레 자본주의의 뒤를 잇는다.

/
화폐 통합
/

슘페터는 자본주의가 실패가 아닌 성공 때문에 몰락할 것이라고 예견했다. 자본주의가 부의 창출에 굉장한 효력을 발휘하면서 덩달아 자멸의 씨앗까지 뿌렸다는 주장이다.

슘페터는 프롤레타리아가 지루한 노동에서 벗어나고 엘리트가 정치와 금융을 장악하고 나면 자본주의의 대안을 추구할 수 있을 것이라고 보았다. 슘페터는 그때조차도 자본주의 국가가 자본주의 대신 다른 체제를 선택해도 잘 굴러갈 것이라고 보았다. 그러니 사회주의라고 채택하지 못할 이유는 없었다.

슈페터의 시각에 따르면 사회주의는 아래로부터의 혁명이 아니라 위로부터의 개혁을 통해 이루어진다. 슈페터는 19세기 프로이센의 총리 대신에 비스마르크가 근로자에게 건강보험, 노령보험을 제공하고 그들의 근로시간을 단축해준 것을 전형적 사례로 들었다. 비스마르크의 목표는 군주제의 약화가 아니라 강화였다. 근로자들이 사회적 혜택을 얻고 나면 혁명을 일으킬 필요가 없어질 것이라고 판단한 것이다.

비스마르크는 자신이 속한 엘리트 계층의 권력과 왕정과 제국의 권력을 강화하기 위해 사회적 프로그램으로 반대 세력의 환심을 샀다. 오늘날에도 왕족이 금융 엘리트로 바뀌었을 뿐 비슷한 과정이 되풀이되고 있다. 승자는 근로자와 엘리트다. 패자는 자유시장 자본주의와 중산층이다.

사회주의가 끝이 아니라 결국 파시즘으로 전환된다는 슈페터의 예측은 더 큰 우려를 자아낸다. 사회주의와 파시즘은 어느 정도 양립이 가능하다. 사회주의는 설탕을 입혀 보기에 그럴듯하고 해롭지 않아 보이지만 파시즘이 언제든 올라탈 수 있는 트로이 목마다.

파시즘이 기업과 정부의 권력이 결합된 '협동조합주의(corpora-tism)'라는 것도 꾸준히 내려오는 허구다. 기업의 이익이 최우선이고 정부는 기업의 이익을 보호하는 통로 이상의 역할을 하지 못한다는 추론이다. 이 같은 시각에 따르면 히틀러는 독일 대기업의 이익을 극대화하기 위해 고용된 허수아비에 불과했으나 과대망상 때문에 자제력을 잃고 설치다가 제2차 세계대전에서 참패한 사람이다. 그렇게 치면 딕 체니도 석유 채굴 기업 핼리버턴에 고용된 대리인으로, 파시즘적인 조지 W. 부시 행정부 내에서 기업의 이익을 보호하는 데 앞장섰던 인물일 것이다.

한마디로 터무니없는 발상이다. 히틀러는 살인적인 파시스트였던 반면 조지 W. 부시를 비롯한 미국 대통령들은 '민주주의적이고 우호적인 파시스트'에 속한다. 이 두 가지 유형의 파시즘은 공통적으로 국가의 지배를 중시한다. 기업의 영향력이 막강한 것은 사실이지만 기업은 명백히 국가에 종속되어 있다.

파시즘체제에서는 대기업과 거대 정부 사이에 파우스트적 거래*가 맺어진다. 파시스트들은 민간 기업과 사유재산을 아무 거리낌 없이 허용한다. 그들이 반대하는 것은 국가 권력에 방해가 되는 민간 영역이다. 예를 들어 민간 병원과 민간 건강보험회사라도 제공하는 상품, 가격, 정책은 오바마 케어의 관리 대상이 된다. 구글, 트위터, 애플은 민간 기업이기는 해도 인터넷 접속과 사용료는 월드와이드웹이 출범한 때로부터 약 60년 전인 1933년 루스벨트가 설립한 연방통신위원회의 규제를 받는다. 은행도 민간 기업이지만 도드-프랭크 금융개혁법과 연준법 등 여러 법령의 엄격한 규제를 받는다.

애당초 기업은 규제 신설을 저지하고자 로비를 벌인다. 그러다 결국 기업도 규제를 받아들이고 과거에 반목했던 정부기관에 전문지식을 제공한다. 정부기관이 기존 기업보다 신생 경쟁회사를 까다롭게 규제하기 때문이다. 준수 비용을 좀 더 손쉽게 감당하는 것도 대기업이다. 정부기관이 규제 조치를 적극적으로 시행하면 기업은 더

---

* Faustian bargain, 악마에게 영혼을 팔아먹는다는 뜻. 유능한 학자인 파우스트와 악마인 메피스토펠레스와의 거래를 비유하여 사용하는 표현으로서 '악마와의 거래'를 말한다.

많은 준수 비용을 치러야 한다. 그뿐 아니라 법규 위반에 따른 벌금, 과징금, 제재 조치도 감당해야 한다. 법규 자체가 워낙 방대하고 모호하기 때문에 정부가 마음만 먹으면 얼마든 위반 사례를 찾아낼 수 있다.

2008년 공황 이후로 도드-프랭크 금융개혁법이 시행됨에 따라 규제조치 수백 개가 개별적으로 시행되기 시작했다. 은행의 경우 일부 위험한 활동은 금지되었고, 자본 요건이 까다로워졌으며, 예금보험료가 인상되고 소비자 공시가 강화됐다. 거기에 수십억 달러의 벌금, 과징금, 배상금을 정부에 추징당해야 했다.

그렇다고 은행이 큰 타격을 받았을까? 아니다. 미국 5대 은행은 2008년보다 몸집이 커졌으며 전체 은행 자산에서 더 큰 비중을 차지하게 됐다. 은행 수익도 증가하고 있다. 경영진의 보수도 갈수록 상승한다. JP모건체이스의 CEO 제이미 다이먼은 은행에서 일한 것만으로도 수십억 달러를 벌어들였다.

은행이 규제로부터 스스로를 보호하기 위해 얼마나 과감한 활동을 펼치는지 알아보자. 은행은 로비와 정치 기부금을 통해 규제 절차를 파악하고 자기들에게 유리한 쪽으로 바뀌도록 영향력을 행사해왔다. 도드-프랭크 금융개혁법에 희생된 것은 대형 은행이 아니라 혜택은 받지 못하고 규제 부담만 늘어난 지역은행이었다. 도드-프랭크 금융개혁법의 소리 없는 희생자는 상공회의소 유형의 기업들이 자신들의 영업 예금을 출자해 세운 지방은행들이다. 이런 은행들은 태어나보지도 못하고 유산된 태아나 마찬가지로 시작조차 못하고 폐쇄됐다.

정부는 그 결과로 나타난 과점 현상에 흡족해한다. 정치가들은 은행에 강경책을 쓰는 척했고 은행은 파생금융상품 금지 같은 족쇄를 풀기 위해 곡예를 부렸다. 그럼에도 재무부와 연준은 여전히 스트레스테스트니 정리의향서니 정리 권한이니 하는 형태로 은행가의 머리에 겨눈 총구를 거두지 않고 있다. 과도한 통화 창출로 말미암아 연준의 재무제표가 신뢰 범위에 들어서면 은행은 기꺼이 새롭게 발행되는 재무부 채권의 최종매입자가 될 것이다. 재무부 채권을 매입하지 않는 은행은 장례식장에서 정리의향서가 낭독되는 꼴을 당할 것이다.

대기업은 신생 기업에 대한 진입장벽과 정부 보조금에 힘입어 막대한 이익을 거두는 공유 독점체제다. 그럼에도 슘페터가 말한 파괴적 독점의 유물인 우버 같은 신생 기업이 탄생하는 즉시 새로운 정부 규제가 마련된다. 사유재산은 허용되지만 정부가 허용하고 국가 권력을 훼손하지 않는 한도 내에서만 가능하다.

슘페터는 역사적 추세라는 렌즈를 통해 경제학을 바라보았다. 그는 단일한 경기 순환주기에 국한하지 않고 수십 년, 수백 년에 걸쳐 전개된 역사적 과정을 고찰했다. 슘페터는 분명 자본주의의 종말을 내다봤다.[32] 그에 따르면 "자본주의 기업은 스스로 달성한 바에 의해 진보를 자동화하는 경향이 있기 때문에 스스로를 잉여 존재로 만드는 경향이 있다는 것이 우리의 결론이다. 스스로가 거둔 성공의 무게에 짓눌려 산산조각으로 붕괴하는 경향이 있다. (중략) 사회주의의 진정한 선두주자들은 그 이념을 설파하던 지식인이나 선동가가 아니라 코닐리어스 밴더빌트, 데일 카네기, 존 록펠러 등의 가문이다."

그는 자본주의가 가장 진전된 단계에는 "자본주의는 본질적으로 진화 과정으로서 위축을 겪게 될 것이다. (중략) 금리가 제로에 가깝게 수렴될 것이다"는 선견지명도 발휘했다.[33] 슘페터는 1942년에 이 글을 쓰면서 사회주의가 2000년이 되기도 전에 이미 승리하리라 예상했다.

사회주의와 파시즘 사이에는 공통된 특성이 있다. 둘 다 경제는 물론 인간 행위까지 총괄 지휘하는 것을 국가의 역할로 간주하는 데 주저함이 없다. 둘 다 공공 영역을 확대하고 진정한 개인 활동이나 개인 간의 연대가 거의 이루어지지 않는 수준으로 민간 영역을 축소한다. 흡연, 식생활, 음주, 전기 사용, 화장실 이용, 건강관리 등 거의 모든 개인 활동이 국가가 지시하는 바에 부합해야 한다.

물론 사회주의는 역사를 통틀어 의회 절차를 받아들였고, 그 안에서 움직이기를 거부하지 않았다. 그 점에서 파시즘과 구분된다. 슘페터의 생각과 마찬가지로 사회주의자들은 시간이 자신들 편이라 믿는다. 파시스트들은 반대로 행동적이다. 이들은 논의보다 지시를 선호하고 목적이 수단을 정당화한다고 믿는다.

사회주의자가 종교와 가족을 권위의 전통적 원천으로 인정하는 것도 파시스트와의 차이점이다. 종교와 가족은 규범을 세우고 제약을 부과함으로써 행동 지침을 제시한다. 반면에 파시스트는 국가만이 규범과 권위의 유일한 원천이라 믿는다. 따라서 상호적이고 전통적인 가족제도와 충돌하는 것이 불가피하다.

파시스트는 행위를 즐기며 결코 위기라는 기회를 허비하지 않는다. 파시즘적 목표의 추진에 가장 도움이 되는 위기는 바로 전쟁과 금융위기다. 9·11 테러는 애국법을 낳았고, 그 결과 상당한 이유 없이도 미국 시민을 대대적으로 감시하는 일이 가능해졌다. 2008년 세계 금융위기는 도드-프랭크 금융개혁법을 낳았고, 그에 따라 6대

초대형 은행(JP모건체이스, 시티은행, 뱅크오브아메리카, 웰스파고, 모건스탠리, 골드만삭스)의 역할이 제도화됐다. 미국 국민의 저축과 투자가 이런 은행들로 이전되어 정부의 통제를 받게 됐다. 메트라이프, 푸르덴셜, 블랙록 같은 초대형 자산운용회사 몇 곳도 정부의 그물 안에 들어왔다. 이들이 관리하는 고객의 자산은 디지털로 되어 있어 정부가 몰수하고 관리할 명분을 더 손쉽게 찾을 수 있다.

다음 금융위기는 1998년과 2008년 위기에 비해 규모만 큰 것이 아니라 질적으로도 판이할 것이다. 전 세계 다양한 유형의 자산에 타격을 미칠 것이다. 1970년대 이후로 나타난 적이 없는 정도의 인플레이션, 1930년대 이후로 유례가 없는 지급 불능 사태, 1914년 이후로 일어난 적이 없는 거래소 폐쇄를 유발할 것이다. 사람들의 요청에 따라 국가 권력이 공황을 진압하는 데 동원될 것이다. 중국 등 발언권이 큰 G20 국가의 지휘에 따라 국제통화기금이 유동성을 공급할 것이다. 자본주의는 신뢰를 완전히 잃을 것이다.

21세기 신파시즘과 1930년대 파시즘의 차이는 현재의 국가 자원이 그때보다 증가했다는 점이다. 윌슨, 후버, 루스벨트 같은 민주적 파시스트들은 명령, 전문가, 폭넓은 권한을 지닌 정부기관을 활용해 국가를 통제했다. 무솔리니 같은 비민주적 파시스트들은 검은 셔츠 차림의 폭력배들을 이용해 권력을 장악하고 독재자로 군림했다. 역사는 기꺼이 검은 셔츠를 입고 동시에 발맞춰 행진하며 지시받은 대로 행동하는 무리가 언제나 존재해왔음을 보여준다.

오늘날 국가 권력은 전과 비교할 수 없을 정도로 곳곳에 깊숙이 스며들어 있다. 디지털 감시, 소셜미디어, 데이터마이닝, 맞춤형 콘텐츠가 파시즘적 목표를 지닌 사람들의 손 안에 있다. 모호한 범죄에 대한 편파적 기소와 까다로운 세법의 선택적 시행으로 국가의 적을 침묵시킬 수도 있다. 반대의 목소리가 국가가 승인한 범위 밖으로 확산될 때에 대비해 군사화된 경찰이 대기하고 있다.

그렇다고 이런 전망이 무정부주의를 옹호하는 근거가 될 수는 없다. 국가는 필요하고 범죄는 처벌을 받아야 하며 법은 집행되어야 한다. 문제는 시민의 공간이다. 시민의 일상생활 속에서 국가가 얼마만큼의 공간을 점유하는 것이 정당할까? 시민이 과거와 같은 자유의 이상을 추구하기 위해서는 얼마 정도의 공간이 남아 있어야 할까? 자유를 몰아내고 인간의 일거수일투족을 지시하는 것이 파시스트의 본능이다. 사유재산은 국가가 계획한 바에 따라 사용될 때만 허용된다. 파시스트의 유토피아에서는 정부의 규칙에 따라 운영되는 사회 전체가 나서서 시민의 행동 하나하나에 관여한다.

슘페터는 1950년 세상을 떠났지만 향후 50년 동안 일어날 자본주의의 몰락, 사회주의의 부상, 사회주의에서 파시즘으로의 전환을 예견했다. 그의 역사적 방법은 요즘 분석가들 사이에서 유행하는 초단기 단위의 분석과는 정반대다. 시간은 역동적인 힘의 작용에 대한 슘페터의 비관적인 분석이 옳았음을 입증해주고 있다.

THE ROAD

TO RUIN

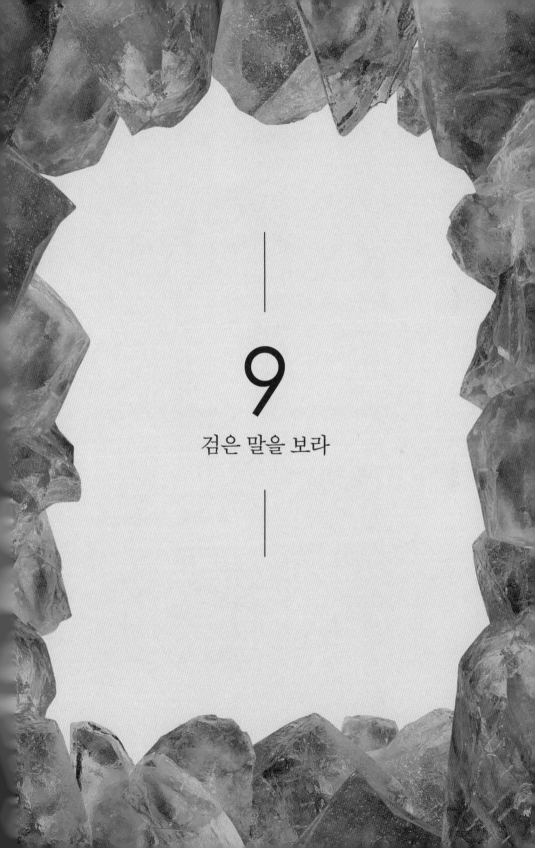

9

검은 말을 보라

거짓 그리스도와 거짓 예언자들이 나타나 어떻게든 뽑힌 사람들을 속이려고 여러 가지 기적과 이상한 일들을 할 것이다. (중략) 그 재난이 다 지나면 해는 어두워지고 달은 빛을 잃고 별들은 하늘에서 떨어지며 모든 천체가 흔들릴 것이다. (중략) 그러나 그날과 그 시간은 아무도 모른다. (중략) 그때가 언제 올지 모르니 항상 깨어 있어라. (중략) 저녁일지, 한밤중일지, 닭이 울 때일지, 혹은 이른 아침일지 알 수 없다.

- 「마가복음」 13장 22~35절

카운트다운은 시작됐다

복잡성 이론으로는 다음 금융위기의 정확한 시점을 알아낼 수 없다. 이는 어설픈 지식으로 좌절한 끝에 얻은 결론이 아니다. 가장 과학적인 진실에 약간의 겸손을 보태 도출한 결론이다.

임계상태의 복잡계는 취약하기 이를 데 없다. 측정 불가능할 정도로 미세한 원인에 의해 무수한 파괴점이 만들어지기 때문이다. 이런 특성 때문에 시스템 붕괴가 필연적이다. 복잡계의 규모가 커질수록 일어날 수 있는 최악의 사건이 미치는 파장도 기하급수적으로 커진다는 점이 여러 실험에서 입증됐다. 규모가 작지만 부정적인 사건의 빈도도 증가한다. 다만 그런 사건들이 일어날 정확한 시점을 알 수 없을 뿐이다.

시기를 정확히 예측하지 못하는 것은 복잡성 이론의 단점이 아니라 핵심이다. 지진학자들도 지진이 정확히 언제 일어날지는 예측하지 못한다. 따라서 단층선 위에 집을 짓지 않고 사전에 예방 조치를 취하는 수밖에 없다. 이처럼 우리가 확실한 시각을 미리 파악하는 것은 불가능하지만 경고 신호는 분명 존재한다.

미국 지질조사국은 전진(前震, foreshock)을 '더 큰 지진이 오기 전에 같은 장소에서 발생하는 지진'으로 정의한다. 물론 '더 큰'은 상대적인 표현이다. 모멘트 규모 3.0인 지진은 피해 규모가 그리 크지 않은 규모 6.0 지진의 전진으로 볼 수 있다. 모멘트 규모 6.0 지진은 도시 전체를 파괴할 만한 규모 8.0 지진의 전진으로 일어날 수 있다.

금융 시스템도 강진이 일어나기 전에 전진을 겪는다. 1998년 그리고 2008년에 세계 금융 시스템은 완전히 붕괴하기 직전까지 갔다. 그럼에도 금융시장의 지진은 한 가지 중요한 측면에서 진짜 지진과 다르다. 지진은 한 번 일어나면 멈출 수 없다. 지진은 에너지가 모두 방출된 이후에야 활동을 멈춘다. 반대로 금융시장의 지진은 정부의 개입으로 멈출 수 있다. 따지고 보면 1998년과 2008년 금융시장에 일어난 지진은 원래 규모 8.0이었으나 정부의 개입으로 6.0으로 약화된 셈이었다. 두 차례 모두 시스템이 광범위한 손상을 입었으나 금융의 신전은 무너지지 않은 데다 주위의 시가지도 금세 복구됐다. 그러나 그 때문에 어떤 비용이 초래되었을까?

금융 불안정성으로 축적된 에너지가 방출되지 않았다는 것은 에너지가 아직 내부에 있다는 뜻이다. 1998년과 2008년의 정책적 개입이 그 후 심화된 복잡성과 결합됨에 따라 어마어마한 에너지가 축적된 것으로 추정된다. 이런 에너지가 방출되면 유사 이래 최대 규모인 모멘트 규모 10.0의 대지진이 일어날 수 있다. 캘리포니아를 미 대륙에서 분리시키고 세계의 모든 은행과 증권거래소를 폐쇄시킬 수 있을 정도의 압도적 위력이다. 중요한 사실은 그 정도 규모의 지진이 일어나면 이미 바닥을 드러낸 중앙은행의 역량이 완전히 고갈되어 진압에 나서지 못하리라는 점이다. 진압의 책임은 국제통화기금로 넘어갈 테지만, 국제통화기금 역시 역량이 충분히 남아 있지 않은 것으로 보인다. 특별인출권, 아이스나인, 계엄령이라는 삼중 울타리가 금융의 신전을 에워쌀 것이다. 그 외에 다른 수단들도 국가 권력의 행사에 동원될 수 있다.

금융 지진의 시점과 규모를 예측하는 것은 불가능하더라도 단층선은 파악할 수 있을까? 지진이 어디에서 일어날지 알 수 있을까? 물론이다. 다음에 일어날 금융 지진의 단층선은 바로 유동성이다.

2014년 10월 15일 수요일, 세계 금융에서 가장 중요한 장소인 미 재무부 증권시장이 전례 없는 충격을 받았다. 그날 아침 동부 시각으로 9시 33분부터 9시 45분까지 10년 만기 재무부 중기채권의 수익률이 수마트라 대지진 때의 지진계처럼 요동을 쳤다. 나중에 미국 정부가 12분 동안의 '사건 구간(event window)'이라 불렀던 일이다. 사건 구간 이전에 2.02퍼센트이던 수익률은 처음 6분 동안 1.86퍼센트로 16베이시스포인트 하락했다. 그다음 6분 동안에는 사건 구간의 시작 수준에서 3베이시스포인트 상승한 1.99퍼센트로 수익률이 갑자기 반등했다. 사건 구간을 포함하여 그날 하루 동안의 수익률은 2.23퍼센트에서 1.86퍼센트로 37베이시스포인트의 변동폭을 보였다. 전반적으로 반등이 일어난 날이기도 했다. 수익률은 전날 종가에서 6베이시스포인트 하락한 수준으로 마무리됐다.

이를 장기적 관점에서 본다면 어떨까? 미국 정부의 조사에 따르면 4000거래일에 해당하는 16년 동안 2014년 10월 15일에 일어난 것보다 일중수익률 변화가 컸던 때는 세 차례에 불과하다. 첫 번째는 리먼브라더스와 AIG의 파산위기로 공황이 최고조에 이르자 전 세계 중앙은행들이 일제히 금리인하를 단행한 2008년 10월 8일로서 수익률 변동폭은 43베이시스포인트였다. 두 번째는 2009년 3월 18일로 변동폭은 47.5베이시스포인트였다. 이날은 연준이 1차 양적완화 프로그램 확대를 발표하고 재무부 중기채권을 매입한 날이었다. 세 번째는 미국의 신용등급이 하향 조정된 2011년 8월 9일로, 변동폭은 40베이시스포인트였다.

1998년 10월 이후 약 4000거래일 동안 일중수익률 변동폭이 평균적으로 8베이시스포인트였다는 것을 감안하면 37~47.5베이시스포인트의 변동폭이 어느 정도인지 가늠할 수 있을 것이다 (흥미롭게도 1998년 이후 모든 10년 만기 재무부 중기채권의 일중수익률 변동폭을 연결수분포로 나타내보면 위험 가치 예찬자들이 주장하는 정규분포가 아니라 복잡성 이론이 예측한 대로 완벽한 멱함수 분포를 그린다는 점을 알 수 있다).

일중수익률이 순식간에 37베이시스포인트씩 폭락하는 일이 드물다는 것도 문제이지만, 더 큰 문제는 16베이시스포인트 하락이 6분 동안 일어났다는 점이다. 그전에 이 정도의 변동성이 나타난 적은 단 한 번도 없었다. 앞서 언급했듯 이에 상응하는 변동성이 나타난 적이 세 차례 있었으나 모두 분 단위로 측정되는 사건 구간이 아니라 거래일 하루 동안에 나타난 것이었다.

그러나 가장 우려스러운 면은 별다른 일이 일어나지 않았던 2014년 10월 15일에 수익률이 폭락했다는 사실이다. 그날은 뉴스가 없었다. 수익률이 '그냥' 폭락한 것이다. 재무부, 연준, 증권거래위원회, 상품선물거래위원회가 공동으로 발표한 자체 보고서에 따르면 2014년 10월 15일의 사건은 다음과 같이 요약된다.[1] "그처럼 상당한 변동성과 큰 폭의 가격 반등이 그처럼 짧은 시간 동안 '명백한 원인 없이' 일어난 것은 재무부 시장 역사상 전례 없는 일이다."

(2008년 10월 8일처럼) 전 세계가 공황에 빠지거나, (2009년 3월 18일처럼) 연준이 구조에 나서거나, (2011년 8월 9일처럼) 미국의 신용등급이 강등되는 등 매우 심각한 사건이 일어난 날이라면 그 정도의 '플래시 크래시'*가 나타나도 이상할 것이 없다. 문제는 2014년 10월 15일의 플래시 크래시가 사상 유례를 찾아볼 수 없는 지진이었다는 데 있다. 지하 깊숙이 있는 지각판이 관측 불가능할 정도로 슬그머니 이동하다가 아무도 신경 쓰지 않을 때 갑자기 지진을 일으킨 셈이었다.

곧이어 비슷한 규모의 전진이 뒤따랐다. 재무부 수익률의 플래시 크래시로부터 정확히 3개월 지난 2015년 1월 15일, 스위스 프랑의 환율이 중유럽 시각으로 오전 9시 30분부터 9시50분까지 유로와 달러에 대해 약 20퍼센트 급등했다. 유로와 달러가 갑자기 평가절하된 셈이니 이 역시 플래시 크래시였다. 사건 구간 이전만 해도 1유로는 1.20프랑에 고정되어 있었다. 몇 분 후에는 1유로가 불과 1프랑으로 떨어졌다. 그 때문에 어마어마한 부수적 피해가 발생했다. 프랑이

---

* flash crash, 금융상품의 가격이 갑자기 폭락하는 것

평가절상된 다음 날 스위스 주식시장이 하루 만에 10퍼센트나 폭락한 것이다.

재무부의 플래시 크래시와 달리 스위스 프랑에 의한 유로와 달러의 플래시 크래시는 구체적인 사건 때문에 발생했다. 그날 거래가 시작될 때 중앙은행인 스위스중앙은행이 2012년 이후 유지해온 1 프랑당 0.8325유로의 고정환율을 포기하겠다고 발표한 것이다. 애당초 스위스중앙은행이 고정환율제를 채택한 것은 다른 통화 대비 스위스 프랑의 가치를 떨어뜨려 스위스 수출품의 경쟁력을 높이고 관광을 진흥하기 위해서였다. 문제는 스위스의 낮은 인플레이션율, 탄탄한 금 보유고, 정치적 안정성을 토대로 스위스 프랑이 전 세계 자본시장의 '피난처'가 되어 수요가 급증했기 때문에 발생했다.

수요가 강세인 상황에서 고정환율을 유지하기 위해 스위스중앙은행은 프랑을 찍어 유로를 사들였고, 이를 유로 표시 은행 예금과 채권에 투자했다. 그러다 보니 스위스중앙은행의 대차대조표 차변(자산 측면)에 전 세계 유로 표시 부채가 집결했다. 부채 포지션이 지속 불가능할 정도로 불어나자 스위스중앙은행은 단번에 신속하게 고정환율을 포기했고 그 결과 프랑에 의한 유로 매입 압력이 완화됐다.

그러나 스위스중앙은행의 결단은 시장에 충격을 일으켰다. 평가절상이 있기 불과 한 달 전인 2014년 12월 18일, 스위스중앙은행의 토머스 조던 총재는 보도자료를 통해 이렇게 말했다.[2] "스위스중앙은행은 (중략) 최저 환율을 지킬 것임을 재확인한다. (중략) 앞으로도 최저 환율을 유지할 것임을 확실히 단언하는 바다." 불과 4주 뒤 조던은 패배를 인정했다.

평가절상 과정은 결코 질서정연하게 이루어지지 않았다. 외환시장 전문가로 이름난 캐슬린 브룩스는 충격 당일 영국 일간지 《텔레그래프》와의 인터뷰에서 이렇게 말했다.[3] "(외환) 시장은 그 후 아침 내내 사실상 폐장 상태로 있습니다. 혼란이 잦아들기를 기다리는 거죠." 혼란이 잦아들자 딜러들이 큰 손실을 입었다는 사실이 드러났다. 고정환율이 유지될 것을 철석같이 믿었던 은행과 헤지펀드는 수십억 달러를 날렸다.

금세 세 번째 전진이 뒤따랐다. 이번에는 중국이 무대였다. 2015년 8월 10일 월요일, 중국 중앙은행인 인민은행은 미국 달러 대비 위안의 환율을 평가절하함으로써 전 세계 시장을 큰 충격에 빠뜨렸다. 개장 무렵에는 1달러가 6.21위안이었다. 그러다 중앙은행이 개입하자 위안의 가치가 그 즉시 2퍼센트 하락하여 환율은 1달러당 6.33위안으로 주저앉았다. 하락폭이 한층 더 커진 것은 그때부터다. 8월 12일에는 중국의 환율이 1달러당 6.39위안으로 급락했다. 8월 25일에는 환율이 6.41위안으로 추락한 상태였다. 개입 당일보다 3.2퍼센트 하락한 것이다.

중국의 평가절하는 20퍼센트 절상한 스위스 프랑과 비교하면 백분율 상으로는 미미한 수준이다. 그러나 중국이 세계경제에 차지하는 비중을 따져볼 때 그 충격은 상당한 것이었다. 세계경제의 양대 산맥인 미국과 중국의 GDP를 합산하면 30조 달러로서 전 세계 GDP의 40퍼센트에 달한다. 미국은 중국의 최대 교역국이며 중국은 캐나다에 이어 미국의 제2 교역국이다. 미국과 중국의 환율이 세계 무역과 자본 흐름에 미치는 중요성은 아무리 강조해도 부족함이 없다. 이처럼 세계에서 가장 중요한 환율 관계에 갑자기 3퍼센트의 변동이 일어나는 것 자체가 곧 지진이었다.

중국의 기습적인 평가절하는 즉각적이고 극심한 여파를 낳았다. 평가절하 직전인 8월 10일 1만 7615.18포인트였던 다우지수가 위안이 일시적으로 최저점을 기록한 8월 25일 1만 5666.44포인트로 폭락했다. 11퍼센트 넘는 하락폭이었다. 미국 주식시장이 조정에 들어가면서 2조 5000억 달러가 넘는 주주재산이 증발했다. 중국의 상하이 종합지수는 2015년 6월 12일 2007년 이후의 최고점인 5166.35포인트로 치솟았다가 평가절하에 대한 예상 때문에 이미 폭락한 상태였다. 그 후 상하이종합지수는 8월 10일 3298.41포인트에서 8월 26일 2927.28포인트로 다시 한 번 폭락했다. 6월 최고점과 비교하면 43퍼센트, 기습 평가절하를 단행한 날과 비교하면 25퍼센트 급락한 것이다. 2015년 7~8월 중국 주식시장의 투자자 재산 손실은 3조 달러를 넘어섰다.

이렇게 해서 미국과 중국의 투자자들은 5조 5000억 달러에 달하는 손실을 입었고, 2015년 1월부터 2016년 8월 사이에 중국에서 1조 달러가 넘는 자본이 유출됐다. 평가절하에 대한 두려움이 자본유출의 가장 큰 이유였다. 구체적으로는 중국의 투자자와 채무자가 달러가 더 강세를 보이기 전에 달러 표시 자산을 매입하거나 달러 채무를 상환하기 위해 중국 자본시장을 완전히 이탈했기 때문이다.

이후 앞선 전진보다 훨씬 여파가 큰 4차 전진이 발생했다. 2016년 6월 23일 영국의 EU 잔류 여부를 묻는 국민투표에서 EU 이탈이 더 많은 표를 얻었다. 흔히 '브렉시트'라고 부르는 사건이다. 찬반 양측은 각각 '탈퇴'와 '잔류'라는 표현을 사용함으로써 EU와의 관계에 대한 입장을 드러냈다. 투표 직전에 잔류파의 승리를 점친 시장이 파운드 환율을 1.5달러로 급등시켰다.

시장이 잔류파의 승리를 그토록 확신한 것은 행동과학을 잘못 이해할 때 어떤 일이 일어나는지 보여주는 흥미로운 사례다. 투표일 직전까지 실시된 여론조사에 따르면 양측이 접전을 벌일 것으로 나타났다. 그러나 래드브룩스(Ladbrokes)와 벳페어(Betfair)가 운영하는 베팅시장은 잔류파가 승리할 확률을 70퍼센트로 보았다. 런던 금융가에서 은행과 고객을 위해 시장 조성자 역할을 하는 젊은 딜러 한 사람은 베팅시장의 확률을 '대중의 지혜'가 응축된 결과로 간주하고 이를 반영하여 파운드의 거래 환율을 결정했다.

　　'대중의 지혜(wisdom of crowds)'라는 개념은 2004년 제임스 서로위키가 쓴 동명의 저서 때문에 유명해졌다.[4] 행동과학에 관한 연구 논문을 요약한 이 책에는 '큰 항아리 속의 젤리빈'*이라는 고전적 예시도 들어 있다. 이 책에 따르면 큰 항아리에 넣은 젤리빈의 개수를 맞히는 실험에서 전문가 한 사람의 예측보다 일반인 여러 명의 막연한 추측이 더 정확한 것으로 판명된다. 전문가는 항아리의 부피를 젤리빈 한 개의 (추정되는) 부피로 나누고 젤리빈 사이의 불규칙적 공간을 감안하여 개수를 예측한다. 대중이 추측한 개수 중 (1개나 100만 개 같은) 극단적 추측을 무효화하고 나머지 추측을 모아 평균을 내면 실제 개수와 거의 같은 결과가 나온다. 이런 이유로 대중이 더 지혜롭다는 것이다. 이런 실험 결과를 곧이곧대로 믿은 런던의 딜러들은 보통 사람들이 참여하는 베팅시장의 예측이 '전문' 여론조사기관

* 겉은 딱딱하고 속은 젤리로 된 콩 모양 과자

의 결과보다 더 정확하다고 판단했다.

　런던 딜러들의 이런 논리에는 허점이 수두룩하다. 투표 결과를 놓고 벌이는 베팅의 정확성은 베팅을 한 사람들과 투표를 한 사람들의 신념 사이에 어떤 상관관계가 성립되느냐에 달렸는데 사실 둘 사이의 상관관계는 낮다. 잃을 돈이 있으며 베팅을 괜찮은 오락거리로 생각하는 사람들이 자발적으로 선택하는 것이 베팅이다. 도박사들은 베팅을 할 때 진짜 돈을 걸기 때문에 돈을 잃을 마음의 준비가 되어 있다. 반면에 유권자들은 투표를 할 때 돈을 내지 않는다.

　그런데 브렉시트 베팅 자료에는 큰 주목을 끌지는 못했지만 기이한 점이 있었다. '탈퇴'에 건 사람들의 숫자가 '잔류'에 건 사람들의 숫자보다 네 배 이상 많았지만 '잔류'에 건 판돈의 액수가 더 컸던 것이다. 일부 유능한 딜러들이 잔류에 1만 파운드를 건 반면에 일반적인 펀트*가 탈퇴에 건 판돈은 5달러 정도에 불과했던 것이다. 베팅업체의 주 업무는 정확한 예측이 아니라 돈을 잃지 않는 것이다. 베팅업체가 투표 결과에 대한 예측 때문에 확률을 반반으로 전망한 것은 아니었다. 그보다는 판돈을 양쪽에 고르게 배분하기 위해서였다. 투표에는 돈이 들지 않기 때문에 판돈의 액수와 투표 결과는 무관하다. 런던의 부유한 딜러들이 자신의 인지편향을 행동으로 옮겼기 때문에 베팅 결과가 왜곡된 것이 분명했다. 최종 투표에서 런던 시민은 대체로 잔류를 지지하지만 영국 국민 전체적으로는 탈퇴를 지지한다는 결과가 나왔기 때문이다.

---

* punt, 승산이 낮은 쪽에 베팅을 하는 사람들

6월 23일 오후 10시에 투표가 끝나고 몇 시간도 지나지 않아 탈퇴의 승리가 유력하리라는 것이 분명해졌다. 그 결과 시장은 공황 직전까지 갔다. 파운드는 몇 시간 만에 1.50달러에서 12퍼센트 하락한 1.32달러에 거래됐다. 30여 년 만에 최저치까지 하락한 것이다. 외환시장 이외의 금융시장도 격렬하게 요동쳤다. 달러 대비 금값은 투표 직전만 해도 1온스당 1255달러였으나 투표 다음 날에는 하루 동안 4.8퍼센트 상승한 1315달러로 장을 마감했다. 일중 변동폭은 한층 더 커졌다. 금값은 브렉시트 이후 2주 동안 8.8퍼센트 상승하여 7월 8일에는 1온스당 1366달러를 기록했다.

주식시장에서는 이처럼 일중 변동폭이 3퍼센트에서 20퍼센트로 급증하는 일이 드물지 않다. 유명기업이 파산을 신청하면 주가가 하루 만에 95퍼센트 폭락하는 일도 있다. 그러나 위의 사례들은 모두 주식이 아니라 화폐나 세계에서 가장 안전한 채권이라는 재무부 중기채권에 일어난 변동이라는 점에서 주목할 필요가 있다.

스위스 프랑, 유로, 파운드, 미국 달러는 모두 주요 준비통화다. 위안은 완전한 자유 태환이 가능하지는 않지만 세계에서 다섯 번째로 활발히 거래되는 통화다. 실제로 2016년 10월 1일자로 특별인출권 바스켓에도 편입되며 5대 주요 준비통화의 하나가 됐다. 미 재무부 10년 만기 중기채권은 세계에서 가장 안전한 중기 유가증권이며, 전 세계 모든 국채시장의 기준물이다. 금은 주요 국제 준비자산으로서 미국의 준비자산 중 70퍼센트가 넘는 비중을 차지한다. 재무부 채권, 금, 주요 기준통화는 종합적으로 국제 통화 시스템의 기반이다. 이런 이유로 안정성을 유지해야 하는데 실제로는 그렇지 못하고 있다. 2014년 말 이후 일어난 일들을 다시 한 번 정리해보자.

- 재무부 10년 만기 중기채권의 수익률이 6분 만에 2.02퍼센트에서 1.86퍼센트로 변동했다. (2014년 10월 15일)
- 스위스 프랑 대비 유로 환율이 20분 만에 20퍼센트 하락했다. (2015년 1월 15일)
- 미국 달러 대비 위안 환율이 순식간에 2퍼센트 하락했다. (2015년 8월 10일)
- 미국 달러 대비 파운드 환율이 2시간 만에 12퍼센트 하락했다. (2016년 6월 23일)
- 금값이 2시간 만에 미국 달러 대비 4.8퍼센트, 파운드 대비 19퍼센트 상승했다. (2016년 6월 23일)

과거에는 주요 통화, 채권, 금의 가치가 이만큼 변동하는 데 몇 년이 걸렸다. 그런데 이제는 몇 분이나 몇 시간 밖에 걸리지 않는다.

환율이나 채권을 거래하는 이들은 이런 종류의 변동성이 낯설게 느껴질지도 모른다. 복잡성 이론가들은 시스템이 안정을 잃고 걷잡을 수 없는 상태에 돌입하기 직전에 순식간에 난류가 발생한다는 것을 잘 알기 때문에 변동성이란 개념에도 익숙하다. 지진학자들도 대지진을 예측하기 위해 단층선에서 일어나는 전진을 추적관찰하기 때문에 그런 식의 불안정성을 낯설어하지 않는다. 카오스 이론가들의 표현을 빌자면 변동성은 시스템이 흔들리는 것이다.

복잡성 이론을 자본시장에 적용하는 것에 비판적인 사람이라면 줄줄이 이어지는 전진을 대수롭지 않게 여길지도 모른다. 물론 저런 정도 충격으로 세계가 멸망한다는 건 아니다. 시장은 충격을 겪을 때마다 회복됐다. 재무부 중기채권의 수익률은 2014년 하락했을 때만큼 빠른 속도로 다시 상승했다. 가장 중요한 유로-달러의 교차 환율*도 2015년 스위스 프랑 환율절상의 여파를 견디고 비교적 안정세를 유지했다. 연준은 2015년 9월에 예정되었던 '금리 이륙'**을 12월로 연기함으로써 2015년 8월 위안 평가절하의 여파를 완화했다. 영란은행은 2016년 8월 4일 금리를 인하함으로써 브렉시트 이후 하락한 파운드화 가치를 끌어올렸다. 전진이 발생할 때마다 중앙은행이 대기하고 있다가 안정성을 복구했다.

그러나 안정성이 진정으로 복구된 것은 아니었다. 복구는 표면적이었다. 전진이 일어날 때 방출된 에너지가 축적되면 갈수록 전진의 속도가 빨라지고 규모도 커지게 마련이다. 반론의 여지가 없는 사실은 우리는 현재 세계에서 가장 유동성이 풍부한 시장에서 유동성이 증발하는 과정을 실시간으로 목격하고 있다는 것이다. 가이거계수기***가 미친 듯이 째깍거리고 있다. 전 세계 자본시장이 한 번 진입하면 돌이킬 수 없는 초임계상태에 들어서려 하고 있다.

더욱이 위에서 언급한 유동성위기만이 문제가 아니다. 자연재해, 사이버 전쟁, 중동의 핵개발도 현재 존재하는 위기 촉발 요인이다. 복잡성 이론은 붕괴의 필연적 발생 여부가 밀도, 상호작용, 시스템 규모에 달려 있다고 본다.

가장 큰 위험은 복잡성 이론가들이 '연쇄 복잡성(linked complexity)'

---

* cross rate, 달러 같은 기준통화와 다른 통화의 환율
** liftoff, 중앙은행이 상당 기간 동안 변동이 없었던 금리를 인상하는 것
*** Geiger counter, 방사선 측정 장비

이라 부르는 데서 비롯된다. 이는 임계상태에 있는 시스템 하나가 무너지면 다른 시스템도 그 영향으로 임계상태에 진입하여 무너지는 현상을 뜻한다.

　연쇄 복잡성의 사례로 2011년 3월 11일 일본 동북부에서 일어난 후쿠시마 원전 사태만큼 적절한 것은 없다. 가장 먼저 붕괴한 임계 시스템은 태평양 밑의 지각판이었다. 그때 방출된 에너지가 일으킨 대지진은 모멘트 규모 9.0으로, 현대적인 지진 기록이 시작된 1900년 이후 세계에서 네 번째로 큰 지진이었다. 대지진이 두 번째 임계 시스템의 붕괴를 초래함에 따라 수십 미터 높이의 지진해일이 발생했다. 지진해일이 세 번째 임계 시스템인 후쿠시마 제1 원전을 덮치자 원자로 세 개에 있던 노심이 용융되고 어마어마한 양의 방사능이 유출됐다. 사고 뉴스가 전해지자 네 번째 임계 시스템인 도쿄 증권거래소가 직격탄을 맞았다. 사고 전날 1만 0434.38포인트로 마감한 닛케이225지수가 나흘 만에 8.25퍼센트 급락하여 3월 15일 8605.15포인트로 마감했다. 마지막으로 타격을 입은 임계 시스템은 외환시장이었다. 일본의 보험회사들은 재산 피해와 인명 피해에 대한 보험금을 지급하기 위해 달러를 던지고 엔을 매입함으로써 엔 유동성을 확보하려 했다. 달러 대비 엔 환율은 3월 11일 81.89엔까지 떨어졌지만 3월 18일 80.59엔으로 일주일 만에 1.6퍼센트 반등했다. 외환시장의 기준으로 보면 엄청난 반등폭이다.

　그때 정책적 개입이 이루어졌다. 당시 프랑스 재무장관이던 크리스틴 라가르드가 엔 환율을 떨어뜨리기 위해 G7의 외환시장 공동 개입을 주도한 것이다. 이는 대대적인 파괴를 겪은 일본 경제를 부양하기 위해 반드시 필요한 조치로 간주됐다. 개입은 실효를 거두었다. 4월 8일이 되기까지 달러 대비 엔 환율은 후쿠시마 원전 사태 이후의 최고치에서 5퍼센트 하락하여 84.70엔 선에 거래됐다. 이때 라가르드가 보인 수완은 복잡계의 원리가 작동되고 있는 판도라의 상자를 정책이라는 뚜껑으로 틀어막은 데 비유할 수 있다.

요약하자면 지각판에서 지진해일, 원자로, 주식시장, 외환시장에 이르기까지 임계 시스템이 연쇄적으로 무너지면서 연결고리마다 거의 유례를 찾아보기 어려운 재앙이 일어났다. 흥미롭게도 임계 시스템 중 두 가지(지각판, 지진해일)는 자연계인 반면, 세 가지(원자로, 주식시장, 외환시장)는 인공계다. 이를 통해 대리자가 임계상태에 놓이면 자연적인 복잡계와 인공적인 복잡계 간에 원활한 상호작용이 일어난다는 것을 알 수 있다.

이처럼 예측하지 못한 창발과 연쇄 복잡성의 결합이 자본시장 붕괴의 원인이 될 가능성이 가장 크다. 이런 현상은 검은 백조가 아닌(「요한묵시록」에 등장하는) 검은 말의 출현에 상응하는 파국을 몰고 올 것이다. 예를 들어 말레이시아의 채무자가 소액을 부도내기만 해도 그와 관련된 중국 기업의 신뢰도가 떨어질 수 있으며, 그에 따라 중국에 있던 자본이 이탈하여 미 재무부 채권시장으로 대거 유입될 수 있다. 그 결과 재무부 채권시장에서 유동성이 증발하고 미국 달러의 가치가 상승하고, 갑자기 달러 표시 채권의 상환이 불가능해진 신흥국이 대량으로 부도를 낼 수 있다.

그 와중에 러시아 정부의 지원을 받으며 고도로 발달시킨 기술로 오랫동안 위협을 제기해온 해킹단체 APT29가 발트 해의 미 해군 활동을 저지하기 위한 전력 승수로 뉴욕 증권거래소를 공격해 폐쇄해버린다. 이틀 내에 세계 모든 시장이 21세기 최초로 '장 폐쇄'를 선언한다. 20세기에도 이런 식으로 밀접하게 연계된 연쇄적 위기가 일어났다. 그 전조는 바로 '취리히의 까마귀' 펠릭스 소마리가 예언한 대로 1914년 7월 말 발발한 제1차 세계대전이었다. 시대의 종말은 이런 식으로 온다.

기준을 상실한 통화체제

현재 국제 통화 시스템은 역동적인 불확실성의 시기에 놓여 있다. 지금은 역동성 측면에서 1971년에서 1981년 사이의 국면과 비슷하다. 이 시기에는 극과 극을 오가는 인플레이션율, 금리, 원자재가격, 환율, 지정학적 불안정성 때문에 시장이 카오스 직전까지 갔다. 헨리 키신저, 폴 볼커, 로널드 레이건, 제임스 베이커와 그에 이은 로버트 루빈이 지도력을 발휘하고 국제 공조를 이끌어내며 금본위제이던 기존 브레턴우즈체제를 달러본위제를 주축으로 하는 체제로 재정비하고 나서야 시장은 안정을 되찾았다. 오늘날에도 그때처럼 힘겨운 안정화가 필요하다.

2015년 나는 세계에서 가장 유력한 중앙은행 인사 두 사람과 이 문제에 대해 논의했다. 2015년 5월 27일에는 연준 의장을 역임한 벤 버냉키와 서울에서 만나 대화를 나누었다. 2주 후인 6월 11일에는 뉴욕에서 국제통화기금의 대표였던 존 립스키를 만났다. 흥미롭게도 립스키는 국제통화기금의 우두머리가 된 유일한 미국인이다. 그는 도미니크 스트로스 칸이 갑작스럽게 물러났을 때 이사회가 라가르드를 신임 총재로 결정할 때까지 총재 대행직을 수행했다. 국제 통화기금의 총재직은 미국인이 아닌 사람이 맡는 것이 관례다. 두 사람은 약속이나 한 듯 정확히 같은 말로 현재의 국제 통화 시스템을 표현했다. '일관성이 없다'는 것이었다. 이 말은 통화 시스템에 기준통화나 틀이 존재하지 않는다는 뜻이다.

2016년 6월 23일 브렉시트 투표 이후의 충격은 버냉키와 립스키가 지적한 점을 설명하는 데 적합한 사례다. 파운드가 2시간 만에 1.50달러에서 1.32달러로 하락했다는 것은 실제로 무엇을 의미할까? 달러 가치가 상승한 걸까, 파운드 가치가 하락한 걸까? 달러 가치가 상승한 것이라면 그와 동시에 금값 대비 4.8퍼센트 하락한 것은 어떻게 설명해야 할까? 달러 가치의 상승이나 하락이 (금이나 은 같은) 측정 단위에 따라 달라진다면 어째서 특정한 측정 단위만 우선시하는 걸까? 한마디로 오늘날의 화폐는 거울의 황야에 갇혀 진짜 가치를 알 수 없게 되어버렸다. 일관성이 없다는 버냉키와 립스키의 말도 그런 뜻이었다. 그 말에는 브레턴우즈 같은 협정이 필요하다는 뜻이 함축되어 있다. 즉 국제 통화 시스템을 개혁하고 기본 원칙을 다시 정하자는 것이다.

새로운 시스템이 탄생하려면 미국의 금이 중국으로 이동해야 한다. 1차 브레턴우즈체제가 시행되던 1950년에서 1970년 사이, 유럽과 일본이 미국으로부터 확보한 금은 1만 1000톤에 달했다. 금값이 1온스당 35달러로 고정되어 있었기 때문에 시장은 큰 영향을 입지 않았다. 사정이 다른 오늘날에는 시장이 입을 충격을 최소화하려면 금을 드러나지 않게 이동시킬 필요가 있다. 국제결제은행이나 HSBC 같이 런던 보관소에 있는 금을 스위스 정제소로 보내 정제시킨 다음 상하이의 깊숙한 보관소로 보내줄 중개기관을 이용해야 한다는 이야기다.

2015년 11월 국제통화기금은 특별인출권을 구성하는 통화 엘리트 클럽에 중국 위안을 편입시킬 예정이라 발표했다. 그에 이어 국제통화기금은 2016년 7월 15일에는 공식 특별인출권 외에 시장 기반 특별인출권 도입이 필요하다는 연구보고서를 냈다.[5] 기다렸다는 듯 세계은행과 중국개발은행이 특별인출권으로 표시된 민간 채권을 발행할 계획이라는 소식이 2016년 8월 1일 《로이터통신》을 통해 전해졌다.[6] 얼마 후에는 중국이 주도적으로 운영하는 아시아인프라투자은행과 중국의 대형 은행 중국공상은행도 특별인출권 표시 채권을 발행하리라는 예측이 흘러나왔다. 마침내 2016년 10월 1일 위안은 공식적으로 특별인출권 바스켓에 엔이나 파운드보다 높은 10.92퍼센트의 구성 비율로 편입됐다.

중국으로의 금 이전, 중국 위안의 특별인출권 바스켓 편입, 깊이 있고 유동성 풍부한 시장을 조성하기 위한 준비 작업은 새로운 브레턴우즈체제의 구성 요소지만, 신규 체제는 1차 브레턴우즈체제와 달리 투명성이 부족하고 책임 소재가 불분명하며 몇 안 되는 글로벌 엘리트의 완전한 합의에 따라 비밀리에 계획되고 슬며시 구축된 그랜드 바겐*이다.

그랜드 바겐의 마지막 단계는 전 세계 국가 채무의 실질비용을 상각하기 위한 인플레이션 유발이다. 중앙은행이 최선을 다했는데도 인플레이션 유발에 실패한다면 그 대신에 국제통화기금이 나설 것이다. 국제통화기금은 특별인출권을 대량으로 발행하고 이를 전 세계 인프라 구축과 복지에 투입하여 인플레이션을 유발할 것이다. 인프라 수요는 세계은행의 중재에 따라 엘리트의 관심사 중 하나인 '기후변화' 분야에서 집중적으로 창출될 것이다. 이제 2008년 금융위기 이후 글로벌 엘리트가 어떤 계획을 추진하고 있는지 전체적으로 살펴보자.

- 은행시스템 장악 (2009~2010년)
- 중국으로의 금 이전 (2009~2016년)
- 특별인출권 리디노미네이션**
- 특별인출권 발행과 분배 (2017~2018년)
- 인플레이션에 의한 채무상각 (2018~2025년)

아이스나인과 쇼크 독트린은 이 계획의 보완 조치다. 인플레이션이 확립되기도 전에 새로운 세계 금융위기가 발생하면 극심한 디플레이션이 나타나고 엘리트의 목표가 좌초될 위험에 놓인다. 아이스나인이 시행되면 자산유동화가 불가능해지기 때문에 인플레이션이 자리 잡을 시간이 생긴다. 따라서 디플레이션 추세를 곧바로 차단할 수 있다. 쇼크 독트린은 기후변화나 현금과의 전쟁 같은 엘리트의 희망사항을 위기 도중에 추진하기 위한 예비 수단이다.

모든 일이 순조로이 진행되면 아이스나인이든 쇼크 독트린이든 시

---

* grand bargain, '빅딜'과 같은 뜻. 어떤 사안에 대해 대립하는 쌍방이 필요한 것을 주고받는 행위를 통해 대타협을 이루는 일괄적 타결
** redenomination, 가치의 변화 없이 화폐의 단위나 명칭을 변경하는 것

행할 필요가 없다. 채무상각도 계획대로 진행될 것이다. 항상 그렇듯 정부와 은행이 승자가 되며, (위의 계획에 동참하거나 조짐을 포착하고 그에 맞춰 대비한 엘리트를 제외한) 투자자가 패자가 될 것이다.

복잡성 이론을 이해하는 사람들은 이런 계획이 무용지물임을 안다. 위기는 그 누구도 알아차리지 못한 가운데 발생할 가능성이 크다. 특히 체계적 위기는 언제든 터질 수 있다. 그렇게 되면 통화 엘리트는 그 즉시 아이스나인을 추진할 것이고 시민 사회가 봉기할 것이다. ATM 1일 한도를 300달러로 제한하고 막연히 '상황이 허락하는 대로 거래소를 다시 열고 동결된 계좌를 풀어주겠다'고 하면 순순히 응할 시민은 없다. 시민들은 폭동을 일으킬 것이다. 은행을 불태우고, 슈퍼마켓을 털고, 중요한 인프라를 파괴함으로써 일시적으로 나마 부를 손에 넣으려 할 것이다. 아이스나인과 화폐 폭동 이후에는 신파시즘, 계엄령, 대량 검거, 정부의 언론 통제가 이어진다. 이것이 바로 엔드게임*이다.

살아남는 전략

로마의 심장부인 퀴리날레 언덕 기슭에는 콜론나 궁전이 있다.

---

* endgame, 체스의 종반전에서 유래한 표현. 해결책이 거의 남아 있지 않은 마지막 상황을 의미한다.

900년 넘는 세월 동안 한 가문이 31대째 소유하고 있는 곳이다. 이 가문의 전통은 11세기 로마 남부의 콜론나에 살던 피에트로 콜론나(Pietro Colonna)에서 시작됐다. 콜론나 가문 사람들이 현재의 터에 성을 지은 것은 1200년경이다. 콜론나 궁전은 수세기 동안 다양한 모습으로 변화해왔다. 허술한 주거지에서 요새로 그리고 현재와 같은 성으로 진화한 것이다. 성은 500년에 걸쳐 건설됐다. 성의 정면, 실내의 침실과 거실, 갤러리는 후기 르네상스시대에 지어졌고 그 후 17~18세기에 바로크 양식이 더해졌다.

콜론나 가문의 역사는 성의 역사만큼이나 다채롭다. 1301년 피렌체 공국의 대사로 교황 보니파시오 8세 시절의 로마 교황청에 파견되었던 시인 단테가 콜론나 가문의 초대로 성에 묵었다. 또한 15세기에는 오도네 콜론나(Oddone Colonna)가 로마 교황이 되어 교황 마르티노 5세라는 칭호를 받았다.

콜론나 가문은 15세기 내내 오르시니(Orsini) 가문과 로마 패권을 놓고 영화 〈대부〉를 방불케 하는 투쟁을 벌였다. 결국 1511년 교황 율리오 2세가 화해를 주선한 가운데 두 가문은 평화를 유지하기로 약속했다. 이들의 화해는 '팍스 로마나(Pax Romana)'로 불린다. 1527년 카를 5세 황제의 군대가 로마를 약탈했을 때도 콜론나 가문은 합스부르크 왕가와의 친분 덕에 성을 지킬 수 있었다. 마르칸토니오 2세는 이 가문에서 가장 걸출한 인물 중 하나였다. 그는 1571년 이슬람 세력의 유럽 침공을 저지하기 위한 레판토 해전에 지휘관으로 참전하여 안드레아 도리아, 돈 후안 데 아우스트리아와 함께 승리를 이끌어냈다. 기독교 측은 이 전쟁의 승리로 획득한 전리품을 나눠 가졌으며, 그 덕에 콜론나 가의 재산도 어마어마하게 불어났다.

콜론나 궁전은 아치형 천장, 대리석 바닥, 도금 장식뿐 아니라 르네상스와 바로크 시대 거장들의 귀중한 회화와 조각 컬렉션을 소장하고 있다. 마르칸토니오 2세의 고모 비토리아 콜론나(Vittoria Colonna)는 시인이자 팔라초의 손님이던 미켈란젤로의 뮤즈였다. 미켈란젤로는 우정의 표시로 시스티나 성당의 천장화에 비토리아의 초상화를 그려 넣었다. 20세기 들어서도 콜론나 가문의 세력은 꺾이지 않았다. 아스카뇨 콜론나(Ascanio Colonna)는 1941년 12월 워싱턴 DC 주재 이탈리아 대사로 부임했다. 그 후 무솔리니가 미국에 전쟁을 선포하자 자국에 대한 항의의 표시로 대사직을 사임했다.

2012년 로마의 어느 시원한 가을 저녁, 나는 콜론나 궁전에서 있었던 비공식 만찬에 참석하여 세계에서 가장 부유한 투자자 몇 명과 자리를 같이했다. 대부분이 유럽인이고 아시아인과 미국인은 몇 안 되는 자리였다. 나는 대리석, 황금, 미술품, 성이라는 건축 양식에 둘러싸여 지내는 '오래된 부자(old money)'와 코네티컷 주의 우리 집 근처에서 이웃끼리 칵테일을 즐기는 '벼락부자(new money crowd)' 사이에 어떤 차이가 있는지 생각해보았다. 사실 '오래된 부자'와 '벼락부자'라는 표현 자체에 록펠러, 밴더빌트, 휘트니 가문의 세습 재산과 그리니치의 헤지펀드 전문가, 실리콘밸리 CEO 등이 최근에 벌어들인 재산의 차이가 고스란히 반영되어 있다. 오래된 부자는 부를 오래도록 보존하는 법을 안다. 반면에 벼락부자는 요트, 제트기, 방부제 용액에 넣은 상어를 사는 데 여념이 없어 부를 보존할 수 있을지는 미지수다.

사실 미국의 세습 재산은 애스터(Astor) 가문과 비들(Biddle) 가문을 제외하고 대부분 150년을 넘지 않는다. 그러나 내가 그날 로마에서 있었던 곳은 900년 동안 온전히 유지된 재산이었다. 흑사병, 30년전쟁, 루이 14세가 일으킨 전쟁, 나폴레옹 전쟁, 양차 세계대전, 홀로코스트, 냉전을 거치고도 살아남은 가산이 그곳에 있었다.

콜론나 가문은 독특한 사례가 아니다. 유럽 전역에는 겉으로 드러내지는 않지만 그 정도로 막대한 세습 재산을 유지해온 가문이 다수 존재한다. 이런 가문들은《포브스》400대 부호에 선정되지 않는 것을 다행으로 여긴다. 그들이 그처럼 막대한 재산을 오래도록 유지할 수 있었던 이유가 행운 때문만은 아니다. 900년 동안 너무도 많은 변수가 있었기 때문에 운만으로는 충분하지 않았을 것이다. 그런 상황에서는 기량이 필요하다.

나는 내 오른편에 앉은 갈색머리의 이탈리아 미녀 쪽으로 몸을 돌려 질문을 던졌다. "대체 어떻게 하면 한 가문이 이렇게 오랫동안 재산을 지킬 수 있을까요? 도무지 있을 수 없는 일이에요. 분명 무슨 비밀이 있을 겁니다." 그 여성은 웃으면서 이렇게 말했다. "당연히 있죠. 근데 아주 간단해요. 3등분하는 거예요." 그녀는 잠시 멈췄다가 내가 기다리고 있다는 것을 알고 말을 이었다. "재산의 3분의 1은 토지에, 3분의 1은 미술품에, 3분의 1은 금에 투자하는 거죠. 물론 기업도 있어야 할 테고 생필품을 살 현금도 필요하겠죠. 하지만 없어지지 않는 것은 토지, 미술품, 금뿐이에요."

그녀가 말한 '생필품'에 샤넬 같은 사치품이 포함되어 있다는 것은 당연한 일이었다. 어쨌든 매우 일리 있는 대답이었다. 그녀의 조언은 투자의 첫 번째 원칙인 '분산투자'와 일맥상통했다. 그러나 '없어지지 않는 것'이라는 말에는 좀 더 깊은 의미가 숨어 있었다. 애당초 내 질문은 이것이었다. "어떻게 재산이 900년 동안 없어지지 않

있는가?"

미술품과 금은 둘 다 휴대 가능하므로 투자 대상으로 적합하다. 재난을 피해야 할 때가 오면 챙겨갈 수 있다. 흥미롭게도 무게당 가격은 미술품이 금보다 높다. 앞으로 위기가 닥쳐 금값이 1온스당 1만 달러로 치솟으면 피카소가 그린 걸작 한 점은 1온스당 50만 달러를 호가하리라는 이야기다. 피카소를 이런 식으로 논하는 것은 미학과는 거리가 멀다. 그러나 막대한 부를 들킬 위험 없이 국경 너머로 옮기는 데는 미술품만큼 좋은 방법이 없다. 금은 별다른 방어 수단이 필요 없는 부의 저장 수단으로서 5000년에 걸쳐 그 임무를 성공적으로 수행해왔다.

토지에 대해서는 선뜻 이해가 가지 않았다. 역사는 정복, 약탈, 정치적 변화로 가득하며 그 과정에서 토지를 잃기 쉽다. 그럼에도 법적으로 전혀 문제될 일이 없는 토지 소유권은 한 번 획득하면 오래도록 유지된다. 마이애미 근교에 사는 쿠바 피난민 중에는 1959년에 들어선 공산당 정권을 피해 미국으로 도주할 당시 가져온 집문서를 아직까지 지니고 있는 사람이 수천 명에 달한다. 대부분 아바나의 부유층 지역에 있는 집의 문서다. 지금 그런 집들에는 57년째 공산당 관리들이 살고 있으며 심지어 일부는 파괴됐다. 그러나 피난민들이 그 집들의 법적 소유주라는 사실에는 변함이 없으며, 그들 스스로든 후손이든 언젠가는 쿠바로 돌아갈 것이다. 향후 미국과 쿠바의 관계가 정상화되면 피난민들의 소유권이 무시되는 일도 없을 것이다.

17세기 초 어느 귀족은 군인들이 약탈을 하러 자신의 영지로 접근한다는 소식을 듣고 액자에서 그림을 떼어내 자루에 숨기고 금을 주머니에 넣은 다음, 이 두 가지를 밧줄로 말 뒤에 매달고 말을 달려 도망갔다. 몇 달 후 돌아온 그는 영지를 되찾은 뒤 자루에서 금을 꺼내 탁자에 쌓아두고 그림을 벽에 걸 수 있었다. 이웃들의 재산은 거의 다 파괴되었지만 그 귀족의 재산은 그대로 유지됐다. 이런 1000년 포트폴리오를 21세기 식으로 해석하면 흥미로운 공통점을 찾을 수 있다. 토지, 미술품, 금은 모두 비디지털 자산이다. 정전, 자산 동결, 사이버 공격이 있어도 사라지지 않는다. 아이스나인이 시행되더라도 끄떡없다.

금괴나 주화처럼 은행이 아닌 곳에 보관된 유형의 금은 모든 포트폴리오의 핵심이다. 전체 투자자산의 10퍼센트 정도를 금으로 보유하는 것이 적당하다. 금은 (화폐이므로 원칙적으로) 수익률이 없으나 부의 저장 기능과 보험적 기능은 단연 최고다. 그러나 희귀한 옛날 금화는 화폐로서의 가치가 제로이고 가격이 지나치게 부풀려져 있으니 반드시 피해야 한다. 미국조폐국, 혹은 수수료를 많이 떼지 않고 평판이 좋은 중개업체로부터 직접 신품 금화나 금괴를 구입하는 것이 안전하다.

금은 생각보다 훨씬 쉽게 구할 수 있다. 내가 라스베이거스에서 택시를 탔을 때의 일이다. 밸러리라는 이름의 기사가 나더러 무슨 용무로 그곳에 왔냐고 물었다. 나는 투자 세미나가 있어서 왔다고 대답했다. 이야기는 자동차에 대한 상담으로 이어졌다. 나도 한때 택시를 몰았기 때문에 승객이 기사의 이야기가 듣기 싫어도 꾹 참고 들어줄 수밖에 없다는 사실을 잘 안다. 밸러리는 투자에 대해 질문했고 나는 여느 때와 같이 재산의 10퍼센트를 금으로 갖고 있으라고 조언했다. 나는 "100만 달러가 있으면 10만 달러는 금에 투자하세요. 10만 달러가 있으면 1만 달러를 금에 투자하는 식입니다. 10퍼센트가 적절한 비중이에요"라고 기계적으로 대답했다.

그때 밸러리가 말했다. "말이 되는 소리를 하세요. 난 올해로 쉰 살이고 내 이름으로 된 재산은 1만 달러가 전부에요." 내가 대꾸했다. "괜찮아요. 금화 한 개를 사서 안전한 곳에 보관한 다음 기다리세요. 보험이 될 겁니다. 때가 되면 정부가 인플레이션과 세금으로 당신이 갖고 있는 1만 달러를 가로챌 겁니다만, 금이 있으면 든든하죠." 밸러리는 그러겠다고 말했지만 경험에 비춰볼 때 저축자들은 내 조언을 실행에 옮기지 않는다.

토지를 매입할 기회도 투자자 대부분에게 열려 있다. 자기 집을 소유하는 것이 출발점으로 적합하다. 소득을 내는 토지는 임대주택이든 농지든 상관없다. 모두 현금 수입원이며 부의 보존 수단이다. 은퇴한 사람들이 살기 좋을 만한 지역에 있는 은퇴 주택도 장기투자 수단으로 바람직하다.

가장 다가가기 어려운 자산은 미술품이다. 회화든 소묘든 콜라주든 조각이든 반드시 순수 미술품에 투자해야 한다. 박물관급 작품이어야 하는데, 이는 이미 어느 박물관에 작품이 전시되어 있거나 큐레이터들이 구입하기 위해 눈여겨보는 화가의 작품을 의미한다.

박물관급 미술품의 경우 구하는 방법이 가장 큰 문제다. 수십억 달러가 있는 사람이라면 피카소의 유명 작품 한 점에 1억 달러 이상을 치를 수도 있을 것이다. 대부분의 투자자와는 거리가 먼 이야기다. 공교롭게도 피카소는 엄청난 다작 화가라 잘 알려진 걸작 외에도 수천 점의 소품과 소묘를 남겼다. 그중에는 1만 달러가 채 되지 않는 것도 있다. 어쨌든 검토해볼 만한 가치가 있는 작품들이다.

100만 달러 정도의 박물관급 순수 미술품에 대한 투자법으로 가장 적합한 것은 체계가 잘 잡혀 있고 유능한 큐레이터들이 활동하는 아트펀드(art fund)를 이용하는 것이다. 아트펀드도 천차만별이니 주의해야 한다. 어떤 펀드는 체계가 엉망이며 투자자와 이해관계가 일치하지 않는다. 판매상으로부터 지원을 받기 때문에 이해관계에 휘말릴 수밖에 없는 펀드도 있다. 그러나 그런 이해관계가 없으며 후원자와 투자자 사이에 공정한 수익 배분이 이루어지는 펀드도 있다. 이런 펀드가 드물기는 하지만 반드시 존재한다.

토지, 미술품, 금에 3분의 1씩 배분하는 것은 너무 틀에 박힌 감이 있다. 이런 조합으로는 포트폴리오가 완성되지 않는다. 반드시 어느 정도의 현금이 있어야 한다. 신중하게 선택된 주식과 채권 등 기타 자산에 대해서도 여지를 남겨두면 이상적이다. 가업은 전혀 별개의 항목에 속하는 자산이다. 스웨덴의 발렌베리(Wallenberg) 가문이 다방면에 걸쳐 보유하고 있는 산업체에서 동네 세탁소나 피자가게에 이르기까지, 투자 포트폴리오에는 포함되지 않지만 잘 되는 사업체에는 공통점이 있다. 제3자가 보기에 독특하고 차별성이 있어야 한다는 점이다.

전문지식과 흔치 않은 연줄이 있는 사람이라면 엔젤투자나 초기 단계 벤처캐피탈에 대한 투자도 유리하다. 위험하기는 해도 주식투자처럼 무모한 도박은 아니다. 기업가, 투자자, 사업계획을 실행에 옮기는 데 탁월한 기량을 지닌 사람들이 성실하게 창출한 부에 신중하게 투자하는 행위이며 위험 조정이 되어 있다.

우량채권은 투자자의 목표 달성에 도움을 준다. 채권은 만기와 쿠폰금리가 정해져 있다. 자녀교육, 부모 부양, 은퇴 등 장기 목표가 있는 투자자는 신용등급이 높고 (금과 같은) 부수적인 인플레이션 방어 수단이 있으며 만기가 다양한 채권을 사다리처럼 쌓아올리면 자금이 필요한 미래 시점에 맞춰 수익을 얻을 수 있다. 채권 사다리야말로 진정한 만기 보유 투자 전략이다.

상장주식에는 상대적으로 적은 비중을 할당하는 것이 좋다. 1960년대만 해도 미국에는 수탁자가 주식을 매입하는 것을 완전히 금지하는 주가 있었다. 1929년 대공황의 기억이 아직 생생하던 때였다. 주식시장은 성경에 나오는 도둑 소굴보다 나을 것이 없다. 1970년대까지 보험과 연금 포트폴리오는 수익자에게 향후에 발생할 부채를 반드시 상환할 수 있도록 신중하게 구성됐다. 그러다 1974년 종업원퇴직소득보장법(ERISA, Employee Retirement Income Security Act)이 통과되자 수탁계좌에 있던 자금이 물밀 듯이 주식시장으로 쏟아져 들어갔다. 월가 금융회사가 ERISA, 401(k), 뮤추얼펀드, 이익 충돌 면제(conflict waivers) 그리고 그 후 수많은 확대 조치의 배후에 있었다는 것은 공공연한 사실이었다. 보수적으로 관리되어야 마땅한 자산 보존 계정의 자금이 위와 같이 위험한 주식투자를 일상화하고 그 범위를 확대하는 제도를 통해 투자됐다. 월가는 수수료를 챙기느라 급급할 뿐, 우리의 저축이나 연금에는 신경도 쓰지 않는다.

사모펀드는 불투명성, 높은 수수료, 이해관계의 불일치 때문에 피하는 것이 좋다. 사모펀드 거래는 목표 기업의 이전 주주를 대상으로 한 약탈에서 시작된다. 그런 다음 특별수수료, 우선배당, 펀드매니저에게 유리한 계약조항을 통해 목표 기업을 약탈한다. 추정상의 이익은 레버리지를 통해 얻는 것으로 되어 있다. 사모펀드라는 해적 집단이 다른 해적 집단인 은행을 약탈함으로써 이익을 얻는다는 것인데, 거래가 잘못되면 은행에 부실채무가 남는다(은행이 부실에 빠지면 납세자의 돈이 역시 약탈의 일종인 구제금융에 투입될 수 있다).

마지막으로 사모펀드 투자자들이 약탈을 당한다. 위험은 주식 수준으로 높으면서 펀드매니저의 수익률 목표는 그런 위험을 보상해주지 못하는 채권 정도의 무난한 정도에 불과하기 때문이다. 레버리지로 얻은 잉여수익도 투자자에게 돌아가지 않고 펀드매니저가 전부 갈취한다. 펀드매니저는 운영수수료를 자본이득으로 둔갑시키고 세금공제를 신청함으로써 다시 한 번 일반 납세자들을 약탈하는 최후의 일격을 날린다. 사모펀드 종사자들이 수십억 달러를 벌어들여 광활한 사유지를 사들이는 것도 그런 수법 덕분이다. 우리가 사모펀드의 약탈을 돕거나 그 피해자가 될 이유는 없다.

헤지펀드는 정말이지 만만치 않은 경우다. 헤지펀드는 경험보다 이론에 따라 투자한다. '알파'*라는 실질적인 위험조정수익을 창출하는 것이 헤지펀드의 목표다. 알파는 시장 적기 선택, 롱-쇼트 전략**, 차익거래를 통해 창출된다. 오랫동안 주식 포지션을 보유하는 투자자는 주기적인 주가폭락과 장기적인 약세장을 견뎌내야 극적인 강세장을 즐길 수 있다. 문제는 극심한 손실을 회수할 때까지 살아남지 못하거나 시장이 저점으로 떨어질 때 떠밀리듯 매도할 수 있다는 점이다. 헤지펀드는 매입 포지션만으로 이루어진 포트폴리오를 능가하는 성과를 거둘 수 있다고 주장한다. 초과 성과의 수단(시

---

* alpha, 시장 대비 초과수익
** long-short strategy, 매입과 공매도 전략을 동시에 구사하여 매입 포지션과 매도 포지션을 동일하게 유지하는 것

장 적기 선택과 매입-공매도 전략)은 말로는 쉽지만 그런 수단을 이용해 초과 성과를 실현하는 인재를 찾아보기란 어렵다.

시장 적기 선택에 지속적으로 성공하려면 남다른 기량을 지닌 데다 내부 정보까지 확보할 수 있어야 한다. (확보하기 그리 어렵지 않은) 합법적인 내부 정보도 있지만 불법 내부 정보에 대한 유혹을 떨치지 못해 옥중에 있는 전직 펀드매니저가 한둘이 아니다. 성공적이고 (합법적으로) 시장의 적기를 선택하려면 (거의 존재하지 않는) 틀에서 벗어난 분석과 (한층 더 희귀한) 비표준적 모형이 필요하다. 극소수의 펀드매니저만이 이 두 가지를 모두 제공하는데 일반인의 눈으로 이런 펀드매니저를 찾기란 쉽지 않다.

주식 펀더멘털을 토대로 한 롱-쇼트 전략은 구사하기가 좀 더 쉬운 편이다. 일반적으로 다른 주식 종목의 성과를 능가하는 종목이 있다. 투자 확대의 초기 단계에는 기술, 생명과학 같은 다소 위험한 주식을 선택하는 것이 좋다. 중간 단계에는 소형주에 투자하면 다른 종목을 따라잡을 뿐 아니라 초과 성과를 낼 수 있다. 말기 단계에는 저평가된 공익기업*과 비내구 소비재** 종목으로 후퇴하면 도움이 된다.

적기에 다른 종목으로 이동하는 것을 '업종 순환(sector rotation)'이라 부른다. 월가에서 자주 사용되는 방법이다. 초과 성과를 낼 가능성이 있는 종목을 매입 포지션으로 유지하고, 성과가 저조할 것 같은 종목을 매수 포지션으로 잡는 것이다. 이런 방법을 활용하는 펀드매니저는 이익을 확대하고 충격에 대비하여 시장 중립적인 방화벽을 쌓을 수 있다. 투자 레터 《벨킨리포트(The Belkin Report)》의 저자 마이클 벨킨은 예전에 업종 순환의 대가였다. 현재도 그에 버금가는 펀드매니저들이 있지만 수효는 많지 않다. 문제는 롱-쇼트 전략을 구사하는 펀드매니저들이 이론을 실행에 옮기지 않는다는 점이다. 이들은 현재 유행하는 종목에 몰려들었다가 RORO[***]의 바퀴가 경영대학원에서 배운 기본적인 증권분석과 전혀 상관없는 거시적 요인에 따라 움직이면 곧바로 참패한다.

차익거래는 수학을 기반으로 한 롱-쇼트 전략으로 주식, 채권, 원자재, 통화에 적용된다. 제대로 이루어진다면 시장 환경이 어떻든 수익을 거둘 수 있다. 차익거래는 상대 가치에 초점을 맞춘 전략이다. 이론적으로 따지면 같은 발행자와 신용위험이 같고 만기도 비슷한 두 가지 채권은 서로 비슷한 만기수익률을 내지만 실제로는 그렇지 않다. 나중에 발행한 채권이 좀 더 활발하게 거래되고 유동성이 크다는 사실 때문에 채권의 선호도에 차이가 생기기 때문이다. 차익거래를 하는 사람들은 '저렴한' 채권을 사고 '비싼' 채권을 공매도한 다음, 가격이 수렴할 때(늦어도 만기가 도래하기 전)까지 기다렸다가 때가 오면 상대적으로 위험이 없는 스프레드를 포착한다.

차익거래는 다른 종류의 저렴한 자산과 비싼 자산에도 적용할 수 있지만 두 자산 사이의 유사성이 적을수록 스프레드가 기대하는 수준으로 수렴하지 않을 위험도 크다. 그러나 변동성과 신용위험이 낮은 금융상품 두 가지를 차익거래에 활용하는 방법은 상대적으로 무

---

* utilities, 전력, 가스, 수도 등의 공공 서비스를 제공하는 기업
** consumer nondurables, 식품이나 의복 등 오래 쓸 수 없는 소비재
*** risk-on, risk-off, 금융자산이 단순히 위험자산과 안전자산으로 나뉘고 시장의 불확실성 정도에 따라 집합적으로 오르고 내리는 현상

위험으로 간주된다. 레버리지로 확대하여 기대수익이 좀 더 높은 S&P500의 변동성 지수를 합성할 수도 있다.

이처럼 깔끔해 보이는 무위험 차익거래에도 허점이 숨어 있다. 공황이 발생하면 가격 스프레드가 수렴에 이르기 전에 크게 벌어질 수 있다. 레버리지를 투입한 투자자는 시가평가손실을 입을 경우 마진콜 요구 때문에 피가 마를 수 있다. 또 시장 적기 선택도 차익거래의 성공을 좌우하는 요인이다.

실제로 모든 알파는 시장 적기 선택에서 비롯되며, 시장 적기 선택에 일관되게 성공하는 데 필요한 요소는 내부 정보뿐이다. 노벨 경제학상 수상자인 로버트 머튼의 잘 알려지지 않은 1981년 논문 《시장 적기 선택과 투자 성과 1. 시장 예측에 관한 가치균형 이론(On Market Timing and Investment Performance I. An Equilibrium Theory of Value for Market Forecasts)》이 그 점을 명백히 입증하고 있다.[7] 내부 정보는 불법 행위인 절도와 달리 100퍼센트 합법적이고 보기 드문 탁월한 분석 능력으로 얻을 수 있다.

2009년 9월 10일 나는 의회 청문회에 증인으로 참석해 2008년 금융위기에 위험관리 모형이 어떤 역할을 했는지 증언했다.[8] 『블랙스완(Black Swan)』의 저자로 유명한 나심 탈레브도 그날 청문회의 증인이었다. 탈레브와 나는 '앞면이 나오면 내가 따고 뒷면이 나오면 네가 잃는' 식의 월가의 보상 체계가 시장 붕괴를 조장한 요인이라 말했다. 또 월가 금융회사의 보수가 지나치게 높게 책정되어 있으며 과도한 성과급이 그들의 무모한 행동을 부추긴다고 증언했다. 그러자 자유시장주의 성향인 의원 한 명이 높은 연단에서 우리를 내려다보며 질책했다. 그는 보수를 제한하자는 우리 제안을 실행했다가는 월가에 '인재'가 몰려들지 않을 것이라고 했다. 그때 탈레브가 한 대답이 걸작이다. "인재라뇨? 그 사람들은 10조 달러나 되는 돈을 날렸어요."

탈레브의 말이 정확했다. 월가 트레이더들은 대부분 뛰어난 재능을 갖추지 못한 사람들이다. 그러므로 투자은행에서 서둘러 헤지펀드로 갈아탄다고 해서 더 뛰어난 트레이더를 만난다는 보장도 없다. 그래봤자 보상 체계가 트레이더에게 유리하게 바뀔 뿐이다. 그러나 글로벌 매크로 전략*, 롱-쇼트 주식 전략, 차익거래 등을 활용하는 재능 있는 트레이더에 의해 운영되는 곳도 극소수나마 존재한다. 그들은 비싼 수수료 값을 한다. 문제는 찾기가 어렵다는 것이다.

다가오는 금융 붕괴에서 부를 지키고 아이스나인의 피해를 최소화하려면 탄탄한 포트폴리오가 필요하다. 가장 적절한 배분 비율은 다음과 같다.

- 실물 금과 은: 10퍼센트 (골동품이 아닌 주화와 금괴)
- 현금: 30퍼센트 (일부는 실물 지폐로)
- 부동산: 20퍼센트 (임대소득 창출형 혹은 농지)
- 아트펀드: 5퍼센트 (박물관급 순수 미술품)
- 엔젤투자 및 초기 단계 벤처캐피탈: 10퍼센트 (핀테크, 천연자원, 수자원)

---

* global macro strategy, 전 세계 거시경제를 분석해 환율, 채권, ETF 등의 거래 흐름을 예측하는 전략

- 헤지펀드: 5퍼센트 (글로벌 매크로, 롱-쇼트 주식, 혹은 차익거래)
- 채권: 10퍼센트 (높은 등급의 국채)
- 주식: 10퍼센트 (천연자원, 광업, 에너지, 공익기업, 기술 종목)

가업은 투자 가능 자산에 포함시키지 않도록 한다. 투자 포트폴리오와 별개로 유지해야 한다는 뜻이다. 현금, 주식, 채권을 제외한 자산은 은행, 중개업체, 거래소를 이용하거나 디지털 기록을 남기지 않고 (실물이나 계약서 형태로) 직접 보유할 수 있다. 이런 자산은 해킹당할 위험이 없다. 물론 그중 일부는 현금화하기 어렵다. 그래도 대부분은 아이스나인의 영향을 받지 않는다. 이렇게 배분하면 인플레이션, 디플레이션, 공황이 와도 자산을 지킬 수 있다.

투자자가 경계를 늦추지 않고 민첩한 상태를 유지하는 것도 중요하다. 자산 중 현금 부분을 토지, 금, 미술품으로 신속하게 전환해야 할 때가 올 것이다. 인플레이션이 일어나 채권을 매각해야 할 수도 있다. 이는 포트폴리오를 '구성하고 잊어버리는(set-it-forget-it)' 전략과 다르다. 어쨌든 위와 같은 식으로 구성해놓으면 불확실한 시대를 헤쳐나갈 수 있는 기본 역량을 확보할 수 있다.

무엇보다 투자자에게는 역사 공부만큼 중요한 일이 없다. 과거에 일어나지 않는 일이 장래에 일어날 가능성은 없다. 그러나 가까운 과거에 없었던 일이 일어나는 경우도 많다. 먼 과거를 기억하기란 어렵다. 인간의 행동이 최근 경험에 휘둘린다는 것이 심리학자들의 연구 결과로 입증됐다. 월가는 사람들의 이 같은 '최신 편향'을 이용하여 10년마다 같은 각본으로 투자자들의 돈을 빼앗는다. 19세기

기업가 피니어스 바넘(Phineas Barnum)의 말대로 "1분마다 호구가 탄생한다." 현대에는 호구에게 건망증이 있다는 사실도 밝혀졌다. 월가는 이런 점을 이용한다.

역사는 독서와 여행을 통해 공부하는 것이 좋다. 가장 좋은 방법은 어떤 역사적 장소를 다룬 책을 읽고 직접 가보는 것이다. 포트폴리오를 구성하기 전에 '영원한 도시' 로마를 방문하라. 그다음 콜론나 궁전의 실내 관광을 예약하라. 갤러리와 거주 공간에 감탄하고, 900년째 한 가문이 아직까지 소유하고 있는 대리석 바닥을 걷고, 황금빛 장식을 구경하는 동안 그 사람들이 어떤 방법으로 재산을 지킬 수 있었는지 곰곰이 생각해보라.

콜론나 가문은 전쟁, 역병, 혁명, 약탈 등 시간의 풍화를 겪고도 여전히 부유하다. 물론 이들이 살아남은 이유가 자산 때문만은 아니다. 콜론나 가문은 로마 정계와 종교계에 깊숙이 관여했다. 합스부르크 왕가와의 친분도 위기의 갈림길에서 유리하게 작용했다. 그러나 왕실 인맥이 있어도 제대로 살아남지 못한 가문이 많다. 그냥 재산과 왕가 수준의 재산에는 엄청난 차이가 있다. 콜론나 궁전에 가면 곳곳에서 그 차이를 확인할 수 있다.

한 시대의 종말을 맞으며

2015년 2월 1일 살을 에는 듯 추운 저녁, 나는 맨해튼 어퍼웨스트사이드 지역의 브로드웨이 거리에서 조금 벗어난 곳에 위치한 극장에서 실시간으로 진행된 공식 토론에 참여했다. "쇠퇴주의자는 저주나 받아라. 미국에 베팅하라"는 논제는 총알이 장전된 총처럼 매우 아슬아슬해 보였다.[1] 미국이 아직도 상승세에 있는지, 아니면 내리막길로 접어들었는지에 관해 팽팽한 논쟁을 이끌어내기 위해 마련된 자리였다. 총 네 명의 토론자가 두 명씩 찬반으로 나뉘었다. 나와 내 파트너는 반대 측이었다. 논제를 보니 토론을 시작하기도 전에 말 그대로 저주받은 느낌이 들었다. 저녁을 시작하기에 결코 좋은 방법은 아니었다.

내 파트너는 캐나다의 명망 있는 작가이자 국회의원인 크리스티아 프릴랜드(Chrystia Freeland)였다. 우리와 대립할 찬성 측에는 독일 유력 주간지 《디차이트》의 편집인 요제프 요페(Josef Joffe)와 지정학 전략가로 민간 정보회사 스트랫포의 계열사를 운영하고 있는 피터 제이한(Peter Zeihan)이 있었다. 노련하고 재치 있는 ABC 방송국 해외 특파원 존 돈반(John Donvan)이 사회를 맡았다.

청중은 토론 시작 전에 이미 투표를 마친 상태였다. 토론은 총 3회전으로 구성되었고 토론과 토론 사이에 자유로운 형식의 대담과 돈반의 질문 시간이 배치됐다. 그리고 토론이 끝난 후에는 청중의 2차 투표가 있었다. 가장 많은 표를 얻은 사람이 승자가 되는 구조는 아니었다. 그보다는 어떤 팀이 가장 많은 사람의 생각을 바꿨는지가 토론의 승패를 결정했다.

요페의 주장은 매우 직설적이었다. 반대파는 미국이 수십 년째 내리막길이라 주장하지만 전적으로 틀렸다는 것이다. 1957년 미국은 소련이 스푸트니크 위성을 발사하자 공산주의자가 우주를 정복할지도 모른다며 두려움에 떨었다. 사실 스푸트니크 위성은 농구공보다 약간 큰 알루미늄 합금 공에 불과했다. 여기에 탑재된 송신기는 고작 몇 주 만에 불통이 됐다. 12년 후 미국은 달 위에 사람을 내려놓음으로써 그 어떤 나라도 따라할 수 없는 위업을 달성했다. 결과적으로 스푸트니크 충격은 미국 과학 교육의 자극제가 되었으며 컴퓨터, 소형화, 원격통신의 발달에 직접적인 영향을 미쳤다. 미국은 소련에 스푸트니크를 발사해줘서 고맙다고 인사해야 했다. 결국 미국은 언제나 승리하게 되어 있는 것이 요페의 주장이었다.

다음으로 요페는 미국의 권위에 도전했다가 스푸트니크 위성처럼 곧바로 패배한 사례를 줄줄이 읊어댔다. 1960년대에는 소련과의 미사일 격차에 대한 미국인의 공포를 이용하여 케네디가 대통령에 당선됐다. 1970년대에는 아랍의 오일달러가 미국의 모든 농지를 사들일 것이라는 공포가 팽배해 있었다. 1980년대에는 도쿄에 있는 일왕 거주지의 땅값이 미국 캘리포니아 주 전체의 땅값보다 더 비싸다고 할 정도로 일본이 압도적인 힘을 과시했다. 2000년대 들어서는 중국이 값싼 노동력과 높은 저축률을 바탕으로 미국을 자동차 백미러로 봐야 할 정도의 경제대국이 됐다. 그러나 지금 소련, 아랍, 일본의 위협은 흔적도 없이 사라졌고 중국은 실시간으로 쇠퇴하고 있다. 미국은 항상 세계 1위였으며 미국인의 불안감에도 불구하고 줄곧 1위 자리를 유지할 것이라고 요폐는 단언했다.

제이한의 주장은 역사보다 고전적인 지정학에 바탕을 둔 것이었다. 그는 미국의 인구학적 미래와 불변의 지리적 이점에 대해 설명했다. 제이한에 따르면 유럽과 중국은 인구절벽 아래로 곤두박질치고 있다. 게다가 중국은 고령화 때문에 높은 생산성을 자랑하던 집단에서 가장 경쟁력이 떨어지는 집단으로 변화하고 있으며 성장의 한계에 직면해 있다. 러시아와 일본은 한층 더 불리한 상황이다. 두 나라 모두 합계 재생산력이 한계에 달했기 때문에 인구 감소 추세를 반전시킬 수 없다. 러시아와 일본은 경제적 중요성이 없는 나라로 점차 쇠퇴해가고 있다. 주요 국가 중 오로지 미국만이 적절한 조합의 인구 구조와 이민정책 덕에 충분한 인구 증가와 경제성장을 누릴 것이다.

그 외에도 제이한은 트럭에 비해 수상 교통수단이 경제적 이점이 있다고 상세하게 설명했다. 미국은 단연 세계에서 가장 크고 가장 광범위하게 분포된 가항하천*과 내륙수로를 갖추고 있어 농산물, 에너지, 공산품을 저비용으로 운송하기에 유리하다는 것이다. 제이한에 따르면 미국은 대서양과 태평양 덕에 동쪽이나 서쪽의 침략으로부터 안전하다. 그뿐 아니라 북쪽으로는 우방인 캐나다와 국경을 맞대고 있으며 남쪽으로는 멕시코의 사막과 산맥이 펼쳐져 있어 북쪽과 남쪽으로부터 공격당할 가능성도 희박하다. 이처럼 안전한 국경과 자본 창출 능력을 영토 내에 보유하고 있는 나라는 오로지 미국뿐이다. 더 말할 필요도 없다.

내 파트너인 프릴랜드는 기술적, 지정학적 이점이 아니라 사회정의의 관점에서 찬성 측 의견을 반박했다. 그녀는 미국 중산층이 지나치게 착취당한 나머지 거의 소멸했다고 말했다. 밀물 때문에 모든 배가 뜨던 시대는 지났으며, 가난한 사람들은 갈수록 자포자기하고 있는데 부자들은 가늠할 수 없을 정도로 부유해지고 있다. 미국은 아이비리그 대학을 다니고 월가 은행에서 일하기를 열망하는 엘리트 계층과, 학교조차 다니지 못해 문맹인 최하층으로 양분됐다. 중간에 있는 사람들은 주택담보대출과 학자금대출 때문에 빚더미에 올랐고, 세계화와 21세기 식 경쟁의 승자독식 구조 때문에 실질임금이 깎이는 상황에 처해 있다. 밤이 낮을 뒤따르듯 경제 양극화는 정치 양극화로 이어졌다. 양극화는 언론매체, 여론조사, 정치적 절차에서 일상적으로 드러난다. 이런 식의 양극화와 부패가 로마 공화정과 독일 바이마르공화국 같은 대의제를 무너뜨렸다. 이제 양극화는 미국을 규정짓는 새로운 속성으로 자리 잡았다. 여기까지가 프릴랜

---

* navigable river, 선박이 운항할 수 있는 조건을 갖춘 하천

드의 주장이었다.

　나는 마지막 토론자로서 연단에 올라 먼저 찬성 측의 말이 옳다고 말했다. 미국의 종말을 경고한 과거 보고서들이 엄청나게 과장된 내용이라는 요페의 주장에 전적으로 동의한다고 했다. 미국의 자원과 인구 구조가 경쟁국을 장기간 앞지르는 데 기여할 이점이라는 제이한의 주장도 옳다고 했다. 그 주장만큼은 기꺼이 인정한다고 말했다. 그러나 100년은 한 시대의 붕괴 여부를 헤아리기에 너무 짧은 기간이라는 말로 나는 공격을 시작했다. 역사는 기본적으로 복잡한 사회제도를 갖춘 왕국이 수백 년을 이어가다가 갑작스럽게 붕괴한 사례로 넘쳐난다. 그러므로 미국의 쇠퇴 여부를 가늠하려면 좀 더 긴 시각이 필요하다.

　동틀 무렵 헤이스팅스 전투를 관찰한 사람이라면 잉글랜드 국왕 해럴드가 승리하리라 예측했을 것이다. 그는 많은 병력을 거느렸고, 고지대를 선점한 데다 본국에서의 전투라는 이점도 지녔다. 늦은 아침에는 그런 생각이 더욱 짙어졌을 것이다. 정복자 윌리엄의 궁병들이 그때까지도 적들에게 결정적 부상을 입히지 못했기 때문이다. 오후에도 해럴드의 방어선은 윌리엄의 반복적인 돌격에도 끄떡하지 않았다. 이제 해 질 녘이 가까워졌으니 해럴드는 잠시 더 버티기만 하면 됐다. 그 상태로 해가 지면 보급선이 끊긴 윌리엄의 군대가 해럴드와 그의 왕위 계승자를 뒤로 하고 퇴각할 터였다. 그때 윌리엄이 측면 전술을 이용하여 최후의 돌격을 감행했다. 순식간에 잉글랜드의 방어선이 뚫렸고 해럴드와 그를 가장 가까이에서 섬기던 신하들이 전사했다. 그리고 윌리엄이 잉글랜드의 왕위를 가로챘다. 잉글랜드 왕국의 붕괴는 삽시간에 예고도 없이 닥쳤다. 그것이 복잡성의 속성이다.

미국의 성공에 대한 요페의 자화자찬에도 불구하고 갑작스러운 반전에 대한 내 우려는 여전했다. 그가 제시한 역사의 작은 일부는 예측의 기반으로 충분치 않다. 요페는 정오의 해럴드에 초점을 맞추지만 나는 해 질 녘의 윌리엄에 무게를 두었다.

제이한도 미국을 진정으로 위협하는 요인을 짚어내지 못했다. 그가 제시한 역사학적, 지리학적 근거에는 오류가 있다. 그러나 저지해안에서 수륙 양용 상륙 작전이 벌어지거나, 멕시코의 무장군대가 일렬종대로 애리조나를 횡단해 진격해올 것이라고 예측하는 사람은 아무도 없다. 미국은 그런 종류의 위협으로부터 안전하다. 중요한 것은 그런 위협이 아니다. 2016년 3월 1일, 국가안보국(National Security Agency) 국장이자 미국 사이버사령부(United States Cyber Command) 지휘관 마이클 로저스 해군대장은 이렇게 말했다.[2] "국가나 단체나 개인이 미국의 주요 인프라에 대한 파괴적 행위에 관여하는 것은 (중략) 시간문제일 뿐이다." 제이한이 언급한 대서양과 태평양은 미국을 미사일, 위성, 컴퓨터 바이러스로부터 지켜줄 수 없다.

미국의 수상 교통망이 막대한 자본을 창출할 수 있는 원천이라는 제이한의 논점도 옳다. 그러나 비효율적이고 부패한 공공정책 때문에 자본이 낭비된다면 자본 창출이 무슨 소용인가? 미국이 천연자원을 통해 얻은 이익은 연준의 금리정책이 유발한 자산 거품과 투기 때문에 반복적으로 낭비되어왔다. 미국의 부는 다수에 의해 공유되기보다 소수에 쏠리고 있다.

토론 시작 전에 나는 미국의 앞날을 망칠 지긋지긋한 채무와 재정적자의 악영향을 읊을까 생각했다. 미국의 GDP 대비 채무 비율에 대한 미 의회 예산처의 추정, 사회보장기금의 지급 불능 임박, 1950년에서 1990년까지 이어진 견조한 회복과 대비되는 현재의 회복둔화, 경제활동 참여율의 하락, 실질임금 정체, 소득 불평등 확대 등을 나열한다면 사태의 심각성을 손쉽게 전달할 수 있으리라 생각했다. 사실 이런 추세는 요페가 말한 도전과는 전혀 다른 것으로, 새롭고 한층 위협적이다.

그러나 토론이 시작되자 나는 그 방법을 포기하고 좀 더 이론적인 접근법을 취했다. 나는 미국이 장기간에 걸쳐 서서히 쇠퇴하지는 않을 것이라고 말했다. 이 책에서 언급한 바와 같이 재앙적인 붕괴의 형태로 갑작스러운 쇠퇴를 겪을 것이라고 경고했다. 이런 유형의 쇠퇴가 일어난다면 요페와 제이한의 주장은 타당성을 잃는다. 상대적인 추세로 볼 때 2025년에는 좀 더 밝은 전망을 기대할 수 있다. 문제는 미국이 그때까지 버티지 못하리라는 점이다. 이것이 내 주장이었다.

붕괴는 더 빨리 닥칠 것이며, 러시아나 일본에 대비되는 인구학적 이점 따위는 전혀 도움이 안 될 정도로 심각한 결과를 초래할 것이다. 꽃병은 이미 산산조각 났는데 파편을 주울 사람이 더 많다고 해서 무슨 소용이 있겠는가.

나는 복잡성 이론을 최대한 단순화하여 설명했다. 그 자리에 있는 사람 가운데 몇 명만 공포를 느껴도 곧 청중 전체가 공포에 사로잡혀 달아나리라는 것을 예시로 들었다. 공포는 바이러스처럼 전염성이 있기 때문이라 설명했다. 그런 다음 시스템은 선형적인 방식으로 성장하지만 시스템의 불안정성은 그와 더불어 기하급수적으로 증가한다는 것을 강조했다.

나는 자산이 은행에 집중되고 파생금융상품이 급증하고 자산 스와프, 레버리지, 그림자 금융을 통해 금융 시스템의 밀도가 높아짐에 따라 체계적 위험이 기하급수적으로 증가한다고 설명했다. 시스템 붕괴가 가능한 정도가 아니라 불가피하다는 것을 보여줌으로써 청중에게 위기의식을 불어넣었다. 역사상 가장 큰 규모의 붕괴가 시작되는 만큼 그 파장도 가장 클 것이라고 말했다.

미국이 쇠퇴하리라는 확실한 근거로서 나는 다음 붕괴로 어떤 결과가 뒤따를 것인지 설명했다. 연준은 불어난 재무제표 때문에 과거 위기 때처럼 돈을 찍어낼 수가 없다. 2008년 이후로 발행한 4조 달러에 추가로 4조 달러를 발행한다면 신뢰가 한계에 다다른 나머지 추락할 것이다. 물론 특별인출권 형태의 비상 유동성이 국제통화기금로부터 공급될 것이다. 국제통화기금의 구제금융으로 국제 통화 시스템에 대한 중국, 러시아, 독일의 장악력이 확대될 것이다. 브레턴우즈체제가 대영제국의 몰락을 불러왔듯 달러 패권의 종말로 미국의 쇠퇴가 확실한 사실로 굳어질 것이다.

내가 특별인출권을 언급했을 때 청중 가운데 몇몇이 웃음을 터뜨렸다. 그들이 비웃은 것인지, 아니면 불안감이나 현실을 깨달은 데 대한 충격 때문에 웃은 것인지는 나도 알 수 없다. 나는 청중에게 복잡성, 규모, 붕괴의 파장을 설명한 다음 미국이 쇠퇴하리라는 주장으로 결론을 지었다. "여러분은 이 모든 일이 전에도 일어났고 앞으로도 일어나리라는 점을 틀림없이 깨달았을 것"이라고 말했다.

문명의 붕괴

복잡성 이론도 미래에 대한 지침이지만 과거만큼 확실한 지침은 아니다. 터키의 남서쪽 해양의 울루부룬 곶 인근에는 역사상 가장 중요한 고고학적 성과 중 하나가 존재한다. 해저 60미터 지점에 묻힌 난파선과 그 화물로, 그 연대가 기원전 1300년으로 밝혀졌다. 해면을 채취하던 현지 잠수부가 이 난파선을 발견하고는 관공서에 알렸다.

당국은 즉시 고고학자들을 섭외하고 잠수탐험대를 조직하여 1984년부터 난파선 발굴 작업을 시작했다. 잠수부들이 찾아낸 것은 후기 청동기의 문명 교류 결과가 집약된 교역, 문화, 경제의 결정체였다. 잠수부들은 현대의 금융업 종사자들이 봐도 전혀 낯설지 않을 금융의 복잡성이 3300년 전에도 존재했음을 입증하는 유물을 발굴했다.

화물에는 청동 무기를 만들 때 섞어서 사용할 구리 10톤과 주석 1톤이 포함되어 있었다. 흑단, 상아, 암청색 유리 덩어리, 호박 등의 귀중품과 장검, 창, 단검 같은 무기와 무화과, 올리브, 포도 등의 식료품도 발견됐다. 가장 눈길을 끄는 발굴품은 이집트 여왕 네페르티티(Nefertiti)의 이름이 새겨진 금제 스카라베*였다.

고고학자들을 가장 놀라게 한 것은 화물의 기원이었다. 구리는 키프로스산이고 주석은 터키산이었던 반면에 호박은 3200킬로미터 이상 떨어진 발트 해 지역에서 채취된 것이었다. 암청색 유리 덩어

---

* scarab, 고대 이집트에서 다산이나 풍작을 기원하며 지니고 다니던 풍뎅이 모양의 부적

리는 고가로 판매되는 이집트로 향하던 것이 분명했다. 식료품은 오늘날의 이스라엘과 시리아 지역의 농산물이었다. 고대의 난파선에서 오늘날과 마찬가지로 세계화된 교역과 금융 시스템의 산물이 나온 것이다.

울루부룬 난파선은 동지중해의 해상무역에 사용되었던 배였다. 당시 아프리카 해안을 따라 서쪽으로, 터키 해안을 따라 동쪽으로 부는 무역풍이나 계절풍을 타고 반시계 방향으로 항해하여 이집트, 시리아, 키프로스, 터키, 그리스 등의 육지에 도달하는 해상무역이 성행했다는 것은 이미 잘 알려진 사실이다. 그런데 난파선의 화물을 통해 북쪽의 발트 해에서 남쪽의 수단, 동쪽의 인더스 강에서 서쪽의 스페인에 이르기까지 4100만 제곱킬로미터가 넘는 면적을 포괄하여 이제까지 알려진 것보다 훨씬 광범위한 교역망이 존재했음이 드러났다. 그런 교역망의 부, 정교함, 밀도는 오늘날의 기준으로도 완전히 가늠되지 않는다.

그러던 중 갑작스럽게 붕괴가 일어났다.

울부루룬에 배가 난파된 때로부터 1세기 후인 기원전 1200년경, 청동기 문명은 놀랄 만큼 빠르게 붕괴했다. 50년도 지나지 않아 거의 모든 주요 왕국과 제국이 무너졌다. 붕괴는 한 문화권에서만 일어난 일이 아니었다. 히타이트, 이집트, 미케네, 메소포타미아 등 모든 문화권이 혼돈으로 빠져들었다. 도시가 불타고 교역이 중단되었으며, 침략자들이 출현하고 부가 사라졌다. 도시 사람들은 복잡한 도시에서 달아나 시골로 옮겨가 농촌의 생활방식에 적응했다. 아테네와 로마가 부상할 때까지 300년 동안의 암흑기가 이어졌다.

3000년 전에 도래한 청동기 붕괴와 암흑기는 그리 잘 알려지지는 않았지만 1500년 전쯤 일어난 로마제국의 붕괴와 뒤따라 시작된 암흑기와 공통점이 많다. 쌍둥이처럼 닮은 두 번의 붕괴는 문명이 선형적이라기보다 순환적이라는 교훈을 우리에게 전한다. 사회는 끝없이 풍요로워지거나 정교해지지 않는다. 사회는 주기적으로 붕괴한다. 그렇다고 해서 세계가 끝나지 않는다. 한 시대가 끝나는 것뿐이다. 청동기 문명과 로마의 붕괴는 1500년 간격을 두고 일어났다. 마지막으로 문명이 붕괴한 지 1500년이 지났다.

그렇다면 지금도 또 다른 붕괴가 진행 중일까?

그것은 알 수 없다. 어쨌든 문명의 복잡성이 붕괴를 자초하는 원인이라 말할 수 있다. 계층이 겹겹이 존재하는 사회에서는 엘리트가 기득권을 유지하기 위해 더 많은 투입을 요구한다. 고대사회의 경우 투입은 조공, 세금, 강제 노역, 노예, 전리품의 형태로 이루어졌다. 후기 산업화시대에는 에너지와 화폐가 투입됐다. 탄소 기반 에너지가 부족해지면 땅속 더 깊은 곳이나 더 먼 지역에서 자원을 채취한 다음 원자력 같은 대체재를 찾는다. 화폐가 부족해지면 새로 찍어내거나 스와프나 특별인출권 같은 대체재를 만든다. 갈수록 사회의 규모가 증가하고 있다. 불안정성도 기하급수적으로 커진다. 복잡성은 복잡성을 낳는다.

청동기 문명과 로마의 붕괴는 한 가지 원인으로 일어난 일이 아니다. 몇 가지 원인이 결합되어 한참 발달 중인 문명을 급격하게 도약시키고 멸망 또한 재촉한 것이다. 제국의 일부에서 일어난 세금 폭동은 이민족의 침략을 유발할 수 있다. 침략이 일어나면 수송로가 파괴되기 때문에 식량 공급이 중단된다. 그 길을 따라 이루어지던 상업은 시들고, 그 결과 침략당한 곳으로부터 멀리 떨어진 지역까지 타격을 입는다.

역사학자들은 세금, 침략, 수송, 상업 중 한 가지 요인을 문명 붕괴의 원인으로 볼지도 모른다. 그러나 실제로는 이 모든 요인이 네트워크 안에서 밀접하게 연계되어 청동기 문명과 로마를 무너뜨린 원인으로 작용했다. 네트워크에 교란이 일어나면 외부에서 발생한 것으로 보이는 원인 때문에 교점이 소멸한다. 그러나 교점이 소멸하는 이유는 교역, 상업, 화폐에서 발생하는 에너지가 압박을 받기 때문이다. 네트워크 교란이 일어나면 각 교점은 이전에는 미약했지만 갑자기 치명타를 날리는 외적 요인에 취약해진다.

지금은 사라진 문명권의 네트워크는 오늘날의 네트워크만큼 복잡하게 얽혀 있었다. 복잡계를 유지하려면 모든 형태로 된 어마어마한 양의 에너지를 투입해야 한다. 이를 위해 화폐 형태로 된 에너지가 신용과 파생금융상품을 재로로 삼아 합성됐다. 새로운 네트워크는 지속 불가능하다. 합성된 화폐는 신뢰와 '화폐 환상'을 바탕으로 하는데, 두 가지 모두 급격한 인식 전환에 취약하기 때문이다. 오늘날의 네트워크는 그 규모로 볼 때 붕괴가 일어나면 전례 없는 파괴력을 발휘할 것이다.

복잡계의 엔드게임

토론자마다 2분간의 최종 변론이 주어졌다. 요페와 제이한은 낙관적인 주장을 되풀이했다. 이 사회의 뒤처진 사람들을 배려해야 한다는 프릴랜드의 주장이 빛을 발했다. 나는 복잡계의 특성 때문에 일어날 수 있는 무서운 결과를 다시 한 번 강조한 뒤, 현실 세계의 쇠퇴를 좀 더 불편하게 보여주는 예시를 들었다.

나는 청중에게 그날 밤 몇 명이 도보로 극장에 왔을지 추측해보라고 말했다. 몇 사람은 분명 걸어왔을 것이다. 그 극장은 유동인구가 많은 동네에 자리하고 있었기 때문이다. 나는 걸어온 사람들이 오는 도중에 사고를 당하지 않았을 것이라는 추측을 제시했다. 적중할 확률이 매우 높은 추측이었다. 뉴욕은 1990년대 이후로 범죄율이 급감하여 세계 주요 도시 중 가장 안전한 곳에 속한다.

나는 극장이 어퍼웨스트사이드 지구에서 몇 킬로미터 떨어진 브루클린에 있고, 청중이 뉴욕 브루클린의 중심가인 베드퍼드스타이베선트에서 걸어왔다면 위험한 일을 당했을 수도 있다고 말했다. 베드퍼드스타이베선트 주민에게는 아무 일 없이 계속 걷는 것이란 거의 불가능한 일이다. 나는 청중에게 여러분이 그곳을 걷는다면 곧바로 경찰이 달려들어 여러분의 얼굴을 벽에다 세게 박고 수갑을 채운 다음 다른 무고한 시민들을 태운 경찰차에 밀어 넣을 수 있다고 말했다. 그리고 경찰차에 탄 채로 몇 시간 동안 끌려 다니다가 내팽개쳐진 다음 알몸 수색을 당할 수 있으며, 이런 수법을 정지 후 신체 수색이라 부른다고 알려주었다. 사실은 폭행 후 알몸 수색이라 했다.

정지 후 신체 수색은 합리적인 일처럼 들린다. 치안이 나쁜 동네에서 용의자 인상착의에 들어맞는 보행자를 멈춰 세우고 몸을 수색한다. 총이 발견되면 그 사람은 체포된다. 그렇지 않으면 그 사람은 가던 길을 계속 갈 수 있다. 헌법에 위배될지도 모를 일이 벌어지고 있지만 뉴욕 사람들 대부분, 특히 어퍼웨스트사이드 지역 사람들은 길거리에서 총을 없애고 뉴욕의 치안을 유지할 수 있다면 사법 절차를 따르지 않는 일이 자행되어도 모른 척한다.

악마와의 거래에서는 늘 악마가 이기게 마련이다. 정지 후 신체 수색은 뉴욕 시의 재정을 확충하기 위한 금품 갈취 작전으로 변질됐다. 경관마다 할당량과 세수 목표까지 정해져 있다. 어쩌다 총이 발견될 때도 있다. 그러나 무고한 피해자들 대부분은 지나가는 사람 하나 없는 새벽 1시에 인도에 서서 보행을 방해했다거나 하는 날조된 혐의로 소환장을 받는다.

소환장을 받은 피해자는 재판에 반드시 출석해야 한다. 국선 변호인이 할당된다. 자신의 무고함을 입증하려면 많은 비용이 들기 때문에 피해자는 대부분 250달러의 벌금을 치른다. 벌금은 뉴욕 시의 파산을 방지하기 위해 시 재정으로 충당된다. 이런 식의 벌금은 가난한 흑인이거나 이민자이거나 그저 운 나쁘게 그 시간 그 장소에 있었던 사람에게서 세금을 뜯는 시스템이다.

브루클린에서 2킬로미터도 채 떨어지지 않은 곳에 역사상 가장 부패한 기업 중 하나인 JP모건체이스의 본사가 있다. JP모건체이스와 비슷한 부류인 시티은행, 골드만삭스, 뱅크오브아메리카 등이 2009년 이후에 연루된 여러 건의 민형사 소송으로 치른 벌금, 과징금, 배상금, 준수 비용, 부당이익 환수금은 300억 달러가 넘는다. 민형사 소송의 이유로는 주식 사기뿐 아니라 금리, 외환, 에너지, 은, 금의 시장 조작 등이 있었다. 소송건수는 계속 늘고 있다.

그러나 이런 은행들의 임원 중 범죄로 기소된 사람은 이제까지 단 한 사람도 없었다. 미 법무부는 기소된 임원이 있는 은행에서 예금 인출 사태가 일어나는 등 부수적 피해가 발생할 것을 우려해 기소를 삼갔다. 실직, 지나치게 비싼 벌금, 범죄자라는 오명 등 브루클린의 무고한 피해자들이 입은 피해는 아무도 신경 쓰지 않는다.

부당한 일은 언제나 존재해왔다. 법정에서 스스로를 변호해야 할 때 가난한 사람은 항상 부자에 비해 불리한 입장에 있다. 그러나 오늘날 뉴욕뿐 아니라 미국 전역에서 벌어지는 일은 유례를 찾아볼 수 없다. 부당한 일 정도가 아니라 제도화되고 조직적인 불의가 군대 수준의 갑옷과 전술의 뒷받침을 받아 체계적으로 자행되고 있다. 이런 식의 부당한 일은 단순히 나쁜 의도 때문이라기보다 돈에 대한 필요성 때문에 일어난다. 자립이 불가능한 시스템이 이제 제 살을 뜯어먹는 격이다. 투입이 산출을 초과하고 한계이익은 마이너스로 감소했다. 시스템의 지속을 위해 부의 갈취가 부의 창출을 대신하기 시작했다. 이것이 되돌릴 수 없는 지점에 이른 복잡계의 엔드게임이다.

요폐와 제이한의 말은 틀리지 않았지만 그들은 미국의 쇠퇴에 관한 중요한 부분을 놓쳤다. 미국의 쇠퇴는 프릴랜드가 설명한 대로 물질적 쇠퇴가 아닌 사회적 쇠퇴다. 나는 미국의 적들이 육로나 해로가 아닌 금과 데이터 처리장치를 통해 공격하리라는 점을 강조했다. 프릴랜드와 내가 지목한 적은 탐욕, 이기적 엘리트, 체계적 위험에 대한 몰이해 같은 내부의 적이다.

토론은 그렇게 끝났다. 청중은 투표를 했고 자화자찬한 쪽이 이겼다. 적어도 어퍼웨스트사이드 지역에 한해서는 미국의 쇠퇴란 없는 일이었다. 프릴랜드와 나는 요폐와 제이한에게 축하한다고 말했다. 우리는 곧바로 리무진을 타고 근처에 있는 펜트하우스에서 열린 귀빈 만찬에 참석했다. 적어도 그날 저녁만큼은 엘리트가 만든 거품이 온전한 상태를 유지했다.

（주）

───────────────── 서문 ─────────────────

1 Felix Somary, *The Raven of Zurich: The Memoirs of Felix Somary* (New York: St. Martin's Press, 1986).

2 Ibid., 40-43.

3 Ibid., 41.

4 Ibid., 68.

5 Ibid., 74.

6 Noel F. Busch, "Close-Up: Lord Keynes," *Life*, September 17, 1945, accessed August 7, 2016, https://books.google.com/books?id=t0kEAAAAMBAJ&q=%22a+cable%22&hl=en#v=snippet&q=%22a%20cable%22&f=false.

7 Daniel Kahneman, *Thinking, Fast and Slow* (New York: Farrar, Straus and Giroux, 2011), 434-36.

───────────────── 1장 몰락으로 가는 길 ─────────────────

1 Kurt Vonnegut, *Cat's Cradle* (New York: Dial Press, 2010), 3.

2 Carol J. Loomis, "BlackRock: The $4.3 Trillion Force," *Fortune*, July 7, 2014,

accessed August 7, 2016, http://fortune.com/2014/07/07/blackrock-larry-fink/.

3   Ibid.

4   Vonnegut, *Cat's Cradle*, 44 – 51.

5   "G20 Leaders' Communique, Brisbane Summit, 15 – 16 November 2014,"
     November 16, 2014, accessed August 7, 2016, www.mofa.go.jp/files/000059841.
     pdf.

6   "SEC Adopts Money Market Fund Reforms," Harvard Law School Forum on
     Corporate Governance and Financial Regulation, August 16, 2014, accessed
     August 7, 2016, https://corpgov.law.harvard.edu/2014/08/16/sec-adopts-
     money-market-fund-reforms/.

7   Kirsten Grind, James Sterngold, and Juliet Chung, "Banks Urge Clients to Take
     Cash Elsewhere," *The Wall Street Journal*, December 7, 2014, accessed August
     7, 2016, www.wsj.com/articles/banks-urge-big-customers-to-take-cash-
     elsewhere-or-be-slapped-with-fees-1418003852.

8   Lawrence H. Summers, "It's Time to Kill the $100 Bill," *The Washington Post*,
     February 16, 2016, accessed August 7, 2016, www.washingtonpost.com/news/
     wonk/wp/2016/02/16/its-time-to-kill-the-100-bill/?postshare=867145562763
     7815&tid=ss_tw.

9   Kenneth S. Rogoff, *The Curse of Cash* (Princeton, NJ: Princeton University
     Press, 2016).

10   "Adequacy of Loss-Absorbing Capacity of Global Systemically Important Banks
     in esolution," Financial Stability Board, November 10, 2014.

11   "Restrictions on Qualified Financial Contracts of Systemically Important U.S.
     Banking Organizations and the U.S. Operations of Systemically Important
     Foreign Banking Organizations; Revisions to the Definition of Qualifying
     Master Netting Agreement and Related Definitions—otice of Proposed
     Rulemaking," Board of Governors of the Federal Reserve System, May 3,
     2016, accessed August 7, 2016, www.federalreserve.gov/newsevents/press/
     bcreg/20160503b.htm.

12   David Lipton, "Can Globalization Still Deliver?" International Monetary
     Fund, May 24, 2016, accessed August 7, 2016, www.imf.org/en/News/
     Articles/2015/09/28/04/53/sp052416a.

13   Richard Roberts, *Saving the City: The Great Financial Crisis of 1914* (Oxford:
     Oxford University Press, 2013).

14   William L. Silber, *When Washington Shut Down Wall Street: The Great*

Financial Crisis of 1914 and the Origins of America's Monetary Supremacy (Princeton, NJ: Princeton University Press, 2007), 104-51.

15 Ibid., 110-15.

16 Benn Steil, *The Battle of Bretton Woods: John Maynard Keynes, Harry Dexter White, and the Making of a New World Order* (Princeton, NJ: Princeton University Press, 2013).

17 "84th Annual Report, 2013/14," Bank for International Settlements, June 29, 2014, accessed August 7, 2016, www.bis.org/publ/arpdf/ar2014e.htm.

18 "Communique Meeting of G20 Finance Ministers and Central Bank Governors, Cairns, 20-21 September 2014," G20, September 21, 2014, accessed August 7, 2016, www.oecd.org/tax/transparency/automatic-exchange-of-information/implementation/communique-G20-finance-ministers-central-bank-governors-cairns.pdf.

19 Luigi Buttiglione, Philip R. Lane, Lucrezia Reichlin, and Vincent Reinhart, "Deleveraging? What Deleveraging? Geneva Reports on the World Economy 16," International Center for Monetary and Banking Studies, September 2014, accessed August 7, 2016, http://cepr.org/content/deleveraging-what-deleveraging-16th-geneva-report-world-economy.

20 Transcript of the IMFC Press Conference, International Monetary Fund, October 11, 2014, accessed August 7, 2016, www.imf.org/en/news/articles/2015/09/28/04/54/tr101114a.

21 Office of Financial Research 2014 Annual Report, United States Department of the Treasury, December 2, 2014, accessed August 7, 2016, https://financialresearch.gov/annual-reports/files/office-of-financial-research-annual-report-2014. pdf, i.

22 Claudio Borio, "On-the-Record Remarks," BIS Quarterly Review, December 2014—Media briefing, December 5, 2014, accessed August 7, 2016, www.bis.org/publ/qtrpdf/r_qt1412_ontherecord.htm.

23 President George W. Bush, Proclamation 7463, Declaration of National Emergency by Reason of Certain Terrorist Attacks, September 14, 2001, accessed August 7, 2016, www.gpo.gov/fdsys/pkg/WCPD-2001-09-17/pdf/WCPD-2001-09-17-Pg1310.pdf.

24 T. S. Eliot, *The Waste Land* (New York: W. W. Norton & Company, Inc., 2000).

1   Remarks of Christine Lagarde, managing director of the International Monetary Fund, at a Bloomberg Panel, World Economic Forum, Davos, Switzerland, January 22, 2015, accessed August 7, 2016, www.bloomberg.com/news/videos/2015-01-22/lagarde-cohn-summers-botin-dalio-on-bloomberg-panel.

2   Ian Fleming, *Thunderball* (Las Vegas: Thomas & Mercer, 2012).

3   Karl R. Popper, *The Open Society and its Enemies: Volume 1, The Spell of Plato* (Princeton, NJ: Princeton University Press, 1971), 157–59.

4   Roberts, *Saving the City*, 125–28.

5   Milton Friedman and Anna Jacobson Schwartz, *A Monetary History of the United States, 1867–1960* (Princeton, NJ: Princeton University Press, 1993).

6   "System in Crisis (1959–1971): Triffin's Dilemma," International Monetary Fund, accessed August 7, 2016, www.imf.org/external/np/exr/center/mm/eng/mm_sc_03.htm.

7   Ben Smith, "Geithner 'Open' to China Proposal," *Politico*, March 25, 2009, accessed August 7, 2016, www.politico.com/blogs/ben-smith/2009/03/geithner-open-to-china-proposal-017088.

8   For extensive information on the OECD's global tax project on base erosion and profit shifting (BEPS), see the OECD website, at "OECD, Base Erosionand Profit Shifting," accessed August 7, 2016, www.oecd.org/tax/beps/.

9   "G7 Ise-Shima Leaders' Declaration/G7 Ise-Shima Summit, 26–27 May 2016," G7 Ise-Shima Summit, May 27, 2016, accessed August 7, 2016, www.mofa.go.jp/files/000160266.pdf, 6–7.

10 Thomas Piketty, *Capital in the Twenty-First Century* (Cambridge, MA: Belknap Press, 2014).

11 Henry Kissinger, *World Order* (New York: Penguin Press, 2014).

12 Michael Riley, "How Russian Hackers Stole the Nasdaq," *Bloomberg-Businessweek*, July 21, 2014, accessed August 7, 2016, www.bloomberg.com/news/articles/2014-07-17/how-russian-hackers-stole-the-nasdaq.

13 "The Financial System We Need," *United Nations Environment Program*, October 2015, download available, accessed August 7, 2016, www.unep.org/newscentre/Default.aspx?DocumentID=26851&ArticleID= 35480, ix.

14 Xiao Geng and Andrew Sheng, "How to Finance Global Reflation," *Project Syndicate*, April 25, 2016, accessed August 7, 2016, www.project-syndicate.org/commentary/sdr-reserve-currency-fight-deflation-by-andrew-sheng-and-xiao-geng-2016-04.

15 Naomi Klein, *The Shock Doctrine: The Rise of Disaster Capitalism* (New York: Picador, 2007).

16 Popper, *The Open Society and Its Enemies: Volume 1, The Spell of Plato*, 157-59.

17 Ibid.

—————— **3장** 사막의 지식 도시 ——————

1 Somary, *The Raven of Zurich*, 146-47.

2 "Los Alamos National Laboratory," accessed August 9, 2016, http://lanl.gov.

3 Edward N. Lorenz, "Deterministic Nonperiodic Flow," *Journal of the Atmospheric Sciences*, Vol. 20, January 7, 1963, accessed August 8, 2016, http://eaps4.mit.edu/research/Lorenz/Deterministic_63.pdf, 133.

4 Sharon Bertsch McGrayne, *The Theory That Would Not Die: How Bayes' Rule Cracked the Enigma Code, Hunted Down Russian Submarines, and Emerged Triumphant from Two Centuries of Controversy* (New Haven, CT: Yale University Press, 2011).

5 Lael Brainard, "What Happened to the Great Divergence?," Board of Governors of the Federal Reserve System, February 26, 2016, accessed August 8, 2016, www.federalreserve.gov/newsevents/speech/brainard20160226a.htm.

6 David Keohane, "Did the G20 Agree a Currency Accord and Does It Matter?" *Financial Times: FT Alphaville*, April 12, 2016, accessed August 8, 2016, http://ftalphaville.ft.com/2016/04/12/2159112/did-the-g20-agree-a-currency-accord-and-does-it-matter/.

7 "G20 Promises to Promote Economic Growth, Avoid Devaluations," *Voice of America*, February 27, 2016, accessed August 8, 2016, www.voanews.com/content/g20-promises-to-promote-economic-growth-avoid-devaluations/3210931.html.

8   Janet Yellen, "The Outlook, Uncertainty, and Monetary Policy," Board of Governors of the Federal Reserve System, March 29, 2016, accessed August 8, 2016, www.federalreserve.gov /newsevents/speech/yellen20160329a.htm.

9   Toru Fujioka, "IMF Sees No Cause for Japan to Intervene Now in FX," *Bloomberg*, April 13, 2016, accessed August 8, 2016, www.bloomberg.com/news/articles/2016-04-13/imf-sees-no-cause-for-japan-to-intervene-now-in-currency-market-imyf459k.

10 Christine Lagarde, "Transcript: Press Briefing of the Managing Director," International Monetary Fund, April 14, 2016, accessed August 8, 2016, www.imf.org/en/News/Articles/2015/09/28/04/54/tr041416.

11 Balazs Koranyi, "ECB Not Aiming to Weaken Euro Against Dollar: Sources," *Reuters*, April 15, 2016, accessed August 8, 2016, www.reuters.com/article/us-imf-g20-currency-ecb-idUSKCN0XC2RS.

12 Neil Johnson, *Simply Complexity: A Clear Guide to Complexity Theory* (London: Oneworld, 2012), 72–85.

13 Pak Ming Hui, Paul Jefferies, and Neil F. Johnson, *Financial Market Complexity: What Physics Can Tell Us About Market Behavior* (Oxford: Oxford University Press, 2003), 19–54.

14 Johnson, *Simply Complexity*, 115–24.

15 Ibid., 117.

4장 전진: 1998년 위기 ————

1   Stanley Fischer, "General Discussion: Has Financial Development Made the World Riskier? Chair: Malcolm D. Knight," Proceedings—Economic Policy Symposium—Jackson Hole, Federal Reserve Bank of Kansas City, August 25–27, 2005, accessed August 8, 2016, www.kansascityfed.org/publicat/sympos/2005/pdf/GD5_2005.pdf, 392.

2   Roger Lowenstein, *When Genius Failed: The Rise and Fall of Long-Term Capital Management* (New York: Random House, 2000).

3   Saul Hansell, "John Meriwether Rides, Again, Without Salomon This Time," *The New York Times*, September 5, 1993, accessed August 8, 2016, www.nytimes.

com/1993/09/05/business/john-meriwether-rides-again-without-salomon-this-time.html.

4   Gillian Tett, *Fool's Gold: The Inside Story of J. P. Morgan and How Wall St. Greed Corrupted Its Bold Dream and Created a Financial Catastrophe* (New York: Free Press, 2009).

5   Johnson, *Simply Complexity*, 21–24, 41–50.

6   Joshua Cooper Ramo, "The Three Musketeers," *Time*, February 15, 1999, accessed August 8, 2016, http://content.time.com/time/covers/0,16641,19990215,00.html.

--------------------- **5장 전진: 2008년 위기** ---------------------

1   Johnson, *Simply Complexity*, 114.

2   Studies in Intelligence, Vol. 50, No. 3, September 2006, *Journal of the American Intelligence Professional*, Central Intelligence Agency, CLASSIFIED EDITION, accessed August 8, 2016, www.cia.gov/library/center-for-the-study-of-intelligence/csi-publications/csistudies/studies/vol50no3/index.html.

3   "Statistical Release, OTC Derivatives Statistics at End-June 2013," Monetary and Economic Department, Bank for International Settlements, November 2013, accessed August 8, 2016, www.bis.org/publ/otc_hy1311.pdf, Graph 1, 6; Table A, 9.

4   Ibid., Table 9a, 31.

5   Press release, Board of Governors of the Federal Reserve System, Federal Open Market Committee, June 28, 2007, accessed August 8, 2016, www.federalreserve.gov/newsevents/press/monetary/20070618a.htm.

6   Ben S. Bernanke, "The Economic Outlook," Statement before the Joint Economic Committee, U.S. Congress, March 28, 2007, accessed August 8, 2016, www.federalreserve.gov/newsevents/testi mony/bernanke20070328a.htm.

7   This written proposal is retained by the author among his private papers and in digital form.

8   David Ellis and Ben Rooney, "Banks to Abandon 'Super-SIV' Fund," *CNN Money*, December 21, 2007, accessed August 8, 2016, http://money.cnn.com/2007/12/21/news/companies/super_siv/index.

htm?postversion=2007122116.

9   Henry Blodget, "Did Bear Sterns CEO Alan Schwartz Lie on CNBC?," *Business Insider*, March 19, 2008, accessed August 8, 2016, www.businessinsider .com/2008/3/bear-stearns-bsc-did-ceo-alan-schwartz-lie-on-cnbc-.

10 The original email text of this written proposal is retained by the author among his private papers and in digital form (emphasis added).

11 James G. Rickards, "A Mountain, Overlooked," *The Washington Post*, October 2, 2008, accessed August 8, 2016, www.washingtonpost.com/wp-dyn/content/ article/2008/10/01/AR2008 100101149.html.

6장 지진: 2018년 위기

---

1   Ian Morris, "The Dawn of a New Dark Age," *Stratfor*, July 13, 2016, accessed August 9, 2016, www.stratfor.com/weekly/dawn-new-dark-age.

2   *The New York Times*, October 16, 1929, accessed August 9, 2016, http://query. nytimes.com/mem/archive/pdf?res=9806E6DF1639E03ABC4E52DFB667838263 9EDE.

3   McGrayne, *The Theory That Would Not Die*.

4   International Summary Statistics, "Selected Foreign Official Assets Held at Federal Reserve Banks (3.31)," Board of Governors of the Federal Reserve System, July 2016, accessed August 9, 2016, www.federalreserve.gov/ econresdata/releases/intlsumm/forassets20160731.htm.

5   Koos Jansen, "Federal Reserve Bank New York Lost 47t of Gold in November," BullionStar.com, December 29, 2014, accessed August 9, 2016, www.bullionstar. com/blogs/koos-jansen/federal-reserve-bank-new-york-lost-47t-of-gold- in-november/.

6   Barry Eichengreen, *Golden Fetters: The Gold Standard and the Great Depression, 1919–1939* (New York: Oxford University Press, 1995).

7   T. S. Eliot, "The Hollow Men," 1925, All Poetry, accessed August 9, 2016, https:// allpoetry.com/The-Hollow-Men.

1 Thomas I. Palley, *From Financial Crisis to Stagnation: The Destruction of Shared Prosperity and the Role of Economics*, 1st ed. (New York: Cambridge University Press, 2012), 9.

2 David Ricardo, *The Principles of Political Economy and Taxation* (Mineola, NY: Dover Publications, 2004).

3 Ian Fletcher, *Free Trade Doesn't Work: What Should Replace It and Why*, 2nd ed. (Sheffield, MA: Coalition for a Prosperous America, 2011), 97 (emphasis in original).

4 Joseph A. Schumpeter, *Capitalism, Socialism and Democracy*, (New York: Harper Perennial, 2008), 103.

5 Palley, *From Financial Crisis to Stagnation*, 46.

6 Fletcher, *Free Trade Doesn't Work*, 135–41.

7 John Williamson, "What Washington Means by Policy Reform," in John Williamson (ed.), *Latin American Adjustment: How Much Has Happened?* (Washington, DC: Institute for International Economics, Conference Volume, 1989), accessed August 9, 2016, https://piie .com/commentary/speeches-papers/what-washington-means-policy-reform.

8 Buttiglione, et al., "Deleveraging? What Deleveraging?," 11.

9 Ibid., 19.

10 Ibid., 22.

11 Ibid., Appendix 3A, 27–34.

12 Ibid., 21.

13 John Maynard Keynes, *The General Theory of Employment, Interest, and Money* (New York: Harvest/Harcourt Inc., 1964), 249.

14 Buttiglione, et al., "Deleveraging? What Deleveraging?," 34.

1   Schumpeter, *Capitalism, Socialism and Democracy*, 375.

2   Schumpeter, *Capitalism, Socialism and Democracy*, 82 – 83.

3   Ibid., 88 – 89.

4   Ibid., Introduction, x.

5   Justin Fox, "Where Median Incomes Have Fallen the Most," *Bloomberg*, August 19, 2016, accessed August 25, 2016, www.bloomberg.com/view/articles/2016-08-19/where-median-incomes-have-fallen-the-most.

6   Richard Dobbs, Anu Madgavkar, James Manyika, Jonathan Woetzel, Jacques Bughin, Eric Labaye, and Pranav Kashyap, "Poorer Than Their Parents? A New Perspective on Income Inequality," McKinsey Global Institute, July 2016, accessed August 9, 2016, www.mckinsey.com /global-themes/employment-and-growth/poorer-than-their-parents-a-new-perspective-on-income-inequality, Preface, viii.

7   Ibid.

8   Schumpeter, *Capitalism, Socialism and Democracy*, 388.

9   Ibid., 386.

10 Ibid., 398.

11 Ibid., 404.

12 Ibid., 401 – 2.

13 Harvey A. Silverglate, *Three Felonies a Day: How the Feds Target the Innocent* (New York: Encounter Books, 2011).

14 "The Criminalization of Almost Everything," Cato Institute Policy Report, January/February 2010.

15 Radley Balko, *Rise of the Warrior Cop: The Militarization of America's Police Forces* (New York: PublicAffairs, 2013).

16 Ibid., 116 – 17.

17 Ibid., 317.

18 Ibid., 246.

19 Matt Taibbi, *The Divide: American Injustice in the Age of the Wealth Gap* (New York: Spiegel & Grau, 2014), 101 – 2.

20 Ibid., 117.

21 Ibid., 118.

22 Dara Lind, "The NYPD 'Slowdown' That's Cut Arrests in New York by Half, Explained," *Vox*, January 6, 2015, accessed August 9, 2016, www.vox.com/2015/1/6/7501953/nypd-mayor-arrests-union.

23 Cheryl K. Chumley, *Police State U.S.A.: How Orwell's Nightmare Is Becoming our Reality* (Washington,DC: WND Books, 2014), 70 – 71.

24 Robert O'Harrow Jr., Steven Rich, Michael Sallah, and Gabe Silverman, "Stop and Seize," *The Washington Post*, September 6, 2014, accessed August 9, 2016, www.washingtonpost.com/sf/investigative/2014/09/06/stop-and-seize/.

25 Robert O'Harrow Jr., Steven Rich, and Michael Sallah, "Police Intelligence Targets Cash," *The Washington Post*, September 7, 2014, accessed August 9, 2016, www.washingtonpost.com/sf/investigative/2014/09/07/police-intelligence-targets-cash/.

26 Robert O'Harrow Jr. and Steven Rich, "D.C. Police Plan for Future Seizure Proceeds Years in Advance in City Budget Documents," *The Washington Post*, November 15, 2014, accessed August 9, 2016, www.washingtonpost.com/investigations/dc-police-plan-for-future-seizure -proceeds-years-in-advance-in-city-budget-documents/2014/11/15/7025edd2-6b76-11e4-b053-65cea7903f2e_story.html.

27 Jonah Goldberg, *Liberal Fascism: The Secret History of the American Left from Mussolini to the Politics of Meaning* (New York: Doubleday, 2008), 86.

28 Ibid.

29 Ibid.

30 Ibid., 80 – 81.

31 Ibid, 161.

32 Schumpeter, *Capitalism, Socialism and Democracy*, 134.

33 Ibid., 131.

1 Buttiglione, et al., "Deleveraging? What Deleveraging?," 81.

2 Press release, "Swiss National Bank Introduces Negative Interest Rates," Swiss National Bank, December 18, 2014, accessed August 9, 2016, www.snb.ch/en/mmr/reference/pre_20141218/source/pre_20141218.en.pdf.

3 Peter Spence, "Swiss Franc Surges After Scrapping Euro Ceiling," The Telegraph, January 15, 2015, accessed August 9, 2016, www.telegraph.co.uk/finance/currency/11347218/Swiss-franc-surges-after-scrapping-euro-peg.html.

4 James Surowiecki, The Wisdom of Crowds: Why the Many Are Smarter Than the Few and How Collective Wisdom Shapes Business, Economics, Societies, and Nations (New York: Anchor Books, 2005).

5 "Staff Note for the G20: The Role of the SDR—nitial Considerations," International Monetary Fund, July 15, 2016, accessed August 9, 2016, www.imf.org/external/np/pp/eng/2016/072416.pdf.

6 Daniel Stanton, Frances Yoon, and Ina Zhou, "China to Lead Way with Landmark SDR Bond Offerings," Reuters, August 1, 2016, www.reuters.com/article/china-debt-bonds-idUSL3N1AI2L7.

7 Robert C. Merton, "On Market Timing and Investment Performance. I. An Equilibrium Theory of Value for Market Forecasts," The Journal of Business, Vol. 54, No. 3, July 1981, accessed August 9, 2016, www.people.hbs.edu/rmerton/onmarkettimingpart1.pdf.

8 Committee on Science, Space & Technology, Subcommittee on Investigations and Oversight, "The Risks of Financial Modeling: VaR and the Economic Meltdown," September 10, 2009, accessed August 9, 2016, https://science.house.gov/legis lation/hearings/subcommittee-investigations-and-oversight-hearing-risks-financial-modeling-var.

1   "Declinists Be Damned: Bet on America," Intelligence2 Debates, February 11, 2015, accessed August 9, 2016, http://intelligencesquaredus.org/debates/past-debates/item/1251-declinists-be-damned-bet-on-america

2   Laura Hautala, "We're Fighting an Invisible War—in Cyberspace," *CNET*, March 5, 2016, accessed August 9, 2016, www.cnet.com/news/were-fighting-an-invisible-war-in-cyberspace/.

옮긴이 **서정아**

이화여대 영어영문학과를 졸업하고 동 대학 통역번역대학원에서 박사과정을 수료했다. 냇웨스트, 크레디트스위스 등 외국계 금융회사에서 수년간 근무했다. 현재 세계경제, 국제정세, 생명공학 등 다양한 분야에서 전문 번역가로 활동하며 이화여대 통역번역대학원, 중앙대 국제대학원에서 번역 실무를 강의하고 있다. 옮긴 책으로 『왜 우리는 불평등해졌는가』『브레이크아웃 네이션』『중국이 세상을 지배하는 그날』『엔드게임』『내가 다시 서른 살이 된다면』 등이 있다.

전 세계 대규모 자산 동결이 시작된다

은행이 멈추는 날

초판 1쇄 발행 2017년 6월 16일
초판 4쇄 발행 2023년 2월 3일

지은이 제임스 리카즈 | **옮긴이** 서정아
펴낸이 신경렬
펴낸곳 (주)더난콘텐츠그룹

상무 강용구
기획편집부 최장욱 송규인
마케팅 신동우
디자인 박현경
경영기획 김정숙 김태희
제작 유수경

출판등록 2011년 6월 2일 제2011-000158호
주소 04043 서울특별시 마포구 양화로 12길 16, 더난빌딩 7층
전화 (02)325-2525 | **팩스** (02)325-9007
이메일 book@thenanbiz.com | **홈페이지** www.thenanbiz.com
ISBN 978-89-8405-885-9 03320